근대 가부장제 사회의 균열

11 여성학 총서

근대 가부장제 사회의 균열

김경애

Crack of Modern patriarchy

　이 책은 우리나라 전통 가부장제 사회에 도전하고 균열을 선도한 여성과 남성에 관한 논문을 묶은 것이다. 이 글을 쓴 시기는 매우 다양하다. 동학에 관한 글은 1983년에 석사학위 논문으로 쓴 것을 2003년 학술지에 개제하였고 다시 이 책에 재수록하였다. 김만덕에 관한 글은 2003년부터 "여성인물을 화폐에" 수록하자는 캠페인을 학생들과 벌이면서 관심을 가지고 있던 차에 2004년 김만덕기념사업회가 주최한 학술대회에서 발표한 논문이다. 그 외의 논문은 2009년부터 최근까지 쓴 것으로 학술지에 각각 발표한 논문을 재수록하였다(원전 출처 참고).

　이 책은 크게 두 부분으로 나누어진다. 첫 번째 부분은 가부장제 사회에 도전하고 균열을 선도하였던 여성들에 관한 글이다. 김만덕을 제외하고는 주로 1900년대 전반부에 활동했던 대표적인 신여성들에 관한 글이다. 두 번째 부분은 가부장적 전통 사회를 비판하고 여성해방론을 지지했던 남성지식인들의 담론에 관한 글이다. 일부남성들이 여성해방론이 서양의 사상을 추종하는 반민족적이라거나, 군가산점제 폐지 이후 남성의 몫을 여성이 빼앗아가는 이론적 근거라고 생각하는 것에 대한 우려 속에서 역사 속의 진보적인 남성지식인에 대해 관심을 가지게 되어 쓴 글이다.

　첫 번째 부분의 첫 번째 글은 근대 최초의 여성작가 김명순에 관한 세 편의 글이다. 김명순은 나혜석, 김일엽과 함께 대표적인 신여성으로 거론되는데, 『생명의 과실』과 『애인의 선물』등 두 권의 작품집을 발간하였고 소설 20편, 시 79편(개고 포함) 수필 15편, 평론 3편, 희곡 3편, 번역시와 번역소설 3편 등의 방대한 작품을 남겼으나 잘 알려지지 않았을 뿐만 아니라 가장 오해를 많이 받고 있다. 김명순은 어머니가 평양 기생 출신으로 부호의 첩이었던 사실과 데이트 강간을 당한 것이 조선 사회에 알려지면서 방탕한 여성으로 인식되어 당시 남성지식인과 여성들 사이에서 경원의 대상이 되었던 인물이다. 김명순 자신은 어머니와 같은 삶을 살기를 거부했으나 성폭행의 피해자를 오히려 비난하였던 당시의 사회적인 환경 때문에 절망 속에서 살아야 했다. 외롭고 가난한 가운데 처절하게 노력하였던 김명순의 삶을 그녀는 글을 통해 드러내려고 하였다. 이 세 편의 글은 김명순이 그토록 절규했던 자신에 대한 오해를 벗겨내는 작업이라고 생각한다.

나혜석에 대해서는 수많은 연구가 있는데, 굳이 나혜석에 대해서 글을 쓴 것은 여성해방론자 나혜석에 대한 지나친 찬사 일변도에 대해 문제를 제기하기 위해서이다. 나혜석은 희곡 「인형의 집」의 '노라'를 찬양하고 선구적인 여성해방론을 펼쳤고, 실제 삶에서는 당시 누리기 어려웠던 세계 일주 여행을 만끽하였고, 혼외관계로 인한 이혼으로 조선의 '노라'로 미화되기도 하였다. 그러나 나혜석은 결혼 후 대부분의 기간 동안 자신의 여성해방론을 바탕으로 화가나 작가로서의 삶을 추구하였지만, 동시에 전통적인 여성들의 삶에서 벗어날 수 없었던 그녀의 갈등과 고뇌를 이해함으로써 나혜석의 실체에 보다 가까이 다가가고자 하였다.

이어서 나혜석과 김일엽, 그리고 허정숙 등 신여성들이 여성해방론을 외치고 실천하고자 했으나 남성중심의 가부장제 사회에서 남성에 기댈 수밖에 없었던 현실을 밝힌다. 즉, 신여성들에게 일상생활을 스스로 책임질 수 있는 기회를 허락하지 않았던 현실에서 아버지, 오빠, 남편, 연인 등과의 관계에서 삶의 부침이 증폭되었다는 것을 밝혔다. 이념은 선진적이었으나 그러한 이념을 실천하기에는 척박했던 현실에서 고난을 겪었던 나혜석과 김일엽에 대한 이해를 높이고, 정절이데올로기가 강고했던 시절에 성이 다른 세 명의 아들을 낳고도 당당하게 살았던 허정숙의 배경에는 그 아버지의 그

늘이 컸음을 논하고자 한다.

마지막으로 신여성들보다 앞 세대 여성이었던 거상 김만덕의 삶을 여성주의적 관점에서 재해석하여, 그녀가 제주 여성에게 부과되었던 경계를 뛰어넘는 용기를 가지고 자신을 옥죄었던 가족이나 시대와 불화하지 않고 새로운 영역을 개척하면서 시대의 한계를 뛰어넘어 진정한 승리자로서의 여성의 삶을 살았음을 논하였다.

두 번째 부분은 남성 페미니스트들에 관한 글로, 그 첫 번째는 근대가 태동하는 시기에 서학(천주교)을 앞세운 외세에 대항하여 동학을 창도한 수운 최제우와 해월 최시형이 창도하고 발전시킨 시천주(侍天主)와 인시천(人是天)이라는 평등사상이 여성에게도 똑같이 적용됨을 설법과 실천으로 보여주었음을 논하였다. 특히 민족주의적인 동학사상에서 평등사상이 전개된 것은 페미니즘이 서구사상을 추종하는 것이 아니라 우리의 고유사상 속에서도 평등사상이 있으며 이것에 근대 남성지식인이 앞장섰다는 점은 크게 의의를 갖는다. 서구에서 근대 여성해방론이 전개되는 과정에서 존 스튜어트 밀, 프레드릭 엥겔스, 아우구스트 베벨 등 남성들이 직접적으로 기여한 것과 마찬가지로, 우리나라 여성해방사상도 수운 최제우와 해월 최시형으로부터 본격적으로 시작되었다는 점에서 이 두 남성을 기억하는 것은 중요한 일이다.

이어서 실은 글은 동학의 후신인 천도교의 지식인으로 1920년대에 본격적으로 여성해방사상을 전개하였던 소춘 김기전의 여성해방론에 관한 글이다. 김기전은 조선 여성들이 처한 억압된 현실에 대해 문제를 제기하였고, 여성교육 확대와 사회참여, 남녀관계의 재정립과 사회제도의 변혁을 주장하는 여성해방론을 전개하였다. 김기전이 선구적으로 여성해방론을 주장한 데에는 그가 천도교 사상에 내재하고 있는 인간평등사상을 기반으로 여성에 대한 억압된 현실을 간파하였고, 나아가 엥겔스와 베벨의 초기 마르크스 여성해방론과 입센 등 서구의 여성해방론에 대한 이해도 보태어졌다.

이어서, 근대 남성지식인들은 전통적인 여성상을 대치하며 근대의 새로운 여성상으로 떠오른 현모양처주의 역시 여성을 억압하는 또 다른 가부장적 주장임을 간파하고 비판하였음을 논하였다.

마지막으로 천도교가 여성들의 해방을 위해 창간한 잡지 『신여성』을 통해, 당시 일부 남성지식인 필자들은 당시 조선 여성의 현실을 안타까워하면서 이를 개선하기 위한 담론을 펼쳤음을 밝혔다. 이들은 조선 여성이 유교 윤리 속에서 억압당하며 과중한 노동에 시달리고 있음을 간파하는 등 이들이 처한 현실을 정확하게 이해하고 이를 동정하였고 또한 이러한 현실은 바뀌어져야 한다는 믿음을 가졌음을 논하였다.

근대에 강고한 가부장제 사회의 균열을 도모하였던 선구적인 신여성들이 여성해방사상을 전개하고 이를 실천하기 위한 노력이 당시 성공적인 결실을 맺지는 못하였으나, 이들의 고뇌뿐만 아니라 좌절까지도 가부장제 사회에 균열을 일으키는 데 기여했음을 이 책을 통해 밝히려고 노력하였다. 또한 여성해방사상을 선도적으로 전개한 남성 페미니스트들을 기억함으로써 현대 사회에서 남녀 간의 불평등 해소에 관한 남성들의 관심과 참여를 환기하고자 한다.

2014년 2월
김경애

차례

제1부

가부장제 사회의 균열을 선도한 여성

성폭력 피해자/생존자로서의
근대 최초 여성작가 김명순

1. 서론

1) 들어가는 말

우리나라 근대 최초의 여성작가인 김명순에 대해서 소문에 의한 개인의 평가에서 벗어나, 작품 분석을 통해 문학적 성과를 평가하고 작가로서의 위치를 정당하게 자리 매김하는 연구(김영덕, 1972:364~367; 신달자, 1980; 서정자, 1987; 정영자, 2002)가 최근 진행되었다. 또한 김명순의 작품은 자전적이며 고백체라는 것도 여러 연구(박경혜, 1999:81; 이태숙, 2002:314; 권영주, 2005:44; 조성희, 2006:390; 문미령, 2005:4)에 의해 밝혀졌다. 더 나아가 김명순의 어머니와의 관계에 초점을 맞춘 문학적 분석이 연구자들(김복순, 1996; 최혜실, 2000; 박숙자, 2004; 신혜수, 2009)에 의해 이루어졌다. 이렇듯 김명순의 작품에 대한 분석과 이를 기반으로 한 정당한 평가가 활발하게 진행되면서 김명순은 작가로서 재조명되고 있다.

그러나 김명순은 아직도 개인적인 사생활이 문란한 대표적인 신여성으로 규정되고 있는 것도 사실이다. 김명순에 대한 이러한 평가는 당시 남성지식인들에 의해 유포된 소문에 기반하고 있는데, 이러한 소문의 시발은 김명순이 1915년 일본 국정여학교 4학년 2학기를 다니던 당시 나이 19세에 일본 육군 소위 이응준[1]과 데이트 중에 강간당한 것으로부터 비롯된 것이다.

　김명순은 강간을 당한 후 기숙사에서 나와 한동안 행방불명이 되었고, 그 후 그에게 결혼을 요구했으나 거절당하자 자살을 기도하였다. 이 사실은 언론을 통해 조선 사회에 알려졌다.[2] 데이트 중 강간을 당하였고 더구나 강간자에게 결혼을 요구하였으나 거절당한 사실이 조선 사회에서 화제가 된 것은, 정절이데올로기가 온존하는 가부장제 사회에서 김명순의 삶을 통째로 흔들어놓는 것이었다. 강간은 그 자체의 일회적 피해로 그치는 것이 아니라 삶의 또 다른 피해를 초래하는데(이명선, 1998:v), 김명순은 이 사건으로 인

1　1890년 평안남도 안주에서 출생하여, 독립운동가 이갑의 후원으로 신학문에 접하고 일본으로 군사교육을 받기 위해 유학, 1914년 일본 육군사관학교를 졸업하였고 12월에 일본군 소위로 임관되었다. 3·1운동이 일어나자 동창생이었던 지대형, 김경천은 일본군을 탈출, 독립군 부대에 합류하였으나 일본군에 계속 복무하여 1941년 육군 대좌로 승진하였고 조선청년들에게 일본 군인으로 지원하여 천황과 일본제국에 충성할 것을 선동하였다. 일본정부로부터 훈4등, 훈3등을 받았다. 해방 후 대한민국 수립과 동시에 초대 육군 참모총장에 발탁되었다. 1955년 육군 준장으로 예편하였고, 체신부장관, 자유당 성북을구 지구당위원장, 반공연맹이사장을 역임하였고, 1985년 인촌문화상을 수상하였다. 그해 사망하여 국립묘지에 묻혔고 국민훈장 무궁화장이 추서되었다. 자서전 『회고 90년』이 있다. 2009년 친일인명사전에 수록되었으며 2007년 친일반민족행위진상규명위원회가 선정한 친일반민족행위 195인 명단 군인부문에도 들어 있다(네이버 백과사전; 위키백과; 노영기, 2004:90~103).

2　『매일신보』 1915년 7월 30일자에 "동경에 유학하는 여학생의 은적 어찌한 까닭인가"라는 기사에서 김긔정(김명순의 아명)이 마포연대부 보병소위 이용준(이응준의 오기)과 "연연불망하는 사이"인데 이응준이 그리워서 기숙사를 빠져나가 행방불명이 되었다는 기사가 실렸고, 『매일신보』 1915년 8월 5일, 8월 13일자에서 김긔정과 이응준의 결혼에 대한 기사를 실었는데, 이 기사는 이응준이 결혼을 거부하였고 그 이후 김명순이 자살을 시도하였다(최혜실, 2000:331~333)는 사실을 보도하였다.

해 국정여학교를 한 학기 남겨두고 졸업하지 못한 것(서정자, 남은혜, 2010:830)을 시발로, 이 사건은 그녀의 일생에 지대한 영향을 미쳤다. 더욱이 김명순이 강간당한 사실은 어머니가 평양 기생 출신의 소실이었던 것과 함께 김명순에게 덧씌워져 그녀의 섹슈얼리티를 규정하였고 이로 인해 김명순의 삶은 표류하였다. 즉 강간 피해자인 김명순은 피해자이기보다는 강간당할 만한 근본을 가진 성적으로 문란한 여성이라고 단정되었고, 그리하여 탕녀의 대표적인 사례(최혜실, 2000:352; 유진월, 2006:15)이며 "연애가 파멸시킨 신여성"(이철, 2008:161)으로 회자되고 있다.

이 연구는 성폭행 당한 경험이 김명순의 삶을 어떻게 흔들어놓았으며 그녀의 문학작품에서 어떻게 투영되었는지를 살펴보고자 한다. 선행연구를 통해 김명순의 작품은 자전적이며 고백체임이 밝혀졌는데, 작품이 사실과 비록 정확하게 일치하지 않는다 할지라도, 그녀의 작품을 통해 데이트 강간에 대한 경험과 그로 인한 피해가 드러난다고 볼 수 있다.[3] 따라서 강간 피해자의 일반적인 강간 피해 후유증에 비춰 김명순이 겪은 데이트 강간의 경험이 그녀의 작품 속에 어떻게 나타나 있는지를 살펴보고, 그리하여 데이트 강간의 피해가 그녀의 삶에 미친 영향을 유추해보고자 한다.

이에 앞서 성폭력과 성폭력 피해자의 일반적인 특징을 고찰하고, 김명순이 당한 데이트 강간과 당시 가부장제 사회에서 근대 남성지식인들과 언론으로부터 당한 2차적 성폭력을 살펴보고자 한다. 마지막으로 김명순이 성폭력의 생존자로 거듭나는 모습을 고찰하여 보고자 한다. 그리하여 이 연구를 통해 부도덕하고 타락한 신여성의 표상으로 남아 있는 근대 최초 여성작

---

3 김명순은 희곡 「조로의화몽」에서 "젊었을 때 이야기"라고 하면서 남호첩(藍胡蝶)이 와서 내 꽃에 머무르면서 너는 천심 난만히 울고 웃고 자기를 정직히 표현한다고 일러주며 또 올테니 이 해변에서 기다리라고 했다고 하면서 자신의 글쓰기가 진실한 것임을 토로하고 있다(망양초, 1920a:703).

가 김명순에 대한 보다 정확한 이해를 꾀하고자 한다.

2) 성폭력과 데이트 강간

성폭력은 상대방의 의사에 반하여 가하는 성적 행위로 모든 신체적, 언어적, 정신적 폭력을 포괄하는 광범위한 개념이다. 강간은 성폭력 형태의 하나이며 타인에 대해 강제와 폭력을 행사하는 범죄이다(Allison, 1993:28). 강간 가운데, 남녀가 서로 이성으로서 관심을 갖고 있거나 이성애적 감정을 느끼면서, 또는 적어도 그러한 가능성을 인정하고 남녀가 만나 함께 보내는 교제활동 중에 상대가 원치 않는데도 불구하고 심리적 압박, 언어적 위협, 물리적 또는 신체적인 힘 등을 이용하여 상대를 조정, 강제 또는 강압하여 성행위를 하는 행위를 데이트 강간이라 정의한다(신성자, 1997:189). 강간은 낯선 사람으로부터 당하는 경우보다 이미 알고 있는 사람으로부터 당하는 경우가 훨씬 더 많은데, 데이트 강간의 경우, 남성이 데이트를 주도하고 데이트 비용을 지불하기 때문에 남성이 파워를 갖게 되어 남성으로부터 여성이 당하기 쉽다(Allison, 1993:31).

가부장제 사회 문화 속에서 남성은 사회화 과정을 통해 여성의 섹슈얼리티에 대한 통제와 지배를 통해서 남자로서 인정받는 것을 배우게 되며, 이러한 행위는 남자다움을 드러낸다고 본다. 여성에 대한 지배를 통해 남자다움을 정의하고 남자다워야 한다는 사회 문화적 환경 속에서 성폭력은 학습된 하나의 구성물(권수현, 1998:v~v)이다. 가부장제 사회에서 성폭력은 전통적 여성성을 지키지 않는 '건방진' 여성을 처벌함으로써 여성을 종속적인 위치에 묶어두기 위한 수단으로 사용되었으며, "데이트 강간의 경우 여성을 '내것화'하는 수단"으로 여성을 지배하고 종속적 지위를 강요하는 데에서 얻는 성취감을 통해서 남성다움의 이데올로기(권수현, 1998:95)를 실현하는 것이다.

그리하여 성폭력에 대한 통념이 만연하고 있다(Lonsway & Fizgerald, 1994:134). 강간에 대한 통념은 남성은 본능적으로 강한 폭발적 성욕을 가지고 있으며 따라서 남성이 주도적이고 공격적인 성관계는 자연스럽고 당연한 '정상적'인 남성의 행동으로 간주하면서, 가해자의 성충동을 정당화(권수현, 1998:92)하며 남자라면 그럴 수 있다고 면죄부를 준다(Lonsway & Fizgerald, 1994:134). 성폭력에 대한 잘못된 통념은 결국 가해자의 책임을 약화시키고 행위를 정당화시켜 주며 가해자에게 관용적인(권수현, 2007:116; Parrot, 1991:37; 한국성폭력상담소, 1999:335) 결과를 초래하는 반면에, 피해자의 입장에서는 피해를 당한 것도 억울한데 피해의 원인제공자로 지목되어 이중의 고통을 겪게 되는 부조리한 상황에 처하게 된다(김애리, 박정열, 2008:104).

강간에 대한 통념 중에서 여성 피해자에 관해 대표적인 것은 강간은 추잡하게 행동하거나 다른 도덕적 결함을 보여주는 여성들에게만 발생하며 행동이 조신하고 도덕적인 여성에게는 발생하지 않는다(Lonsway & Fizgerald, 1994:136)고 보는 점이다. 또한 이러한 통념은 피해자가 유혹하여 성폭력을 유발했다든지, 성폭력은 피해자가 필사적으로 저항하면 피할 수 있는 것이라고 보며 피해자의 부주의로 인해 일어난다고 강조하면서 여성의 책임을 부각시킨다(Lonsway & Fizgerald, 1994:136). 특히 규범적이지 않은 여성의 경우, '헤픈' 여자로 규정하고 강간자의 행동을 정당화하는 논리(권수현, 1998:92)를 가지고 있다. 그래서 강간범은 피해여성이 강간당할 만한 대상이라고 생각하며 또 공통적으로 강간 사실을 부인한다(Allison, 1993:30). 피해여성 중에서 규범적이지 않은 여성이 성폭력을 당했다고 주장했을 때, 그 여성이 피해자라고 인정받기가 어렵다. 특히 데이트 강간일 경우 데이트에 동의했다는 사실 때문에 여성은 피해자로 인정받기가 더욱 어렵다 (Parrot, 1991:31).

이러한 잘못된 강간 통념은 남자들이 더 많이 수용하고 있으며, 남자들은 강간 사건 발생에 대해서 여자들이 강간을 유발할 수 있는 행동을 했거나 남성이 여성의 행동을 오해하였거나 사건 발생의 책임이 여성에게 있는 것으로 본 반면에, 여성들은 이를 부정하였다(김애리, 박정열, 2008). 또한 전통적인 성역할 규범을 지니고 있는 남성은 강간을 할 가능성이 더 높으며(안연선, 1992:7), 특히 신체적 폭력의 피해 및 가해경험이 많을수록 성폭력을 가할 가능성이 높으며, 특히 데이트 상대에게 성적 폭력을 행사할 가능성이 크다(김예정, 김득성, 1999:40).

데이트 강간의 가해자 집단의 경우, 성역할 태도가 더 전통적이고 성폭력 통념을 더 많이 수용하고, 데이트 성폭력에 대한 인지도가 낮으며 데이트 상대를 더 많이 통제하는 것으로 나타났다(남원경, 2008). 이에 반해 여자는 참을성 있고 순종적이고 의존적이고 자비로워야 한다는 성역할 고정관념을 내면화하여 전통적인 가치관을 지닌 여성일수록 강간을 당하기 쉽다. 또한 여성은 괜찮은 남자는 강간하지 않을 것이라고 생각하며, 자신은 괜찮은 남자와 데이트를 하기 때문에 데이트 중에 강간당할 것이라고 생각하지 못한다(Parrot, 1991:80).

성폭력 피해자들은 단기적으로 심각한 후유증에 시달리고, 상당수가 장기적으로도 정신적인 문제를 겪는다(신의진, 2000:84). 성폭력 중 가장 심한 경우인 강간의 피해자가 겪는 후유증은 다양하고 매우 심각하다. 대부분의 강간 피해자는 피해의 원인을 오히려 자신의 잘못으로 인식하여 수치심과 자책감에 휩싸이기 쉬우며, 공포, 두려움, 무력감, 분노와 적대감, 우울증을 나타내며, 수면장애와 식욕감퇴로 고통받고, 술과 약물을 남용하고, 자해와 같은 자기 파괴적 행동을 하며 자살을 시도하기도 한다. 또한 역할의 갈등과 혼동을 느끼며 자존심에 치명적인 상처를 입음으로써 자신감을 상실한다. 나아가 인격 및 심리적 장애로 인하여 때로는 자제력을 상실하여 자기 조절에 실패('시한폭탄' 현상)하며 자존감의 파괴로 인해 정서적 안정감을 상실하고 가족관계 및 대인관계가 균형을 잃게 되어 점차 환경으로부터 고립되어 단절된다. 또한 세상에 대한 믿음과 신뢰 상실로 인해 대인관계를 기피하게 된다(이미경, 1993:48; 이미정, 변화순, 김은정, 2009:iii; 전연희, 임순영, 1992:22; 한국여성상담센터, 2001:5; Allison, 1993:155). 데이트 강간을 당한 피해여성들이 호소하는 고통은 일반 강간 피해여성들이 경험하는 고통과 거의 동일하며(Allison, 1993:71) 오히려 분노, 배신감이 일반 강간보다 훨씬 더 강하고, 더 심각하고 복잡한 정신적 상처를 낳게 된다(한국성폭력상담소, 1999:14~23; 신의진, 2000:84).

강간 피해자들은 남성과의 관계 맺기와 결혼에서 특히 어려움을 겪는다. 강간당한 여성은 많은 경우, 남성에 대한 혐오를 갖게 되고 모든 남성에 대한 두려움 때문에 남자를 사귀지 못하며 갈등을 겪는다(이명선, 1998). 특히 데이트 강간일 경우 피해 후유증으로 이성에 대한 불신이 가장 많이 나타나는데(장윤경, 2002:ix), 피해자는 가해자를 알고 있고 신뢰했던 사람이었기 때문에 배신감을 더욱 크게 느끼며 가까운 사람에 대한 신뢰와 믿음에 있어 부정적 영향(이미정 등, 2009:iv)을 더 받게 된다.

또한 순결이데올로기가 내면화되어 있는 우리나라의 강간 피해여성들은 대부분 강간을 통해 순결을 잃었다고 여기고 좌절감에 시달리며, 남자에게 사랑을 받으려면 육체적 순결을 꼭 지켜야 하는데, 자신은 순결을 잃었기 때문에 무가치하다고 생각한다(김선영, 1989:14; 한국여성상담센터, 2001:78). 또한 자신이 '더럽혀졌'기 때문에 자신의 성폭력 피해 사실을 안다면 아무도 나를 사랑하지 않을 것(한국여성상담센터, 2001:145)이며, 그래서 다른 남자와 결혼할 수 없다고 여긴다(허복옥, 2006:101; 한국여성상담센터, 2001:149). 심지어 이런 갈등을 해결하기 위해 자신을 강간한 범인과 결혼할 수밖에 없다고 생각하며 결혼을 하기도 한다(김선영, 1989:14). 또한 성생활에 매우 부정적 영향을 끼쳐, 성적 즐거움을 느끼지 못하고 성관계를 기피하게 된다(Allison, 1993:157). 특히 어린 시절에 성폭력을 당한 경험이 있는 여성들 중 많은 여성들이 사랑이나 결혼관계로 들어가기가 어렵고, 성관계나 임신에 대해서도 피해망상을 갖게 된다(이명선, 1998).

피해여성은 자신의 강간 피해가 알려지고 자신의 정체가 공개되었을 때 당황하고 두려움을 느낀다(한국여성상담센터, 2001:120). 성폭력의 피해가 주변 사람 및 가족들에게 알려지는 경우, 피해자는 적절한 도움을 받기는커녕 오히려 의심과 비난을 받게 되어 또 다른 피해를 겪으며, 강간의 경우, 피해자가 부끄러워하고 피해자에 대해 가해자에 못지않은 사회적 비난이 쏟아지며(김경희 등, 1996:94), 때로는 주변인에게 성폭력 피해 사실을 밝힘으로써 오히려 불쌍한 존재로(허복옥, 2006:105) 전락해 갈등하기도 한다.

2. 성폭력 피해자 김명순

1) 김명순과 데이트 강간

김명순은 근대 교육을 받은 첫 세대의 신여성으로, 아버지가 평양의 부호였으나 가족으로부터 학비 지원을 받지 못하는 상황에서 공부에 대한 열망으로 일본 유학을 감행하였다. 김명순은 평양의 소학교에 다니며 배운 기독교 교리에 위배되는 아버지의 간음과 그 대상자인 어머니에 대한 죄의식을 바탕으로 자신은 "소실의 딸"이나 "기생의 딸"이 아니라 "명예심 많은 처녀", "정숙한 여자"(김명순, 1924a: 486; 497; 500)가 되고자 하였다.

"정숙한 여성"이 되고자 하는 것은 전통적 여성의 정절이데올로기를 추종하는 것이었으나 이를 위해 김명순이 선택한 것은 근대 교육이었다. 김명순은 한편으로 전통적인 여성의 순결이데올로기를 받아들이면서 다른 한편으로는 전통적인 여성들의 삶을 거부하는 모순 속에서 일본 유학이 시작되었고, 유학지인 동경에서 데이트 중에 일본군 소위 이응준으로부터 강간을 당하였다.

김명순은 자전적 소설인 「탄실이와 주영이」에서 이응준과의 관계에 대해 자세히 설명하고 있는데, 탄실의 생각에 태영세[4]는 "관청안에 들어온 촌닭같다고 생각"하였고 다른 한편 무서운 생각으로 그 몸이 지진같이 떨면서 친밀하지만 도수장에 짐승을 이끌고 가는 백정도 저렇지 않을 것 같다고 생각하였고, 그 남자의 "세포하나하나가 전부 쇠나 돌로 되있지 않나하는 의심이 들었고, 아무 아름다운 곳도 없는 듯하고 키까지 무척 적은 남자"로 "복잡한 인상"을 가졌다고 묘사하였다. 그러나 그녀의 삼촌이 편지를 보내 "할 수잇는대로 태영세의 말을써 저에게 친함을 갖도록" 하라고 하여, 그에 대해 의심이나 두려움을 가지지 않았다. 또한 먼 타향에서 외롭고 쓸쓸한 날들이 오래 지속되어 사람의 정이 그리웠던 차여서, 이응준이 타관에서 고향사람 보듯이 반가운 생각이 들었으며, 처음으로 이성을 알게 되어 아무 결점도 눈에 보이지 않고 무척 그리워하기를 마지않았다(김명순, 1924a: 505; 508: 509)고 고백하고 있다. 김명순의 연애는 당시 풍미하던 엘렌 케이의 연애론을 실천하기 위하여 자발적으로 한 것이 아니라, 가부장적 보호 아래 결혼을 위한 중매의 과정을 통해 이루어졌는데, 데이트는 조선에서 만난 적이 있던 이응준이 동경으로 자신을 찾아옴으로써 시작되었다.

그러나 어머니와는 달리, 가슴 가득히 품고 있는 "정숙한 여성"이 되고자 하는 김명순의 열망은 이응준에게는 가시화되지 않았다. 다만 가부장제 사회에서 전통적으로 정숙한 여성의 자리인 집에서 벗어나 가부장의 보호를

---

4 소설 「탄실이와 주영이」 속 이응준의 이름.

받지 못하고 경제적으로 어렵게 공부하고 있는 김명순은 전통 규범의 테두리를 벗어난 "건방진 여자"로 규정되거나, 기생 출신 소실의 딸이라는 생태적 환경으로 인하여 "헤픈 여자"로 규정되기 쉬운 대상이었다.

김명순은 기생 출신 소실의 딸이라는 것 때문에 진명여학교 재학 시에는 삼촌으로부터 외출과 의복에 관해 규제를 받았는데(김명순, 1924a:491; 497), 바로 그 삼촌으로부터 남자를 소개받게 된 김명순은 자신이 그토록 열망했던 공부가 손에 잡히지 않을 정도로 들떠 있었고, 많은 여성들이 이응준과 결혼하기를 원한다는 사실로 경쟁심이 발동하여 자신이 선택되고 싶다는 욕구(김명순, 1924a:505)로 인해 이응준의 데이트 신청을 기꺼이 받아들인 것으로 보인다.

그러나 이응준의 데이트 요청에 동의하고 집 밖을 나선 것으로 김명순은 이미 "헤픈 여자"로 규정되었고, 이응준은 김명순을 손쉬운 강간 대상자라 여긴 것으로 보인다.[5] 전통적인 여성상을 내면화한 여성이 더 쉽게 성폭력의 대상(안연선, 1992:7; 이미정, 2009:iv)이 되는 것에 비추어, 김명순은 전통적인 순결의식이 강했고 "정숙한 여자"가 되기를 갈망했기 때문에 오히려 강간당하기 쉬운 상대였을 것이다.

근대 교육을 받은 '신남성'들은 근대 교육과 일본 유학을 통해 신문화를 접하지만, 가부장적 남성중심적인 사고는 여전하였고 사회화 과정을 통해 몸에 익힌 남성다움의 신화 속에서 벗어나지 못했다. 김명순을 강간한 이응

---

5 이응준이 김명순과 결혼하지 않은 이유는 명확하지 않다. 다만 이응준의 부인 이정희가 아버지이자 이응준의 후견인이었던 이갑에 대해 쓴 회고록(이정희, 1981:258)에 의하면, 이정희는 김명순과 진명여학교 선후배 사이로 서로 알고 있었다. 김명순의 삼촌이 자신의 어머니에게 김명순과 이응준의 결혼을 요청했다는 것을 알고 있었으며 자신의 어머니가 두 사람의 결혼에 동의했으나, 자신은 이응준이 왜 소실의 딸과 결혼하려는지 모르겠다는 불만을 가졌고 그래서 김명순이 자신에게 이응준의 사진을 달라고 하는 것을 끝끝내 거절했다고 밝히고 있다.

준은 일본 육사 출신으로 군대에서 폭력에 일상적으로 노출되었고 가부장적 사회화 과정을 겪은 남성으로, 강간할 가능성이 높고 자신의 강간에 죄의식을 느끼지 않는 유형의 남성이라고 볼 수 있다.

그리하여 다른 강간자들과 마찬가지로 이응준도 강간을 부인하였다(미상, 1931:25). 그러나 어머니로 인해 덧씌워진 낙인에서 벗어나 "정숙한 여자"가 되기를 열망했던 김명순은 결혼 제도 속에서 정절이데올로기를 지키고 싶어했기 때문에 결코 이응준과의 혼전 성관계를 허락하고 동의하지는 않았을 것으로 보인다. 이는 강간을 당한 후 좌절감으로 인해 격렬하게 이응준에게 항의하였다(김명순, 1924a:474)는 것에서도 알 수 있다.

김명순은 "결혼은 꼭 마음에 맞는 한곳에 일넛다가 되면하고"(김명순, 1924a:509)라고 생각하여, 단 한 번 남자와의 만남으로 결혼하겠다는 불갱이부의 유교 윤리와 일맥상통하는 소망을 가졌다. 강간으로 이러한 꿈이 좌절당할 위기에서 이를 포기하지 않고 정숙한 여자로 남을 수 있는 길은 강간범 이응준과 결혼하는 것으로, 그녀는 이응준에게 결혼할 것을 요청하였다. 이는 데이트 강간 피해자들이 자신은 더 이상 순결하지 않아 다른 남성과 결혼할 수 없다는 상실감으로 데이트 강간범에게 결혼을 요청하거나 강간범과 결혼하는 전형적인 양상을 김명순도 똑같이 겪었음을 알 수 있다. 하지만 첫사랑이자 강간범인 이응준으로부터 결혼을 거부당하자 강간의 상처만 남은 김명순은 후유증을 심각하게 겪지 않을 수 없었다.

2) 김명순에 대한 2차 성폭력

강간당하고 결혼마저 거부당한 것은 "정숙한 여자"를 꿈꾸고 "명예심 많은" 김명순에게 엄청나게 충격적인 일이다. 더구나 강간과 자살 기도 사실이 가부장적 조선 사회에 알려지게 되어 김명순은 더욱 치명적인 상처를 받는다. 가부장제 사회에서 남성의 성욕과 강간은 남성다움의 발현으로 인정 받아, 따라서 이응준에 대한 비판은 미약하였던[6] 반면, 강간 피해자인 김명 순이 가부장적 조선 사회가 요구하는 규범적인 여성이 아니라고 규정되면 서 오히려 더 심한 비난을 받아야 했다.

천도교 남성지식인이 발행한 잡지 『개벽』은 1921년 김명순을 지칭하는 김양이 독신주의자라고 하지만 "혼인날 신랑이 세넷씩 달겨 들가봐, 독신생 활을 하게된 독신주의자", "피임법 알려는 독신주의자"(목성, 1921:111)[7]라고 기술하여, 김명순이 성적으로 방종한 여성이라고 공개적으로 거론하였다. 이어서 1924년에는 작가 김기진이 「김명순에 대한 공개장」이라는 글을 통 해 김명순의 섹슈얼리티를 공격함으로써 김명순은 공개적으로 또다시 언어 적 성폭력을 당하게 된다. 김기진(1924:46~50)은 잡지 『신여성』을 통해서 김 명순의 시 「긔도, 꿈, 탄식」을 비꼬면서 김명순을 타락한 여자이며 "육욕(肉 慾)에거츠른…퇴폐하고 황량한 피부"를 가진 "퇴폐의 미"와 "황량의 미"를 가졌다고 매도한다. 또한 "처녀 때 강제로 남성에게 정벌(征伐)"을 받았으며, 어머니 쪽 외가의 "불결한 부정(不淨)한 혈액"으로 인해 그 동정(행동)이 일관 되지 못하다고 주장한다. 어머니가 기생 출신 소실이었다는 사실 때문에 김

---

6 이응준은 유학생들로부터 처녀 하나를 망쳐놓고 그럴 수가 있느냐는 비판을 받기도 했다(임 종국, 박노순, 1966:134). 그러나 이응준은 김명순에 대한 강간사건에도 불구하고 자신의 은 인이며 독립운동가인 이갑이 자신의 딸 이정희와 결혼하라는 제의를 하자 이에 대해 감격해 하였는데, 이는 독립운동가 이갑이 자신이 친일의 입장에 몸담고 있는 것과 강간사건을 문 제시하지 않는다는 것을 의미하기 때문이었다. 이러한 사실을 통해서 이응준은 김명순에 대 한 강간사건으로 크게 비판을 받거나 불이익도 받지 않았던 것으로 보이며, 그의 회고록에 김명순과의 관계에 대해서는 언급이 전혀 없다(이응준, 『회고 90년』, 산운(汕耘)기념사업회, 1985).

7 김명순은 소설 「영희의일생」의 서두에 시를 통해 자신이 독신주의를 선택할 수밖에 없는 아 픔을 토로한바 있다.

명순이 퇴폐적인 혈통을 이어받았고 여기에다 데이트 강간으로 순결을 잃자 김명순은 무절제하고 방종하며 타락한 여자라고 공개적으로 매도당한다. 어렸을 때 자신에게 쏟아졌던 "기생의 딸", "첩의 딸"이라는 저주와 감시(김명순, 1924a:491; 497)로 인해 받았던 상처가 김기진이 자신을 태생적으로 부도덕한 여성으로 몰면서 다시 덧나게 되었다.

또한 김기진은 이 글에서 당시 『매일신보』에 연재 중이던 일본인 나카니시 이노스케(西伊之助)의 작품 「너희의 배후에서(汝等の 背後より)」(1923)에 나오는 여주인공 권주영이 아마 자신인 것 같다고 김명순이 스스로 밝혔다고 주장한다(김기진, 1924:49).[8] 이 소설의 여주인공 권주영은 성적으로 문란한 여성으로, 권주영이 자신을 모델로 했다는 것을 김명순이 인정했다고 하는 것은 김명순에게 치명적인 상처를 주는 또 다른 성폭력이다.

잡지 『별건곤』은 이전에 잡지 『개벽』에서 김명순을 빗대어 처녀가 아니면서 처녀 행세한다는 기사를 쓴 적이 있고, 그때 당시 김명순이 이에 대해 항의한 적이 있다고 하면서, 이를 두고 "남편을 다섯 번째씩 갈고도 처녀시인이라고 할 배ㅅ심은 있을 것"이라고 또다시 매도한다. 그러면서 당시 김명순이 항의하기 위해 『개벽』사에 나타났을 때, "은파리에 낫던 게집애가 왓다지, 어대 어더케 생겻나 볼가"라면서 주변 사람들이 몰려왔다고 쓰고 있어(미상, 1927:81) 그 당시에도 성희롱의 대상이 되었음을 알 수 있다. 김명순은 이 기사와 관련하여 잡지 『별건곤』의 발행인 차상찬과 저자 방정환을 명예 훼손으로 고소하는데, 『별건곤』 7호(1927년 7월)의 "편집후언"에 "명예훼손이니 뭐니하는 일ㅅ지 안은 일로" 분주했으며 마지못해 「은파리」를 중단할 수밖에 없는데 이는 자의가 아니라고 불평한다(춘(春), 1927:168). 이는 자

---

8 김명순은 소설 「탄실이와 주영이」를 통해 이에 대해 적극적이고도 직접적으로 부인하였던 것으로 보아 김기진의 주장은 사실이 아닌 것으로 보인다.

신들이 김명순의 명예를 훼손하는 잘못을 저질렀다고 인정하거나 반성하지 않고 오히려 김명순을 또다시 비하하고 있음을 분명히 보여주고 있다. 이 사건으로 인해 김명순은 다시 세간의 이목을 끌었고 당대 남성지식인들을 적으로 만들면서 또다시 상처를 입었던 것으로 보인다.

그러나 김명순에 대한 남성지식인의 공격은 여기서 그치지 않는다. 장발산인이라는 가명을 쓰는 필자는 1927년 잡지 『별건곤』에 다시 "이제는 아기의 어머니가 되엇스나 아기의 성을 무어라고부쳐야할지 몰라 애를 쓰는 김명순"(장발산인(長髮散人), 1927:74~77)이라고 하여 마치 김명순이 혼외 자식을 낳은 것처럼 오도하면서[9] 김명순의 섹슈얼리티에 대한 공개적인 언어적 성폭력을 계속한다.

1930년대에 들어와서도 김명순의 데이트 강간 사건은 잊혀지지 않고 계속 들추어졌다. 1931년 잡지 『삼천리』는 김명순의 데이트 강간 사건을 또다시 상기하는 기사를 싣는다. 이어서 1933년에 잡지 『별건곤』과 『삼천리』는 각각 김명순이 동경에서 생계를 위해 낙화생을 팔다가 일본 남자에게 무수히 구타를 당했다는 기사를 싣고 있다(일기자, 1933:42; 미상, 1933:87). 특히 잡지 『별건곤』은 이 사건과 관련하여 김명순을 동정하는 척하면서 조롱하여, 김명순이 자신의 환경에 대해 너무 애상주의적 "펭키칠을 심히 하얏고" 그 위에 연애문학을 좋아하여 한때 문학중독이 결국은 그를 "방분한 녀편네"로 만들었다(일기자, 1933:38~44)고 하면서 김명순을 타락한 여성으로 다시 규정한다. 또한 잡지 『삼천리』 16호(1931)와 5권 9호(1933)의 김명순에 관한 기사의 끝부분에 각각 "딴말"이라면서 "나카니시 이노스케(中西伊之助)의 소설 「너희의 배후에서」의 주인공 권주영이 김명순을 모델로 삼은 것이란 말도

---

9 이 기사로 인해 김명순이 혼외 아이를 낳은 것으로 아직도 잘못 재생산되고 있다(이명온, 1963; 최혜실, 2000:354.

있다"(미상, 앞의 글, 1931:26; 미상, 1933:88)라고 써서 김명순의 상처를 다시 덧나게 한다. 1935년에는 잡지『삼천리』가 김명순의 연애 사실을 다시 거론하면서 이응준과 임노월에 이어 김찬영과 연애하다 세 번째로 실연했다(청노새, 1935:78~83)는 가십성 글을 실었다. 이와는 별도로 염상섭은 소설「제야」에서 여주인공인 동경음악학교 출신의 신여성이 자결함으로써 자신의 창녀적인 피의 더러움을 청산하였다고 묘사하고 있는데, 이 소설이 김명순을 모델로 하였다고 알려졌다(김윤식, 1989).

김명순은 언론뿐만 아니라 실제로도 성희롱의 대상이 된다. 기자로 일했던『매일신보』에서는 남성 동료들의 노골적인 성희롱의 대상이 되었던 것으로 보인다. 김명순이 입사하던 날 신문사 편집국에 "커다란 센세이션이 일어났는데, 뭇 남성 기자들의 날카로운 눈초리가 명순의 아래 위를 더듬으면서 서로 수군거리노라 야단이 났었"으며 김명순을 두고 등 뒤에서 "남편 많은 처녀"라는 소문이 있다고 수군거리면서, 용기 있으면 한 번 "건네볼텐가?"(임종국, 박노순, 1966:127)라고 하면서 성희롱한다. 김동인(1948:46)은『문단30년사』에서 안서(岸曙)며 (염)상섭이며 (김)만수가 김명순을 하숙으로 찾아가고 혹은 산보를 청하였으나, 김명순이 거절했다고 밝히고 있다. 이를 통해 당시 남성지식인들은 김명순을 손쉬운 희롱의 대상으로 취급하였고 김명순은 이를 거부하였음을 알 수 있다. 잡지『폐허』동인시절을 회고하는 좌담(미상, 1958:36~38)에서도 사학자 이병도가 김명순이 자신의 집에 기거하던 때와 행방불명이 되기까지를 회상하자, 나머지 참석자들은 이병도와 김명순이 남녀관계를 맺지 않았는가 하는 농담으로 일관하여 김명순을 성희롱 대상으로 취급했음을 여실히 드러낸다.

김명순은 남성지식인들이 자신을 성희롱의 대상으로 취급하며 2차 성폭력을 계속 자행하는 데 대하여, 강간당한 지 23년이 지난 1938년도에도 자신이 조선에서 안착할까봐 "가진인간포악은 다 내신상에 공상하고 잇는 모양"이며 사회언론계 지식인들이 과거에도 자신의 "젊음과 약함을 기회로 가진 혐구, 가진 악설을 다내―신상에 모두워 노흐려고" 했다고 하면서 자신의 남성관계에 대해 거짓을 만들어내고 성적으로 비방하고 있음을 한탄한다. 또한 "미개한인사들이 남의육체미를 험잡으려하기를 자기집도마에 사다노흔 고기 한점같이 녁인답니다"(김탄실, 1938a:597; 599)라고 회고하여 자신을 성희롱하고 있음에 대해 한탄한다.

김명순은 자신을 성희롱하려는 남자에게 불같이 화를 내는 모습을 보였는데, 소설 「꿈뭇는날밤」에서 자신을 성희롱하려는 남자에 대해 치밀어 오르는 화로 인해 한숨을 내뿜었고 마음은 눈물지었다고 묘사하고, 실화를 바탕으로 한 소설 「칠면조」에서는 기혼남자(박홍국)가 자신의 학비를 보증해주는 대가로 유혹하려는 것에 노염을 느끼고 병이 깊어지게 되었다(김명순, 1921/1922:290)고 쓰고 있어, 자신을 성희롱하려는 남자들이 있었으며, 이에 대해 자신이 불쾌해 했고 깊이 상처받았음을 드러내고 있다.

김명순은 강간당한 이후 자신을 보는 주변의 시선에 대해서도 자신의 작품에서 묘사하고 있다. 김명순은 주위 사람들이 자신이 데이트 강간을 당했는데도 오히려 자신을 비난하고 불결하다고 생각하고 있음에 대하여 민감하게 감지하고 있다. 소설 「칠면조」에서 김명순은 동경에서 조선인들이 모임을 개최할 때 경제적으로 여유 있게 피아노를 공부하고 있는 여자 유학생들이 있음에도 늘 자신에게 피아노를 치게 하는 것이 자신을 노리개로 보는 것이 아닌가 하는 의심 때문에 자신이 과도하게 예민하게 반응한 것이 아닌지 번민하였다고 쓰고 있다(김명순, 1921/1922:283). 또한 이 소설에서 "쓰거운 눈물석거낫을씻고 방으로들어와서 분을 발랏더니", 옆에서 Y여사가 "분도 만히도바른다", "부스러운줄을 몰라"(김명순, 1921/1922:280~281) 하고 비웃는다. 김명순이 스스로 격려하면서 심기일전하기 위해 화장을 하는 것을 부도덕하여 남자를 유혹하기 위한 것으로 보고, 강간당한 것을 자신의 책임으로 돌리며 부끄러워하지 않는다고 질책한다. 소설 「꿈뭇는날밤」에서도 자신을 "디립다 악인으로 모는 것 같았어요"(김탄실, 1925a:518)라고 개탄한다. 또한 소설 「도라다볼째」에서는 "늘 밧그로 나가면 길가운대 사람들이 별 구경이낫다고 손가락질…사람이 남에게 죠흔감정을 사지못하고 그압헤 나셔면 미움을 사는 것이다"라고 탄식한다. 그리고 잘못된 일이 일어나서 사람들의 가슴속에 깊이 들어가면 그것을 빼낼 수는 없으며 "세상에는정말 용셔도 업는 것이다"(김명순, 1924d:333)라고 하면서 사람들이 자신을 비웃고 미워하며 오히려 용서하지 않는 것에 대해 한탄한다.

김명순은 2차 성폭력으로 얼마나 고통을 당했는지는 자전적 소설 「탄실이와 주영이」에서 오빠의 입을 통해 드러내고 있다.

> 내 누이─10년전 칭찬풋엇치나듯는 쥐같튼 적은 남자와 약혼하려다 그 남자에게 절개를 억지로 앗기우고… 그것이 세상에 알리워졌을 째 어리고 철없는 내 누이의 책임이 되어서… 동정을 분명한 짐승같은 것에 팔힘으로 앗기윗다하면 시방도 바로듯지안코 내누이만을 부량셩을 가진녀자로아니.[10]

이와 같이 김명순이 강간을 당했으나 세상 사람들은 피해자로 간주하기보다는 도덕적으로 불량하기 때문에 강간을 당했다고 보며 비난하고 있음에 절망한다. 세상 사람들이 김명순을 강간 피해자로 알아주고 끌어주지 않고 오히려 "몇천길 깊은 해감에 헤매이는 사람을 해감 속에 넣어 숨키려고"하며 또다시 매도하여, "십년동안 걸어온 길이 지독하고 무서워"(김명순, 1924a:471~472)라고 토로하여, 자신에 대한 사회의 오해와 매도로 인해 심하게 고통받아야 했음을 알 수 있다.

그런데 1939년 김동인이 또다시 「김연실전」을 연재하기 시작하고, 성 도

---

10 김명순, 1924a:471~472.

덕의식이 전혀 없는 주인공 김연실이 김명순을 모델로 했다는 소문이 돌면서 김명순은 또다시 2차 성폭력에 맞닥뜨려야 했다.[11] 김명순은 같은 고향사람이고 오빠의 친구인 김동인을 "봇쨩 봇쨩" 하며 찾아가 염상섭이 자기에게 성희롱하는 것을 어떻게 물리쳤다고 이야기하는 등 친밀한 고향 오빠와 같은 사람으로 대했으나(김동인, 1948:46), 그는 김명순을 다시 곤경에 빠뜨리는 소설을 쓴다. 이러한 소설이 탄생한 것은 결국 김명순에 대한 당시의 사회적 분위기를 반영하는 것(김지향, 1994:24)으로, 김명순은 이 소설에 대해서는 아무런 반응 없이 조선 사회에서 사라진다. 김동인은 그 이후에도 김명순을 "남편 많은 처녀", "영업적 매녀(賣女)아닌 여인"(김동인, 1948:46; 47)이라고 비하하고 조롱한다.

3. 김명순의 성폭력 피해 후유증

1) 슬픔과 우울증

김명순은 일생 동안 슬픔 속에서 살았던 것으로 보인다. 그의 슬픔의 근원에는 기생 출신 소실의 딸로 태어나 겪었던 아픔, 일찍 사망한 어머니와 어린 시절을 보낸 고향에 대한 그리움, 그리고 데이트 강간을 당하고 결혼을 거부당한 아픔에 이어 2차 성폭력의 대상이 되었던 것이 복합되어 있다. 김명순은 어린 시절에 "그 몸에 비단이 쌓였을지언정 또 양친의 헤까리심

---

11 김윤식은 김명순의 시는 김동인이 "일면적인 사실을 무자비하게 파헤친「김연실전」과는 너무나 판이한 서정을 보이며 순수한 감정을 드러내며 회한이 있고 기도하는 마음으로 맑은 정신이 있다"(김윤식, 1973:233)고 평하여, 김명순이 소설「김연실전」의 김연실과 성격이 판이하게 다르다고 주장하고 있다.

속에 자랐을지언정, 어디서 오는지 알길이 없는 슬픔이 너홀로 타고 나온 까닭이었다"(김명순, 1924c:649)라고 회고하며 태생으로부터 오는 슬픔을 겪고 있었다. 그리하여 어릴 때부터 울기 잘하는 아이였다고 고백하고 있다. 시 「시로쓴 반생기」에도 어릴 때부터 "공부하다 울기도 잘하고/울다가 공부도 잘하고/…고모가/─왜 울고짜고 보채기만하니/…서울공부다니면서/울기는웨우니 울지마라"(김탄실, 1938b:228~229)라고 쓰고 있는데, 자신이 기생 출신 소실의 딸로 태어난 것에 대한 슬픔을 일찍이 알게 된 것으로 보인다. 고향을 떠나 홀로 외롭게 지내게 되면서 어머니의 사랑과 고향에 대한 그리움도 김명순의 주요한 슬픔의 근원이었음이 시 「향수」, 「긔도, 꿈, 탄식」, 「심야에」, 「외로움의부름」 등에 드러나고 있다.

그러나 무엇보다도 가장 큰 슬픔의 근원은 데이트 중 강간당하고 결혼을 거부당하며, 그리고 2차 성폭력에 시달린 점이었다. 강간당하고 난 이후 "탄실은 눈물많은 처녀가 되었는지 일시는 정신이상가지 생겼다"(김명순, 1924a:510)라고 고백하였으며, 수필 「봄네거리에서서」와 「네자신의우헤」에서 데이트 강간과 2차 성폭력으로 겪은 슬픔을 절절히 묘사하고 있다.

> 화려할소녀의 시대를 능욕과 학대의게 빼앗기고 너는 이십년간 얼마나 압흐게 우러왔드냐…가슴속 깁히 백힌 네설움이 쉽게 옴겨질것이냐.… 왼─몸과 왼마음이 한데 엉크러저서 울음을 긋칠줄몰느로운다…슲흔사람에게는 사랑도업고 히망도업다. 다만설음 그것만 잇슬 것이다.[12]

> 한사람의게밧은 한능욕과, 멸시로된─네모든수치의 저수지가, 어느날하로 잇칠날이잇섯스랴. 하물며 그로인해서 모─든세상에게 돌니워진오늘날 이처디에서랴, 외로움절벽우헤호올로선 이처디에서랴.…모─든 흰옷입은사람들에게 돌니우고 거긔서도또 학대를 더주지못해서흐믈거리는… 사람으로서는 이분함과이

---

12 김명순, 1924b:623; 624; 626.

억울함을 더참을수없슬거이다. 오오그럿타! 탄실아?[13]

　자신을 강간한 이응준에 대해서는 시 「외로움」에서 "아니라고 머리를 흔들어도 저녁이 되면 눈물이 나도록 그리울 때 뜻하지않았던 슬픔을 안다"라고 하며 이응준을 그리워하면서 다른 한편 배신으로 인한 슬픔(김명순, 1924i:127)을 겪었으며, "동물이라도 견디기 어려운 피아픔을 주고 숨은 그는 약한 어른이었을까"(김탄실, 1936:681)라고 되묻는다.

　그러면서 김명순은 자신은 "기쁨이 없는 여자"(김탄실, 1925a:513~514)이며 "제일 불행한 여자"(김명순, 1924a:469)가 되었다고 말하면서, "생장(생매장)되는" 것 같은 "답답함"(탄실이, 1924a:108)으로 고통받았고, 그리하여 우울증(김명순, 1921/1922:289)에 걸리고 불면증에 시달린다. "저는 잠들지 못하고 커다란 지렁이가 우물우물기어다가가 무엇의 밝긋에 밟히어서 굼을굼을애쓰는 것을 자신의우에 쌔다르며 번민"하며, "내자신아 얼마나울엇느냐 얼마나울엇느냐"(김명순, 1921/1922:281)라고 하면서, 상처받고 번민하며 잠들지 못하여 울고 또 울었다고 고백한다. 그리하여 "밤새도록 불매증(불면증)에 시달리고아츰에일어나서 쏘한숨 쉬일째그가젊닥한들 쏘총명하다 한들 무엇이 남을 것이랴"(김명순, 1928:665)라고 비탄에 잠긴다.

　그리하여 수필 「렐업는이약이」 첫 문장에 "무엇인지 노래라도 불러보고 십다" "한 마음이몸저누어알는 벼개머리에 눈물을지운다"(일련, 1925:637)라고 쓰고 있으며, 수필 「네자신의우헤」에서 "외롭고 서른탄실아!"(김명순, 1924c:648)라고 스스로 부르며, 자신의 28년 인생. 쓰라리고 지루하고 억울하였다고 회고하며 "이 도회안에 네우름을 가티우러줄 사람은업다"(김명순, 1924c:652)고 한탄한다. 희곡 「조로의화몽」에서는 자신의 호인 망양초를 지

───────────────

13　김명순, 1924c:651.

"언늬망양초씨는 우서도 웃는것갓지안코 우는것갓해요". "망양초는 깁흔한숨
을 지으며 눈물을흘는다". 홍(장미)는 "피눈물이 떨어지오". 백장미는 "새파랏케
질려 망양초에게 우심닛가?하고 묻는데"… "머리 숙이고 붓그리며 어쩐지 눈물
이 흐릅니다그려. 당신들을 대하니 내가 꽃피었을 대를 회억하여지는구려"하고
소리없이 운다[14]

라고 자신의 슬픔을 토로한다.[15] 1925년 작품집 『생명의 과실』을 출판하면서
머리말에 "이 단편집은 오해 밧아온 젊은 생명의 고통과 비탄과 저주의 여
름으로 세상에 내노읍니다"(신달자, 1980:9에서 재인용)라고 하여 자신의 작품
이 자신의 고통으로 인한 슬픔의 결실이라고 밝히고 있다.

　김명순은 슬픔으로 인한 우울증과 히스테리에 시달렸다. 「폐허 동인 시절
회고 좌담」에서 이병도는 자신의 집에 기거하던 때에 김명순이 절망하여 밤
과 낮 계속 울던 모습을 회상(미상, 1958:36~38)하고, 『매일신문』 사회부 기자
로 있을 당시, 자신이 쓴 기사를 고치면 신경질적으로 원고를 찢고 울고 심
한 때는 한강에 투신 자살한다고 야단까지 했다(미상, 1935:73)[16]고 한다. 김기
진(1924:46~50)도 김명순이 신경질적(히스테리)이며 우울증을 겪고 있다고 쓰
고 있다. 전영택 또한 김명순이 사람들의 농락을 받은 결과 불행히 히스테
리에 걸려서 울었다 웃었다 하며 여러 사람에게 속고 버림을 받고 하는 동

14　망양초, 1920:703.

15　그밖에도 눈물 흘린다고 직접적으로 표현한 부분은 "눈에 눈물이흘넛다"(김명순,
1926:659), "처량한눈에눈물을핑돌리엇다"(김명순, 1928:664), "한숨 짓고 혼자 울면서 스스
로 왜 살아가느냐"라고 되묻고 있는 등(김명순, 1927b:675)의 구절이 있다.

16　이외에도 차상찬은 여류기자 인물잡담에서 김명순이 "매일여기자 시절에는 유명한 홍차사
건까지 있고…"(미상, 1936:44)라고 언급하여 여기자 시절에 히스테리를 일으켜 화제가 된 또
다른 일이 있었음을 상기시키고 있다.

안에 히스테리는 점점 심해졌다(전영택, 1963:253)고 기록하고 있다.

김명순은 자신의 태생적 환경과 데이트 중 강간당하고 결혼을 거부당하고, 그 후 자살을 시도한 것이 조선 사회에 알려졌고 남성지식인들로부터 2차 성폭력을 당하면서 슬픔을 견디어야 했으며 이로 인해 우울증에 시달리며 히스테리에 걸렸던 것으로 보인다.

2) 자살 기도와 죽음의 유혹

성폭력의 피해자는 후유증으로 자살을 하거나 자살을 기도하기도 하는데, 김명순은 두 번이나 자살을 기도하였다. 데이트 강간 직후 이응준으로부터 결혼을 거부당하자 동경에서 강물에 투신하였으나 행인이 구출해 내었고, 1927년 1월 석탄 가스를 마시고 방 안에서 자살을 기도하였으나 죽어가다가 스스로 살아야 되겠다는 의지로 방을 박차고 나왔다(망양생, 1927:660~662). 첫 번째 자살에 대해서 김명순은 미완의 소설 「영희의일생」의 앞부분에 시 「못맛날벗에게」에서 이응준에 대한 그리움을 토로하는 한편 그 때문에 자신이 자살을 시도했던 것이라고 밝히고 있다. 두 번째 자살 기도에 대해서는 수필 「잘가거라−1927년아」에서 김명순은 "얼마나 저주된정사(情事)이엇느냐?"라고 강간에 대해 반문하고, 너가 애정도 없이 자신에게 "부채의 연민을 강제"시키었기 때문에 너는 나를 그만 여지없이 "해체할쎈도하엿섯다"라고 하여, 두 번째 자살 기도도 이응준으로부터 당한 강간에 대한 고통 때문이었다고 밝히고 있다. 두 번째 자살과 관련하여 수필 「애?」에서 "왜 살아가느냐, 무엇 때문에 악착하게 살려고…애쓰는가"(김명순, 1927b:675)라고 스스로 반문하고 "네 모든 환경이 폭군과갓치 너를업시하려고만 학대하지안엇더냐"고 반문한다. 또 "너를 둘러싼것은다−악이오 너를직히는것은 모다 불의다"라고 정의하고 "얼마나그것을버서나고시프랴−

가련한 생명 한번도 복종치못한감방속에오래부자유하엿고…불의속에믜운 포로이엇섯다"라고 자신의 처지를 표현한다. 그러면서 자신은 "이 우주에 아조 이분자인쌔문이다ー 노력은컷으나 공업섯고 오래살려고하면할사록 죽게되는 생활"(김명순, 1927b:676)이라고 말해 자신의 삶이 죽음으로 내몰리고 있다고 생각한다.

그녀의 작품(희곡 2편과 소설 3편)에서도 주인공들이 자살 또는 죽음으로 생을 마감한다. 기혼남자를 사랑했던 희곡 「두애인」의 여주인공(긔정)[17]은 남편의 도움을 받아 목 졸라 자살하며, 희곡 「의붓자식」의 여주인공은 병들어 죽는다. 소설 「나는사랑한다」의 두 연인은 불에 타서 자살하며, 소설 「젊은 날」에서는 사랑을 이루지 못한 남자주인공이 자살한다. 소설 「도라다볼째」의 여주인공은 기혼남자와의 사랑을 이루지 못하고 자살한다. 이렇게 주인공들이 죽음이라는 극단적 결말은 맺고 있는 대목은 자신의 자살과 죽음에 대한 유혹을 토로한 것이기도 하다.

특히 기혼남자와의 사랑을 이루지 못하고 칼날로 자신의 팔을 그어 자살하는 내용의 소설 「도라다볼째」의 여주인공(소련)이 "내몸에 도는 모ー든 피가 나를 저바리고 만다. 왼녀자들을 다ー더럽히고십든 아버지의피가몸을 더럽히면셔도 사랑하는 사람을 못이겨서 죽어바렷다하는 어머니의 피가 석겨셔 나가튼 텬치가되엿다…멀 좀 먹었으며 했으나" "강철갓흔의식이 〈피가더럽다〉하고 그자신의우에, 소래를 질넛다. 그뒤못미쳐, 시원스러운 그의리성이/〈먼저 더러운피를 다ー쌔고 먹을수잇스면 먹어라〉"(김명순, 1924d:334; 335)라고 독백하는 것은 자신의 고통이 자신의 어머니가 평양 기생 출신의 소실이었다는 것 때문이었다는 자신의 생각을 드러낸다. 이와 같이 김명순은 두 번이나 자살을 기도한 이후에도 끊임없이 자살의 유혹에 시

---

17 김명순의 아명.

달린 것으로 보인다.

3) 성관계/연애, 결혼의 기피

성폭력 피해자는 성관계의 두려움(sex phobia)을 겪는데(신의진, 2000:84), 김명순은 일반적인 성폭력의 피해자와 마찬가지로 이러한 문제를 겪은 것으로 보인다. 특히 자신이 호감을 가졌고 그래서 결혼의 가능성을 생각하면서 데이트를 했던 상대자로부터 데이트 강간을 당한 사람들이 일반적으로 겪듯이, 김명순은 사랑에 대한 회의를 드러내면서 결혼과 성관계를 거부하는 증상을 드러낸다.

김명순은 이응준과 결별 이후, 임노월과 김찬영과의 관계가 회자되었으나, 임노월과의 동거에 대해서만 "사랑 없는 동거"(별그림, 1924:634)였음을 회한하고, 임노월로부터 배척당하고 친구였던 김일엽과 임노월의 동거를 지켜본다. "남편 많은 처녀"라는 소문이 돌았지만 임노월과의 동거 외에 뚜렷하게 연애를 했던 대상자는 없다. 다만 김명순은 수필 「봄네거리에서서」에서 피할 수 없이 오랫동안 혼자 짝사랑하고 있음을 고백한다.

> 나는 내 마음 속에 깊이 박힌 내 그림자에게, 아무 말 못하고, 6년간 울어왔다. 그는 나와 몸 모양이 같다. 생각이 같고 따라서 말이 같았다… 어찌 행동이 같으랴…'내가 당신을 사랑합니다. 아무리 안 하려고해도 그래집니다' 이 한마디를 못한다.[18]

고 하면서 김명순은 그 상대와는 "운명적으로 접근할 수 없는" 사이로 그

---

[18] 김명순, 1924c:626.

를 피하지만 "하나 나는 그[19]를 사랑하는 것이다". "내가 세상에 나와서, 죽을 때까지 꼭 하나인 그를 꼭 한 마음으로 일초일분도 마음을 고치지 못하고 그를 사랑하는 것이다"(김명순, 1924c:625)라고 하며, 결별한 지 6년이나 지났으나 사랑하지 않으려 해도 그럴 수 없어 오랫동안 자신의 사랑을 고백하지 못하는 아픔을 밝히고 있다. 1936년, 만 40세가 되던 해에 조선으로 귀향한 김명순은 자신의 "일생의 잡념 없는 양심 속에 깊이 인상된 P씨 − 내 전생명의 호흡과 맥박이나 혈조와 같다"(김탄실, 1936:681)라고 하면서 교회에서 싹튼 다른 짝사랑에 대하여 고백을 한다.

김명순은 이응준이 자신의 은인 이갑의 권유에 따라 그의 딸 이정희와 1920년 1월에 결혼하게 되자, 사랑하는 이의 결혼식에 넓은 화원에서 오색으로 화환을 만들어 예물로 드리려 한다는 글(망양초, 1920a:703)을 쓴데서 보듯이 멀리서 사랑하는 이를 바라보고 체념하였는데, 김명순은 자신이 그랬던 것처럼 그녀의 작품에서도 여자주인공이 사랑을 포기하는 모습을 그리고 있다. 소설 「도라다볼째」의 여자주인공(소련)은 기혼남성을 사랑했으나 이룰 수 없다고 체념하고 포기한다. 또한 소설 「꿈뭇는날밤」에서 친구의 남편이자 세 아이의 아버지인 남성을 사랑하는 여자주인공 '남숙'은 자신의 진정한 사랑의 꿈을 이루고 싶어 하지만 이성적으로 도덕적으로 비춰보았을 때 그것이 이루어질 수 없는 짝사랑임을 알고 개인적인 감정을 정리한다(이유진, 2008:45). 또한 희곡 「의붓자식」과 소설 「젊은날」의 경우도 사랑은 이루어지지 않아, 그 자신의 이룰 수 없었던 사랑과 같이 그녀의 작품에서의 연애도 모두 실패로 끝난다.

김명순이 쓴 소설에서는 사랑하는 사람들끼리 결합이 이루어진 경우에도 행복한 결혼생활이 이루어지는 일이 희박하다. 소설 「외로운사람들」에

---

19 이응준으로 추정된다.

서는 사랑하는 사람들끼리 도피하여 결합했으나 여주인공(슌희)은 원인을 알 수 없는 병마와 여러 사건들로 인해 "운명의 저주"로 헤어질 수밖에 없었고, 소설 「나는사랑한다」에서도 기혼남녀 간의 사랑 또한 이루어지지 못하고 불행한 결말로 끝나서 사랑으로 이루어진 결합도 결코 행복하지 않음을 나타낸다. 김명순의 작품에서 행복한 부부는 소설 「일요일」의 농사짓는 부부뿐으로, 지식인들의 연애는 모두 실패로 끝나는 것으로 그리고 있어, 김명순은 신여성들이 전통적인 여성의 삶을 극복하고자 하지만 근대가 제시한 연애 또한 결코 여성을 행복하게 할 수 없다는 회의적 생각을 드러내고 있다.

김명순이 "마음이다만 맹목뎍으로 키젹고 보잘것업는 태영셰를 쫙붓들고십헛다"고 했듯이(김명순, 1924a:509) 그녀는 결혼제도의 편입을 열망한다. 그러나 김명순은 강간당하고 난 이후 남성관계와 결혼을 기피하였음을 알 수 있다. 그녀는 희곡 「두애인」의 여자주인공 긔정의 입을 통해 "사랑에는 조건이 없다고 하지만 순결이라는 요소는 구비되어 있을 것"(김명순, 1927:733)이라고 말하여 자신은 순결을 잃었으므로 결혼할 수 없을 것이라고 생각하고 있음을 드러낸다. 이는 사랑만 있으면 도덕적이라는 엘렌 케이(노자영, 1921:46~53)의 연애론과 결혼론이나, 육체적 순결보다는 정신적 순결을 강조하는 김일엽의 정조론(김일엽, 1927)과는 확연히 달라, 김명순이 근대의 연애론과 결혼론, 그리고 정조론을 수용하지 않았음을 알 수 있다.

김명순은 자전적 소설 「탄실이와 주영이」에서 오빠의 입을 통해서 강간을 당하고 세상 사람들의 비웃음거리가 된 상처 때문에 결혼을 기피하고 있음을 분명히 한다.

나는하로밧비어되죠흔곳에 심어주고십지만 당자가 극력으로반대하닛가, 쌔를기다리지요… 그반대하는말이… 한번결혼일쌤에 세상의 우슴써리가된이상에

그우슴써리가된 몸을 다시 다른사람과 결합하려고하는것은 신성한 자긔를더럽
힌다지요.[20]

김명순의 미완의 소설 「영희의일생」의 앞부분에 수록된 시 「추강(秋江)[21]씨
에게」[22]는 이응준의 강간으로 말미암아 자신이 독신주의자가 되었고 그것을
세상이 비웃는데, 자신이 독신주의자가 될 수밖에 없는 슬픔을 모른다고 탄
식하며 호소하고 있다. 소설 「분수령」은 김명순의 자전적 요소가 드러나는
중요한 단편인데, 이 소설의 여주인공(희종)은 결혼기피증을 앓고 있으며,
결혼 대신 이상을 택하여 더 공부하러 동경으로 떠난다. 또한 희곡 「의붓자
식」에서는 여주인공(성실)이 이상적 사랑이 없기 때문에 결혼을 꺼린다고 쓰
고 있으며, 희곡 「두애인」에서 여주인공(긔정)은 여자는 혼인해야 한다는 말
때문에 결혼을 했으나 결혼에 대해 회의적임을 토로한다.

김명순이 결혼을 기피하는 것은 남성과의 성관계를 회피하고자 하는 것
에 연유한다. 희곡 「두애인」에서 여주인공(긔정)은 남편과의 성관계를 거부
하며, 남녀관계의 성격을 '욕애(慾愛)'와 '우정'으로 구분하고 우정에 기반한
남녀간 "사람다운 교제"만이 숭고하다고 생각하였다. 이와 비슷한 주장은
희곡 「의붓자식」에도 등장하는데, 여주인공(성실)은 세상의 소위 사랑이라
는 것은 육적 충동과 호기심 만족에 불과한 것으로 피하지 않으면 안될 것

---

20 김명순, 1924a, 2010:470.

21 추정(秋汀)의 오타로 보인다. 추정은 김명순을 강간한 이응준의 장인인 독립운동가 이갑의
호이며, 추연(秋研)(네이버 백과사전)과 함께 이응준의 호로도 알려져 있다(한국학중앙연구
원, 한국역대인물종합정보시스템). 이갑은 1917년에 사망하여 1920년에 발표된 이 시의 제목
의 "추정씨"는 이갑이라기보다는 이응준을 지칭하는 것으로 보는 것이 옳을지, 또는 이응준
에게 자신의 딸과 결혼하도록 요청한 이갑에게 자신의 어려움을 호소하려 하였는지는 더 논
의가 필요하다.

22 독신주의요 독신주의요하고 비웃는이여/독신주의자들의 탄식을그듸 아오 (망양초,
1920b:262).

으로 생각하면서, 자신은 세상과는 다른 생각을 가지게 되었다고 말한다. 이 희곡에서는 여교사의 입을 통해 "우리의 육체로…수도(修道)자와 같이 생활해야겠습니다"라고 하면서 금욕주의를 "자기의 행복으로 알 수밖에 없다"(김명순, 1923a:715)고 밝히고 있다. 희곡 「두애인」의 여주인공(긔정)도 그녀가 존경하고 교유를 원하는 두 애인과도 육체관계를 철저히 배제하였다. 또한 소설 「일요일」의 주인공들은 신을 섬기며 회당에서 만났던 기독교인들로 "본래부터 금욕주의자"였는데 "아무런 생리적 요구를 느끼지 않고 생각이 일치되고 행동이 용화"되어(김명순, 1927a:577) "동지애적, 지적, 관념적, 이상적, 숭고하고 순결한 사랑"(신혜수, 2009:112)을 추구한다. 소설 「외로운사람들」에서 여주인공(슌희)의 연애도 섹슈얼리티가 배제된 철저히 관념적인 것(신혜수, 2009:68)이다.

김명순에게 있어서 사랑이란 "사상의 공명이있고 정신상 위안"이 있으면 "용해서는 허여지지못할 인정이 생기는 것"(김명순, 1924e:359)이라고 하여 같은 이상을 추구하는 정신적인 사랑을 동경하고 있다. 연애는 자기 자신 속에 사랑을 가지고 어떤 대상으로 하여금 그것을 눈 깨우게 되어서 결국 분명한 의식을 가지는 데 불과(김명순, 1924e:360)하다고 본다. 김명순에게 있어서 사랑과 연애는 이상을 공유하는 것이며 지적 교류의 대상과의 합일(신혜수, 2009:32)이다.

김명순은 남녀 간에 육체관계가 배제된 정신적, 지적인 사랑을 추구하였고 그녀의 사랑은 늘 짝사랑에 그치거나 이루어지지 못했다. 또한 김명순은 남성과의 성관계를 기피하는 금욕주의자, 독신주의자였으며 결혼을 기피하였음을 알 수 있는데, 이는 강간 피해자들이 일반적으로 겪는 후유증의 한 형태로 김명순도 이러한 후유증에 시달린 것으로 보인다.

4) 증오와 복수심

김명순이 1925년 작품집『생명의 과실』을 출판하면서 머리말에 자신의 작품집이 자신의 고통과 비탄과 더불어 저주의 결과물이라는 것을 스스로 밝혔듯이(신달자, 1980:9에서 재인용), 자신을 강간한 이응준과 2차적으로 성폭력을 가한 조선의 남성들에 대한 증오가 김명순의 여러 작품에 드러나 있다. 자전적 소설인 「탄실이와 주영이」에서 탄실은 "정죠를일코 그사나히게달녀들던생각을하면 엇지한낫여자가그다지 지독한지 치가썰녀집니다"(김명순, 1924a:474)라고 하여 강간자에게 격렬하게 증오를 표현했음을 밝히고 있다. 김명순은 시 「저주」에서도 자신을 강간한 이응준에 대한 증오를 직접적으로 표현하고 있다. "처녀의가삼에서 피를쌥는아귀야/눈먼이의 손길에서 부서저/착한녀인들의 한을지엿다/사랑이란거짓말야"(김명순, 1924e:117)라고 하여 이응준을 처녀의 가슴에서 피를 뽑는 아귀라고 칭하고 착한 여인들에게 한을 만들었다라고 직접적으로 비난하고 있다. 시 「침묵」에서도 "원수와 쏘다시지옥에맛날까바/침묵 침묵! 괴로움의 아품의/…/이분노 이증오(憎惡)손에쥐인대로/싼싼히 무치여서/침묵 침묵!어름의쏘다시"(탄실이, 1924b:131)라고 원수에 대한 분노와 증오와 이로 인한 괴로움의 아픔을 겪지만 침묵한다고 노래한다.

자신에게 2차적인 성폭력을 가한 조선 사회에 대해서도 증오의 시를 내뱉는다. 시 「유언」에서

> 조선아 내가너를 영결할째/…/죽은시체에게라도 더학대해다구/그래도 부족하거든/이다음에 나갓튼 사람이나드래도/할수만잇는대로 쏘학대해보아라/그러면 서서로믜워하는 우리는영영작별된다/이사나운곳아 사나운곳아"[23]

---

23 탄실이, 1924a:119.

라고 읊는다. 시 「외로움의변조」에서도 "외로움으로 우울로 분노로/변조해서고만혼자분푸리한다"라고 쓰고 있다. 시 「유언」과 「외로움의변조」는 자신에 대한 조선 사회의 "편견과 횡포를 죽은 시체에게 또 다시 능멸과 폭력을 가하는 것에 비유"하면서 "그에 맞서 격렬한 절규의 어조로 분노를 터트린다"(신혜수, 2009:83~84). 시 「향수」에서도 이와 비슷하게, "외로움몸이 길래/조흔집도실타고/외짜로나왓거든/세상에조소될째/그비탄과분노를/무엇에게일느랴"(명순, 1925:175)고 하면서 세상의 조소에 대해 비탄과 분노를 표현하고 있다. 시 「내가삼에」에서는 "분노에 매마저부서진 거울조각들아/피마저 피에저즌아해들아/너희들은 아직따뜻한 피를 구하는가"(김명순, 1925e:115)라고 절규한다. 시 「무제」[24]에서는 자신을 탕녀로 모는 남성들에게 "음부(淫夫)에게는 탕녀의 소리밖에 안 들리고/난봉의 입에서는 더러운 소리밖에 안 나오는 것을"(김명순, 1925c:167)이라고 하여 자신을 욕하는 남성들이 오히려 음부라고 정면으로 비판한다.

김명순은 자신이 타락한 성적 대상으로 인식되는 것에 저항하여, '이상적 연애'에 대해 규정하면서 진실한 연애가 아닌 것을 '비연애'로 규정한다. '비연애'는 연애 거부를 무시하고 상대를 욕되게 하며 음행을 꿈꾸는 것, 사실 없는 일을 글로 써내는 것, 육체(肉的)관계가 없었으나 있었던 것처럼 거짓말하는 것, 타인 앞에서 상대에게 반말로 함부로 대하는 것, 연애를 거절당하면 상대를 욕하는 것(김명순, 1925a:654~655)을 든다. 이는 김명순이 당시 남성지식인들로부터 당한 성희롱을 비연애라는 개념으로 정의하고 있는 것으로, 비연애의 행동은 도적질이며 신성한 연애라고 할 수 없다고 주장하여 자신에 대한 남성들의 거짓에 대해 분노를 드러낸 것이다.

---

24 제목을 「무제」로 붙인 시는 이외에도 『조선일보』 1925년 7월17일자와 『생명의 과실』, 『애인의 선물』에 실린 것 등 총 네 편이 있다.

강간당한 후 사회적으로 다시 성폭력당한 것에 대한 분노는 남성 일반에게로 확대된다. 소설 「도라다볼째」에서 여주인공(소련)은 알지도 못하는 사람에게 몸을 맡긴 것이 아깝고 "원수스러웠다"고 고백하고, 이러한 일이 "과거 몇천만의 할머니들이 그것 땜에 원한을 품고 죽었을 것이고 과거의 몇억조의 어머니들이 그것 때문에 희생되었을 것일까"라고 묻는다. 김명순은 자신의 고통이 자신만의 것이 아니라 조선 여성들의 고통이라는 것을 인식한다. 그러면서 이 소설에 등장하는 모든 여성들이[25] 다 남자의 작품이며 남성들이 여성을 우리에 집어넣고 세상일을 모르게만 길러놓은 동물들이 아닌가라고 반문하고, 여성을 이같이 만들어놓고 욕하고 비웃는 이들이 또 다 남자들이 아니었느냐고 하며 남성이 여성을 억압하고 있다고 비판한다. 또한 "욕심만흔 더러운것들에게 몸을더럽히고 쏘그종자들나으면 쏘 남의집처녀들을 더럽히고 버리고 가두고 욕"하는 것이 사나이가 아니냐면서 "옛날에는 좃타고하고 지금에는 실타고 쏘다른 녀자를 속여서라도 데레오는 것이 사나히들이 아니냐"고 반문하면서 남성이 여성들을 성적으로 억압하는 존재라고 비판한다. 그리하여 "온 세상을 이끌어서 온녀자들을 몰아서 남자들과 관계를 끊게하고 싶었다. 모두가 되지못할 일인고로 그(소련)는 울고 또 울고 밤이 새이도록 우름을 긋치지아니하고 울었다"(김명순, 1924d:324~325)라고 하며 여성을 남성으로부터 해방시키고 싶지만 자기 홀로는 불가능하기 때문에 슬프다고 고백을 하고 있다.

그러나 김명순은 자신이 복수를 꿈꾸고 있음을 드러낸다. 자신을 강간한 그 남자와 결혼해서 "결코 그 남자를 사랑도 안하면서 다시는 육체적 관계도 맺지 않으면서 강제로, 한 남자의 일평생 행복을 흐지부지해 주려고 했

---

25 최병서의 전처, 남편에게 버림받은 침모 복실어머니, 송효순의 아내 은순, 효도 못 받아 분풀이 하러 오는 송효순의 어머니 등.

던 것입니다"(김명순, 1924a:474)라고 하여 결혼을 통해서 자신의 강간자인 이응준을 평생 불행에 빠뜨려 복수하려고 했음을 밝히고 있다. 또한 자신에게 2차 성폭력을 가한 남성들에 대해서, 김명순은 자신을 추한 감정으로 욕한 사람의 이름을 적시할 수도 있다고 하면서 "1인으로 고립한 나를 모든 추한 감정으로 욕한 것을 이를 갈고 있다"(김명순, 1925a:655)고 노골적으로 분노를 드러내고 있다. 이와 같이 김명순은 그녀의 작품 속에 강간자 이응준과 자신에게 2차 성폭력을 가한 남성들, 나아가 조선 사회와 일반 남성이 여성을 억압하고 있는 것에 대해 증오하면서 복수를 꿈꾸고 있었음을 알 수 있다.

4. 성폭력의 생존자 김명순

김명순은 성폭력 피해자로 좌절만 하지 않고, 살아남기 위해 몸부림친다. 김명순은 데이트 강간은 물론 자신에게 가해지는 직장 내의 성희롱과 언론을 통한 성폭력에도 대항하면서 이를 극복하기 위해 처절한 노력을 한다.

자신의 첫 직장이었던 『매일신보』에서 남자동료들로부터 직장 내 성희롱을 당하였지만 이에 굴하지 않고 기자생활을 해나갔다. "명순은 날카로운 표정과 지성적인 말솜씨로 뭇 기자들의 허튼 수작을 받아넘기며 재빠르게 기사를 쓰고 있었다"(임종국, 박노순, 1966:127)[26]는 증언이 있다. 언론으로부터 가해지는 자신에 대한 성폭력에 대해서도 적극적으로 대응하였는데, 김기진의 글 「김명순에 대한 공개장」에 대해 김명순은 이 글의 "사실이 전부 틀리고 없는 말을 조작한 것이 많고 전부 앞뒤가 말이 맞지 않아 모순뿐

---

26 이 책은 조지훈이 감수를 하였는데, 이 부분은 조지훈의 증언에 의한 것으로 볼 수 있다.

인 것을 들어 부인하는" 내용의 반박문을 투고한다.[27] 또한 잡지 『별건곤』(미상, 1927:81)에서 위선적인 독신주의자로 매도하자, 김명순은 이에 대해 글쓴 이 방정환과 차상찬을 명예 훼손으로 고소한다. 이 기사에는 그 전에 김명순을 처녀가 아니면서 처녀시인이라고 자칭하는 "죽은깨 마마님"[28]을 처녀 아닌 짓을 하는 사람이라고 기재하였더니 김명순이 찾아와 "왜 그럿케 정직하게 내엿느냐"고 "나는 이 세상에 행세를 못하게 되엿다"고 울며불며 하다가 나중에는 목도리로 목을 메고 죽는 형용까지 하였다고 기록하고 있다(미상, 1927:81). 이 기사를 통해 그전에도 김명순은 자신에 대해 성폭력을 가하는 기사에 대해 적극적으로 항의한 적이 있음을 알 수 있다. 1933년에는 김명순이 동경에서 생계를 위해 낙화생을 팔다가 일본 남자에게 무수히 구타를 당했다는 기사(일기자, 1933:42; 미상, 1933:87)에 대해서도 사실무근으로 또다시 이를 경찰에 고발(김탄실, 1938a:597)한 것으로 보인다.[29] 김명순은 자신의 신상에 대한 잘못된 언론 기사에 적극적으로 대응하며 자신에 대한 오해를 벗기고 해명하기 위해 노력한다.

그녀의 수필에서도 어려움을 극복하려는 의지를 피력한다. 수필 「네자신의우헤」에서 김명순은 자신의 아명 탄실이를 부르며, "눈물을 거두라"고 하면서 "이제 한번은 단지 너를 위하여 일어나보자, 모든 것을 잊어버리고 모든 인정을 물리치고, 이제다시 이러나자"(김명순, 1924c:652)라고 격려한다. 또한 수필 「렐업는이약이」에서 "당신들은 나를비웃기전에 내운명을 비우서야

---

27 김기진의 글을 실었던 잡지 『신여성』은 김기진 글에 대한 김명순의 반박문을 싣는 대신 편집후기를 통해 편집자의 사과문을 싣는 것(미상, 1924:84)으로 마무리 되었다.

28 김명순은 얼굴에 죽은 깨가 많았다(춘해,1925:168).

29 소설 「해저문때」에서 "열교도(劣敎徒)들이 저들의 경영지에나의 악평을써서 나는 분한대로" 고발한 일이 있다고 쓰고 있어 이 기사에 대해 김명순이 고발을 한 것으로 보인다(김탄실, 1938a: 597).

올흘 것이다. 나는이디경에 겨우이르럿서도힘잇는대로 싸와왓노라"(일련, 1924:644)라고 하며, 1924년에 발표한 자신의 아명을 제목에 붙인 그녀의 시 「탄실의초몽」에서도 "온 하늘이 그에게 호령하다/전진하라 전진하라(김명순, 1924h:157)고 노래하여 절망 속에서 "자신의 길을 굽히지 않고 나아"(맹문재, 2005:87)가겠다고 스스로를 북돋운다. 이에 앞서 소설 「칠면조」에서 자신의 상처에 대해 슬퍼하였지만 "쏘얼마나 힘써사윗느냐 얼마나 상처를 바닷느냐 네몸이홀홀다벗고 나서는날 누가너에게 더럽다는말을 하랴?"(김명순, 1921/1922:281)라고 하면서 스스로를 격려하면서 자신이 상처를 극복하기 위해 있는 힘을 다해 노력하고 있음을 드러낸다.

또한 김명순은 살고 싶지 않지만 그러나 생에 대한 애착과 동경을 억제할 수 없다면서 생의 한끝은 삶이고 다른 한끝은 죽음이라고 하는데, 결국 사람의 생은 자신의 관을 짜는 것이며 그리하여 자신은 지난 20년, 30년간 자신의 관을 짰지만 아직 미완성이며, 생에 애착이 큰 만큼 죽음에 대해 생각하지 않는다고 밝히면서, 빚을 많이 졌으며 생전에 갚아볼 결심으로 아직 대환원(죽음)을 꿈꿀 수 없다(김명순, 1925d:674)고 생에 대한 애착을 드러낸다. 1927년 1월에 두 번째 자살 기도가 있었고 잡지 『별건곤』의 "은파리" 기사에 대해 명예 훼손으로 고소하면서 사회와 고립되는 등 어려움을 겪었으나 1927년 12월31일에 쓴 수필 「잘가거라 −1927년아−」에서

저주받은 정사(情事), 네가 없는 정애(情愛)로 부채의 연민이 강제되어 … 해체될뻔 하였다…. 무너질 운명을 타고났으나 나의 애상주의야잘가거라!…외로운 생명 참혹한 현실앞에 머리 숙이던 겁쟁이 애상주의야 잘가거라!… 불건강한 애상주의야−내 실책을 반만질머니고 잘가거라[30]

---

30 망양생, 1927:662.

라고 하면서 또다시 강간과 배신으로 인한 슬픔에서 벗어나 적극적으로 살아가려는 삶의 의지를 나타낸다.

1925년에 여성작가로서는 최초로 작품집『생명의 과실』을 발간하였는데, 그녀의 글쓰기는 살아남기 위한 몸부림이었으며, 글쓰기를 통해 그녀는 스스로를 치유한다. 그리하여 생명의 열매를 세상에 내놓은 일은 자기 인식을 적극적으로 내세우는(맹문재, 2005:87) 의미 있는 것이다. 이어 1928년에는 또다른 작품집『애인의 선물』을 출간하고 더욱 적극적으로 희망을 꿈꾼다.

> 한사람의 지극한 열성을 다한 이상이 그 자신의 일생가운데 어데서던지 실현되고야말 것은 너무 당연한 일이다. 나는 잘못 생각하였었다. 역시 나는 내 이상을 실현하고자 간단없이 붓을 잡을 것이다. … 〈너희들아아모리곤란하더래도희망하여라! 보앙카레〉하고 굴고 튼튼히하얏다. 겨울 날 맑은 빛이 빛나듯이 그의 눈에는 청신한 빛이 빛났다.[31]

고 하며 스스로 자신을 격려하면서 희망을 꿈꾸고 작가로서의 의지를 불태우며 자신의 꿈이 이루어질 것으로 믿어 적극적인 삶의 태도를 가지고 있었음(김복순, 1996:44)을 알 수 있다.

1936년 40살이 된 김명순은 조선으로 귀향하여 지난날을 회고하면서 수필「생활의기억」에서 "남 저주하기와 나스스로를 저주하기를 예사로 하던 대가 잇다". "『생명의 과실』 속에도 독한 언구가 부지중 드러나있는 것을 발견하고 부끄럽게 생각"(김명순, 1936:69)한다고 하여 그는 증오와 복수의 마음을 딛고 용서하는 경지로 나아가 진정한 성폭력의 생존자가 된다.

이러한 경지로 나아가는 데에는 종교가 큰 힘이 되었던 것으로 보인다. 그녀는 우리의 맑은 생활감정이 그들의 더러운 계획에 용기를 잃고 앞길을

---

31 김명순, 1928:666.

막을 수는 없다면서 이 믿음이 내가 성당에 발 들여놓기 시작한 이래로 얻은 보물이며, 일상 성당에 다니며 악의를 가져보았던 일은 하나도 없다고 하여 용서하였음을 고백한다. 그러면서 천주의 보호 밑에 사는 것은 우리 기원의 성취(김탄실, 1938a:599)라고 하여 종교(천주교)에 귀의하여 평온을 얻었음을 피력한다.

김명순은 선교사가 설립한 평양 남산현학교에 입학하면서 기독교를 접하게 되는데, 자아를 혁명시켜주시도록 간절히 기도로 일과로 삼고 그 이후로 신의 사명을 순종하기로 서약한 기도를 여러 번(망양초, 1918:616)한다. 그러나 1924년경에는 사후천당이란 문구를 비웃은 지 오래이며 자신은 실재(實在)한 신을 찾지 못했고 믿음을 잃어버렸다면서, 믿음으로 문제를 풀 수 있으나 믿음이 있지 않다고 고백하며(김명순, 1924c:650~651) 기독교에 대한 신앙심이 없음을 고백한다. 그러나 김명순은 1930년대 후반부터는 다시 천주교에 심취한 것으로 보인다. 1936년 조선으로 귀향하는데, 김명순은 서울에 와서 마리아상 앞에 새로운 마음으로 무릎을 꿇었다면서 비로소 미로에서 방황하는 이들의 천당으로 가는 길을 찾는 진실됨과 용맹스러움을 깨달으며 인생은 과거에 사는 것이 아니라 미래를 향한 것으로 예수가 세상 끝나는 날 심판하러 재래할 것이라고 믿는다고(김탄실, 1936:684) 신앙을 고백하며, "성모마리아시어 이소원드러주사 낙망의구렁에서 잇그러내시옵소서/유일한 희망은 일요일마다의성당에잇다"(김명순, 1936:695)라고 기원한다. 1938년 42세의 나이로 자신의 생애를 돌아보는 시 「시로쓴 반생기」는 천주교 신앙의 관점에서 자신의 생을 돌아보는 부분이 크다. 자신은 교회가 세운 학교에 다니는 것을 시작으로 어릴 때 성당에 다녔으며 성탄절 때 미사 참례하고 상과 선물을 받은 것을 추억하며, 당시 성당은 자신의 천국이고, 선생님들은 천사 같고 거룩한 주일날 모든 신자는 정화되었으며, 성가대는 천사를 찬양하는 것이었다고 생각한다. 그러나 성당에서도 자신에게 의심스러운 눈초리를 보내는 것을 의식하며 성당 안도 전쟁터이나, 성가를 부르고 새벽미사 때 파랑새의 노래 소리에 자신의 모든 허물을 구하시라고 미사 드렸으며 베드로(페드루)는 전 생애의 외로운 동무(김탄실, 1938b:227; 232; 233; 236)라고 회고하고 있다. 김명순이 강간과 조선 사회로부터 받은 성폭력의 생존자로 살아남을 수 있었던 것은 어릴 때 접한 기독교 신앙으로부터 큰 힘을 얻었기 때문인 것으로 보인다.

5. 결론

우리나라 근대 최초의 여성작가 김명순은 데이트 강간을 당하였다. 성폭력의 피해자가 오히려 비난받는 가부장적 사회 문화 속에서 김명순은 어머니가 기생 출신의 소실이었다는 사실이 덧붙여져 성적으로 문란한 여성으로 비난의 대상이 되어 조선의 남성지식인과 언론으로부터 2차로 성폭력을 당하였다.

현대 사회에서 성폭력 피해여성들도 가부장제 남성 문화를 기반으로 하는 성폭력의 통념으로 인해 많은 고통을 받고 있는데, 약 1백 년 전, 데이트 강간을 당하고 가부장제 조선 사회에 강간당한 사실이 알려짐으로써 이로 인해 김명순이 받아야 했던 고통은 말할 수 없이 컸으리라고 짐작된다. 김명순은 당시 새로운 사상으로 도입된 엘렌 케이의 연애관이나 결혼관을 신봉하지 않았고[32] 근대 교육을 통해, 전통적인 정절이데올로기와 맞닿아 있

---

32 이 점에서 김명순은 김일엽이나 나혜석과는 전혀 다르다. 따라서 이들 세 신여성은 같은 성격을 가진 신여성으로 묶어서 논의되는데, 김명순은 이들과는 성격이 다르기 때문에 분리해서 보아야 한다고 본다.

는 "정숙한 여자"가 되고자 했기 때문에 성폭력으로 인해 김명순이 받은 고통은 더욱 더 컸던 것으로 보인다.

그러나 김명순은 성폭력 피해자가 겪는 후유증을 주위의 비난 속에서 홀로 겪어야 했다. 그녀는 자신을 강간한 이응준에 대해 사랑과 그리움, 그리고 증오의 감정이 혼재된 가운데 데이트 강간 피해자들이 겪는 혼란스러움을 겪고, 이어 조선의 남성지식인들과 언론으로부터 받은 2차 성폭력으로 고통이 가중된다. 그리하여 슬픔 속에서 우울증과 히스테리를 앓았고 자살을 두 차례에 걸쳐서 기도한다. 또한 남성과의 성관계와 결혼을 기피하며, 자신을 성폭력한 대상자들에 대한 증오와 분노로 괴로워하고 복수를 꿈꾸기도 한다. 특히 남성이 여성을 억압하고 착취하고 있으나 혼자서는 여성을 해방할 힘이 없다는 것 때문에 좌절한다. 그러나 김명순은 살아남기 위해 처절한 노력을 기울이고, 종교에 귀의하여 성폭력의 생존자로 거듭났다.

그러나 김명순은 1939년 김동인이 「김연실전」을 연재하자 조선 사회에서 사라진다. 그 이후 김명순의 삶에 대해서 전영택은 일본 동경에서 동포들과 기독교 기관을 찾아 한 푼 두 푼 동정을 받아서 살았고, 닭을 쳐서 생계에 보태며 살다가 결국, 사변 직후 동경에서 정신병이 심해져 강제로 아오야마(青山)뇌병원에 수용되어 사망하였다(전영택, 1963:254)고 증언하고 있다. 전영택은 그의 소설 「김탄실과 그 아들」에서도 김명순이 YMCA 동경지부의 뒷마당에서 정신병에 걸린 채 양아들과 남루하게 살아가는 모습을 그리고 있다. 김명순이 성폭력의 진정한 생존자였는지, 아니면 결국 피해자로 불행한 생을 마감했는지에 대하여 전영택의 소설과 증언만 남아 있다. 김명순의 일본에서의 생의 후반부의 삶은 아직 밝혀지지 않고 있으며 이는 앞으로의 연구과제로 남아 있다.

김명순을 강간한 이응준에 대한 처벌 없이, 현재까지도 김명순은 성폭력의 피해자가 아니라 성적으로 타락한 여성이었다는 인식은 지속되고 있다.

분명한 것은 김명순을 탕녀의 대표적인 표상으로 모는 것은 가부장적 사회가 강간의 피해자를 비난하는 전형적인 경우로, 김명순은 데이트 강간의 피해자이고 조선 사회가 가한 2차적 성폭력을 당했던 피해자이며, 생존자로 거듭나기 위해 처절하게 노력을 기울였다는 사실이다.

—

근대 최초 여성작가
김명순의 자아 정체성

1. 서론

1) 들어가는 말

1970년대 후반 페미니즘의 물결이 다시 우리 사회에 도입되자 근대 여성 작가들을 재평가하고 그들의 작품을 새롭게 해석하기 시작하였다. 잡지『창조』의 공모에 단편소설「의심의 소녀」당선으로 등단하여, 1920년대와 30년 대에 수많은 작품을 주요한 신문과 잡지에 계속적으로 투고하였고, 『생명의 과실』과『애인의 선물』등 두 권의 작품집을 발간한 근대 최초의 여성작가인 김명순의 문학에 대해서도 일찍이 김영덕(1972:364~367)이 한국 리얼리즘 문학의 선구로 평가한 이래, 여러 연구자들이 작품을 발굴하고 분석, 평가하는 연구 성과를 거두고 있다. 이러한 연구 성과를 통해 김명순의 생애에 대한 사실 규명이 이루어져 가고, 그녀의 작품에 대한 문학적 가치가 온당하게 평가되어 문학사에서 그 위상이 제대로 자리 매김하여 가고 있다.

특히 이러한 선행연구는 김명순의 글이 고백체 또는 자전적인 요소를 강하게 내포하고 있다고 한결같이 밝힌 바 있다. 즉 박경혜와 최혜실 및 이태숙(박경혜, 1999:69~104; 최혜실, 2000; 이태숙, 2002:309~330)은 각각 김명순의 문학이 "자전적 삶의 내용"이며 "자기 이야기 쓰기"로, 고백문학의 전형적 성격을 띄고 있다고 주장한다. 이러한 자전적 글쓰기에 대해 문미령과 이유진 및 조성희(문미령, 2005, 이유진, 2008, 조성희, 2006:389~422)는 당대의 억압적 현실 속에서 분열된 여성자아의 실존을 폭로하고 세상과의 소통을 꾀하는 방식이었다고 본다. 또한 김명순이 망설임과 독백, 허구화를 통한 자기고백을 하고 이를 통해 세상과 소통하기를 시도한다고 보았으며, 가부장적 사회에서 전통 가치를 부정하고 살아가기에는 힘겨운 현실에서 자전적 글쓰기를 자신에 대한 부정적 시선을 막아내기 위한 방패로, 혹은 자신의 심정을 토로하는 항변의 장으로 사용하였다(이유진, 2008:16; 조성희, 2006:391)고 주장한다. 또한 권영주와 이상경(권영주, 2005:30; 이상경, 2003:198)은 각각 김명순이 "글로써 끊임없이 자신의 진실을 드러내"어 "자신에게 들씌워진 '오해'를 벗기기에 주력했다"고 말한다.

문미령은 김명순이 자전적 글쓰기를 통해 자기만의 독자적인 심경을 드러내는 내적 독백과 함께 원시적인 언어 즉 탄식, 한숨, 넋두리, 반복적인 울음, 원망 등 단절된 소리를 구사했다고 보며, 자신의 정체성의 문제는 그녀의 글쓰기에서 본질적인 문제(문미령, 2005:48)라고 밝혔다. 맹문재는 자아인식이 김명순의 시의 주요 주제(맹문재, 2005:441~462)라고 밝혔고, 최영표는 사람들이 그녀에게 온갖 소문의 진앙지라는 사실을 반복적으로 주입하였으며, 그녀는 그러한 다수의 횡포에 맞서 다방면에 걸친 활동으로 소문을 극복하려고 시도함으로써, 그녀의 삶은 "소문으로 구성된 '신'여성의 삶"이며 "소문에 항거하는 신'여성'"(최영표, 2007:222; 223; 236)이었다고 규정하였다. 다시 말해 김명순이 자전적 글쓰기를 통해서 이루고자 한 것은 세상과의 소통을 통해 자신에 대한 이해를 구하는 것이었고 자신의 삶의 경험을 표현함으로써 자신의 정체성을 드러내고자 하였다는 것이다.

김명순이 구체적으로 드러내고자 했던 자신의 정체성의 내용이 무엇인가에 대한 연구도 부분적으로 이루어졌다. 문미령과 홍인숙은 김명순은 무너진 자아를 되찾기 위해서 자기 스스로를 재규정하려고 시도하여, 사회가 부르는 자신의 이름 대신에 스스로 자기 이름을 재명명하는 것을 통해 주체의 잃어버린 자리를 되찾기를 소망한다고 본다. 그리하여 사회적 시선으로 자신을 규정하게 내버려두지 않고 적극적으로 자아를 규명하려는 노력은 자신의 이름을 재명명하는 행위로 나타나, 김명순은 세상의 시선에 대항하여 자신을 "귀한처녀", "착한처녀", "귀여운 처녀", "명예심 많은 처녀", "불쌍한 아이", "아직 늙지 않은 아이", "아직 젊은 사람", "예쁜 딸", "애처로운 내 아기", "명예심 많은 처녀", "점잖지 못한 것을 몹시 꺼리고" 싫어하며, "정숙한 여자"가 되어 양반가문의 핏줄로서 "부잣집 며느리"이며 "행세하는 집 젊은 부인"이 될 여성으로 자신을 명명한다(문미령, 2005; 홍인숙, 2007:116)고 하였다. 신지영과 신혜수는 김명순이 스스로 "이리 새끼나 호랑이 새끼 같은 사나운 여자"라고 명명한 것에 주목하였다. 이는 정숙한 여자와 불량한 여자라는 신여성에 대한 이분법에서 탈피한 새로운 여성상을 제시한 대목으로 새로운 주체적 여성정체성으로 "탕녀"가 아닌 심술궂고 사나운 여자로 스스로를 재규정하려는 노력(신지영, 2003, 331; 349; 신혜수, 2009, 58)이라고 보았다. 그러나 문미령은 이렇게 김명순이 스스로를 순결한 처녀, 착한 아이이며 조선의 선구자로 정체성을 명명하는 것은 "서사적 자아를 허구화시키는" 것으로, "의도는 강박적 자기보호와 존재 증명을 위한 것"으로, 실제의 경험적 자아와 일치하지 않으며 실제적 자아는 "탕녀"와 "서자 출신의 나쁜 피"를 가진 "헛된 공명심에 사로잡힌 기만적 방종의 존재"(문미령, 2005:27; 23; 56)라고 비판한다.

　김명순 문학연구에 있어 어머니로 인한 정체성의 갈등은 그녀 문학연구의 초점이 되었고 비교적 자세하게 연구되었다. 신혜수와 신달자와 김정자

(신혜수, 2009:50; 신달자, 1980; 김정자, 1990)는 김명순은 시「재롱」,「탄실의초몽」,「외로음의부름」,「긔도」,「꿈」,「才弄」,「옛날의노래여」,「향수」,「긋쳐요」 등 다수의 작품에서 어머니에 대한 애절한 그리움과 연민과 후회의 정을 드러낸다고 본다. 특히 신혜수(2009)는 김명순이 초기에는 어머니로부터 탈주하고자 하며, 중기에는 어머니에 대한 거부와 동일시의 양가감정으로 혼란스러워 하며, 후기에는 어머니를 깊이 이해하게 된 작품 속 여성인물이 모성성을 추구하는 모습으로 변모한다고 말한다.

또한 김경애는 김명순이 글을 통해 자신이 데이트 강간과 이에 이은 2차 성폭력의 피해자이며 동시에 이를 극복하는 생존자로서의 자신을 드러내려고 했음을 밝힌바 있다. 구체적으로 김명순이 강간당한 사실이 어머니가 기생 출신 소실이라는 것 때문에 증폭되어 매도되자, 김명순은 죽음에의 유혹에 시달리면서 자살을 시도하였고, 연애와 결혼과 성관계를 기피하는 등(김경애, 2011:31~82), 슬픔으로 일생을 지냈다고 해도 과언이 아니었음을 밝혔다(김경애, 2011:51~57; 홍인숙, 2007). 김정자 또한 김명순이 사랑을 노래할 때 언제나 애처로움과 슬픔의 정조를 동반한다(김정자, 1990:59)고 보았다.

그러나 선행연구에서 김명순이 스스로 자신을 드러내고자 했던 정체성은 부분적으로 드러났을 뿐이다. 김명순은 "살기를 원해서 썩어진기둥으로 긔 왓장을 밧처온것을 도모지혜아려주지못했다"(일련(一蓮), 1924:644)고 절규하였고, 시「들니는소래들」에서 여덟 가지 "소래"를 통해 세상을 향한 울분을 토로하였으나 자신의 항언이 세상 사람들에게 받아들여지지 않자, 다시 부르고 대답하기를 반복(최영표, 2007:238)하였지만 "김명순의 '억울하다'는 말은 결국 세상에 한 번도 가 닿지 않았"(홍인숙, 2007:110)던 것처럼 김명순이 자신에 대해 말하고자 했던 정체성에 대한 이해는 아직도 부족하다.

따라서 이 연구는 김명순에 대한 총체적이고 객관적인 평가에 앞서, 김명순이 스스로 그토록 드러내어 이해받고자 했던 자아정체성이 무엇이었는지를 밝히는 것을 목적으로 한다. 다시 말해, 가부장제가 엄존했던 시대에 전통여성의 굴레를 벗어던지고 새로운 삶을 살고자 했던 김명순이 신여성 개인으로서 자신의 삶에서 지향했던 바를 밝히고자 한다. 또한 가부장제 사회가 김명순에게 가혹하게 퍼부었던 비난에 대한 그녀의 항변을 통해 그녀의 고뇌를 이해하고, 가부장제를 굳건히 지키고자 했던 근대 남성지식인들에 대항하였던 신여성 김명순의 처절한 삶의 고통을 이해하고자 한다. 더 나아가 근대 남성지식인들이 김명순을 왜 유독 가혹하게 매도했는지를 논의하고자 한다.

이에 앞서 김명순에 대한 타자들, 즉 지식인 남성들의 태도를 살펴보고자 한다. 김명순이 자신을 드러내고 설명하려고 했던 배경에는 당시 지식인 남성들을 중심으로 김명순을 규정하고 이를 바탕으로 비판하고 조롱하였던 사실에 크게 기인한다. 김명순은 남성지식인들이 유포한 소문과 이미지에 대항하기 위해 자신을 드러내고자 하였다. 따라서 타자들이 만들어낸 김명순의 이미지(정체)는 김명순의 항변을 이해하기 위한 바탕이 된다.

2) 타자들이 만들어낸 김명순의 이미지

일제강점기하에서 근대교육을 통해 출현한 신여성들은 세간의 관심의 초점이 되었다. 일찍이 일본에 유학한 신여성이며, 화려하게 문단에 등단한 근대 최초의 여성작가인 김명순은 당시 전통여성의 삶의 모습과는 달리 근대 교육을 받고 사회활동을 하는 새로운 여성상으로, 대중들의 관심의 대상이 되기에 충분하였다. 그러나 평양 부호의 기생 출신 소실의 딸로, 데이트 강간당한 사실이 세상에 알려지면서 김명순은 부정적인 호기심의 대상이 되어 신여성 중에서 그 어느 누구보다도 많은 비난과 조롱에 시달렸다.

김명순에 대한 비난과 조롱에 앞장선 것은 근대 남성지식인이었다. 직접적으로 김명순을 공격한 대표적인 남성지식인은 김기진으로, 그는 김명순의 혈관 속에는 기생 출신의 평양 부호의 소실이었던 어머니의 피가 흐르고 있어 태생적으로 부정한 여성이라고 전제하고, 김명순의 성격은 방만하고 무절제한 타락한 여자이며 시들고 불행한 여성이자 정열도 없고 뻗어나갈 힘이 없는 여성이라고 매도한다(김기진, 1924:47; 49~50). 「은파리」(미상, 1927:80~83)[1] 또한 김명순을 두고 "처녀 시인이 처녀가 아니면서 처녀 행사를 한다"는 기사를 쓴다. 그 이전에 1921년 잡지 『개벽』에 "혼인날 신랑이 세넷씩 달려들가봐 독신생활을 하게된 독신주의자", "피임법 알려는 독신주의자"(목성, 1921:111)라는 글이 실린 바 있으며, 그 외에도 장발산인(長髮散人)이라는 가명을 쓰는 필자는 "이제는 아기의어머니가 되엇스나 아기의 성을 무어라고 부쳐야할지 몰라 애를 쓰는 김명순"(장발산인, 1927:74~77)이라고 서슴없이 비하하면서 김명순이 혼외 자식을 낳은 것으로 유추하고 있다.[2]

　김명순은 남성소설가에 의해 전기물의 모델로 다루어지면서 오해의 대상이 된(신달자, 1980:4) 전형적인 경우이다. 김동인이 1939년에 발표한 소설 「김연실전」의 여자주인공 김연실이 도덕관념이 전혀 없는 여성으로 그려졌고, 이보다 훨씬 이전인 1923년에 독립운동을 하는 조선 젊은이들의 삶을 다룬 나카니시 이노스케(中西伊之助)의 소설 「너희의 배후에서(汝等の 背後よ

---

1 「은파리」의 필자는 방정환으로 알려져 있다.

2 이명온(1963:292~296)이 다시 김명순이 임노월의 사생아를 낳은 것으로 기술하여 최근까지 김명순이 사생아를 낳은 것으로 거론되고 있는데(최혜실, 2000:354), 이는 김명순이 성적으로 문란했음을 반증하는 증거가 되고 있다. 그러나 이명온의 책에서 김명순에 대해 기술한 부분은 소설 문체로 그 내용을 신뢰하기 어렵다. 이 책은 나혜석에 관한 기술에서도 기본적인 연도와 사실에서 여러 가지 오류를 범하고 있다. 예를 들면, 나혜석이 파리로, 남편 김우영은 미국으로 각각 혼자 여행간 것으로 기술하고 있고, 남편 김우영과 첫사랑 최승구의 이름을 오기하는 등 여러 가지 사실에서 오류를 범하고 있다. 이 책 내용이 전반적으로 신빙성이 희박하다는 점에서 김명순에 대한 내용도 신뢰하기 어렵다.

리)」의 성적으로 분방하고 음란한 여주인공 권주영이 김명순을 모델로 했거나 김명순과 유사하다는 소문이 떠돌면서 김명순은 이미 크게 상처를 받은 바 있다.

「김연실전」이 연재되고 김명순이 충격으로 종적을 감추고 난 이후에도 그녀에 대한 매도는 계속되었다. 김동인(1941)은 김명순이 마침내 "몰락, 타락, 방황을 거듭하다가 그 종적조차 없어진 사람"으로 그렸다. 또한 그는 김명순을 "남편 많은 처녀", "처녀과부"라고 일컬었고 "영업직 매녀 아닌 여인"(김동인, 1948:46; 47)이라고 비하하고 조롱하는 데 앞장섰다. 전영택(1963:251~254)은 김명순을 출생의 배경으로 인해 "변태적으로 살아가고 방종, 반항의 생활"을 했다고 써서, 김명순에 대한 부정적 이미지가 지속되는 데 영향을 미쳤다. "폐허 동인 시절"을 주제로 한 좌담에서(미상, 1958:36~38) 이병도, 변영로, 황석우, 오상순, 김영환 등은 김명순을 회상하면서, 작가로서의 능력을 인정하였으나, 이병도가 김명순이 자신의 집에 기거하던 때 김명순이 절망하여 울던 모습과 행방불명이 되기까지를 회상하자, 나머지 참석자들은 김명순에 대한 걱정보다는 이병도와의 성적 관계를 의심하는 농담과 비아냥거림으로 일관하면서 폭소와 웃음을 그치지 않았다. 이 기사에서도 김명순이 남성지식인들에게 성적 조롱의 대상이었음이 여실히 드러난다. 이와 같이 가부장적 인식에 사로잡혀 있던 당시 남성지식인들은 김명순의 섹슈얼리티에 대한 무지와 몰염치한 전횡(임종국, 박노순, 1966:151)을 서슴치 않았고 그녀의 작품에 대한 온당한 평가를 하기보다는 남성과의 관계에 대한 가십거리를 만들고 조롱하였다.

그러나 홍효민은 그가 집필한 『문단측면사』에서 김명순이 스캔들에 있어서 이렇다 할 아무런 사건은 없었으며 영어와 불어가 가능하다(홍효민, 1966:342)라고 쓰고 있다. 또한 임종국과 박노순은 "그녀를 익히 아는 사람들이 하나같이 말하기를 악의 없고 선량하나 자만심이 강"하였고 "창부 타입 여성이 아닌 성적인 면에서는 지극히 담백"하였다는 것으로 입을 모은다(임종국, 박노순, 1966:137)고 증언한다. 김명순이 활동할 당시 김명순에 대해 호의적으로 쓴 글은 춘해(최서해)(1925:168)가 1925년에 쓴 글이 그 시초이다. 춘해는 김명순에 대한 김기진의 공개장을 비판하고 김명순을 동정하면서 귀한 여류 문사인데 아끼고 북돋아주어야 하며, 김명순이 열심히 글을 쓰기를 바란다는 글을 발표하였다. 김명순이 악의적인 소문으로 인한 고통 속에서 일본 유학하던 1933년 다시 김명순에 대한 호의적 글이 등장하였다. 이 글에서는 김명순이 동경에서 밤에는 행상을 하는데 칫솔, 치약, 양말, 조선 엿과 낙화생 같은 과자를 팔아서 학비를 조달하여, 프랑스 문학과 음악 공부를 하기 위해 프랑스에 유학가려고 '아테네 후란쓰'라는 불어학원을 다니면서 열심히 공부하고 있으며, 뛰어난 재능으로 선생님과 동료들로부터 칭찬을 받고 있음을 전하면서, 어려운 가운데에서 꿋꿋하게 공부하는 김명순이 곧 "찬란한" 명성을 떨칠 것을 기대하였다(미상, 1933:87). 또한 청노새(1935:80)는 김명순의 시가 매우 슬프다고 하고, 이는 슬픈 로맨스로 인한 것이라고 밝히면서 김명순의 시를 높이 평가하였다. 그 이후 안석영(1938:308~315)은『조선문단 삼십년 측면사』에서 김명순의 전성기 활동을 언급하고 현재의 쇠잔한 모습을 애틋한 시선으로 묘사하면서 여전히 원고를 써가지고 다니는 의지를 높이 사며, 김명순을 모태로 하는 후대 여성문인들이 김명순을 존중하지 않는 태도를 비판했다(신혜수, 2009:91).

김명순의 외모는 찬사의 대상이었다. 최서해는 김명순이 "얼굴에 죽은 깨가 많지만 아름답고 열정과 냉정을 드러내는 반짝이는 눈"을 가졌다고 묘사한바(춘해, 1925:168) 있으며, 전영택도 "양의 용모는 미인이라면 미인에 속할 수 있는 여인"(전영택, 1963:252)이라고 기술하였다. 청노새는 "당홍치마에 굽놉흔 구두를 신고 머리에 호접을 그린 비녀를 하여 지고… 명문의 숙녀도 따르지 못할 단아하고도 정숙한 맛이 도랏다"(청노새, 앞의 글, 80)고 기록하고 있으며, "연자(妍細)한 자태"와 "희세(稀世)의 미모를 가지엇다"(미상, 1930:56; 미상, 1931:25)고 기술하고 있다. 그 밖에 1948년 김억(안서)은 자신의 민요시집에 실은 「탄실이」라는 시에서 떠도는 불쌍한 탄실이(김명순)를 걱정하고 그리워한다.[3]

이와 같이 김명순에 대해 당시 긍정적인 평가도 있었으나 그 목소리는 미약하였고, 남성작가들이 악의적으로 또는 냉담하게 묘사한 김명순의 삶의 모습은 지금까지도 영향을 미쳐 김명순은 신여성을 연애지상주의자나 탕녀로 몰아붙일 때 좋은 예(최혜실, 2000:352)가 되었고 "연애가 파멸시킨 신여성"(이철, 2008:161)이며 "자유연애주의의 비극"(송호숙, 1999:226~230)의 산물이 되고 있다. 『김명순 작품집』(2008)의 해설 표제도 "자유연애를 신봉한 용감한 신여성 '김명순'"으로 명기되어 있으며, 편집자 송명희는 이 해설에서 김명순은 자유연애의 근대적 이상을 종교처럼 신봉하였고 자신의 작품을 통하여 집요하게 추구하였다고 주장한다. 또한 남녀문인을 통틀어서 김명순만큼 철저하게 연애지상주의를 주창한 작가는 없었다며, 그 작품의 주인공들은 어김없이 연애지상주의 신봉자(송명희 엮음, 2008:20~21)였다고 해설한다. 김명순에게 호의를 가지고 쓴 임종국, 박노순과 최혜실(임종국, 박노순, 1966; 최혜실, 2000)도 김명순이 김찬영과 동거하였고, 길진섭과 하룻밤의 정사를 나누고 나체 모델로 섰다고 하였고, 소설가 K와의 하룻밤 정사를 하였고, 숨어서 사생아를 낳고 그 사생아의 아버지가 R씨라고 싸우다가 정신적 타격으로 정신분열증으로 인한 정신병에 걸렸고, 또한 고아원을 차리겠다며 돈을 구걸하였다는 내용 등을 기술하여, 김명순에 대한 확인되지 않은

---

3 지나간 삼월에 이별한/평양 탄실이는/아직도 나를 믿고/그대로 있을까./바람에 떠서 도는/뜬 몸이길래/살뜰이도 못 내그려/예도록 안 잊힌다./예도록 안 잊는 몸을/불쌍이나 생각하고/아직도 탄실이는/그대로 있을까.

사실이 이들을 통해 재생산되었다. 그리하여 김명순은 지금까지도 근대 남성지식인들이 유포한 이미지 속에 갇혀 있다.

3) 연구방법

선행연구에서 밝혀진 바와 같이 김명순의 글쓰기는 자전적이며 고백체로, 이 연구가 김명순이 스스로 드러내려고 한 자아정체성을 규명한다는 점에서, 김명순이 쓴 글을 이 연구의 주요 텍스트로 사용하였다. 김명순은 소설 20편, 시 79편(개고 포함), 수필 15편, 평론 3편, 희곡 3편, 그 외 번역작품 등(서정자, 남은혜, 2010), 많은 글을 남겼다. 특히 자신의 과거를 해명하고 자신의 억울함을 토로하기 위한 장르로 직접적으로 사용(문미령, 2005)했던 수필을 기본 분석 자료로 하였다. 이와 함께 시, 소설, 희곡, 평론을 분석하여, 김명순이 자신에 대해 드러내고자 했던 바를 명료하게 하는 데 활용하였다.

자전적 소설은 실제의 삶과 정확히 일치하지 않는다는 점에서는 소설이지만, 삶에 있어서의 자신의 내면적 진실을 드러낸다는 점에서는 자전적이다. 희곡 역시 김명순은 자신의 아명을 사용하는 등 자신과 유사한 인물을 주인공으로 내세우고 자신의 삶의 고통과 번민을 풀어가는 방식으로 작품을 구성하고 있다(문미령, 2005:4). 특히 '탄실' '긔정' 등 자신의 어린 시절 이름과, 필명 '망양초'를 제목에 붙이거나 작중 여성인물의 이름으로 사용한 소설 「탄실이와 주영이」와 「초몽」, 희곡 「두애인」 등은 직접적으로 자신의 내적 고백을 드러내고자 했던 것으로 볼 수 있다.

실제로 있었던 사건을 소재로 한 소설 「칠면조」와 「꿈뭇는날 밤」과 소설적 장치를 사용하고는 있지만 김명순 자신의 심정을 고백하는 소설로 꼽히고 있는 「외로운사람들」, 「손님」, 「나는사랑한다」 등(이태숙, 2002:320)의 작품도 주요 분석의 대상이다. 시에 있어서도 역시 김명순은 자신의 생각과 심정을 드러내고 있는데, 특히 「시로쓴 반생기」는 제목에서 볼 수 있듯이 어린 시절부터의 자신의 인생을 시로 되짚어 회고하고 있다. 이러한 김명순의 고백체이며 자전적 글을 분석, 논의하고자 한다.

2. 김명순의 자아정체성

1) 지적인 나

(1) 지식욕과 열심히 공부하기

김명순은 근대 여성에게 주어진 교육의 기회를 누린 일세대 여성이었다. 8살이 되던 해부터 어머니에게 학교에 넣어달라고 졸랐는데(김명순, 1924a:479), 오빠가 공부하는 옆에서 오빠가 "외우려다 못외운 것을 자신이 외우자 어머니가 칭찬하면서 여자가 글을 잘하면 옛날에도 퍽조흔여자가 되더란다. 너글배우고 십흐냐"(김명순, 1936:692)라고 묻는 것을 계기로 학교에 입학하였다.

김명순은 1902년부터 평양에서 남산현학교에 다녔는데 1년 반 만에 3학년까지 진급하였다. 그 이후 사창골학교로 전학하였고, 1909년 12월 서울 진명여학교로 유학하여 졸업하였다. 그리고 일본으로 건너가 일 년여 준비 끝에 1914년 국정여학교에 입학하여 1년 반 정도 다니다가, 다시 숙명여자고등보통학교를 다녔다. 그 이후에 다시 일본으로 유학하여 음악을 공부하였고, 1934년 세 번째로 일본으로 유학하여 프랑스 또는 독일로 유학가기 위해 동경 간다의 '아테나 프랑스'라는 학원에 다니며 불어를 공부하였고, 그 이후 상지(上智)대학의 독문과에 다녔다. 1934년 봄 무렵에는 법정(法政) 대학의 불문과, 영문과, 독문과에 청강하며 열심히 공부하였으나 프랑스나 독일유학은 실행하지는 못했다(서정자, 남은혜, 2010:829~837).

김명순의 지식욕은 남달리 컸던 것으로 보인다. 어릴 때부터 영특했던 김명순은 자전적 소설 「탄실이와 주영이」에서 "그의지식욕은 나날이늘어갓다그리고 이상한보지안튼 것을보고십허하는 호기심도나날이물신물신자랏다"라고 쓰고 있다. 진명여학교를 4등으로 졸업한 이후에도 아직도 "산가튼지식욕을 제어할수가업서서" 몹시 번뇌하였다고 고백한다. 또한 첫 데이트 상대였던 태영세에게 끌리면서도 "죽도록공부하고십헛다"라고 남자와의 사랑과 공부 사이에서 갈등하였음을 고백한다. 더 나아가 태영세를 만나면서 공부를 열심히 하지 않는 자신을 "내가게으러젓다 내가타락하여 간다"(김명순, 1924a:494; 501~501; 509)라고 묘사하여 그전 같이 열심히 공부하지 않는 자신을 "타락했다"라고 간주하는데, 이는 역설적으로 김명순의 공부에 대한 열망을 드러내는 것이다.

또한 1927년 자살을 결심하고 편지를 정리하다 누구인지 알 수 없는 사람이 보낸 편지에서, 애(사랑)는 무한대한 것이니 아름다운 K양(김명순을 지칭함)이 혼탁한 사회에서 아름다운 구원의 여성이 되기를 바란다는 내용을 읽고, 이 편지의 참뜻이 무엇인지를 생각하게 되었다고 하면서 "사람이세상살기는 사랑이아니고, 「의문」 째문이라고 늣기면서" 알고자 하는 지식욕 때문에 살기로 결심(김명순, 1928e:679)하였다고 할 정도로 김명순은 강한 지식욕을 가졌다.

지식욕이 강했던 김명순은 진명여학교 시절 두 달에 걸친 긴 방학 동안에도 서울에 가서 할 공부를 미리 준비하는 등 공부에 진력하였고 성적이 뛰어났다(김명순, 1924a:491; 498). 시 「시로쓴 반생기」에서도 "탄실이는 글도속히앞섯다/…아이들은 시험때 내시험지벡기고/…/울다가 공부도잘하고/…/그래도우등은 하엿다나"(김탄실, 1938a:227~228)라고 읊으면서, 책 읽고 책거리하였던 것을 회고한다. 또한 시험을 치르고 난 후 얼굴이 빨갛게 상기되자 친구는 그 이유를 너무 공부를 잘해서 그렇다고 하며, 여자가 재봉에 낙제를 해도 공부만 잘해서 1등만 하면 그만이라면서 얼굴까지 염려할 것이 있느냐라고 비아냥거렸고, 반에서 무슨 글자든지 탄실에게 물어보면 다 가르쳐내는 고로 얻은 별명으로 자전(사전)이라고 놀리면서 "저런 독종"에게 누가 이길 수가 있나(김명순, 1924a:496)라고 했다고 쓰고 있다. 소설 「손님」에서 김명순 자신이 모델인 여주인공(삼순)을 어떤 사람은 말 못할 독종이라고 무서워했는데 이는 과도한 공부로 선생들이 놀라워하는 것을 보고 지은 것(김탄실, 1926:537)이라고 기술하고 있을 정도로 열심히 공부하였다.

김명순은 또한 "열살이 못된어린몸으로서울에와서 우등다툼에열이낫섯"(김명순, 1936:693)다고 회고하고, 공부에 대해서 매우 경쟁적이 되어 전과 같이 유순하고 민첩하지 못하고 심히 옹졸하고 심술스럽게 되어갔다고 하면서, 무엇이든지 경쟁이라고 이름 짓고 하는 일이면 죽을지 살지 모르고 기어이 승리를 얻기까지 다투었다(김명순, 1924a:492)고 고백한다. 김명순은 학교 공부의 경쟁에서 앞서기 위해 노력하면서 자신의 성정이 변해가고 있음을 인식한다.

그런데 김명순은 학교에 다니지 못하게 될까봐 두려워한다. 혼인 말이라도 나면 학교로 돌아가지 못할까봐 이를 극력 반대하고(김명순, 1924a:491), "자라면서각씨함갓흔 것(시집가는 것)은 쑴에도생각"하지 않았다(김명순, 1936:693)고 고백한다. 또 자전적 소설 「탄실이와 주영이」에 의하면, 진명여학교를 졸업하자 어머니는 탄실이가 소학교의 교원이 되어 살림에 보탬이 되었으면 하였고,[4] 담임선생이 몇 번이나 모교 교원으로 남으라고 했으

---

4 김명순, 1924a:480~483에는 어머니가 탄실이가 진명여학교 재학시절에 사망한 것으로 알려져 있어 이 내용과는 배치된다. 어머니의 사망년도에 대한 확인이 필요하다. 알려진 대로 김명순이 진명여학교 졸업 전에 어머니가 이미 사망한 경우에는 경제적으로 어려워진 가족들이 김명순에게 취업하기를 기대한 것으로 해석할 수 있다.

나 지식욕을 제어할 수 없어 더 공부하기 위해 거절하였다. 또 이 자전적 소설에 의하면 아버지의 빚을 어머니 산월이 떠안아 빚쟁이들이 찾아와 탄실이를 기생을 시키라는 말을 할 때면 "불가티셩을 내엿다"고 한다. 김명순은 더 많은 공부를 하여 어머니와는 다른 삶을 살고자 하는 자신의 열망을 꺾으려고 하는 것을 용납하지 못한다.

그리하여 자신은 더 이상 "죠흔아애"도 아니며 점점 "무어시든지다－보수를하고십흔쳐녀가되엿다. 한마듸모욕을백마듸로갑고싶헛"으며, 이때에 이르러서는 그 마음속에는 어릴 때부터 뿌리박은 종교는 싹도 없었다고 고백한다. 자신의 공부에 대한 열망을 제어하려는 어떠한 것에도 "그는살기가등등해서" 저항한다. 일본 유학을 떠날 때는 공부에 대한 열망으로 "착한 여자가 아니라 이리새끼나 호랑이 새끼 같았다"(김명순, 1924a:501;474)라고 하여, 자신의 꿈과 의지를 지키기 위해 사나운 나로 변하였다고 스스로 토로한다.

김명순의 소설의 여주인공들도 공부를 열심히 하는 여성들이다. 자전적 소설 「영희의일생」에서도 여주인공(영희)의 이층 서재를 속세 시간의 제한을 받지 않는 공간으로 묘사하고, 공부하고 책 읽는 여주인공의 모습을 그리며, 여주인공이 병석에 누워서도 의식이 있을 때면 책을 달라고 조르며 주위를 괴롭혀, 어머니는 몸이 그렇게도 괴로웠건만 조금도 쉬지 않고 공부만 하려든다고 걱정하고, 병석에서 일어나자마자 여전히 지식욕이 일어나기 시작하여 공부하려고 오전 6시에 일어난다(망양초, 1920:267; 268; 262~263)고 묘사한다.

김명순은 자신의 일본 유학생활의 실화를 바탕으로 쓴 소설 「칠면조」에서 밤 11시까지 모든 학과를 복습하고 새벽 5시에 일어나 책을 보다 6시 40분 아무도 없는 학교에서 피아노를 연습하였는데, 피아노는 아침저녁 두 시간 30분가량 연습(김명순, 1921/1922:288)하였다고 기술하여, 공부와 피아노

연습을 규칙적으로, 또 열심히 하였던 것으로 보인다. 소설 「분수령」에서는 현실(결혼)과 이상(공부), 그리고 신앙생활과 봉사생활의 여러 갈래 길에서 고민하는 여주인공을 그리고 있는데, 결국 그녀는 인내와 고난을 의미하는 이상(공부)을 택한다고 그리고 있어, 이 또한 김명순의 공부에 대한 열망을 드러낸다. 또한 희곡 「두애인」의 무대 장치는 좌우 벽 앞에 책을 가득 담은 책상들이 가지런히 놓여 있는데, 주인공 안해(긔정)는 여학생 기분을 버리지 않고 공부할 생각만 가지고 있다고 남편이 불평할 정도로, 더 공부할 책을 사든지 사회사업을 하기 위해 하녀와 안잠자기를 해고하고, 책을 탐독하는 여성으로, 밤낮으로 책읽기에 열중한다(김탄실, 1928:729~757). 그 밖에도 책을 보는 여주인공의 모습은 김명순의 소설 「칠면조」, 「도라다볼째」, 「쑴뭇는날밤」, 「나는사랑한다」, 「일요일」 등 대부분의 소설에서 묘사되어있다.[5]

그러나 김명순은 10여 년간 아버지의 명령을 위반하고 지식을 추구하고 공부하였지만 무엇을 알았다기보다 다만 모르는 범위가 점점 넓어질 뿐이라고 한탄하면서 "가장깁히연구한일과목을 아는자로대하여야할 것이다" 하여 전문가가 되어야 한다고 생각하였다. 그리하여 음악가, 문학가, 미술가, 정치가, 종교학자, 철학자 중에서 한 분야의 전문가라 되어야 할 것(김명순, 1925b:673)이라고 생각하며, 이를 위해 프랑스와 독일 유학을 꿈꾼다.

다른 한편 김명순은 때로는 공부에 대한 회의를 드러내기도 한다. 소설 「일요일」에서 한 시골 농부가 공부를 많이 한 서울 사람들은 불행하다고 언

---

5 소설 「칠면조」에서 여주인공(순일)은 학교를 결석하고 누워서 인도의 전설을 탐독(김명순, 1921:290)하며, 소설 「쑴뭇는날밤」은 여주인공(남숙)이 도서관에서 늦게 돌아온 것으로 시작된다(김탄실, 1925:513). 소설 「도라다볼째」(김명순, 1924e:345; 357; 367)와 「나는사랑한다」(탄실, 1926:555; 556)에서도 여주인공(소련과 영옥)이 각각 책 보는 장면이 등장한다. 소설 「일요일」에서는 병든 여주인공(희경)이 "공연히 공부공부" 한다고 (김명순, 1928d:576) 비판할 정도로 공부에 열중하는 인물로 묘사한다. 시 「심야에」에서도 "산같이 그득싸힌/책O을 치어다본다/하나씩 사드리던 고난을 회상한다"(김탄실, 1938c. 「심야에」:238~239)고 노래한다.

급하며, 자신들은 공부를 많이 하지 않았지만 좋으면 그저 웃고 슬프면 울고 사랑스러우면 서로 끌어안고 잘못하면 싸우고 때리기까지 하다가 불쌍하면 서로 위로하고 서로 헤어지지 말고 같이 사는 것만이 필요하며 그 외에 복잡한 일은 소용없다고 생각한다고 기술하여(김명순, 1928d:578~579), 지식이 사람을 행복하게 하는지에 대해 회의하며 공부를 많이 못한 농부들의 삶이 단순하고 행복한 것이 아닌가 하는 생각을 드러낸다.

요컨대, 김명순의 지적 열망은 컸다. 그리하여 혼인을 하거나, 경제적인 어려움에도 불구하고 취업하기보다는 학교에 다니면서 공부를 계속하여 전문가가 되고 싶었고, 어머니와는 다른 삶을 살고자 하였다. 그리하여 자신의 열망을 관철하는 데 방해가 되는 것에 대해 성정이 사나워져 호전적으로 변하였고 공부를 잘하겠다는 열망이 커서 스스로 경쟁적으로 변모했다고 토로한다.

(2) 김명순의 지적 편력

희곡 「두애인」의 여주인공 이름 긔정은 김명순의 아명인데, 이 여주인공은 종교, 철학, 신화, 예수교리, 청교도적 헤브라이즘에 관한 책 등 다방면에 걸친 책을 읽고, 틈 있는 대로 도서관에 다니고 어학을 배우며 책 사러 외출을 한다(김탄실, 1928)고 묘사하고 있다. 이 여주인공의 지적 편력은 김명순 자신의 지적 편력을 그대로 드러낸 것으로 볼 수 있다. 이와 같이 김명순은 다양한 방면의 지식을 쌓았다.

김명순이 지식을 얼마나 광범위하게 쌓았느냐 하는 것은 작품에서 다양한 서구 작품과 작가를 인용하거나 언급하는 것에서도 알 수 있다. 먼저 김명순은 그리스 로마 신화에 나오는 신을 여럿 언급한다. 시 「향수」(1923)에서는 그리스의 신화에 등장하는 학예의 여신으로 일반적으로 시나 음악의 신으로 알려진 '뮤즈'와 로마 신화의 사랑의 여신인 '아몰'(김명순, 1923:88; 89)

을 언급하며 자신의 사랑의 감정을 토로한다. 어머니를 그리면서 쓴 수필에서 "벼랑틈의 「니오베」[6]의 탄식"(망양초, 1925:646)이라고 인용하여 자식을 한꺼번에 잃은 '니오베'의 슬픔을 통해 자신의 어머니의 슬픔을 묘사한다. 시 「빗흘바래고」(망양초, 1925:165)에서 다시 '니오베'를 거론하며, 이와 함께 '단다르스'[7]를 언급[8]하는데, 속임을 당해 트로이를 멸망하게 했던 장수 '단다르스(판타로스)'를 통해 자신이 속임수에 빠져 데이트 강간을 당한 것을 탄식한다.

또한 소설 「일요일」에서 여주인공이 "지옥의 수괴 「하듸쓰(하데스)」[9]에게 기름과 살을 다 빼앗겼는지 창백한 시든 피부와 여윈 긴 체구 여자[10]가 청년에게 등을 향해 흐느껴 울었다"(김명순, 1928d:575)라고 묘사한다. 또한 김명순은 수필 「렐업는이약이」에서 그리스 신화의 얼포이쓰(오르페우스)가 하데스가 제시한 조건을 어기고, 아내가 지옥으로부터 벗어나 자신을 따라오고 있는지 확인하기 위해 뒤돌아봄으로써 사랑하는 아내를 영원히 잃은 슬픔을 자신의 처지와 슬픔에 빗대어 표현한다(일련, 1924:638).[11]

또한 소설 「칠면조」에서 여주인공(순일)은 학교를 결석하고 누워서 인도의 전설을 탐독(김명순, 1921/1922:290)한다는 구절이 나오는데 그리스로마 신

---

6 '니오베(Niobe)'는 그리스 신화에 나오는 여성으로 7명의 아들과 7명의 딸을 아폴론과 아르테미스에게 죽임을 당하여 모든 자식을 한꺼번에 잃고 비탄에 빠져 울며 세월을 보내다 돌이 되고 말았다.

7 '단다르스'는 '판다로스(Pandaros)'의 오기로 보인다.

8 "니오베의장한을바랄지언저/단다르스의탄식이야왜바래/"(망양초, 1925:165)

9 '하듸쓰(하데스)'는 그리스 신화에 나오는 명계의 신.

10 청백한 시든 피부와 여윈 긴 체구 여자는 김명순 자신을 묘사한 것으로 추정된다.

11 리라(거문고) 연주에 능했던 얼포이쓰(오르페우스)가 아내를 잃고 비탄에 빠져 지내자, 그를 사랑한 트리키아 여인들은 그가 자신들을 무시했다고 생각하여 그를 갈가리 찢어 죽였는데, 제우스가 그의 리라를 하늘에 올려 별자리로 만들었고, 이를 거문고자리라고 일컫는다.

화 외의 다른 나라의 신화에도 관심이 있었던 것으로 보인다. 그 밖에 그리스와 관련된 것으로는 모든 것은 끊임없이 변화한다는 그리스 철학자 헤라클레이토스의 사상 판타레이(Phanta rhei)를 언급한다(김명순, 1938:232, 맹문재, 2009:189).

외국소설로는 하우프트만의 『외로운 사람들』, 세르게비치 투르게네프(Ivan Sergeevich Turgenev)의 『처녀지』, 단테의 『신곡』, 알렉상드르 뒤마(Alexandre Dumas)의 『철가면』, 오성은의 『서유기』 등을 거명한다. 이러한 외국 소설 중에서 김명순은 세르게비치 투르게네프의 소설 『처녀지』의 주인공 소로민을 소설 「손님」에서 인용하면서, 여주인공(삼순)은 손님을 "귀족이면서도 민중의 설움을 알고 시인이면서 시를 안쓰고" "사람의 속에 자유를 구하는 마음을 가진"(김탄실, 1926:535; 536) 소로민과 같다고 비유하면서 그를 동경하나 그와 같은 삶에 대해 확신할 수 없음에 번민한다.

독일 유학을 꿈꾼 김명순은 독일 작품을 여럿 인용한다. 그 대표적인 것은 게르하르트 하우프트만(Gerhart Hauptmann)의 1890년작, 희곡 『외로운 사람들』[12]로, 기혼남성인 요한네쓰와 미혼여성인 마알은 참사랑을 했으나 마알은 떠나고 요한네쓰는 자살하는 내용을 언급하며 이들은 부모와 처자가 있으나 외로운 사람들이라고 하면서, 김명순은 자신의 소설 「도라다볼째」의 주인공인 기혼남성(효순)과 미혼여성(소련)과의 사랑을 이들의 사랑에 비유하며, 외국 작품이지만 조선 청년의 가슴을 쓰라리게 한다고 말한다. 김명순은 소설 「도라다볼째」를 개고하고 희곡의 두 주인공과 조선의 젊은이들의 처지를 자세히 비교하여 토론하는 부분을 첨가한다(김명순, 1924f:358~361). 김명순은 소설 「도라다볼째」에 연이어서 같은 해에, 하우프트만의 희곡과 같은 제목의 소설 「외로운사람들」을 쓰고 엇갈린 사랑으로

---

12 김명순은 「고적한사람들」로도 명기한다.

외롭게 살아가는 조선의 젊은 남녀의 삶을 묘사하는데, 이 소설은 하우프트만의 희곡『외로운 사람들』로부터 많은 영향을 받았음을 알 수 있다.

김명순은 독일어로 노래를 부른다. 소설「해저문때」에서는 노래(김명순, 1938:594)[13]를 독일어로 명기하고 있고, 시「시로쓴 반생기」에도 독일어로 성스러운 멜로디를 따라 가끔 불러본다(김탄실, 1938:234)[14]고 말한다. 또한 자신이 "말할 수 없이 애처러운 동경을 품은 것과 참혹할 만치 고적한 경우에 있는 것을 력력히" 말해주는 괴테의「미이논(미뇽)의 노래」를 부르며 자신의 외로움을 달랜다고 고백한다(김명순, 1928f:665). 그 밖에도 칸트와 헥켈(헤겔) (〈표1〉 참조) 등의 독일 철학자를 거명하며, "진정한 사랑을 찾자면 참으로 주위의 모든 사정과 환경이라는 자미없는 외각을 먼저 타파해할 것"이라면서 독일의 속담, "호도를 먹으려면 먼저 굿은 외각을 깨치지 않으면 안된다"(김명순, 1925b:679)를 인용한다. 김명순은 독일 유학을 꿈꾸며 독일 문화와 문학 작품에 심취한 것으로 보인다.

김명순은 한때 프랑스 유학을 꿈꾸었는데, 프랑스의 수학자이고 물리학자이자 천문학자이며 과학사상가인 안리(앙리) 포앙카레(Henri Poincare, 1854~1912)를 소설「나는사랑한다」와 수필「시필」(탄실, 1926:558, 김명순, 1928f:666)에서 각각 인용한다. 소설「나는사랑한다」에서 여주인공(영옥)은 안리(앙리) 포앙카레의「만년의 사상(Eerniere's Pensee's)」을 읽는다. 이 책은 저

---

13 Alles, neu macht der m(M)ai/macht die Seele frisch und/frei/Lasst das Kommt hinas/Winder einen Strauss/Rings englaelnzt(enrglaenzt) Sonnen/schein. (5월은 만물을 새롭게 만드는구나/영혼을 생기있고 자유롭게 만드는구나/밖으로 나가자/꽃다발을 엮어 만들자/주위엔 온통 반짝이는 햇빛/5월은 만물을 새롭게 만드는구나)(김숙희 번역). 문장이 정확하지 않은 부분이 있어 독일 노래인지 김명순의 자작곡인지 확인이 필요하다.

14 "Morgenstem voll strahlen pracht/Zier der Himmels-auen"(샛별은 찬란하게 빛난다/하늘을 꾸며라(장식하라))(김숙희 번역) 'Himmels-auen'이란 단어는 없고 문법적으로 올바르지 않아 번역하기 어렵다고 하였다.

자 앙리 포앙카레의 철학과 과학을 주제로 한 강연과 글을 모은 것으로 그의 사후 1913년 출판되었는데, 2002년 한글판 번역자가 "이해하기 어려운"(김성숙, 김형보, 2002:vi) 책이라고 언급하고 있는 것과 같이 이해하기 쉽지 않은 내용으로, 김명순이 이 책을 읽었다는 것은 그녀의 독서 수준이 높았음을 말해준다.

수필 「향수」에서는 니카라과의 국민시인 루벤 다리오(Rubén Darío)의 시 「말카리-다」의 일 소절을 인용하며, 소설 「외로운사람들」에서는 알렉상드르 뒤마의 소설 『철가면』, 영국의 소설가 오스카 와일드(Osca Wild)와 프랑스 시인 벼르렌(폴 베를레느, Paul Verlaine)의 전기를 언급한다(김명순, 1925b:668; 망양초, 1924a.:426; 428). 그 밖에 김명순은 진화론의 다윈과 중국의 『서유기』의 손오공, 윌슨의 민족자결주의론을 언급하였고, 레오나르드 다빈치의 모나리자와 칸딘스키의 콤포지손[構想] 등 화가와 그림에 대해서도 언급한다(〈표 1〉 참조). 김명순은 다양한 서구 작품과 사상, 그리고 미술을 인용하거나 언급하고 있어 그녀의 지적 관심이 광범위함을 알 수 있다.

〈표 1〉 김명순의 외국 관련 저자와 저작물, 지명 인용표

년도	작품	내용	분야
1922	옛날의노래여	레-데(테)의 강	시
1923	향수	뮤즈 아몰(아모르)	시
	선례	간딘스키(칸딘스키) 콤포지손[構想]	소설
	어붓자식	단테의 신곡 레오날드 다빈치의 모나리자	희곡
1924	렐읍는이약이	얼-포이스/얼포이씨(오르페우스)	수필
	도라다볼째	하웁트만(하우프트만, Gerhart Hauptmann)의 희곡 『외로운 사람들』(고젹한사람들)	소설

1924	외로운사람들	알렉상드르 뒤마(Alexandre Dumas)의 소설 『철가면』 오스카 와일드의 전기 벼르렌(폴 베를렌, Paul-Marie Verlaine)의 전기	소설
1925	빗흘바래고	니오베 단다르스(판타로스)	시
	경면독어(鏡面獨語) -어머니의영전에	니오베	수필
	(개고)도라다볼째	다윈, 헥켈(헤겔)	소설
1926	손님	칼멘 소로민(투르게네프(Ivan Sergeevich Turgenev)의 소설 『처녀지(Nov)』의 등장인물 칸트 윌슨의 민족자결주의론	소설
	나는사랑한다	안리(앙리) 포앙카레(Henri Poincaré) 『만년의 사상』	소설
미상	애?	『서유기』의 손오공	수필
1928	시필	보앙카레 (앙리 포앙카레, Henri Poincaré) 괴테의 「미이논(미뇽)」의 노래	수필
	향수	루벤 다리오(Rubén Darío)의 시 「말카리-다」의 일소절 독일 속담 "호도를 먹으려면 먼저 굿은 외각을 깨치지 않으면 안 된다"	수필
	일요일	하듸쓰(하데스)	소설
	두애인	퓨리탄(Puritan) 헤부라이주의(헤브라이즘)	희곡
1938	시로쓴 반생기	헤라클레이트(헤라클레이토스, Herakleitos)의 사상 판타레이(Phanta rhei) Morgenstem voll strahlen pracht/Zier der Himmels-auen/	시

김명순은 외국어 공부를 열심히 하였는데 일본어는 물론이고 영어, 프랑스어 및 독일어를 공부하였다. 프랑스나 독일로 유학가는 꿈을 꾸면서 특히 프랑스어와 독일어를 열심히 공부하여 상당한 수준에 이른 것으로 보인다.

김명순은 외국 소설과 시를 번역하여 조선에 소개하였다.[15] 구체적으로 살펴보면, 잡지 『개벽』 28호(1922년 10월호)에 "표현파의 시"라는 제목으로 표현파의 프란츠 베르펠(Franz Werfel), 헤르만 카자크(Hermann Kasack), 상징파의 모리스 마테르링크(Maurice Materlinck), 레미 드 구르몽(Remy de Gourmont), 후기인상파의 호레스 호레이(Horatius Horace), 악마파의 에드거 앨런 포우(Edgar Allen Poe)와 보들레르(Baudelaire)의 시 9편을 번역하여 발표하였고, 그 다음 호인 『개벽』 29호(1922년 11월호)에는 에드거 앨런 포의 소설 「상봉」을 번역하여 소개하였다(최영표, 2007:241). 1927년에는 『매일신보』에 작가 미상의 「아아 인생」이라는 시를 번역, 소개하였다. 이 작품들은 당시 다른 작가들은 전혀 언급도 하지 않았거나 이전에 번역된 적이 없는 것들로 김명순이 서구 문예 사조에 대해 앞서서 이해하였고 이를 도입하려 했던 의지는 높이 평가해야 할 것이다(신혜수, 2009:40; 41).

1918년 두 번째 일본 유학에서 김명순은 서양 음악을 전공하였는데, 이와 관련된 내용이 수필과 소설에 등장한다. 수필 「계통없는소식의일절」에서는 쇼팽, 리스트, 슈만, 슈베르트, 바하, 브람스, 멘델스존, 베토벤의 피아노

---

15 김명순이 원전을 번역했는지 아니면 일본어로 번역된 것을 다시 번역했는지는 앞으로 밝혀야 할 과제이다.

곡을 번갈아가면서 치는 피아니스트 이야기(별그림, 1924:630~631)를 쓰고 있다. 실화를 바탕으로 한 소설 「칠면조」에서는 조선 사람들 모임에서 늘 여주인공(순일)이 피아노를 쳤다고 기술하며, 소설 「초몽」에서는 자신의 아명인 탄실이 피아노 앞에 앉아서 「춘(春)의 축(祝)」이라는 곡을 연주하였다(김명순, 1921/1922:283; 망양초, 1918b:614)고 묘사한다. 또한 소설 「해저문때」에는 김명순 자신이 모델이 된 여자 주인공과 서양 음악과 관련된 내용을 기술하고 있다.[16] 또한 수필 「렐업는이약이」에는 심포니에 대해 기술하고 있고(김명순, 1924d:638), 시 「굿쳐요」에서는 피아노와 바이올린 소리(망양초, 1924b:106)를 언급하며, 또한 소설 「손님」에서는 비제의 오페라 「칼멘」(김탄실, 1926:535)을 언급한다.

김명순은 영어권, 프랑스, 독일, 러시아, 그리스, 중국, 니카라과, 인도에 이르기까지 다양한 작가들의 소설과 시 등의 문학작품과 신화를 탐독하였고, 철학과 사회사상과 미술에 관한 지식을 섭렵하면서 다방면의 지식을 축적하였던 것으로 보인다. 또한 이러한 지식을 바탕으로 조선에 서구 문학을 번역, 소개하는 역할을 담당하였다. 요컨대 김명순은 지식에 대한 열망으로 열심히 공부하여 서양의 신학, 문학, 철학 등의 폭넓은 지식을 터득한 지적인 신여성이었고 일본어는 물론이고 특히 불어, 독일어에 능통하였다. 더 나아가, 김명순은 서양 음악에 정통한 피아니스트였다.

(3) 열심히 공부하는 이유

김명순은 열심히 공부하는 이유에 대해서 스스로 두 가지를 구체적으로

---

16 "수정 병에 흰 창포꽃을 심어 악성 베-토-벤의 사진과 쇠-판의 사진 앞에 놓았다"(망양초, 1920:268), "바이올린의 소야곡 소리"(김명순, 1921/1922:292), "피아노실에서 을순이, 〈오-내사랑〉을 한마듸하고 삼순이가 바하의 셩경 랑독갓튼 피아노곡을 치다"(김탄실, 1926:549).

지적하였다. 첫째, 김명순이 공부를 열심히 하게 된 배경으로 자신의 가정 환경을 든다. 즉 김명순은 "불행한 운명을 타고난 나는 쓸는듯한 학업에 압설결심과 목덕을 가진 몸"(일련(一蓮), 1924:644)이라고 스스로 규정한다. 또한 명예심 많은 탄실은 어릴 때부터 생각하기를, 누구든지 빈곤한 집에 태어났을지라도 공부만 잘하면 좋은 줄 알았다고 하여 공부를 열심히 하는 목적은 자신이 기생 출신 소실의 딸로 태어난 출신 배경을 극복하여 "정숙한 여자"(김명순, 1924a:486; 500)가 되기 위한 것이라고 밝힌다.

어머니가 사망한 이후에는 어머니가 부재하고 자신을 소실의 자식이라고 따돌림 하는 가정을 탈출하기 위해 유학을 떠난다. 또한 김명순은 고학일망정 계속 유학하여 공부하려는 의식적 활동을 통해 몰이해한 사회 환경과 악독한 주위 사정에 반항하는 것이라고 회고(김명순, 1936:694)하여, 유학은 자신의 출신 성분에 대한 거리두기이며 자신의 태생과 데이트 강간과 관련한 사회적 매도에 대해 항거하는 것이라고 정의하였다.

자신이 소설 「너희의 배후에서(汝等の 背後より)」(1923)의 주인공 권주영과 동일인물이라는 풍문에 항의하며 쓴 자전적 소설 「탄실이와 주영이」에서 주영이는 일본에서 법률을 배워와 일본 사람들에게 원수를 갚겠다고 유학했으나 탄실이는 일본 사람은 어느 정도인가 보자고 시험적으로 유학을 갔으며 자신은 일본 사람들을 숭배하지 않아 일본으로부터 크게 배울 것이 있을 것으로 생각하지 않았다고 밝힌다. 그러면서 김명순은 자신이 일본으로 건너갈 때 권주영과 같이 뜻을 가진 "착한 여자가 아니라 이리새끼나 호랑이 새끼 같았다"(김명순, 1924a:474)라고 하여 주변 환경에 대한 저항으로 유학을 간 것임을 밝히면서, 자신을 권주영과 차별화하기 위해 자신의 일본 유학은 일본의 조선에 대한 침탈과는 무관한 것이라고 거리를 두었다.

그러나 김명순은 자신이 공부하는 또 다른 이유가 일본을 이기고 조선 사회에 공헌하는 것이라고 분명히 밝히고 있다. 같은 소설 「탄실이와 주영이」

에서

> 일본으로가서 일본처녀들과가티공부하고십헛다. 그러고어느째어느학교에서
> 든지 그래본, 그힘을내서전반생도를 쑥눌너놋코십헛다오냐, 이것이모든품갑흠
> 을, 다하는것은 못될망정 나한사람이 이러고 쏘다름사람이종금이후로는 그러한
> 결심을갓게되는날이면우리는 몃칠이안되여 남의압제아래에서 북을치며 버셔날
> 것이다…,하고생각하기를 마지안엇다./그는참으로 일본으로가고십헛다. 거긔가
> 모든사람을이기도록공부해서 품갑흠을하고십다.[17]

고 하여 일본에 가서 일본 여자들보다 공부를 잘해서 일본에 대해 복수를
하고 싶어 한다. 자신이 먼저 공부를 잘해 일본 사람들을 눌러놓고 또 다른
사람이 뒤따르면 결국 일본의 압제에서 벗어날 수 있을 것이라고 생각한다.

이에 앞서 김명순은 우리나라는 약하고 무식하여 역사적으로 늘 강한 나
라의 압제에서 업심을 받았다고 하면서 열심히 실력을 쌓아 벗어나야 한다
고 생각한다. 그리하여 열심히 공부하여 실력을 쌓겠다고 생각한다. 즉,

> 내가생장하는나라는 약하고무식함으로력사적으로 남에게이겨본째가별로업
> 섯고늘강한나라에업심을바덧다. 그러나,나는이경에서버셔나야하겠다. 버셔나야
> 하겠다. 남의나라쳐녀가다섯자를배호고, 노는동안에 나는놀지안코열두자를배호
> 고, 생각하지안으면안된다. 남이것츠로명예를차질째나는속으로실력을가르지안
> 으면안되겟다.[18]

라고 주장한다.

김명순은 「자신이 "남자라면"」이라는 『동아일보』 연재 칼럼에서 여성에
게 정치 사회 문제를 맡기겠다고 의견을 피력하고, 여성들이 정치 사회를

---

17 김명순, 1924a:500.
18 김명순, 1924a:499.

다스린다면 전쟁보다는 평화를 이룰 수 있을 것이라고 밝혔다. 이는 김명순이 당시 식민지 조선 사회에서 이루지 못한 자신의 정치 사회적인 역할에 대한 희망을 간접적으로 밝힌 것으로 볼 수 있다(김명순, 1922b:618~619). 더 나아가 김명순은 시 「향수」에서 새로운 때가 오면 묵은 결박을 끄르고 "온 세상이 비추도록 고향을빛내"(김명순, 1923:89)겠다고 직접적으로도 밝힌 바 있다. 이는 자신이 사회적으로 성공하여 고향을 빛내는 사람이 되겠다고 꿈꾸었음을 드러낸다.

그 밖의 여러 소설의 여주인공들을 통해서도 공부가 사회나 국가를 위한 것임을 피력한다. 즉, 소설 「외로운사람들」에서 여주인공(순희)은 결혼은 안 하고 더 공부를 해서 세상 사람들을 위하여 일하기 위해 일본이나 중국으로 가겠다고 생각한다. 같은 소설의 또 다른 여주인공(전영이)에 대해서 "조선에 필요한 여자는 가시덩쿨 속에 버려둘수 없습니다"면서, 그녀(전영이)는 조선과 우리 사회를 위하여 물, 불속에도 뛰어들 것이며, 전일에 받은 상처를 잊기 위해서는 남이 하는 몇 백배의 노력할 여성(망양초, 1924a:382; 443)이라고 묘사한다. 소설 「나는사랑한다」에서도 여주인공(영옥)에게 "공부 잘 하여서 사회를 위하여 일 많이 하는 여자가 되라고 하더라"(탄실, 1924:560)라고 기술한다. 또한 소설 「손님」에서는 김명순 자신이 모델인 여주인공(삼순)이 "공부하는나를 전민족을 위해 일해보겠다는나"(김탄실, 1926:550)라며 민족을 위해 공부하고 있음을 토로한다.

요컨대 김명순이 공부하는 이유는 자신의 태생적 한계를 극복하고 정숙한 여자가 되어 어머니와 다른 삶을 살고자 하는 것이며 더 나아가 조선 사회와 민족을 위해서 일하겠다는 열망 때문이다.

2) 자부심이 넘치는 나

조선 남성지식인들은 김명순을 더러운 피를 이어 받아 성적으로 문란한 여성으로 매도하였지만 김명순 자신은 그와 정반대로 자신에 대한 자부심으로 충만하다. 김명순은 첫째, 자신의 외모에 대한 자부심을 가지고 있다. 남성지식인들도 김명순의 미모에 대해 언급한 바 있는데(서론 참조), 김명순도 자신의 외모의 아름다움에 대해 직접적으로 또는 다른 사람의 입을 통해서 자신의 작품에서 묘사한다. 그녀는 수필 「봄네거리에서서」에서 자신을 "걸어가던 발걸음들이 멈칫멈칫 서서 바라본다. '미인이로고나'"(김명순, 1924c:626)하면서 자신을 칭송하였다고 쓰고 있으며, 또 다른 수필 「계통업는소식의일절」에서도 "머리는 검고숫하고 키는날진하고 얼골이동글고 몹시통통하든 눈쌉질얄고 콧날섯든"(별그림, 1924:628)이라고 자신을 묘사하고 있다.

소설에서도 자신을 투영한 여주인공이 아름답다는 묘사가 반복된다. 소설 「탄실이와 주영이」에서는 탄실을 "대단히 아름답고 영리해 보이는 여자"로 묘사하고 있으며, 진명여학교에서 친구들이 "참입버, 여염사람갓지안하", "나두좀 그러케웁버보앗스면"이라며 부러워하고, 일본 사람들이 자신을 "귀여운 아해", "아름다운아해"로 불렀다(김명순, 1924a:466; 497; 507)고 밝힌다. 소설 「꿈뭇는날밤」에서는 행인들이 여주인공(남숙)에게 "놀랠만치 아름답다" "아름답다", "곱다 그 몸매―"라고 하는 소리에, 그녀는 "못된 것들 사내들이 남의 얼골만 보나!" 하고 불쾌하게 생각한다고 썼으나, "자기의 얼굴 더욱이 밤 거울에 비쳐 보이는 얼굴을 좋아"한다. 또한 여자 행인들이 "아이고 저렷케 웁쑨얼굴도 늙겟지 아이고웁부기도하지" 했다고 하면서, 어릴 때 평양에서 학교에 다닐 때는 오고 가는 길이 자유롭지 못할 정도로 사람들이 아름답다며 발길을 멈추고 길을 막은 일도 드물지 않았는데.

"나는 어릴째보담 얼마나밉워졋슬가"(김탄실, 1925:514~515) 반문한다. 또한 소설 「손님」에서는 김명순 자신을 모델로 한 주인공(삼순)을 학우들이 "고흔 얼골을가진 일히(이리)"라고 별명을 지었다(김탄실, 1926:534~551)고 쓰고 있다. 또 소설 「분수령」에서도 "비록 여위고 창백하나 가즈런히구조된 날씬한 테격이 대리석상"으로 "아름다운이"라고 일본 여자들은 거듭 여주인공(희종)의 아름다움에 놀라워하는데, 자신도 "조화잇게 발육되고 탄력잇고 윤택한피부를 소유하게된자신의 신체를 애무하엿다"(김명순, 1928a:567;569)라고 묘사하고, 소설 「칠면조」에서는 자신이 모델인 여주인공(순일)이 일본 옷이나 조선 옷 모두 어울린다고 사람들로부터 칭찬받는다고 묘사하여(김명순, 1921/1922:271) 자신의 외모에 대한 자부심을 표출한다.[19]

또한 김명순은 자신의 외모가 아름다울 뿐만 아니라 자신의 순수함을 드러내고 있다고 생각하였다. 즉 "나의 어학선생님은 나를 다른 사람에게 비평하기를—그 얼골에서는 조고만 악의도차즐 수 없다—하신 것이 내마음에 맞는 비평"이라고 하면서 자신의 얼굴을 통해 자신이 성적으로 결코 타락하지 않았음을 인정해준 것에 대해 높이 평가한다(김탄실, 1938:596). 또한 시 「거룩한노래」에서는 "꼿보다고흐려고/그대가티 아름다우려고/하늘에 짱에 긔도를햇담니다/…/신보다 거룩하려고/그대가티 순결하려고/바다에서 산에서노래햇담니다/…"(망양초 김탄실, 1926:177)라고 하여 자신이 아름답고 거룩하며 순결하다고 노래한다.

둘째, 김명순은 자신은 귀하다고 생각했다. 조선 사회가 김명순이 기생 출신 소실의 딸로 천한 피를 받고 태어났다고 조롱하였지만, 자기 자신은

---

19 자신의 외모에 대한 비판적인 묘사는 소설 「탄실이와 주영이」에서 자신이 "키가크고 뼈마디가 늘진늘진하여 좀 꺼리웠다"라고 하면서 키 작고 가는 여자를 아름답게 보기 때문이라고 하였다(김명순, 1924a:512).

어린 시절 부유한 집에서 귀하게 자란 것에 특히 자부심을 가진다. 반도 안에 둘째로 큰 도시(평양)에서, 또 거기서 돈과 권력 있는 집의 귀한 따님으로 여러 사람들로부터 받들어 길러진 너(김명순, 1924a:649)라고 스스로를 지칭한다. 구체적으로 어린 시절에 어머니가 집을 팔아도 땅을 팔아도 네게 어울리는 옷을 입히고 싶고 네게 맞는 음식을 먹이고 싶다고 하던 것을 회상한다(김탄실, 1925:229). 또한 시 「긔도, 꿈, 탄식」에서 자신을 "귀한 처녀"라고 규정하였고, 소설 「분수령」에서도 여주인공 희종을 통해 "고상한 자태"를 가진 "왕녀와갓치 귀여운처녀"이며, "명예심 많은", "점잖지 못한 것을 몹시 꺼리고' 싫어"하는 "귀한처녀"로, 양반 가문의 핏줄로서 "부자집며나리"이며 "행세하는집젊은 부인"이 될 여성으로 새로운 정체성을 자신이 명명한다(문미령, 2005:48~49, 홍인숙, 2007:116).

셋째, 김명순은 자신의 지적 수준에 자부심을 가진다. 자전적 소설 「탄실이와 주영이」에 "우리탄실이가잇셧스면 자네들하고 훌용한, 문답을해셔자네들의 놉흔코를 다낫추어 노흘터인데"(김명순, 1924a:469)라고 써서 남성지식인들보다 자신이 지적 수준이 높다는 것을 자부한다.

김명순은 자부심이 충만하며 이는 김명순에 대한 증언과 일치한다(서론 2) '타자들이 만들어낸 김명순의 이미지' 참조). 그녀는 자신의 외모에 대해 아름답고 순수하다는 자부심을 가지고 있으며 또한 자신의 출신에 대해서도 자긍심을 가지고 있었다. 또한 자신이 남성지식인들보다 훨씬 지적 수준이 높다는 것을 자부하였다.

그러나 남성지식인들은 김명순의 아름다운 자태는 남성들을 유혹하는 것으로 인식하면서 비하하였고[20], 평양 부호의 자식이라는 자부심은 기생의

---

[20] 김명순이 스스로 아름답다고 묘사하는 것은 비웃음을 샀다. 김기진(1924)은 김명순이 스스로 예쁘다고 하는 것을 조롱하며 육감적인 냄새가 난다고 하여 그녀의 아름다움은 기생의 딸

딸, 첩의 딸로 나쁜 피를 물려받은 생래적으로 부도덕한 여성으로 매도하였다. 김명순이 자부심이 강한 것은 전통적으로 열등하며 순종하는 존재로서의 여성상과 배치되는 것이다. 특히 지식과 공부에 대한 자부심은 남성들의 능력을 뛰어넘으려고 하는 것으로 이는 남성에게 도전적인 존재가 되는 것이었다. 김명순의 자부심과 자긍심은 당시 식민지 조선 사회를 주도하였던 남성지식인들과 충돌하면서 인정받지 못한다.

3) 불행한 나

(1) 오해받은 나

김명순은 40살이 되던 1936년 조선으로 귀국하여 자신의 삶을 회고하면서 쓴 수필 「귀향」에서 "일생을 통하야 못이저지는 그피압흔경험을 갓자고 생기어나서 공부하고 일하고 고난당하든일들이 쓰거운눈물을 하염업시 자나내고야맘니다"(김탄실, 1936:681)라고 하여 데이트 강간과 그 이후 겪었던 고생을 회고하면서 울었다. 김명순은 일생을 통해 늘 슬픔에 젖어 살고 있음을 드러낸다.

김명순은 자신의 슬픔은 자신에 대한 사람들의 오해에 기인하고 있다고 생각하였다. 즉 김명순은 고백체 문학을 통해서 기본적으로 자신이 오해받고 있고 이로 인해 고통받고 있기 때문에 슬프다는 것을 토로한다. 자신의 첫 번째 작품집 『생명의 과실』의 머리말에 "이 단편집은 오해받아온 젊은 생명의 고통과 비탄과 저주의 여름으로 세상에 내노음니다"라고 고백했는데, 이 책의 머리말을 통해 그의 글쓰기의 가장 본질적인 것은 "오해"(신달자, 1980:23)를 풀기 위한 것이라고 드러내고 있다. 다시 말해 김명순은 근대 남

이며 타락한 여성이라는 것을 드러내는 것이라고 보았다.

성지식인들이 악의적으로 유포한 자신의 정체성의 진정한 실체를 보여주기 위해 자전적 고백체 작품을 통해서 반복적으로 자신을 드러내고자 하였다.

『생명의 과실』에 실린 수필 「네자신의우혜」에서 "거짓말만듯지안케해줍쇼. 단지소원이 그럿습니다─그몸서리가슷로이런는거짓말의 오해만입지 안케해줍쇼", "오해로밧는루명속에─네몸이결백햇것만 자백도 분명히못하고 네몸에어울니지안는누덱이(김명순 방점)를입고서 사라왓다"(김명순, 1924a:649)고 한탄하면서 자신의 28년간의 생활이 오해로 인해 쓰라리고 지루하고 억울한데, 더 이상 분함과 억울함을 참을 수 없을 것임을 표출하였다.

김명순은 진명여학교 시절 공부 잘하는 자신의 시험 답안을 동무들이 베끼는 것을 선생이 감시하자, 동무들은 탄실이 선생에게 일렀기 때문이라고 한 오해를 시작으로 자신은 오해를 받아왔다고 한탄한다.

그런데 김명순이 사회적으로 오해받았던 핵심은 성적으로 문란하다는 것이었다. 이러한 오해의 시발은 일본 육군 소위 이응준으로부터 데이트 강간을 당하고, 그 사실이 조선 사회에 알려지면서였다. 강고한 유교 사회였던 식민지 조선에서 평생을 결혼제도 밖에서 지냈던 김명순은 어머니가 기생 출신의 소실이라는 가계로 인해 태생적으로 남녀관계가 문란할 것이라는 선입관과 함께 김명순은 강간의 피해자임에도 타락한 여자라고 조롱받게 되었다(김경애, 2011:44~51). 김명순은 "아─비웃는이들이여 당신들이 나를 실연자라고 오래 비우서왓다"(일련, 1924:644)고 한탄하고 자신의 글쓰기를 통해 자신은 데이트 강간의 피해자이나, 피해자인 자신을 비난하면서 자신에게 덧씌운 타락하고 부정한 여자라는 오해를 해명하고자 하였다(김경애, 2011).

김명순은 소설 「탄실이와 주영이」에서 어머니에 대해서 해명한다. 즉 그녀의 어머니는 전쟁(청일전쟁) 통에 아버지를 8살에, 오빠를 12살에 각각 잃고, 가난한 집의 장녀로 어머니를 부양하기 위해 기생이 될 수밖에 없었으나 기생이 되고 난 후에는 기개 있는 기생으로 첫 번째 소실로 들어가서는 도망 나오기도 했다고 하면서, 어머니가 음란한 여자여서 기생이 된 것이 아니라 가족을 먹여 살리기 위해서 희생했음을 밝혔다. 이와 같이 김명순은 어머니를 변호하면서 자신이 어머니의 "나쁜 피" 때문에 음란하다는 소문에 대항하여 항변한다(김명순, 1924a:476~478).

또한 자신이 오해받는데 근거가 된 소설 「너희의 배후에서(汝等の 背後より)」의 주인공, 권주영이 김명순을 모델로 했다는 소문에 대해서도, 김명순은 자신의 아명과 소설 「너희의 배후에서」의 여주인공의 이름을 제목에 내세운 소설 「탄실이와 주영이」를 발표하고, 오빠의 입을 빌려 이 일본 소설이 출판된 뒤에 "탄실이는 얼마나 염려를 하는지, … 말끝마다 옵바내가일본남자와 련애했던 줄알겟구려, 그러면내가창부가튼계집이라겟지, … 번민을하고ー쏘울고하드니"(김명순. 1924a:472)라고 쓰고, 자신이 오해받고 있는 것에 대해 분노하고 슬퍼하였음을 밝히고 있다. 이 소설에서 오빠를 찾아가는 두 문학청년 중 한 명이 "이 「汝等の 背後より(너희의 배후에서)」라는 책의 주인공이 김명순과 같은가라고 묻자, 검정 양복 입은 청년은 불쾌한 듯이 "전부갓지는 안어 더탄실이야주영이가티 산여자는 아니지, 아즉 그 사람은 면형을 못버서난사람이야"라면서 직접적으로 부인한다. 그 오빠는 "주영이는 일본녀자야, 그들가티 남자의계급을 가리지안코, 정죠관념이업고도한편으로는 독한녀자가 업스닛가"라고 하면서 "그 애(탄실)가 지금까지 세상에서 오해를바든것은 전부 허무한일일쑨아니라 악한남녀의 무함입듸다그려… 그런착한녀자가 다시는업슬것가틉니다"(김명순. 1924a:468; 475; 470)라고 하면서 김명순은 소설 「너희의 배후에서」의 주인공인 주영이와 자신은 결코 같은 인물이 아닌데 나쁜 사람들의 모함으로 오해받고 있다고 강력하게 항의한다. 김명순은 자신이 성적으로 문란하다는 오해에서 벗어나기 위해서 적극적으로 해명하나 이러한 해명에도 불구하고 김명순은 자신에게 덧씌워진 오해를 풀지 못한다.

(2) 학대받은 나

김명순은 자신의 슬픔의 또 다른 근원은 학대받고 있기 때문이라고 생각한다. 자신이 기생 출신 소실의 서녀로 태어나 비록 아버지로부터 사랑을 받았으나 적모가 "일히갓튼년, 그년이죽으면무엇이될구 벼락을마져죽을년"이라고 어머니를 욕하는 것을 들어야 했고, 자신은 "기생의 딸", "첩의 딸"이라는 말을 들으면서 성장하였다. 또한 자신만을 귀여워하던 아버지가 사망하면서 자신에게 유산을 한 푼도 남기지 않은 것을 알고는 "부친의 사랑도허사이엇든것"을 알게 되었고, 일본 유학 시 삼촌으로부터 경제적인 도움을 받지 못해(김명순, 1924a:478; 486; 498; 512) 가족으로부터 철저히 외면당하고 있음을 실감하였다.

김명순은 오해로 인해서 가족 밖에서도 평생에 걸쳐 학대받고 있음을 고백한다. 진명여학교 시절, 학교에서 시험 커닝 사건이 일어나자 동무들이 자신이 교사에게 고자질한 것으로 오해하여 행패를 부렸고 이때부터 학교에서도 "학대밧는신세"(김명순, 1924a:497~498)가 되었다고 한탄한다. 그러나 무엇보다도 김명순은 이응준으로부터 강간당하고 그 이후에 사회로부터 2차 성폭력을 당하면서 자신에 대한 오해와 이로 인해 학대받고 이로 인해 괴로움을 당했음을 토로한다(김경애, 2011:55). 즉 "화려할소녀의 시대를 능욕과 학대의게 빼앗기고 너는 이 십년간 얼마나 압흐게 우러왓드냐"라고 반문하며, 스스로를 "학대밧은사람아"라고 규정하며 자신이 "학대에 동분서주하다…"(김명순, 1924j:156)라고 표현하며 학대에 시달렸음을 표현한다. 또한 "한사람의게밧은 한능욕과, 멸시로된 — 네모든수치의 저수지가, 어느날 하로 잇칠날이잇섯스랴"면서 데이트 강간으로 인해 고통받고 있는 자신에게, "거긔서도쏘 학대를 더주지못해서흐물거"린다고 하면서 "사람으로서는 이분함과 이억울함을 더 참을 수 없을 거이다. 오오 그렷타! 탄실아?"(김명순, 1924b:623; 651)라고 자문하면서 자신이 피해자임에도 불구하고 데이트 강간을 당한 사실로 자신이 더욱 학대받아 참기 어려운 고통을 당하고 있음을 한탄하며 자신을 학대하는 사람들에 대해 "우리나라 사람들", 특히 "친일파들", 또는 일본 사람의 생활과 감정에 동화된 조선 사람들에게 학대를 받았다(김명순, 1924a:472; 473)고 구체적으로 명시한다.

그리하여 시 「유언」에서 "조선아 내가 너를 영결할때/…/죽은 시체에게라도 더 학대하다구/그래도 부족하거든/이다음에 나갓튼 사람이나 드래도/할 수만 잇는대로 쏘 학대해 보아라"(김명순, 1924i:119)라고 읊으면서 자신을 학대하는 조선 사회를 "사나운 곳"으로 규정한다[21](김명순, 1927:676). 1927년 자살을 결심하며 쓴 글에서 김명순은 자신을 둘러싼 "네 모든 환경이 폭군과 갓치 너를 업시하려고만 학대하지 안엇더냐"고 하면서 자신을 둘러싼 것은 모두 악이오 너를 지키는 것은 모두 불의로 그 속에서 얼마나 벗어나고 싶으랴 하고 스스로 한탄한다. 그러면서 자신은 가련한 생명으로, 한 번도 복종하지 못한 감방 속에서 오래 부자유하였고 불의(不義) 속에 미운 포로였다고 자칭한다. 그리하여 노력은 컸으나 공은 없었고 오래 살려고 하면 할수록 죽게 되는 생활로 자신은 "무의식 가운데 죽음을 결심"(김명순, 1927:676)할 수밖에 없었다고 쓴다.

요컨대, 김명순은 소실의 자식으로 가족으로부터 학대받았고 데이트 강간의 피해자이나 사회적으로도 학대받고 있음을 호소한다.

---

21 학대는 이응준으로부터 당한 데이트 강간과 그 이후에 남성지식인을 비롯한 주변으로부터 2차 성폭력을 지적하는 것으로 해석할 수 있다. 신혜수(2009:83)는 시 「외로움의 변조」와 「유언」을 문학 장으로부터 소외되는 여성작가로서 좌절과 분노를 적극적으로 표출한 일련의 시라고 하였으나 이와는 달리 해석한다.

(3) 외로운 나

40세의 나이로 일본에서 조선으로 돌아온 김명순은 자신의 일생을 회고하는 글, 수필 「귀향」의 첫 문장에 "외로운 여자가 내 자신"(김탄실, 1936:680)이라고 고백하여 평생 외롭게 살아왔음을 토로한다. 김명순은 "나의외로움을아십니까"라고 물으면서 자신이 어찌 살아왔는지 어떤 환경에서 생겨났던지 말하고 싶지 않으며 다만 태어나오면서 무한한 애수를 품고 있는 것은 선천적 환경으로부터 내게 전하여진 것(김탄실, 1938b:595)이라고 호소하여, 어릴 때부터 소실의 딸로 본가의 따돌림 속에서 늘 외톨이로 외롭게 살아왔음을 토로한다.

성장하고 난 이후에는 이응준으로부터 강간당한 피해자이나 오히려 성적으로 문란한 여자로 매도당하면서 남성들로부터 성희롱의 대상으로 전락하고, 이에 항거하면서 남성들과 온전한 관계를 맺지 못하고 여성들로부터는 기피 대상자로 따돌림을 당하게 되어 그는 홀로 외로움에 떨어야 했다. 시 「시로쓴 반생기」에서는 "명태같이 말는나는/외로운 인생이엇다"(김탄실, 1938a:232)라고 고백하며, 수필 「네자신의우헤」에서는 "한사람의게밧은 한능욕과, 멸시로된-네모든수치의 저수지가, 어느날하로 잇칠날이잇섯스랴. 하물며 그로인해서 모-든세상에게 돌니워진오늘날 이처디에서랴, 외로움절벽우헤호올로선 이처디에서랴.…모-든 흰옷입은사람들에게 돌니우고"(김명순, 1924b:651)라고 호소한다.

그러면서 자신이 정착할 곳 없이 홀로 떠돌아다니고 있음을 토로한다. 즉 "쏘다시 방랑의길우해설몸아, 그럿타-써라-이도회안에서는 네쌩이업다 집이업다 동모가업다" "오- 탄실아, 28년간의 네 생활이 쓰라리고, 지루하고 억울하였다고 생각지 않니? 외롭고 서른 탄실아! … 오오 그러나 떠나는 탄실아, 떠나보내는 조선아", "너희들은 다시한번 붓들고 이야기해볼필요가업느냐?"라면서 말동무가 되어 볼 사람이 없는지, 품어줄 인정이 없는지,

약한 몸이 떠난다는데 눈물이 없는지 되묻는다. 그러면서 자신이 "장부의그 것만못한탓이냐, 이무정한것아"(김명순, 1924b:652; 653)라고 하면서 조선 사회 가 자신의 어려움을 헤아려주지 않고 성적으로 문란하다고 소외시키고 있 음을 슬퍼한다.

김명순은 다른 사람에게 자신의 마음을 말하고 싶으나 그럴 사람이 있을 지 모르지만 자신의 가슴속의 설움을 이해시키지는 못할 것이라고 체념한 다(김명순, 1924c:624). 그러면서 홀로 밤에 한숨 쉬며 외로움에 절망한다(김명 순, 1927:675). 수필 「시필(試筆)」에서 한숨을 쉴 때 우연히 나온 노래는 괴테 의 「미이논(미뇽)의 노래」로 "오직 동경을아는이만이/내가무엇을괴로워하는 지아신다/온갓깃거움으로부터/호올로돌리워저서/나한울을우러본다/저편 을"(김명순, 1928:665)이라고 노래하며 자신이 소외되고 있음을 드러낸다.

김명순은 그 밖에 여러 편의 시를 통해서도 자신의 외로움을 직접적으로 드러낸다. 김명순은 시 「긔도, 쑴, 탄식」에서 자신은 "호올로 되어" "외로 운 쳐녀"(망양초, 1923:91)라고 명명한다. 또한 시 「외로움」에서 "눈물이나도 록그리울째/듯하지안엇던슯흠을안다."라고 쓰고, 시 「(개고)외로음의부름」 (김명순, 1924j:127; 김명순, 1924e:128~129)에서도 외로움으로 고향을 그리워하 고 벗을 그리워하는 심정을 토로한다. 시 「탄실의초몽」에서 어머니를 그리 워하다 졸았는데, 꿈에 "누군지 그의 손을잇글"었으나 "그러나그는 호올로 엿다"(김명순, 1924f:157)라고 맺는다. 시 「이심(二心)」에서는 "밤마다 쑴마다/ 물결에저저울며/두마음외로움닐(날)/바다에게무르면/외로운한마음이/쌔 저서둘이라고"(망양생, 1927:195) 자신의 외로움을 노래한다. 시 「신시」에서 는 "외그림자쏘차놀나운/외로운녀인의방에는,/뎐등죠차외로워함갓해/내 뒤를다시도라다본다,/외로운뎐증 외로운나,/…"(김명순, 1924g:130)라고 자신 의 외로움을 토로한다. 그밖에 시 「불꽃」과 「그믐밤」에서도 외로움을 호소 한다.

김명순은 오랫동안 외로움에 지쳐 길거리에서 아이 하나를 주워 양아들로 삼으면서 외로움을 해소하려 한다. 이 아이가 자신을 잘 따른다고 기뻐하며, "이같이 인정에주린 여자를 상상이나 하실것입니까?"라고 되묻는다(김탄실, 1938b:598). 그러면서 외로움과 서러움은 우울함과 분노로 변해가고 있음을 고백한다.[22]

김명순은 평생을 외로움 속에서 산다. 어릴 때부터 가족 속에서 소외되었고 이응준으로부터 데이트 강간을 당하고 난 이후 결혼하지 않고 홀로 독신으로 살면서 끊임없이 사회로부터 부도덕한 여자로 매도되면서 따돌림을 받고 외톨이로 외로움 속에서 산다.

(4) 가난한 나

김명순의 아버지 김희경은 대동강변에서 무역상을 하며 하루에 몇천 석의 벼를 거래하는 부호였고 어머니 산월은 방 구석구석 돈 그릇을 놓고 쓸 정도로 풍족하게 살았다. 김명순은 이와 같이 부유한 집안에서 태어나 어릴 때에는 비단 옷을 걸쳤고, 초등학교에 그때 돈 50원을 기부하고 입학하였고, 학교에서는 왕녀와 같이 위함을 받았다(김명순, 1924a:479; 480)고 회고한다.

그러나 평양의 부호였던 아버지가 도관찰사 자리를 얻겠다고 재산을 탕진하여 경제적으로 점점 어려워진 상황에서 사망하였는데, 탄실의 재산

---

22 "밤깁프면 서름도깁퍼서/외로움으로 우울로 분노로/변조해서고만혼자분푸리한다/…/"나라야 서울아 쓰러저라/부모야형제야 너희가악마거늘"하고/짝짝 쌍쌍씻고두들기는것은/피투성이한형제의모양과피쏨는내가삼/"이서름 이압품이원망을엇지하랴""(김명순, 1925:169). "외로운몸이길래/조흔집도 실타고/외짜로나왓거든/세상에조소될째/그비탄과분노를/무엇에게일느냐"(명순, 1925:175). "분노에매마저부서진거울죠각들아/피마저피에저즌아해들아/너희들은아직짯쯧한피를구하는가/…/그럿틋이내마음은피마저쌔겻노라…"(탄실이, 1924c:114).

은 다 전당에 넣은 채, "아모쪼록 공부잘해서, 돈모흐라"라는 유언(김명순, 1924a:496; 498)만을 남기고 김명순에게는 유산을 한 푼도 상속하지 않았다. 그리하여 세 번의 일본 유학은 가족으로부터 경제적인 뒷받침 없이 고학하였다. 자전적 소설 「탄실이와 주영이」에 의하면 탄실이 일본 유학시절 삼촌에게 학비를 도와달라고 수십여 차례 편지하였고, 옆에서 이를 지켜보던 애인 태영세도 탄실이 초췌해하는 것을 동정하여 학비를 보내도록 편지를 하였으나 삼촌으로부터 아무런 경제적 도움을 받지 못하였음을 알 수 있다(김명순, 1924a:512). 부유한 가정에서 태어났으나 일본에서 공부하는 동안 고학을 하면서 가난에 허덕인다.

아버지가 사망하고 난 이후 가난을 체감하기 시작한 1918년에는 "근년에 고심(苦心)하엿스나" 처음으로 거친 옷을 입고 거친 음식을 먹어보고[粗衣粗食] "만나지못ᄒ엿든 쾌락"이라고 묘사(망양초, 1918a:615)하면서 가난을 새로운 경험으로 받아들인다. 그러나 "학대에 동분서주하다/여막²³에 줄돈업스니/…"(김명순, 1924j:156)라고 하여 생활에 필요한 기본적인 수입도 없어 이어지는 가난은 김명순에게는 큰 고통이었다. 그리하여 "누뎍이(김명순 방점)를 쓴몸으로도 화려한것이그립다 싸쓧한것이부럽다 생각해진다"(김명순, 1924c:627)라고 고백하여 자신의 가난이 더 이상 쾌락이 아니며 자신이 풍족하게 살던 때를 그리워하며 부러워한다.

소설 「칠면조」는 김명순이 일본 유학 당시 학비를 마련하지 못했던 어려움을 그대로 그리고 있는데, 동생이 월말이라고 10원(圓)을 보내왔다(김명순, 1921/1922:288)고 하여 동생이 자신의 학비를 얼마간 나누어 보내준 것으로 보인다. 소설 「나는사랑한다」의 여주인공(영옥)이 학교를 졸업해야 하는데

---

23 여막은 주막과 비슷한 작은 집으로 나그네를 치기도 하고 술이나 음식을 팔기도 한다(맹문재, 2009:101).

월사금을 못 내어 졸업을 못하게 되자 정거장 앞에서 외국으로 떠나는 남자로부터 돈 오 원을 얻었고(탄실, 1926:560), 바로 그 돈을 준 남자와 사랑에 빠지고 함께 불에 타죽는다. 여주인공이 학비 때문에 고통받고 있는 것으로 설정한 것은 김명순 자신의 경험에서 비롯된 것이다.

가까운 가족에게 경제적 도움을 받지 못한 김명순은 지인들에게 의탁하기도 하였는데, 자전적 소설 「탄실이와 주영이」에 의하면 일본 유학시절 한국 사람과 결혼한 일본 여성(길참령)의 도움을 받는다(김명순, 1924a:511). 또 소설 「해저문때」에서 "K는 오랫동안 용돈을 갖지못하엿엇다, 그는하는수없이 그선대의 지기인듯한 C댁에가서 남부끄러운 돈한장을 꾸어오면서" 비로서 한 달 전에 수선 맡긴 구두를 찾는다"(김탄실, 1938b:591)라고 묘사하고 있는데, 이는 김명순이 주변 지인들의 도움을 받아 겨우 연명하였음을 말해 준다.[24]

김명순은 가난으로 겨울을 어찌 날지 걱정하면서 아버지 집에 돌아갈까 생각하며 고향을 그리워하지만, 자신은 추방당한 아이이고 방랑하는 길손이라고 하며 육신의 평안을 위하여 영혼의 아픔을 참을 수는 없다면서 돌아가지 않는다. 즉 김명순은 소실의 딸로 태어난 자신을 냉대하는 본가에서 호의호식하기보다는 가난을 견디는 것이 더 낫다고 생각하고 포기한다. 대신 H언니 집을 찾아가 도움을 청할까 하고 밤늦게까지 동전 5분(分)을 뒤적이던 일을 애닯아 하며, 푼돈인 동전 5분이 다른 사람의 5백 원보다 귀하게

---

24 전영택은 김명순이 조선에서 사라져 일본에서 살았던 말년에는 동포들에게 한 푼 두 푼 동정을 받아서 살았고 닭을 쳐서 보태기도 하였다(전영택, 1963)고 한다. 또한 임종국, 박노순은 김명순이 식객으로 신세를 지면서 전전하였고 김충세, 이동원, 사학가 이병도, 대학 총장을 지낸 윤모씨, 국방부 장관이었던 이모씨, 김명순의 독일어 교사 등이 생활을 보조하였고 그 외 많은 인사를 찾아다니며 금전상의 원조, 구걸 행각을 했다(임종국, 박노순, 1966:140)고 한다.

여겨진다(김명순, 미상b:670~671)고 고백하면서 아무 도움도 못 받고 동전 5푼을 써버릴까 주저하다 포기한다.

외로움 때문에 아이를 하나 주워 기르기로 하였으나 이 아이와 자신이 먹고 살길이 없어 "때마다 앞이 암암할 뿐"(김탄실, 1938b:599)이라면서 한탄하였고, 시 「두어라」에서는 "엇더케 못먹어서/사람의 불행지여/구차한 생명들을/련명해가겟다/두어라 거지째의/구차한 살님사리"(김명순, 1927:188)라고 자신을 거지에 비유하면서 구차한 형편을 괴로워한다. 또한 시 「연모(戀慕)」에서 "이몸이노혀나면 바워라도쑤르고/님향한서른사정 쏫아부으련마는/빈궁(貧窮)에붓들닌몸 음즉일길잇스랴"[25]라고 가난으로 인해 아무것도 할 수 없는 자신의 사정을 토로한다.

1936년 유학생 몇 사람의 도움으로 기차표를 손에 쥐고 7, 8년 만에 동경에서 장사하러 다니던 때의 옷을 그대로 입고 조선으로 돌아온 김명순은 자신의 생애를 회고하면서 낙화생과 사탕 같은 것을 팔아서 간신히 수학했던 것과 데이트 강간, 조선 사회로부터 받은 2차적 성폭력과 함께 경제적 고통을 당하였던 일을 회고하며 뜨거운 눈물을 하염없이 자아낸다(김탄실, 1936:680; 681)고 고백한다.

김명순은 1925년 『매일신보』의 기자로 재직한 것 외에 뚜렷하게 직업을 가진 적이 없다. 당시 신문기자는 박봉이었고 이마저도 짧은 기간이었다. 신문과 잡지에 글을 투고하였으나 원고료는 거의 지급되지 않아 생계 유지에 크게 도움이 되지 못했다. 부호의 딸로 태어나 어릴 때는 비단 옷에 호사를 누렸으나 아버지의 사망 이후, 집안으로부터 경제적 지원을 받지 못하였고 신여성에게 경제활동을 할 기회가 많지 않아 곤궁에 시달리는 괴로움을 겪어야 했고, 또한 가난으로 인해 유학을 포기해야 했고 사회적인 역할도

---

25 김명순, 미상c:210는 시 「비련(悲戀)」(망양초, 1927:202)의 마지막 부분과 동일하다.

할 수 없어 김명순에게 큰 좌절을 안겨주었다.

3. 결론

김명순은 일찍이 일본 유학을 한 신여성으로 잡지 『창조』의 공모에 단편
소설 「의심의소녀」가 당선되었던 것을 시발로 1920년대와 1930년대 주요한
신문과 잡지에 많은 작품을 계속적으로 투고하였으며 두 권의 작품집을 발
간한 작가로 당시 여성작가들은 물론이고 그 어떤 남성작가보다도 뛰어난
작품활동을 하였다. 그러나 김명순은 당시 그 어느 신여성들보다 사회적으
로 많은 조롱과 비판에 시달렸다. 당시 남성지식인들은 김명순을 "나쁜 피"
를 가진 부도덕한 여성, 탕녀, 연애지상주의자로 규정했으며 이러한 김명순
에 대한 이미지는 지금도 계속되고 있다.

김명순은 자전적 고백체 작품을 통해서 자신이 누구인지를 아무도 헤아
려주지 않았다고 항의하면서 자신을 드러내고 이해받고자 하였다. 김명순
의 작품을 통해서 자신은 강렬한 지적 욕구를 가지고 있고 뛰어난 지적 능
력을 토대로 열심히 공부하는 여성임을 알 수 있다. 김명순은 일본어, 영어,
독일어, 불어 등의 외국어 실력을 쌓았고 이를 바탕으로 당시 신화, 서양 철
학사상과 문학작품을 탐독하는 등 당시 누구도 뛰어넘을 수 없을 만큼의 지
적 수준에 도달하고 서양 음악에 정통한 피아니스트이다.

김명순이 공부를 열심히 한 이유는 "정숙한 여성"이 되어 태생적 한계를
벗어나고 어머니와 다른 삶을 살고 싶다는 욕구와 함께, 일본의 압제에서
벗어나 조선 사회가 발전하도록 사회적인 역할을 다하고자 한 것이다. 김명
순은 특히 여성의 정치 참여 등 사회적 역할을 꿈꾸기도 한다. 그리하여 김
명순은 조선 사회에 공헌하여 사회적 존경과 인정을 받고 싶어 한다.

또한 김명순은 타인들이 자신을 기생 출신 소실의 서출로 태어난 부도덕한 탕녀로 규정하는 것과는 정반대로, 자신의 외모는 아름답고 순수하다고 자부하며 자신의 출신 배경에 대해서 자긍심으로 충만하며 지적 수준이 뛰어난 것에 대해서도 자부심이 크다.

그러나 다른 한편 김명순은 평생을 슬프고 불행하였다고 고백한다. 태생적 배경과 강간당한 사실로 인해 가부장제가 공고했던 조선 식민지 사회에서 평생에 걸쳐 부도덕한 여자로 매도되면서 불행했다. 김명순은 자신의 잘못이 아닌 두 사실로 인해 자신이 오해받고 학대받고 또 따돌림받아 외롭고 서러워한다. 또한 김명순은 부호의 딸로 태어났으나 서출이라는 이유로 가족 내에서 차별받아 일본 유학을 고학으로 공부하며 고통받아야 했고, 지식인 여성이 경제활동을 통해 스스로 생계를 유지하기조차 어려운 사회적 상황으로 인해 고통받았고, 가난으로 인해 독일과 프랑스로 유학가려고 했던 꿈을 포기해야 했으며 사회적 활동도 전개할 수 없어 좌절한다. 김명순은 자신에 대한 관심과 문제에 함몰되지 않고 지식인 여성으로서 국가 사회를 위한 역할을 꿈꾸었으나 따돌림과 가난에서 헤어나지 못하여 사회적인 역할을 하고자 하는 자신의 뜻을 펼쳐볼 기회를 가지지 못하고 좌절한다.

김명순은 공모를 통해 등단하여 두 권의 작품집을 출간하였고, 외국어 실력과 지적 능력과 수준이 뛰어난 작가로 자부심이 넘치는 여성이 될 수 있었던 것은 근대라는 시대적 배경이 있기 때문이었다. 그러나 여성은 남성보다 열등하고 남성에 순종해야 한다는 유교 윤리가 극복되지 못한 근대 조선 사회에서 여성이 능력이 뛰어나고 자부심이 넘치는 김명순은 가부장적 남성지식인들에게는 자신들에 대한 도전이며 위협하는 존재로 간주되었다.

기생 출신 소실의 서자이자 데이트 강간을 당한 여성이기도 한 김명순에게 가부장적 근대 남성지식인들은 자신들에게 도전하며 위협하는 존재인 김명순을 전통 사회의 신분차별과 정절이데올로기로 조롱하고 비하하면서 사회적으로 고립시키고 2차 성폭력의 대상으로 삼는다. 근대는 서자에 대한 차별과 순결을 잃은 여성에 대한 엄혹한 제재가 가해지던 전통을 타파하고 극복하고자 했으나, 근대를 앞장서 이끌어온 남성지식인들은 유독 김명순에게 그녀의 잘못이라고 할 수 없는 두 가지 사실을 전통 사회의 윤리에 기반하여 매도한다.

김명순은 자신에 대한 오해를 극복하기 위해 자신이 안간힘을 써서 노력해온 것을 이해받지 못한다고 한탄하였는데, 김명순에 대한 이해는 아직도 부족하다. 그녀를 이해하기 위한 작업은 앞으로도 계속되어야 할 것이다.

여성작가 김명순의 삶과 기독교 신앙

1. 서론

개항기 평양은 기독교가 조선에 들어오는 관문으로, 교인들의 폭발적인 증가와 이들의 자발적인 움직임으로 말미암아 기독교 도시가 되었으며(이광린, 1983:32), 일제강점기에는 평양을 한국의 예루살렘으로 부를 정도로 기독교의 중심지가 되었다(이광린, 1999:7~8). 작가 김명순은 기독교가 융성한 때 평양에서 부호인 김의경과 기생 출신의 소실인 어머니 김인숙 사이에서 태어나 어린 시절을 보내면서, 교회와 학교를 통해서 기독교를 접한다.

당시 평양에는 선교사와 기독교인들이 많은 학교를 세웠는데, 김명순은 어릴 때부터 교회에 다니면서 학교에 다녀야겠다는 생각을 한 것으로 보인다. 김명순의 어머니는 김명순이 학교에 넣어달라고 졸랐지만 기독교 선교를 위해 세운 학교에 넣기를 꺼리다가 남편과 사흘 동안이나 다툰 끝에 돈 50원을 기부하고 김명순을 1902년경 평양 남산현학교[1]에 입학시킨다.

---

1 감리교의 노블 부인(M. W. Noble)이 1896년 자기 집에서 여아 3명을 모아 학교를 시작하였고, 홀이 1894년 세운 학교와 합병하여 남산현학교로 발전한 것으로 보인다. 1903년에는 이

김명순은 남산현학교에 입학한 지 1년 반 만에 3학년으로 진급할 정도로 공부를 잘하였으나, 성찬(餐) 축하일을 맞이하여 열린, 유태인 풍속을 보여주는 연극에서 유태인 역할을 하게 되자, 아버지가 조선 사람이 유태인을 흉내 낼 수는 없다 하여 학교를 그만두게 한다(김명순, 1936:693). 그 후 1904년경 기독교 선교를 위해 세워진 또 다른 학교인 사창골 야소교학교[2]로 전학하여 약 2년간 다닌 것으로 보인다. 또한 첫 번째 일본 유학에서 김명순은 기독교 학교인 동경 파푸데스트[3]교회 여자학교에 다니며(서정자, 남은혜, 2010:830) 학교를 통해 기독교와의 인연을 이어간다.

평양의 기독교 선교 학교에서는 수업이 끝나고 집으로 돌아가기 전에 학생들을 성당에 들어가 기도하도록 하였는데, 김명순도 하교 전에 매일 기도를 하며 신앙생활을 한다. 성탄 때에는 김명순은 분홍 모본단 저고리와 연록색의 질 좋은 명주(원주(元紬)) 치마를 새로 해 입고 단장하고, "성교당"에 "미사 참례"하고 선물로 꽃 책보를 받기도 하고, 또한 화창한 봄에는 예배를 마치고 친구들끼리 성 밖으로 놀러가기도 한다(김명순, 1938:227). 이와 같이 김명순은 평양에서 개신교 계통 선교 학교를 다니고 주일에는 교회에 다니면서 신앙심을 키워갔다.

첫 번째 일본 유학 당시(1913~1915년), 김명순은 침례교회가 설립한 학교에 다녔을 뿐만 아니라, 재일 한인 교회에도 다닌 것으로 추정된다.[4] 즉,

---

학교에는 교사 2명에 학생 90여 명이 재학하고 있었으며, 이 중 여학생이 40여 명이며, 국문, 성경, 지지(地誌), 산술 등을 가르쳤다(이광린, 1999:14).

2　사창골 야소교학교는 1897년 평양 사창골교회에서 남녀교인이 은전 60여 원과 엽전 100냥을 모아 학교 건축을 위해 기부하여 설립한 학교(이광린, 1983:32)이다.

3　Baptist(침례교)의 당시 표기.

4　전영택이 김명순이 도쿄 한국 YMCA 뒤뜰에서 초라한 판잣집을 짓고 사는 모습을 목격하고 이를 소설 「김탄실과 그 아들」에 묘사하고 있는데, 가난한 김명순이 도쿄 한국 YMCA에 의탁할 수 있었던 것은 젊은 유학시절 맺은 인연에 기반한 것으로 추측된다.

1906년 재일 도쿄 조선YMCA가 창설되었는데(서정민, 2005:20~21; 이상규, 2001:63), 한국 유학생들이 이 도쿄 조선YMCA 사무실을 예배당으로 사용하여 유학생 교회(서정민, 1999:42)를 열었고, 이후 이를 모태로 한국의 장로회와 감리회가 공동으로 연합교회(서정민, 1999:43)를 설립하였는데, 김명순도 유학생 교회에 참여하였고, 이후 한인 교회에서 신앙생활을 한 것으로 보인다. 그러나 두 번째 유학(1918~1922년)에서는 천주교로 개종하였으며 이때는 일본인이 주로 다니는 성당에 다닌 것으로 보인다.[5]

그런데 김명순은 파푸데스트교회 여자학교에 재학 중이던 1915년 이응준 소위로부터 데이트 강간을 당하고 자살을 기도한 사실이 일본과 조선에 신문을 통해 알려졌는데, 당시 남성중심적 가부장제 사회에서 강간의 피해자인 김명순은 어머니가 기생 출신 소실이었다는 사실과 함께 오히려 부도덕한 여성으로 몰리면서 평생에 걸쳐 고통 속에 살아간다(김경애, 2011a; 2011b).

이 연구는 기생 출신 첩의 딸로 태어난 태생적 배경에다 데이트 강간을 당하고 독신으로 살아간 김명순의 삶이 어릴 때부터 받아들인 근대 기독교 신앙과 어떠한 관련성을 가졌을까 하는 의문에서 시작되었다.

대표적인 신여성인 나혜석이나 김일엽과 함께 김명순의 기독교와의 관련성이 연구되었는데, 이경수는 근대 조선에 전파된 기독교는 남성중심의 보수적 성향이 강하여 신여성들이 추구하는 자유연애와 남녀평등, 여성해방을 수용할 수 없어, 대표적인 세 신여성은 기독교와 갈등하였다고 밝혔다(이경수, 2009:387; 394). 또한 김미영은 기독교 신자였던 이 대표적인 세 신여성이 기독교적 세계로부터 점차 멀어지는 원인을 첫째, 그들의 기독교의 교

---

5 실화를 바탕으로 한 소설 「칠면조」에서는 이때 교회 사람들이 일본 옷을 입으니 일본 여자 같고 조선 옷을 입으니 또한 잘 어울린다고 자신의 외모를 찬사한다(김명순, 1921~1922:271)고 써서 당시 김명순이 일본인들의 성당에 다녔음을 알 수 있다. 그러나 영세를 받았는지 여부와 세례명 등은 알려지지 않았다.

리에 관한 이해가 피상적이거나 일면적인 것, 둘째, 여성해방론자로서 개인이 삶의 주체라는 자의식, 셋째, 당시 조선의 기독교 교인들의 가부장적 유교 문화라고 밝혔다(김미영, 2004:68). 작가 김명순과 기독교 신앙과의 관련성에 대해서는 고통 속에 살아가는 김명순에게 내세만이 유일한 소망이었고, 기독교는 김명순에 있어 구원의 종교(유정숙, 2011:325; 김미영, 2004:68)였으며, 동시에 기독교 경험과 윤리적 태도는 죄인으로 자의식을 형성하고 강화시켰다고 본다(유정숙, 2011:328).

김일엽이나 나혜석과 전혀 다른 환경에서 태어나고 살았던 김명순의 기독교 신앙에 대해서는 다른 신여성들과는 별도로, 그리고 보다 실증적이고 심층적인 분석이 필요하다. 따라서 이 연구는 평양 기생 출신인 첩의 서녀로 태어나 데이트 강간을 당하였던 작가 김명순이 기독교 신앙을 가지면서 겪었던 갈등과 구원에 대한 것이다. 구체적으로 이 연구는 작가 김명순이 기독교 신앙을 가지면서 서녀로 태어난 출생 배경과 데이트 강간을 당한 사실에 대한 주변의 태도와 연관하여 기독교 신앙에 대해 회의하면서 신앙을 버리고, 다시 신앙을 찾는 과정을 살펴보고자 한다.

이와 함께 기생 출신의 소실인 어머니에 대한 김명순의 태도 변화와 기독교 신앙과의 관계를 살펴본다. 김명순 문학연구에 있어 어머니로 인한 정체성의 갈등은 그녀 문학연구의 초점이 되었고, 비교적 자세하게 연구되었다. 신혜수(2009), 신달자(1980) 및 김정자(1990)는 김명순이 다수의 시에서 어머니에 대한 애절한 그리움과 연민과 후회의 정을 드러낸다고 보고 있다. 이 연구는 이러한 논의에서 더 나아가 김명순의 기독교 신앙과 관련하여 충돌을 야기한 근원적 존재로서의 어머니에 대한 김명순의 태도 변화를 살펴보고자 한다. 이러한 논의에 앞서 이 연구의 배경으로 근대 기독교가 추구하였던 성 윤리를 간략히 짚어본다.

2. 근대 기독교의 성 윤리

개항기−일제강점기에 조선에 전파된 근대 기독교는 유교의 전통 윤리를 비판하고 새로운 윤리를 제시하였다. 조선을 찾아온 미국 개신교 선교사들은 청교도적 경건주의와 복음주의 신앙 전통 및 신학적 교리를 가지고 있었고, 자신들의 신앙적 입장과 윤리를 조선인들에게 그대로 투영시키고자 하였다.[6] 그리하여 조선의 교인들은 미국 선교사들의 영향으로 청교도정신으로 무장하고 우상을 배격하고, 성서에 절대적인 신앙을 가지며 안식일을 철저히 지키고 몸가짐을 엄격히 하였으며, 절제와 근면을 존중하고 금주, 금연, 일부일처제를 준수하였다(이광린, 1983:46).

금욕과 절제의 윤리는 여성에게도 부과되어, "순결한 여성"은 개항−일제강점기의 개신교의 여성에게 요구되는 민족담론이었다(이숙진, 2006:228). 기독교는 성모 마리아를 동정녀 마리아로 칭하면서 순결한 여성에 대해 찬미한다. 또한 구약시대의 우상 숭배 금지 규정을 근거로 여성이 정조를 지켜야한다는 정당성을 찾고 있는데, 즉, 두 신을 섬기지 말라는 계명을 여성이 정조를 지키기 위해 두 남자를 갖지 말라고 해석함으로써 이 규정을 가부장적으로 전유하고 있다(이숙진, 2006:241). "정조 문제는 인생을 일관하는 근본원리"(김교신, 1927; 이숙진, 2006:230에서 재인용)로 개신교는 가부장적 질서에 순종하면서 식민지 남성의 자존심을 세워줄 여성을 이상화하고 있는 것이다(이숙진, 2006:230). 그리하여 가부장제 사회에서 여성들에게 부여하는 아내, 어머니, 딸의 역할을 적극적으로 수행한 여성들은 덕녀(德女)로 표상되고 있으나, 순결치 못한 여성이나 "남성들을 유혹한 여성들"은 색녀(色女)로,

---

6 예를 들어 감리교는 1897년 가족 윤리의 준수와 성실한 노동과 함께 금욕과 절제를 핵심 내용으로 제시(윤은순, 2008:v; vii)하였다.

가부장제 사회에서 여성들에게 부여한 범위를 벗어난 일탈자로 규정되었다(전연희, 1999:154; 162).

개신교는 유교의 전통적인 부덕과 정절담론 그리고 모성과 가족담론을 재생산하고 재배치하는 전략을 구사하여, 유교 가부장주의에 의한 여성억압의 대표적 실례인 정절녀 서사를 적극 전유할 뿐만 아니라 교회여성이 따라야 할 이상적 여성상으로 제시하였다(이숙진, 2006:238; 239). 즉, "나라의 어머니"와 함께 "순결한 여성" 표상을 선택하여, 개신교는 선교의 장에서는 유교를 폄하하고 배제하였지만 여성의 성을 통제하고 이상적인 모성상을 모색하는 과정에서는 유교적 가치를 적극적으로 전유하면서 공모관계를 이루었던 것이다(이숙진, 2006:251).

조선 후기와 일제강점기의 가톨릭 또한 성모 마리아를 추앙하고 순결한 여성에 대해 찬미하는데, 남편에게 순종하는 것이 하느님의 뜻에 따르는 것이며, 여성에게는 성모 마리아와 같은 순명과 희생이 요구될 뿐이었다. 여성교육의 목표는 마리아 상을 따라 사회와 가정을 위해 희생할 수 있는 여성, 현실적으로는 남녀 성역할 분담에 맞춰 본분을 다하는 현모양처(신영숙, 2003:124)를 이상으로 삼았다. 이에 따라 수녀회의 여성교육 목표는 "성모 마리아의 상징인 밝음과 슬기와 어짐을 갖춘 인간 교육"이며 이를 통해 현모양처와 "정숙한 여성"을 키우는 것(신영숙, 2003:119; 124)이었다. 수녀들은 여성들에게 천주교 성 윤리를 적극 전파하는 데 있어 영어와 일어 교본을 번역(신영숙, 2003:119)하여 활용하였는데, 서양과 일본에서의 천주교가 제시한 이상적인 여성상을 그대로 받아들인 것으로 보인다.[7]

---

7 일본은 한국에 비해 235년이나 빠른 1549년에 천주교를 받아들였는데, 일제 강점기의 초기 교리는 두 나라가 비슷(마에다, 2007:x)하다. 여성에 관한 윤리는 서양과 더불어 일본으로부터도 도입되어 여성에 관한 윤리도 비슷하였다.

조선 후기 천주교 신자들에게 성적 절제는 중요한 금욕적 실천(김윤성, 2007:249)으로 동정생활에 대한 동경이 매우 강하였(김정숙, 2003:49)는데, 성직자나 수도자는 물론 일반신자에게도 성적 정결은 중요한 덕목이었다. 성적 정결은 신자가 올바른 삶을 살기 위해서나 종교적 완성에 이르기 위해 추구해야 할 이상으로서 중시되었다(김윤성, 2007:250). 그리하여 조선 후기에 천주교의 수정(守貞)사상을 받아들이는 동정녀들이 나타났는데, 위장 결혼을 하면서까지 동정을 지키(안화숙, 1979:iv)고자 하였다. 성 바오로 수녀회가 1888년 7월 조선에 초치되어 동정녀들을 이 수녀회에 입회시킴으로써 천주교의 제도적인 뒷받침을 받게 되었다(안화숙, 1979:vi).

기독교의 순결에 대한 찬미와 함께 금욕과 절제의 청교도 윤리는 육체의 쾌락을 위한 간음을 죄로 규정(윤은순, 2008:12)하는데, 이러한 행위를 하는 남성과 이와 관련된 여성, 즉, 기생, 성매매여성과 함께 첩은 "순결한 여성"과는 거리가 먼 여성으로 "회개"해야 하는 대상이 되었다. 개신교는 축첩[8]행위를 간음행위로 간주하였다. 간음을 금지하는 제7계명과 이혼을 간음과 연결시키는 예수의 가르침(마가 10:11, 마태 5:32)을 축첩 반대의 주요 근거(이숙진, 2010:45)로 삼았다. 선교사들은 축첩을 일부다처제로 규정하고, 이를 하나님의 질서를 교란하는 행위로 보았다. "근대적 일부일처제"를 하느님의 법 혹은 하느님의 질서로 인식하고 축첩을 "야만적 행위"이자 "하나님의 뜻"을 거스르는 악풍으로 간주하였다. 특히, 순결의 논리로 축첩제를 반대하여, 복혼자의 가정은 순결하지 못하며 축첩자는 신앙의 가르침(벧전 4:7)에 따라 살 수 없다(Baird, 1896:262; 이숙진, 2010:46에서 재인용)고 주장하였다. 이

---

8 조선 태종은 『주자가례』를 준거로 중혼금지법을 제정하였는데 첫 번째 부인만 '처'로 인정되고 그 외의 부인들은 모두 첩이 되었다(이숙진, 2010:44). 이러한 중혼금지의 법령은 처와 첩, 그리고 적자와 서자의 지위를 차별화하였고, 이것은 곧 첩과 서자에 대한 합법적인 차별로 이어졌다.

처럼 선교사들은 축첩을 간음, 일부다처, 그리고 순결 위반으로 간주하면서 축첩 철폐를 주장하였다. 그리하여 교회는 첩을 둔 자의 입교를 철저하게 금하였고(이숙진, 2010:43), 첩살이를 하던 여인에게 세례를 줄 때, 목사는 "남편이 본처와 생활하는 것이 하느님의 뜻에 따르는 것"(Ellasue C. Wagner, Kim Subang, 23; 이숙진, 2010:44에서 재인용)이라고 가르치면서 빠른 시일 내에 첩살이를 청산할 것을 요구하였다. 첩에게 첩살이 청산은 신앙인의 도덕적 표준이자 회심의 징표였던 것이다.

가톨릭은 조선 후기 개신교에 앞서 축첩제도의 윤리적 문제를 지적하고 비판하였다. 가톨릭은 하나님의 피조물인 인간은 평등하다는 교리에 근거하여 당시 사회가 여성에게 가한 차별 대우를 하나님의 뜻에 위배된 것으로 여기면서 축첩제를 강력하게 비난하였다(김옥희, 1983:217~221). 초기 천주교회는 천주의 피조물인 인간의 평등성을 강조하였고, 특히 교회는 당시의 여성에게 부여된 차별적 대우를 부당한 것으로 여겨 축첩제를 강력히 비난하면서 남성의 축첩을 교회법으로 엄금하고, 교회의 명령에 순종치 않고 축첩 생활을 계속 할 경우에는 신자 자격을 박탈하였다. 가톨릭은 축첩한 남성에게 첩을 내보내는 일을 신앙생활의 가장 우선적인 일로 규정함으로써 신앙인들이 일부일처의 부부관계를 일상의 삶 안에서 실행하도록 하였다(전미경, 2001:71~72; 김정숙, 2003:58).

하나님 앞에 만인이 평등하다는 기독교사상은 남존여비의 차별 윤리를 부정하고 남녀평등사상을 유포하였지만, 기독교와 천주교는 여성에게 순결과 정절을 요구하며 순결을 상실하거나 정절을 지키지 않는 여성은 남녀평등을 누릴 자격이 없는 여성으로 규정하였다. 김명순의 정체성을 우선적으로 규정한 것은 김명순이 기생 출신 첩의 딸로 태어난 점인데, 근대 기독교가 순결과 정절을 강조하는 가운데, 데이트 중에 강간으로 순결을 잃은 김명순과 기독교 신앙과의 충돌은 불가피하였다.

3. 김명순의 기독교 신앙

1) 신앙과 어머니와 거리두기

김명순(탄실)[9]은 여덟 살[10]이 되던 해에 처음으로 기독교를 접하고 교회에 다니기 시작하면서 어머니가 자신과 함께 교회에 다니기를 소망하고 어머니에게 교회당에 같이 다니자고 조른다(김명순, 1924a:478). 선교사가 설립한 학교에 다니게 된 김명순은 선교사와 전도부인들이 교회에 다니지 않는 학부모를 교회로 나오게 하도록 학생들에게 강요하여 심리적으로 큰 부담을 지게 된 것이다. 탄실은 학교에서 공부를 잘하여 선생님들로부터 사랑을 받았고 적지 않은 돈을 기부하여 학교에 공헌을 하였으나, 어머니가 교회에 다니지 않는 것 때문에 어머니와 함께 교회에 나오라는 채근을 학교로부터 받았던 것이다.

당시 교회에서는 "이금수강산안에 션면할욕맹이 맹렬하여져서" 어린 학생에게 부모를 "울며불며 억지로" 교회에 끌어오게 하였다. 교회에 나온 학부모들에게 교회는 "회개하시요 회개하시요 모든죄를자복하고 오늘부터예수를밋읍시다"라고 하면, 학부모들은 자기의 잘못을 고백하고 "하나님 용셔하십소 주여, 주아바님이여 굽어살피시옵소셔회개할째가왔습니다 모—든사람을구원하소셔" 하고 통곡하였다(김명순, 1924a:478).

김명순의 어머니는 탄실을 예수교 학교에 넣기를 심히 꺼렸고 교회에 나가기를 심히 꺼렸는데, 이를 통해 이미 기독교가 기생과 첩을 비난한다는 것을 알고 있었던 것으로 보이나, 김명순의 어머니는 탄실이 자신과는 다른

---

9 김명순의 아명.

10 만으로는 여섯 살.

삶을 살기를 희망하여 남편과 심하게 다투면서 딸을 학교에 입학시킨다. 그런데 학교에 다니기 시작한 김명순은 당시 기독교의 성 윤리에 비추어 기생 출신의 첩으로 회개해야 마땅한 처지에 처하게 된 어머니에게 교회에 나가기를 더욱 졸라, 어머니는 하는 수 없이 교회당에 나간다.

당시 축첩을 타파해야 하는 최우선 구습으로 간주하였던 기독교의 권사와 전도부인들이 탄실의 어머니에게 회개하고 예수를 믿으라고 강요하자 탄실의 어머니는 이에 대해

> 내게는 신명이도읍지안으셔셔여덜살나자 아버니가도라가시고 오라버니가게 시드니 그남아 내가열두살되엿슬째 전쟁틈에 청인에게마져죽고 내가뎨일위로 남아셔편친을봉양할길이업셔셔 기생이되엿습니다. 그러니 여러분이아시다십히 기생이라는것은남의큰마누라가 되는법이업스닛가자연이나도남의첩이되엿습니다[11]

라고 하면서 자신이 기생을 거쳐 첩이 된 것은 가난한 집안의 장녀로 홀로 된 어머니를 봉양하기 위한 것이었다고 말하고, 자신의 뜻이 아니라 효를 실천하기 위한 것이었다라고 해명한다. 그리고 자신도 첩이 되는 것은 죄악인 줄 알지만 어린아이가 있어 어머니로서의 도리를 다하기 위해 지금 첩살이를 그만둘 수 없다는 사정을 말한다. 탄실의 어머니는 누구도 부인하기 어려운 효의 윤리와 어머니의 역할로 자신을 변호한다. 그러면서 탄실의 어머니는 세상 모든 사람이 죄가 있다고 한다면 예수가 자신이 첩이라는 것 때문에 자신만 벌하지 않는 것이 좋지 않겠는가라고 반문하며, 전도부인과 문지기를 제치고 탄실을 데리고 교회당을 나와 버린다. 탄실의 어머니는 기독교가 첩살이를 벗어나기 어려운 여성들의 입장을 고려하지 않는 것에 대

---

11 김명순, 1924a:482.

해 항의하며, 세상 모든 사람이 죄인이라고 하면서 첩만 벌하려고 하는 것은 부당하다고 지적한다.

김명순은 어머니에게 기독교를 전도하는 것이 자신의 신앙을 입증하는 첫 번째 일이었으나 어머니의 거부로 실패하자 먹지도 자지도 않고 하나님께 자신의 어머니에게 회개하는 마음을 주어 예수를 믿게 해달라고 기도한다. 그리고 자신을 하루 바삐 천당으로 불러가 달라고 부탁하면서 자기의 죽음으로 어머니의 죄를 사해달라고 자지러지게 울면서 기도하고(김명순, 1924b:648) 어머니를 지옥으로 데리고 가지 말아 달라고 간청한다(김명순, 1924a:483).

이러한 탄실을 보고 어머니는 자신이 예수를 믿으면 첩 노릇을 그만두어야 하고, 첩 노릇을 그만두면 탄실과는 같이 살 수 없다고 말하면서 그래도 자신이 예수를 믿어야 할 것인지를 탄실에게 묻자, 탄실은 어찌할 바를 모르고 그 이후로는 다시는 어머니에게 회개하고 예수 믿으라는 말을 하지 않는다. 어린 탄실은 적모가 어머니를 "벼락에 맞아 죽을 년"이라고 욕하는 것을 들으며 어머니가 남에게 좋지 않은 일을 하고 남의 원망을 듣는다는 것을 인식하고 있었는데(김명순, 1924a:478~479), 기독교의 학교 교육을 받으면서 자신의 친모가 기생 출신의 첩이라는 사실이 비윤리적이며, 자신이 그런 비윤리적인 관계에서 태어난 서녀라는 사실을 비로소 명확하게 인식하게 되었다(신혜수, 2009:60). 즉, 기독교의 윤리로 인하여 김명순은 어머니를 부정하게 되었고 서녀로서의 자아정체성을 깨닫게 된다.

김명순은 어머니에게 예수 믿도록 하는 것을 포기하는 대신, 교회의 가르침에 비추어 비윤리적인 어머니와 거리 두기를 함으로써 비윤리성과 자신과의 관계를 단절하고자 한다. 탄실은 학교에 입학한 이후 "탄실이가 학교에서 공부를 잘하게될사록 셰상영화가쓸데업다든지 또 남의 첩노릇을 해서는 못쓴다든지, 기생은 악마 같은 것이란 교훈을 듣게된 탓"과 "그모친의 사랑이지겨워져셔" 학교에서 돌아오면 책보만 살짝 마루에 던지고 사랑으로 가서 아버지의 주머니에 매달린다. 즉 김명순은 어머니를 멀리하고 자신의 존재에 정통성을 부여하는 아버지와의 관계를 돈독하게 구축하고자 한 것이다. 이러한 김명순에게 아버지는 엄마에게 먹을 것 달라고 하라고 하지만 탄실은 "엄마무셔워"라고 하며 어머니를 "악마 같은" 무서운 존재로 생각하였고, 그리하여 "탄실모녀의정은…점점 엷어갓다"(김명순, 1924a:480).

마침내 탄실은 윤리성이 담보된 근대적 정통성에 속하고자 하는 욕망 때문(신혜수, 2009:60)에 친모의 집을 떠나 적모의 집으로 옮겨가 지낸다. 그러나 어머니와의 물리적인 거리 두기는 가능하였으나 어머니의 존재는 김명순에게 피할 수 없는 갈등을 초래하였고, 김명순은 기독교가 축첩제와 첩을 강하게 비난하는 것으로 인해 신앙과 어머니 사이에서 딜레마에 빠져 수척해져(김명순, 1924a:483) 갈 정도로 고뇌한다.

조선조의 종모법에 따르면 김명순은 기생이 되어야 할 처지인데[12], 주위 사람들이 자신을 어머니와 같이 기생을 시키라는 말을 할 때면 "불가티성"을 내어(김명순, 1924a:483), 어머니와 자신을 동일시하는 것을 극구 거부하였고, 어머니와는 다른 삶을 살고자 하는 자신의 열망을 꺾으려고 하는 것을 용납하지 못한다. 김명순은 어머니와는 달리 "정숙한 여성"이 되고자 하면 할수록 어머니와는 거리 두기를 해야 하였다. 김명순이 어머니가 사망하고 15여 년이 지난 1924년 어머니에 대한 그리움을 그리는 시 「탄실의초몽」에서 "그 냉락(冷落)한 어머니를 보고/어머니 어머니/우왜 돌아가셨소하고 부르짖으며/누가 미워서 그리했소 하고 울면서/…/춘풍에 졸던 탄실이/셜한

---

12 조선 사회에서는 첩에 대한 차별이 첩의 자자손손에까지 이어졌다. 기생 출신 첩은 천첩으로, 그 소생의 자녀는 종모법에 따라서 그 어머니와 마찬가지로 천인 대우(전미경, 2001:9; 정요섭, 1976:217)를 받았고 어머니와 같은 운명을 지고 살아가야 하는 처지였는데, 개화기에도 이러한 문화는 그대로 수용되었다(전미경, 2001:9).

풍에 흑흑 느끼다/사랑에 게으르든 탄실이"(김명순, 1924c:156)라고 노래하는
데, 생전에 어머니에게 사랑을 표현하지 않고 냉정하게 거리를 둔 것은 어
머니가 미워서가 아니었다고 후회하고 있음에 비추어 김명순이 어머니와
의도적으로 거리 두기를 하였음이 명백하다.

김명순이 기독교 신앙을 가지면서 부정하고 싶었던 어머니는 김명순이
서울에서 유학하고 있던 1909년에 사망한다. 기독교가 하나님의 피조물인
인간은 평등하다는 교리에 근거하여 축첩제를 당시 사회가 여성에게 가한
차별 대우로 간주하고 하나님의 뜻에 위배된 것으로 여기면서 강력히 비난
하고(김옥희, 1983:217~221) 폐지를 위해 노력하는 가운데, 첩으로 살 수밖에
없었던 한 여성은 이로 인해 고통당하고 젊은 나이에 삶을 마감해야 하였
다. 기독교 신앙에 비추어 어머니를 경원시하던 딸 김명순이 더 이상 어머
니를 멀리하려고 노력하지 않아도 될 만큼 어머니는 멀리 떠난다.

2) 구원의 신앙

일본에서 파푸데스트교회 여자학교에 유학 중이던 김명순은 1915년에 일
본 육군 소위 이응준으로부터 데이트 강간을 당한다. 김명순은 어머니와는
달리 "정숙한 여성"이 되고자 하였으며, 자신이 "정숙한 여성"이 되는 길은
공부를 열심히 하는 것이라고 생각하고 공부에 매진(김경애, 2011b:276)하였으
나, 삼촌의 소개로 만난 이응준에게 마음이 흔들려 데이트에 나섰다가 성폭
행을 당한 것이다. 김명순은 성폭행을 당하고 난 후 초고를 쓴 글에서

우리의생활의식은 거짓으로찻다. 무엇의힘이, 부족한가? 우리의 교양(敎養)중
에 무엇이결핍되엿누, 역시엄숙한종교의힘이다 진정한사랑의힘이다 엄숙한 심
각한 신앙(信仰)의힘이다, 하나님을알고 그리상적그하나님안에먹음은 도덕률(道
德律)즉사상의조건을직혀야만하겟다는의지(意志)가업서서 그럿타. 모두가롱락

이엿섯다[13]

라고 강간범이 하나님의 도덕률을 지키려는 의지가 없고 신앙심이 없기 때문에 강간을 저지르며 자신을 농락하였다고 주장하여 기독교 신앙의 관점에서 자신을 강간한 남자를 분석하고 강간을 당한 괴로움을 신앙에 의지하고 있음을 알 수 있다.

그러나 김명순이 데이트 강간을 당하고 자살을 기도한 사실이 일본과 조선에 알려지자, 성폭력의 피해자를 단죄하는 당시 사회 분위기 속에서 일본 파푸데스트교회 여학교는 김명순을 졸업생 명단에서 제외하였고 김명순은 졸업장도 받지 못하고 귀국하였다(서정자, 2010:830). 귀국한 김명순은 숙명여학교에 다시 입학하였고, 1916년 11월에는 잡지 『청춘』이 실시한 작품 공모에서 단편소설 「의심의소녀」가 당선되어 문단에 데뷔한다. 문단에 데뷔한 이후 두 번째로 일본으로 유학을 가게 되는데 이때 본격적으로 작품 활동을 시작한 김명순은 수필 「XX언니에게」(1918a), 「초몽」(망양초, 1918b)과, 희곡 「조로(朝露)의화몽(花夢)」(망양초, 1920a), 시 「못맛날벗에게」(망양초, 1920b) 등 연이어서 수필과 희곡, 시를 발표한다. 이 시기에 발표된 글에서 김명순은 기독교 신앙을 드러낸다.

1918년 22세에 쓴 「XX언니에게」라는 편지 글에서 김명순은 "자아(自我)를 혁명(革命)식혀주시도록간절(懇切)흔기도(祈禱)로 일과(日課)를 삼엇스오며 종차이후(從此以後)로난 신(神)의사명(使命)을순종(順從)흔기로서약(誓約)흔기도여러번이엇습니다"(망양초, 1918a:616)라고, 자신이 변화할 수 있도록 매일 기도하였고 신의 가르침에 따르겠다는 서약을 반복하고 있음을 밝힌다. 김명순은 이응준 소위로부터 강간당한 자신에게 쏟아지는 비난에 자책하며 근대

---

13 김탄실, 1926:545.

기독교 윤리가 제시하는 순결한 여성이 되겠다는 서약을 하고 있는 것이다.

또한 김명순은 자신에게 씌워진 순결하지 못한 여성이라는 멍에를 예수가 진 십자가에 비유하고 있는데, 김명순은 희곡 「조로의화몽」에서

> 탄실(彈實)이는 단꿈을깨트리고 서어함[14]에 두쌤에고요히구을러내려가는눈물을 두주먹으로씻스며 백설(白雪)갓흔침의(寢衣)를몸에감은채 억개우에는 양모(羊毛)로 두텁게 직조(織造)한희쇼올을걸치고 십자가(十字架)의초혜(草鞋)를신고 후원(後園)의이슬매친잔쇠위로 창랑(蒼浪)히거러간다"[15]

라고 쓴다.

수필 「초몽」에서는 구약에 쓰여 있는 네 유태인이 꾸었던 신에 관한 꿈과 같이, 자신이 맨발로 열심히 달아나며 힘들어하고 있는데 하늘에서는 전진하라고 호령하여 자신은 영문을 모르면서 계속 달아나는 꿈을 꾸었다고 쓰고 있다(망양초, 1918b:613). 이는 김명순이 쫓기고 있는 불안한 심정에서 성경에 나오는 장면과 연관하여 꿈을 꾸고 있는 것이다. 1920년에는 자신을 강간한 이응준을 그리면서 주에게 빌었다는 시 「못맛날벗에게」(망양초, 1920b:71)를 쓰는데, 그즈음에 김명순은 강간당한 자신이 거듭날 수 있도록 기도하며 자신을 강간한 이응준을 잊지 못해 신앙에 의지하고 있음을 알 수 있다.

「시로쓴 반생기」에서 두 번째 유학기에 강간 피해자인 자신을 경원시하는 개신교를 버리고 천주교로 개종하여 일본 가톨릭 성당에 다닌 때를 회고하며, "적판이궁(赤坂離宮) 부근에 화려한 녹색의 조화/프르른 눈정신(精神)모두워/고요히성당(聖堂)으로옴겨왔다"(김탄실, 1938a:230)라고 읊어, 성당을 마

---

14 '서어하다'의 뜻은 첫째 익숙하지 아니하여 서름서름하다 둘째, 뜻이 맞지 아니하여 조금 서먹하다는 것이다.

15 망양초, 1920a:699.

음의 안식처로 삼았음을 토로한다. 김명순은 당시에 학교에 가 있는 시간을 제외하고는 과자 장사를 하며 살아갔는데, 자신을 명태같이 말라버린 "외로운 인생"으로 규정하고,

> 아아성당(聖堂)은 나의천국(天國)/우리선생(先生)님들은 천사(天使)같고/거룩한주일(主日)날 위(爲)하야/모인신자(信者)들은 쟁화(淨化)되엇다/겸손한음향(音響)의 창가대(唱歌隊)/아름다운테너의/자유자재(自由自在)한 발성(發聲)이/천사찬양(天使讚揚)하는 것이엇다[16]

라고 성당이 자신의 천국이었음을 회고한다.

두 번째 유학에서 귀국한 김명순은 시「향수」(김명순, 1923)를 발표하는데, 이 시에서 성경에 나오는 순교자에 자신을 비유하여 슬픔과 외로움을 표현한다. 즉, 기독교 성지 나사렛의 사람과 순교자 세바스티안(김명순, 1923:87)이 박해로 인해 받은 고통과 슬픔을 자신의 것에 비유한다. 또 1924년에 발표한 시「귀여운 내수리」에서는 "귀여운내수리 내수리/힘써서 압흐다는 말을말고/…/곱게참아 겟세마네[17]를넘으면/극락의문은 자유로열니리라"(김명순, 1925c:149)라고 하여, 기독교 고난의 성지를 참고 넘으면 행복한 곳으로 간다는 희망의 시를 쓰고 있다. 1925년에 출판된『생명의 과실』에 수록된 시「외로음의부름」에서는 "내하나님 그속에게신/압흔 가삼아 가삼아./…/오―옛날의 날비러주든/하나님압헤 나를 고(告)하신/밋분 고향(故鄕)아고향(故鄕)아./…/가삼속을 보면은 피압픔을 보면은/하나님을 생각하고, 고향을 못닛고,/무릅을굽혀 우리의긔도를쏘한다"(김명순, 1925d:128)라고 노래하는데 고향에서 신앙을 가지게 된 것을 연관하여 고향을 그리워하며, 고향을 그리

---

16 김탄실, 1938a:232.

17 감람산 골짜기에 있는 산으로 예수가 십자가에 처형되기 직전, 베드로와 야고보와 요한을 데리고 기도하기 위해 올랐던 곳.

워하는 마음은 하나님을 생각하는 마음과 겹쳐진다(이경수, 2009:383). 이때의 하나님은 "옛날의 날비러주든" 하나님으로, 과거의 신앙을 표현하며 다시 고향을 그리워하면서 자신의 가슴속 "피아픔"을 위로해주는 하나님과 고향을 향해 기도한다.

강간당한 이후 두 번째로 일본으로 유학한 시기에 김명순은 천주교에 의탁하여 자신이 이응준으로부터 데이트 강간을 당한 아픔과 강간 피해자인 자신을 비난하는 조선 사회로부터 받은 상처를 치유하고자 하였다.

3) 신앙 버리기

(1) 기독교 공동체 내에서 경원시되기

김명순이 1915년 이응준 소위에게 데이트 강간을 당하고 자살을 시도하자 기독교 학교인 파푸데스트교회 여자학교가 김명순을 졸업생 명단에서 삭제(서정자, 남은혜, 2010:830; 831)한 것은 강간을 당해서 "순결치 못"(망양초 김탄실, 1926:172)하게 된 여성에 대한 당시 기독교 교육기관의 태도를 단적으로 보여준다. 김명순은 학교 당국이 데이트 강간을 당하고 자살을 시도할 만큼 절망에 빠져 있는 자신을 도와주지는 않고 졸업생 명단에서 빼버림으로써 자신을 수치스럽게 생각하며 경원시하는 것에 큰 상처를 받았을 것으로 보인다.

김명순은 두 번째 유학기간을 회고하면서 쓴 시 「추억」에서 "순결치못한처녀는 미웁다고햇지요"(망양초 김탄실, 1926:172)라면서 기독교인들이 강간당한 자신을 경원시한 것을 회고하고 있다. 시로 쓴 또 다른 회상기에서 김명순은 성당에서 설교로 들은 예수의 말씀도 성당 밖의 길거리에서는 나쁘게 변하여 자신을 울렸으며, 자신을 조소하려는 말과 농락하려는 수법으로 자신을 괴롭(김탄실, 1938a:233)힌다고 하여, 가톨릭 교리가 여성의 순결을 강조함으로써 신도들이 자신을 비난하고 경원시하는 결과를 낳아 자신을 괴롭혔다고 고백한다. 그러면서 "성당(聖堂)안에는 스파이종류(種類)의 출몰(出沒)/…사람을낚는 총(銃)알 눈동자(瞳子)들/외로운 내한몸 의심(疑心)스러웠든가"라며 자기를 주시하고 의심하는 날카로운 눈초리를 의식한다. 학교에서도 "자기(自己)네의 희생(犧牲)이되란다" 하면서 자신을 내쫓으려 하는데, 성당에서도 "사람 영혼(靈魂)의 사망(死亡)을/헛되이 알리는 악령(惡靈)의 태도(態度)/상벌(賞罰)을 편가리는욕물(慾物)"이 판을 쳐서 결국 "성당(聖堂)안도 전쟁(戰爭)터이엇다"(김탄실, 1938a:233~234)라고 회상하여, 학교뿐 아니라 성당에서도 김명순을 경원시하고 배제하려 하였음을 인식한다. 당시 일본의 가톨릭 성당도 일제강점기 조선에서와 마찬가지로 순결한 여성을 찬미하여 강간당한 사실이 알려진 김명순은 가톨릭으로 개종하였으나, 가톨릭이 이상으로 삼는 순결한 여성이 되지 못하여 신도들로부터 경원시되었음을 알 수 있다.[18]

김명순은 수필 「귀향」에서 다시 과거를 회상하여, "우리 지난날에성당(聖堂)에 모히어/온갖행복(幸福)을 늑기지안엇슴니까?/…/하나님이 깁버하신 우리의 사랑을/사람들이 쌔앗으려 하지안엇슴니까?"(김탄실, 1936:682)라고 기술하고 있는데, 이는 성당에서 만나 사랑을 하였고 신앙의 힘이 사랑하는 데 도움이 되었고, 하나님도 기뻐하였을 자신들의 사랑을 주변의 사람들이 부정하였음을 원망하고 있는 것이다. 수필 「귀향」을 쓴 지 2년 후 1938년에 쓴 소설 「해저문때」에서도 "미개한 인사들이 남의 육체미를 험잡으려하기를 자기집 도마에 사다놓은 고기 한점같이" 여긴다(김탄실, 1938c, 599)면서, 자신의 몸을 둘러싸고 사람들이 비방하는 것을 한탄하고, 또한 페터씨와의 사랑을 회상하며 성당 안의 사람들이 부정하여 결국 헤어지게 된 것을 계속 원망하고 아쉬워한다. 즉

---

18 김명순이 데이트 강간의 후유증과 외로움으로 인해 성격이 불안정한 것에도 일부 기인하였을 것으로 추측된다.

내마음속에 나와 페—터씨와의 우정(友情)을 버리지안으려함은 마치 이자아(自我)와 성당(聖堂)과 사회(社會)를 사랑하는일과같을것입니다… 그런것을 저암흑(暗黑)한무리들은 나와페—터씨의 깨끗한우정(友情)을 빼앗어가려고 가진악의(惡意)를 다 품는것이지요? 그리고방해(防害)[19]하는것이지요? 우리의 맑은 생활감정(生活感情)이 그들의더러운계획(計劃)에 용기(勇氣)를일코 앞길을막아버릴 것같지는 안읍니다. 이민음이야말로 내가성당(聖堂)에 발디려노키시작(始作)한 이래(以來)로 얻은 보물(寶物)입니다[20]

라고 하여, 성당에서 만나 사랑을 하게 되었으나 주변 사람들 때문에 결국 헤어지게 된 것은 40대가 된 김명순에게 큰 상처로 남는다.

김명순에 대한 기독교인들의 태도를 단적으로 보여주는 것은 김명순에 대한 전영택의 태도이다. 전영택은 김명순의 이복오빠의 친구로, 1915년에서 1918년 사이 아오야마(青山)대학 재학 중 초기 『여자계』의 편집을 적극 도와주었는데(김미영, 2004:76), 김명순도 『여자계』에 1918년에 수필 「xx언늬에게」, 1920년에 소설 「조모의묘전에」와 「영희의일생」을 게재하여 개인적으로도 잘 아는 사이로 오랫동안 교분이 있었다(최혜실, 2000:377). 전영택은 학교를 졸업하고 목회자가 된 독실한 기독교인으로 박애주의자로 명성이 높았는데, 해방 이후 도쿄를 방문하였을 때, 김명순이 도쿄 한국YMCA의 뒤뜰에 움막을 짓고 정신분열증으로 고생하며 양아들과 극빈의 상태로 살아가는 것을 목격하게 된다. 그런데도 전영택은 김명순에게 어떠한 도움도 주지 않았고(김미영, 2004:87; 최혜실, 2000:374~378), 그 이후 자신이 목격한 김명순의 비참한 상황을 소재로 하여 냉정한 필치로 소설 「김탄실과 그 아들」을 쓴다. 소설 내용의 구체적인 사실이 진실인지는 확실치 않으나 김명순이 어려운 처지에 있었던 것은 사실이고, 전영택이 이를 목도하였으나 위로나 도

---

19 '妨害'의 오기.

20 김탄실, 1938c:595; 596; 598.

움을 주지 않았다는 것도 분명하다. 임종국은 전영택의 이러한 태도를 "비정한 방관"(김미영, 2004:87)이라고 평가한다.

당시 근대 기독교 지식인들은 신여성들을 매우 불온하게 바라보았는데, 여성해방이나 평등을 주장하고 자유연애를 외치는 여성은 "적은 지식"을 얻은 자로 폄하하고 연애결혼을 부르짖는 것은 풍기문란행위로 인식(이숙진, 2010:51)하였는데, 전영택도 그러한 기독교 지식인의 한사람이다. 전영택은 그 이후 김명순을 회고하면서, 출생 배경으로 인해 "변태적으로 살아가고 방종, 반항의 생활"을 하였다고 쓴다(전영택, 1963:251~254). 전영택이 김명순이 기생 출신 첩의 딸로 태어나 데이트 강간을 당하여 순결을 잃은 것을 변태적으로 살아가고 방종한 것이라 평가하고 비판하며, 외롭고 가난하게 독신으로 살아가는 것을 반항의 생활이라고 생각한 것은 당시 기독교인들이 김명순을 어떠한 시선으로 바라보았는가를 단적으로 보여준다.

김명순은 당대 남성기독교 인사들의 가부장적 태도에 대해 실망하고 깊이 상처를 받았을 것으로 보인다(김미영, 2004:87). 조선의 초기 기독교는 전통적인 가치체계인 가부장적 사고나 유교적 남성중심주의 문화를 극복하지 못하고 있었고, 여성의 성에 대해 보수적인 기독교에서는 여성의 몸을 통제하고자 하는 가부장적 담론이 강력한 힘을 발휘하였다(이숙진, 2010:51). 이러한 기독교와 유교 가부장주의는 여성을 통제하는 차원에서 쉽게 공모하여(이숙진, 2010:52), 김명순은 "순결치못한" 여성으로 교회로부터 경원당하는 존재가 되었다.

(2) 신앙 버리기

김명순이 신앙에 대해 회의하기 시작한 것은 신앙을 갖게 된 초기부터였던 것으로 보인다. 초등학교 시절 교회에서 어머니가 첩이기 때문에 지옥에 갈 것이라는 기독교의 가르침을 받았을 때, 어린 김명순은 자신의 어머니가 도리에 닿지 않는 일을 하는 것을 본 적이 없는데 다른 사람들은 다 천당에 가고 자신의 어머니만 단지 첩이라는 이유로 지옥에 간다면 불공평하다고 생각하면서 남에게 속았다는 감정으로 격렬히 울었다(김명순, 1924a:489)고 기술하고 있다. 자신의 가족과 친척들에 대해 "저 사람들이 우리 어머니보다 무엇이 다르랴"(김명순, 1924a:489)면서 자신의 어머니처럼 도리를 다하는 사람이 예수를 믿지 않는다고 지옥에 간다는 것은 옳지 않다고 생각하며 신앙에 대해 회의하기 시작한 것이다.

소설 「탄실이와 주영이」에서는 진명여학교 시절에 이미 신앙을 버렸다고 고백한다. 즉 "그는전일에⋯남의말만듯고허허락종하는, 죠흔아해도아니엿다그는날이오람을싸라서 무어시든지다—보수를하고십흔쳐녀가되엿다. 한마듸의모욕을백마듸로갑고십헛다. 이째에이르러그의마음속에는 어릴째부터그속에쑤리박은 종교는싹도업셧다"(김명순, 1924s:501)라고 하면서 미워하는 마음이 생기고 신앙심이 없어졌다고 말한다.

그러나 일본에서 유학시절 침례교회에서 세운 여자학교에 다니면서 다시 신앙을 회복한 것으로 보이나 데이트 강간을 당한 자신을 배척하는 개신교를 떠난다. 두 번째 일본 유학시절에는 성당에 다녔으나, 이곳에서도 자신이 경원시되는 것을 느끼며 신앙에 대해 다시 회의하게 된다. 일본 교토에서 1921년에 이미 김명순은 시 「들니는소래들」(김명순, 1925e:158~159)에서 자신을 향한 주변의 비난에 대해 "나의주여 조물주여/당신은무엇땜에/우리들 그갓치 지엇슴니가?"라고 하나님을 원망하는 시를 쓴다.

김명순은 기독교인들이 예수를 믿는다고 입으로만 떠들며, 모르고 행하지 않는 것은 죄가 없다는 말을 외고 있다고 비판하면서, 만일 하느님이 분명히 있어 모르는 사람에게는 죄가 없고 형벌이 없다고 한다면, 조선 사람들이 모르고 일본의 식민지 백성으로 전락하여 도탄에 빠지도록 하지 않고 오히려 상을 주었을 것이라고 의문을 제기하고, 백성들은 서로 생명을 귀중이 여기지 않고 서로 비난하고 모함하는 것만 일삼는 여러 가지 추태를 부리다가, 자신이 무식한 것을 모른 탓에 드디어 자유를 잃고 자기를 잃었다고 지적하며, 기독교인들이 주장하는 것과는 달리 자신은 모르는 것은 죄악이라고 생각한다(김명순, 1924a:495)고 밝힌다.

같은 해에 초고를 쓴 수필 「네자신의우혜」에서도 "너는네어릴쌔에밧은미듬에서머리를돌니고 사후뎐당(死後天堂)이란문구를비웃는지오래다"(김명순, 1925a:650)라고 하여 오래전에 신앙을 버렸음을 고백한다. 그리고 "실재(實在)한신(神)을찻지못하는비극물이아니냐, 미듬을 일흔비극물아헌것을허러는버렷서도, 새것을세울순업는미물아 모든문뎨는 미듬에서만풀것이어늘네문뎨를 푸러내일미듬은 네게는잇지안코나"(김명순, 1925a:651)라고 하여 자신은 신앙을 잃어버렸으며 모든 문제는 믿음에서 풀 수 있을 것이지만 새로운 것을 세울 수 없다고 슬퍼한다.

1926년에는 김명순은 그전에 교회에서 순결하지 못한 자신을 미워하는 것을 기도로서 받아들였다고 회상하며 이제는 "하늘에 땅에 긔도를햇담니다/신보다 거룩하려고/그대가티 순결하려고/바다에서 산에서 노래햇담니다"(망양초 김탄실, 1926:172~173)라고, 더 이상 기독교의 하나님께 기도하지 않고 신보다 거룩하고 순결하기 위해 하늘과 땅에게 기도하고 바다에서 산에서 기도를 한다고 노래한다.

1928년에 출간된 것으로 알려진 책 『애인의 선물』에 수록된 소설 「일요일」에서 주인공인 남녀가 교회당에서 만난 사이로 둘은 금욕주의자로 기독교를 섬기며 같이 지냈으나 서로 헤어졌는데, 너무 삼가하였기 때문에 헤어진 것(김명순, 1928a:577)이라면서 김명순은 기독교의 금욕주의에 대해 비판한다. 희곡 「두애인」에서는 주인공이 자신의 책 중에서 "예수교리 청교도적 헤부라이이슴의 것들"(김명순, 1928b:739)을 팔기로 한다. 그러면서 "사람의 본능을 진이고는 직히기도어려울헤부라이이슴의 금욕주의책들을함부로사

되렷든가?"라고 반문하고 "참이것은 주일마다 우매한 신들을더욱굿세게한다고 강단에서서 공상적신화를짓고잇는장로나 목사들에게 필요할것이안인가?"(김명순, 1928b:740)라고 기술하여 인간의 본능을 부정하고 금욕주의를 주장하는 헤브라이즘에 대해 비판하며, 우매한 신자들에게 신앙을 강화하기 위해 주일마다 강단에 서서 공상적 신화를 지어내고 있는 장로나 목사들을 강한 어조로 공격하고 있다.

그리고 주인공은 자신의 마음이 청교도인 김춘영에게서 사회주의자인 리관쥬에게로 옮겨간다(김명순, 1928b:738)고 말하고, 또 유물론적 변증법에 관한 책과 부하린의 저서를 읽겠다고 말하는 데에서도 당시 그녀의 사상이 마르크시즘과 같은 진보적 세계관에 더 기울어져 있음을 짐작할 수 있다(이경수, 2009:386; 387). 그러면서 이렇게 변한 자신에 대해 루터가 살아 있었으면 웃었을까라고 반문한다(김명순, 1928b:740).

시 「귀여운 내수리」(김명순, 1925c:149)에서는 기독교의 고난의 성지를 참고 넘기면 행복한 곳으로 간다는 희망의 시를 쓰고 있는데, 이 시에서 도달하고자 하는 곳이 천당이 아니라 '극락'이라는 불교적 용어를 쓰고 있어, 이때 이미 기독교 신앙을 버렸음을 알 수 있다.

김명순은 신앙 초기부터 어머니와 관련하여 신앙에 대해 회의하기 시작하여 자신을 경원시하는 기독교 교리와 기독교인에 대해 회의하면서 마침내 기독교 신앙을 버린다.

(3) 어머니와의 화해

소설 「도라다볼째」에는 여주인공 소연의 어머니가 등장하여, "어떠한 저주를 받음이지 소연의 모친은 평생 한숨으로 웃음을 짓는 일이 드물고 걸핏하면 치맛자락으로 거푸 나오는 눈물을 씻다가 그도 한이 뭉쳐 더 참을 수가 없던지 소연이가 열한 살 되던 해에 이 세상을 하직해 버렸다"라고 쓰고 있는데, 그 어머니가 바로 김명순 자신의 어머니의 모습인 것이다. 김명순이 기독교 신앙을 받아들여 기독교에서 비난하는 첩인 어머니가 기독교 신앙을 가지도록 하는 데 실패하자 멀리하였던 어머니를, 기독교 신앙에 대해 회의하면서 다시 그리워하게 되었음을 표현한 것이다. 다시 말해, 기독교 신앙과 멀어지면서 외롭고 가난한 자신을 위로해주는 유일한 존재로서 어머니와 화해한다.

김명순은 어머니와의 화해를 어머니에 대한 해명에서부터 시작한다. 즉 그녀의 어머니는 전쟁(청일전쟁) 통에 아버지를 8살에, 오빠를 12살에 각각 잃고, 가난한 집의 장녀로 어머니를 부양하기 위해 기생이 될 수밖에 없었으며, 기생이 되고 난 후에는 기개 있는 기생으로, 첫 번째 소실로 들어가서는 도망 나오기도 하였다는 사실을 통해서 어머니가 음란한 여자여서 기생이 된 것이 아니라 가족을 먹여 살리기 위해서 희생하였음을 밝힌다(김명순, 1924a:476~478).

그런데 자전적 소설 「탄실이와 주영이」에 의하면 탄실의 적모가 어린 탄실의 몸종인 자근네를 빼앗자(김명순, 1924a:489), 적모와 큰집 사람들이 자근네를 빼앗은 행위와 어머니 산월이 적모의 남편을 빼앗은 행위는 둘 다 남의 소유를 자기 것으로 취하였다는 점에서 기독교의 계명을 어긴 것은 마찬가지라는 생각을 하기에 이른다. 더구나 적모는 자근네의 의지에 반(反)하여 빼앗은 것인 데 반해, 아버지는 자신의 의지로 어머니 산월에게 간 것이니, 오히려 탄실의 친모 산월이 적모보다 윤리적 우위성을 확보한다는 사고의 반전이 일어난다. 이는 자기가 어머니를 거부해왔던 근대적 윤리의 기준이 절대적으로 옳은 것이 아니었다는 사실을 깨닫고 이러한 깨달음은 적모가 절대적 우위의 윤리성을 확보한다고 여겼던 이전의 사고의 틀을 완전히 깨는 것이다(신혜수, 2009:60~61).

신앙에 대해 본격적으로 회의하기 시작한 1922년부터 김명순은 어머니에 대한 그리움의 시를 발표하기 시작한다. 어머니를 그리는 첫 작품 「재롱」에 이어 「옛날의노래여」를 발표하고, 1923년 1월 1일에 「향수」를, 이어 「긔도, 꿈, 탄식」을 발표한다. 1924년에는 「긋처요」, 「시내의흘음아」를 발표하고, 1925년 책 『생명의 과실』에 「귀여운 내수리」, 「무제」를 수록하는 등, 계속해서 어머니를 그리워하고 추도하는 시를 쓴다.

1925년에는 어머니를 그리워하는 대표적인 시 「탄실의초몽」과 어머니를 추도하는 수필 「경면독어(鏡面獨語): 어머니의영전에」를 발표한다. 시 「탄실의초몽」에서 김명순은 "한 많은 어머니의 품에/머리 많은 처녀는 웃었다/그 인자한 뺨과 눈에/작은 입대면서/그 목을 꼭 끌어안아서/숨 막히시는 소리를 들으면서/…/차디 찬 어머니의 품에/머리 많은 처녀는 웃었다"(김명순, 1925b:156)라고 노래하여 어머니가 주었던 자신에 대한 사랑을 그리워한다. 수필 「경면독어: 어머니의영전에」에서 김명순은 어머니를 북극의 불모의 빙판에 휩쓸러진 약한 등산자에 비유하면서, "영구한 자멸 속에" "악마의 함정문"에서 "고통과 수치로 살았음을" 비통해한다. 어머니에게도 한때 "봄은잇섯슬 것"이지만 "밋업지못한그거름거리로 머리를푸러헷친모양이울 줄도 우슬줄도 모를것가튼얼굴로 … 그모양에는피로가업고 고통이업스리라고는뵈이지안는다"(망양초, 1925:647)라고 하여, 어머니가 표정이 무덤덤하였으나 피로와 고통을 감추고 살았음을 회고한다. 또한 어머니는 "귀하지안한" 사람으로 태어나 구차하게 겨우 살아야 하였는데, 이제 부질없는 등산을 멈추고 남의 생활의식과 남의 감정을 전부 뽑아내어 던지라고 부르짖는다. 또한 어머니를 경원시한 원수들이 어머니에게 부과한 모든 멍에를 내려놓으라고 부르짖으면서, 어머니에게 덧씌워진 비난과 기독교의 단죄가 어머니의 피를 빨았고, 어머니의 몸을 상하게 하였으며 시들게 하였으나 이제 벗어나라고 외친다(망양초, 1925:647).

김명순은 기독교 신앙에서 벗어나면서 어머니에 대한 거리 두기와 부정에서 스스로 벗어날 뿐만 아니라 다른 사람들의 비난과 기독교 성 윤리에 근거한 단죄에서 어머니도 벗어나라고 외친다. 비로소 김명순은 자신을 사랑하였던 유일한 사람으로서 어머니를 받아들이고 그리워하게 된다.

4) 신앙 다시 가지기와 용서와 구원

1935년 4월 『조선문단』의 문인주소록에는 김명순의 거주지가 동경시 간다구(神田區) 니시간다조(西神田町) 기독교회(基督敎會)[21]로 되어 있는데, 이 무렵 김명순은 기독교인으로 신앙생활을 다시 시작한 것으로 보인다(서정자, 남은혜, 2010:836).

그 이듬해인 1936년 8월 몇몇 유학생들이 마련해준 돈을 여비로 하여 10여 년 만에 서울로 돌아온 김명순은 성당에 가서 미사를 보고 성모 마리아 앞에 기도하는 것으로 조선에서의 생활을 시작한다. 명치정(明治町)성당(현 명동성당)에서 오전 7시 반 미사를 마치고, 낯선 서울 거리에서 어릴 때 기억이 남아 있는 혜화동 성당을 사람들에게 물어서 찾아가 십자를 긋고 마리아상 앞에 새로운 마음으로 무릎을 꿇었다고 기술하고 있다(김탄실, 1936:683~684). 그런데 마리아상이 어딘지 자신의 고향여자들이 흔히 가질 수 있는 모습을 갖추어서 감개무량해 한다. 그리고 비로소 온갖 미로에서 방황하는 이들이 천당 길을 찾는 진실과 용감함을 깨달았다고 신앙 고백을 한다. 그러면서 "참된종교(宗敎)는 공교(公敎)요, 공교(公敎)라함은 천주(天主) 즉(卽) 신(神)이 사람의구령(救靈)을위(爲)하야 가리키신바이시니 천주(天主)는 맨먼저 인류(人類)에게이교(敎)를가리키시고 다음에 「모세」에게 이것을

나타내이시고다시「예수크리스도」로서 이교(敎)를 완전히하섯다는것이올시다"(김탄실, 1936:684)라고 하여, 천주 즉 신이 사람의 영혼을 구원하기 위하여 맨 먼저 인류에게 가톨릭 신앙을 가르치고 다음에 모세, 다시 예수 그리스도에 와서 이 종교가 완전히 되었다고 말한다.

또한 사람이 사는 것은 과거에 사는 것이 아니라 미래를 향하여 현재의 생활을 경영하는 것이 아니냐고 반문하며,

> 우리는 늘한사람한사람식 한집안 한사회(社會)을위(爲)하야 생활(生活)하는것이 먼저 자기자신(自己自身)으로부터 한집안과 또한사회(社會)와 불순(不純)함이 업고 불화(不和)가업서지도록 싸호는것임으로 세상긋나는날을 예수께서 재판(裁判)하러오실것이 아니겟음니까[22]

라고 하여, 세상 끝나는 날에 예수가 심판하러 올 때를 대비하여 모든 사람이 각자 한 집안과 사회와 불순이나 불화가 없어지도록 노력해야 한다고 주장한다.

1936년 40살이 된 김명순이 조선으로 귀향하여 지난날을 회고하며 쓴 수필 「생활의기억」에서 "남 저주하기와 나스스로를 저주하기를 예사로 하던 대가 잇다"고 회고하고, 자신의 책 『생명의 과실』 속에도 "독한 언구가 부지중 드러나 있는 것을 발견하고 부끄럽게 생각"(김명순, 1936 :694)한다고 하여, 그녀는 증오와 복수의 마음을 딛고 용서하는 경지로 나아가는데, 이러한 경지로 나아가는 데에는 종교가 큰 힘이 되었던 것으로 보인다.

1938년 김명순은 자신이 성당에 다니며 얻은 보물은 "우리의 맑은 생활감정이 그들의 더러운 계호기에 용기를 잃고 앞길을 막을 수는 없다"(김탄실, 1938c:598)라고 하고 자신을 비난하는 사람들이 자신의 몸(순결)에 대해 쉽게

---

22 김탄실, 1936:683~684.

논하지만(김탄실, 1938c:599) 성당에 다니면서는 자신은 그러한 사람들에 대하여 악의를 가져보았던 일은 하나도 없다며 용서한다. 그러면서 "천주의 보호 밑에 사는 것이 우리 기원의 성취이다"(김탄실, 1938c:599)라고 신앙고백을 한다. 또한 "성모(聖母)마리아시어 이소원(所願)드려주사 낙망(落望)의구렁에서 잇그러내시옵소서/유일(唯一)한 희망(希望)은 일요일(日曜日)마다의성당(聖堂)에잇다"(김명순, 1936:695)고 기술하여, 신앙에 의지하며 살고 있음을 알 수 있다. 1938년에 김명순은 "페―터씨당신계신곳가까워다니면서 나는 일층더단정(端正)한 여자(女子)가되어진것이 사실(事實)입니다. 그리고 신앙생활(信仰生活)을 시작(始作)한것이 사실(事實)입니다"(김탄실, 1938c:596)라고 기술하며 신앙을 회복하였음을 직접적으로 밝힌다.

그리하여 김명순은 마침내 평온을 얻었음을 피력한다. 즉, 자신이 다니는 교회는 "내가마음먹기는/음향(音響)과색채(色彩)의서안(西岸)을전(傳)하야/착한이들의교회당(敎會堂)"이라고 하여 더 이상 자신을 의심의 눈초리로 보지 않는 착한 이들이 모여 있는 교회라고 쓰고 있다. 이미 40대에 접어든 김명순은 비로소 성적 대상에서 벗어나 주변으로부터 소외되지 않게 된다. 또한 김명순은 일본을 방황하다 마른 몸으로 돌아와서 매주 성당에 다니며 누리는 신앙생활의 기쁨을 고백한다.

> 미사를 필(畢)한 우리는/새벽부터나리는 봄비를맞고/성당(聖堂)뜰에 내리서서 개웃개웃//그다음 일요일(日曜日)에는/파릇파릇한바주(生垣)들고/잘자라는 잔디밭으로/오락가락샛길이 열리엇다//새지저귀는 봄날아츰에/돌돌구을르는 말소리 거실러/새벽미사에 참예하면/파랑새우지지엇다.//오오조물주(造物主)의 신비(神泌)/청춘(靑春)의 넘쳐흐르는 재능(才能)/고난(苦難)을 겪어도 아름다웁고/더러움 모르듯 거룩하엿다.//어느때는 왕자(王子)와같이/어느때는빈민(貧民)같이/나의 모든 허물구(救)하시라고/신단(神壇)에 미사사(仕)를 드리섯다.//붕붕 탕탕 경절(慶節)의발포(發砲)/나의예배(禮拜)를신성(神聖)케하엿다/나의 지도자(指導者) 페

드루그이는/내인생(人生)에 외로운 동무.[23]

즉, 김명순은 성가를 부르고 새벽미사 때 파랑새의 노랫소리를 들으며 자신의 모든 허물을 구하시라고 미사를 드렸으며, 베드로(페드루)를 전 생애의 외로운 동무(김탄실, 1938b:236)로 의지한다고 노래한다. 그리하여 김명순은 서녀로 데이트 강간을 당하고 조선 사회로부터 받은 2차 성폭력으로부터 생존자로 살아남을 수 있게 된다(김경애, 2011a:70~71).

김명순이 신앙심을 회복한 후에도 어머니에 대한 그리움은 계속된다. "어머니! 고요히 부르짖고/천장을 우러러 한숨짓는다… 지금은 안 계신 내 어머니/나와 피와 살을 나누신 그이가/내 생활과 내 사랑을 아시는 듯/유명계를 통하여 오는 설움에/밤마다 때마다/눈물을 짓는다"(김탄실, 1938b:239)라고 어머니를 그리워하며 눈물 짓는다고 쓰고 있다. 더 이상 어머니를 보수적인 기독교의 성 윤리로 단죄하지 않고 어머니를 깊이 이해하고 받아들인다. 1928년에서 1939년 사이의 작품에는 어머니를 깊이 이해하게 된 여성 인물이 모성성을 추구하는 모습이 발견된다. 동요 「수건」, 소년소설 「부동이와 밀감」, 「고아원」, 소설 「분수령」, 「해저문때」에 모성성이 추구되는데, 독신여성으로서 주체적 생존방식을 택하는 여성인물들을 내세워(신혜수, 2009:121), 어머니에 대한 이해를 통해 자신의 모성성을 회복한다. 실제 김명순은 양자를 입양하여 어머니로서의 역할을 함으로써 어머니에 대한 그리움을 승화한다.

그러나 오빠처럼 따르던 동향 출신인 김동인이 1939년 3월 김명순을 모델로 한 「김연실전」을 써서 다시금 자신을 왜곡하고 매도하자 그해 다시 일본으로 떠난다. 그 후 김명순이 일본에서 귀국하였을 때 이병도가 자신의 집

---

23 김탄실, 1938b:236.

에서 지내게 하며 문학사를 정서하게 하다 중일전쟁 말기에 김명순을 일본으로 보냈다(서정자, 남은혜, 2010:837)고 한다. 이병도는 김명순이 자신의 집에 기거하던 때 절망하여 울던 모습을 회상하는데(미상, 1958: 36~38), 김명순이 이때 정신이상 증세가 나타나기 시작한 것으로 보인다. 전영택이 그의 소설 「김탄실과 그 아들」에서 김명순이 도쿄 조선YMCA 뒤뜰에서 양자와 함께 가난하게 살다 결국, 정신병원에 실려 가는 모습을 묘사하고 있는데, 결국 일본의 한 정신병원에서 사망한 것으로 알려져 있어 김명순이 1939년 이후 신앙을 계속 유지하였는지는 의문이다. 김명순이 도쿄 조선YMCA 뒤뜰에 거처를 마련한 것은 이곳이 초기 유학생들의 신앙의 근거지였다는 점에서 신앙의 끈을 놓지는 않은 것으로도 보이나, 결국 기독교 신앙은 김명순을 구원하지 못한 것으로 보인다.

4. 결론

근대 최초의 여성작가인 김명순에게 있어서 기독교 신앙은 일생을 규정하는 장치가 된다. 김명순은 개항기 기독교 유입의 관문인 평양에서 교회와 학교를 통해 신앙을 접하게 된다. 하지만 김명순은 자신이 기독교에서 비윤리적이라 규정하는 기생 출신의 첩인 어머니와 아버지 사이에서 탄생하였다는 사실을 인식하게 되고 자신의 존재에 대해 근원적인 고뇌를 하게 된다. 이와 함께 어머니와 거리 두기를 함으로써 자신을 어머니와 분리시키려고 시도한다. 그리하여 어머니와는 달리 "정숙한 여성"이 되기 위해 공부에 열중하지만 일본 유학 중 이응준 소위로부터 데이트 강간을 당하는 아픔을 겪고 기독교에 의지하여 구원을 얻고자 한다. 그러나 김명순이 "순결치못한" 처녀가 된 사실이 알려져 개신교가 설립한 학교로부터 제적당하고, 또한 가톨릭으로 개종하여 의지하고자 하였지만 가톨릭 교회에서도 경원시되면서 신앙을 버리게 된다. 보수적인 근대 기독교가 유교이데올로기와 결탁하여 성폭력의 피해자인 김명순을 여성에게 요구되는 정절의 윤리에 반하는 존재로 간주하였기 때문이었다.

김명순은 기독교 신앙을 버리면서 근대 가부장적인 기독교 성 윤리가 단죄한 어머니를 다시 불러내어 그리움을 드러내며 자신이 어머니에게 냉담하였던 것을 후회한다. 그러나 김명순은 세 번째 유학 끝에 일본에서 조선으로 돌아올 즈음 다시 기독교 신앙을 회복하고 자신을 경원시하고 검열하였던 교인과 근대 지식인 남성들을 용서하며 성폭력의 피해자에서 생존자로서 거듭난다. 다시금 신앙심을 회복한 이후에도 어머니에 대한 이해가 깊어지고 어머니를 그리워하며 스스로 양자를 길러 모성성을 실현하고자 한다.

그러나 김동인이 1939년 3월 김명순을 모델로 한 「김연실전」을 써서 다시금 자신을 왜곡하고 매도하자 그해 다시 일본으로 떠났는데, 이때 정신이상 증세가 나타나기 시작한 것으로 보인다. 일본의 한 정신병원에서 사망한 것으로 알려져 있어 김명순이 1939년 이후 신앙을 계속 유지하였는지는 의문이다. 결국 기독교 신앙은 김명순을 구원하지 못한 것으로 보인다.

근대 보수적인 기독교 성 윤리는 작가 김명순에게 덫으로 씌워져 삶을 옥죄기도 하였으나, 기독교 신앙은 성폭력과 이로 인한 사회적 비난이라는 2차 성폭력을 당하고, 그 후유증으로 괴롭고 외롭고 가난하게 지냈던 김명순의 삶에 의지처가 되기도 한다. 작가 김명순에게 근대 기독교는 고통과 위안을 함께 안겨다준 것이다.

나혜석의 여성해방론의
실현과 갈등

1. 서론

일제강점기 조선에서는 신여성이라는 이름으로 새로운 여성상이 등장하였다. 이들은 근대 학교 교육의 혜택을 받은 여성들로, 오랫동안 조선 여성의 삶을 규정해왔던 유교 전통 윤리를 부정하고, 여성해방을 부르짖으며 자유연애를 실천하고 주체적인 삶을 추구하며, 구여성과 스스로를 구별하였다.

대표적인 신여성 나혜석은 수원 나부잣집의 딸로 태어나 진명여학교를 일등으로 졸업하고, 당시 여성으로는 드물게 동경으로 유학하고, 조선 여성 최초로 서양화를 전공하여 많은 여성들의 선망의 대상이 되었다. 나혜석은 동경 유학시절 일본에 도입된 근대 서구사상의 세례를 받았고 일본의 신여성들로부터도 영향을 받았는데, 이를 바탕으로 한 글쓰기를 통해 자신의 여성해방론을 전개하며 실천하고자 하였다.

나혜석은 대표적인 신여성으로 기록되었지만, 다른 한편에서는 퇴폐적이고 비극적인 인물로 오랫동안 치부되어왔는데, 특히 나혜석의 비참한 말로는 성적 타락이 빚은 인과응보의 도덕률로 해석되었다(조은, 2002:135). 더 나아가 다른 선구적인 신여성들과 더불어 나혜석은 개인적인 삶에서 자유로움을 추구하면서도 사회적인 의무, 즉 민족해방을 위한 계급투쟁에는 관심이 없었고, 당시 여성이 처한 특수성과 식민지적 현실을 인식하지 못했거나 표출하지 못했다고 신랄한 비판을 받았다(조은, 2002:136).

그러나 나혜석에 대한 재평가가 활발하게 진행되어, 나혜석은 근대 최초의 서양화가로 회화에서 "그 활약은 눈부신 것"(이노우에 가즈에, 1999:362)으로 높이 평가되었고, 작가로서 나혜석은 여성해방론을 주창하고, 특히 여성적 글쓰기의 대표적인 사례로 평가되었다(서정자, 2006:73). 이상경(1995)은 나혜석이 여성도 남성과 마찬가지로 사람이라고 하는 여성의 자아인식을 바탕으로, 여성에 대한 사회적 억압을 폭로하고, 여성도 교육을 통해 합리적 이성과 주체성을 가지고 제도와 관습의 변화를 이루어내야 한다는 계몽주의적 자유주의 여성해방론을 주장하며, 여성의 근대적 자각을 자의식으로 드러내 보인 최초의 여성(이상경, 1995:321~322)이라고 높이 평가하였다. 이노우에 가즈에(1999)는 연애와 섹슈얼리티에서 남녀가 평등하지 않으면 안된다고 하는 주장은 나혜석이 최초였다(이노우에 가즈에, 1999:366)고 평가하였고, 최동호는 나혜석을 "여성해방의 혁명가"(최동호, 2005:94)라고 높이 평가하였다. 더 나아가 나혜석은 민족주의자로, 식민지 조선의 여성으로서 여성문제의 해결과 민족 문제의 해결을 항상 같이 고민하였다(이송희, 2006:104)고 평가되었다.

나혜석은 자신의 여성해방론을 실천하였다는 점에서도 높이 평가되었다. 나혜석은 일관된 주제의식을 가지고 자신의 작가의식과 사상을 실천함에 있어 실패를 두려워하지 않는 용기를 가졌다(서정자, 2006:73)고 평가되었다. 또한 나혜석은 모든 글쓰기 양식을 통해 표현했던 자신의 이론을 행동으로 실천했으나, 그 실천은 인습에 젖은 사회 속에서 약자인 여성, 나혜석의 피투성이 패배로 끝나고(이상경, 1995:322) 비록 비참하게 생을 마감했으나 "그의 용기와 열정과 성과를 정당하게 평가받아야 하며, 그의 실패는 그의 개인의 실패를 넘어서 한 시대의 일그러진 거울로서의 의미를 가져야 한다"(이상경, 1995:322)고 높이 평가되었다. 그러나 다른 한편 나혜석이 자신의 이론을 현실에서 관철하기보다는 "타산적이요, 실질적"(염상섭, 1954, 이상경, 2000c:111에서 재인용)인 이해관계에 따라 행동했다고 하는 상반된 평가가 일찍이 내려지기도 하였다.

나혜석이 근대를 지향하는 원칙론적이고 추상적인 의지를 표명한 선각자로서 평가받을 수 있으나 결혼 후 구체적인 삶에서 그러한 주장이 어떻게 구현되었는지(김은실, 2008:89)에 대한 보다 심도 있는 고찰이 필요하다. 그런데 나혜석이 구체적인 삶 속에서 자신의 이론을 실현함에 있어 부딪친 한계와 갈등이 선행연구에서 부분적으로 밝혀졌다. 즉, 결혼과정에서 나혜석은 사랑으로 김우영과 결혼한 것이 아니라, 안정된 생활(최혜실, 2000, 234; 235)을 위해 선택한 "'사랑'이 빠진" "계산된 결혼"(이상경, 2000:186; 184)을 하여, 결혼에서 자신이 신봉한 엘렌 케이의 자유 연애결혼을 실천하지 못하고, 또한 나혜석이 결혼에 임해서 김우영에게 세 가지 요구 조건을 내세운 자체가 그녀가 현실과의 타협으로 결혼했음을 증명하는 것으로, 자신의 이론을 현실에서 구현하지 못하고 타협할 수밖에 없어 좌절하고 갈등했다(최혜실, 2000:248)고 평가되었다. 또한 어머니가 될 생각은 꿈에도 없는 상황에서 첫 아이를 임신하고 또 자녀 양육이 힘들어 아이를 "자신의 살을 파먹는 악마"(나혜석, 1923b:217) 같다고 표현하면서, 자신의 예술을 추구하는 데 아이들이 방해될까 봐 두려워하며 좌절하고 고뇌(김은실, 2008: 76~77)했다고 이해되었다. 또한 나혜석은 자신이 수행하는 모성이나 아내의 역할을 여자의 당연한 역할이라고 생각하는 남편과의 결혼생활에서 사람이고자 하고, 예술가이고자 하는 그녀의 바람이 얼마나 실현되기 어렵고, 평등을 약속한 결혼계약이 배신되고, 자신의 결혼생활이 남녀 간의 평화, 조화의 원칙과는 거리가 있음(김은실, 2008: 78; 80)을 인식하고 좌절하고 고뇌했을 것이라고 추론되었다.

이 연구는 나혜석에 대한 선행연구 대부분이 페미니스트로서 나혜석을 부각하는 것에 초점을 두고 있으며, 극히 부분적으로만 나혜석이 자신의 여성해방론을 실현하지 못하고 좌절하였음을 논하고 있는데, 이러한 선행연구를 바탕으로 한 걸음 더 나아가 나혜석이 자신의 주장을 실제 자신의 삶에서 어떻게 구현하고자 했는지를 보다 구체적으로 고찰하고자 한다. 이를 통하여 나혜석이 자신의 주장을 실현하는 데 있어서 부딪친 한계와 이로 인하여 내면적으로 갈등하고 고뇌를 겪었음을 밝히고자 한다.

이 연구는 여성도 사람이 되어야 한다는 주체적인 여성상을 제시한 주장과 성해방론의 두 가지 관점에서, 나혜석이 자신의 삶에서 이러한 주장을 어떻게 구현하고자 하였는지 검토하고자 한다. 구체적으로 결혼생활에서 주체적인 여성으로 살아가고자 했던 나혜석이 가사노동과 모성역할을 수행하면서 겪었던 갈등과 고뇌를 밝히고, 또한 이혼과정과 이혼 후의 삶에서 주체적인 여성이 되고자 하는 자신의 주장을 실천하지 못하고 괴리를 보인 것을 지적하고자 한다. 또한 이혼 후의 삶에서 성해방론의 실천에 있어서의 한계를 밝힌다. 이를 통해 나혜석이 자신의 주장을 실현하는 데 한계가 있었으며, 이로 인해 고뇌하고 갈등했음을 밝힌다. 이에 앞서 2장에서 나혜석의 주체적 여성론과 성해방론을 간략히 검토한다.

2. 주체적 여성론과 성해방론

1) 주체적 여성상의 제시

나혜석은 전통적인 여성 윤리는 이미 낡은 것(나혜석, 1917:193)[1]이라고 비판하고, 동시에 근대가 제시한 새로운 여성상인 양처현모상에 대해서도 신랄하게 비판하며[2], 새로운 "이상적 부인"상을 제시한다(나혜석, 1914:183~185). 나혜석은 남성에게 종속되어 있는 전통적인 수동적 여성상을 거부하며 "지식과 지예"가 필요하고 실력이 있어야 하며 자기 개성을 발휘코자 하는 자각을 가진 선각자(나혜석, 1914:184)로서의 여성상을 이상적인 여성상으로 꿈꾼다.

나혜석이 전통적 여성상과 양처현모론을 부정하고 이상적인 여성상을 꿈꾼 데에는 특히 스웨덴의 사상가 엘렌 케이의 사상과 입센의 희곡 『인형의 집』이 크게 영향을 미쳤다. 조선의 신여성들은 이들의 사상을 전폭적으로 수용하였고 크게 영향(최혜실, 2000:205; 서지영, 2008:147~148)을 받았는데, 나혜석도 예외가 아니어서 수필 「잡감」에서 엘렌 케이의 연애론을 직접 인용하여, "남녀양성 간에 육 외에 영의 결합까지 있는 줄 압니다"(나혜석, 1917:192)라고 주장하여, 누구보다도 일찍이 엘렌 케이의 사상을 받아들

---

1 나혜석의 글은 이상경, 2000a, 『나혜석 전집』, 태학사에 수록된 텍스트를 사용하였으며, 명기된 쪽수는 이 책에 수록되어 있는 쪽수이다.

2 나혜석이 1914년 수필 「잡감」에서 양처현모상에 대해 비판하기 1년 전인 1913년, 엘렌 케이의 사상을 일본에 번역, 소개하고 실천한 대표적인 신여성(히로세 레이코, 2006)인 히라츠카 라이쵸는 『세이토』 4월호에 「세상의 부인들에게」라는 글에서 양처현모주의를 불쌍하다고 비난(이상경, 2000c:82)한 바 있다. 이처럼 나혜석의 사상 속에는 당시 일본의 대표적 신여성이었던 라이쵸로부터 받은 감화가 반영되었다(노영희, 1998:354).

였음을 알 수 있다. 또한 나혜석은 입센의 희곡『인형의 가』가 1921년『매일신보』에 번역, 연재되었을 때, 이 연재물을 위해 삽화를 그렸고, 마지막 회에는 스스로「인형의 가」라는 노래 가사를 지었는데, 이 가사에서 나혜석은 노라의 행동을 지지하면서 여성은 남편과 자식들에 대한 의무와 마찬가지로 한 개인으로서의 사명이 있다는 것을 강조하고, 조선 여성에게 며느리, 아내, 어머니 등 가족의 구성원으로서가 아니라 한 인간으로서의 주체성이 있음을 깨달아야 한다고 촉구한다(나혜석, 1921: 113~114).

또한 나혜석은 "조선 여자도 사람이 될 욕심을 가져야"(나혜석, 1917:193)하고, 경제적인 독립을 이루면서 자신의 삶을 꾸려가야 한다고 주장한다(나혜석, 1918:101). 나혜석은 더 나아가 20세기는 여자의 무대이며 조선 여자도 이 무대에 참여하여 활동하고자 하는 욕심을 가져야 하며, 그리하여 여성해방 사상가 매리 울스톤 크래프트나 정치활동가 롤랑부인과 같이(나혜석, 1917:193~194) 사회 참여를 해야 함을 역설한다. 구미여행을 마치고 온 나혜석은 서구 여성들이 정치, 경제, 외교, 기타 모든 방면에 적극 활동하고 있다고 소개하고, "여자의 힘이 강하고 약자가 아닌 것을 확신"하며, 조선 여성도 적극적으로 사회 참여를 해야 한다는 것(미상, 1929, 623)을 다시 강조한다.

또한 이상적 여성다움에 대해 논하는데, 여성에 대해 "그 색시 안존(安存)하다, 얌전하다, 말이 없다, 공손하다, 남자를 보면 잘 피한다…" 등의 말로 칭찬으로 하는 것은 "거짓된 무가치한 칭송"이라고 비판하고, "그 계집이 활발하다, 그 여자 말도 많다, 건방지기도 하다, 남자와 교제가 많다"라고 욕하지만, 진정한 욕은 "학문이 없다, 견식이 좁다, 용기가 없다, 기술이 부족하다"는 것이며, 칭찬은 "활발 영리하다, 웅변가이다, 문장가이다, 과학적 사상이 있고 철학과 이성"을 가진(나혜석, 1917:192) 여성이라고 말하는 것이라고 주장하여, 일찍이 여성다움에 대한 전통적인 가치를 부인하며 이지적이며 적극적인 여성이 되어야 함을 강조한다.

이와 같이 나혜석은 조선의 여성들이 전통적인 여성다움의 여성상을 극복하여, 먼저 사람임을 인식하고 남성과 동등하게 사회활동에 참여하고 경제적으로 독립하는 주체적인 사람이 되어야 함을 제창한다.

2) 주체적 여성으로서의 삶 결단: 아버지에 대한 거역

나혜석은 21세가 되던 1917년, "나가다가 벼락을 맞아 죽든지 진흙에 미끄러져 망신을 하든지 나가볼 욕심이오"(나혜석, 1917:196)라면서 스스로 주체적 여성으로 살아가겠다는 것을 천명하면서, "탐험하는 자가 없으면 그 길은 영원히 못 갈 것이요", 후세 여성을 위해서 비난을 받더라도 감수해야 한다(나혜석, 1917:195)는 비장한 주장을 한 바 있는데,[3] 이러한 주장을 한 지 1년 후에 쓴 자전적 소설 「경희」에서는 이와는 달리, 전통적인 여성으로 살아갈지, 이를 거부하고 새롭게 자신의 삶을 개척해나갈 것인지에 대해 번민하는 모습을 구체적으로 묘사한다.

소설 「경희」에서 주인공 경희가 주체적 여성이 되기로 결심하는 과정은 가부장제의 상징인 아버지에 대한 도전을 통해 이루어지는데, 아버지가 전통적인 여성의 역할을 강조하며 문벌 좋고 재산 있는 집안으로 시집갈 것을 강요하자[4] 경희는 아버지 앞에서는 거부하지만 밤새도록 자기의 선택이 옳은 것인지를 두고 "아이구, 어찌하면 좋은가"(나혜석, 1918:99)를 연발하면서 번민한다. 이러한 과정에서 경희는 자신을 되돌아보고 자신은 "조선 가정의

---

3 나혜석이 이러한 주장을 하기에 앞서, 라이쵸는 신여성은 과거의 도덕과 법률을 파괴하기를 원하고 있다고 강력하게 주장하며, 자신이 "중도에서 쓰러지더라도 두 손을 들고 여성이여, 앞으로 나아가라, 나가라"고 마지막까지 외칠 것을 다짐한 바 있다(노영희, 1998:354).

4 나혜석은 실제로 아버지가 "심지어 회초리를 해가지고 때리며 시집가라고" 강요했다고(나혜석, 1935:455) 회고하였다.

인습에 파묻힌 여자다, 여자란 온량유순해야만 쓴다는 사회의 면목이고 여자의 생명은 삼종지도라는 가정의 교육이다"(나혜석, 1918:98)라고 하면서 지금까지 전통적인 여성으로 길러진 자신이 주변의 압력을 극복하고 새로운 길을 선택할 수 있을 것인지 고민한다. 자전적 소설 「경희」의 주인공 경희가 고민하는 모습을 통해서, 나혜석은 주체적인 삶을 살아가겠다는 결심을 함에 있어 결코 확신이나 자신감에 차 있었던 것이 아니라, 두려워하고 주저하였음을 알 수 있다. 특히 가부장인 아버지의 말에 거역하는 경희의 모습은 당당한 것이 아니라 "그 무서운 아버지 앞에서 평생 처음으로 벌벌 떨며"(나혜석, 1918:102), 아버지가 담뱃대를 드시고 "뭐 어쩌고 어째…하시던 무서운 눈을 생각하며 몸을 흠찔"(나혜석, 1918:100)하여, 아버지로 상징되는 강고한 기존의 질서에 도전하는 경희는 두려움에 떨고 있음을 보여준다.

그러나 마침내 경희는 전통여성의 삶을 거부하고 주체적인 사람으로 살아가겠다는 결단을 내린다. "경희도 사람이다. 그 다음에는 여자다"(나혜석, 1918:103)라고 선언하면서 새로운 길이 험하다 할지라고 그 길을 가겠다는 결심을 한다. 그러면서 부족한 자신에게 "무한한 광영과 힘"을 내려달라고 하나님께 기도하며 "내게 있는 힘을 다하여 일하오리다"고 다짐(나혜석, 1918:104)하는 것으로 끝을 맺어, 나혜석에게 있어 주체적인 여성으로 살아가겠다는 결단을 하는 것은 결코 쉬운 것이 아님을 드러낸다.

3) 이중적 성 윤리 비판과 성해방론

나혜석은 자신의 혼외성관계로 인한 이혼에 대해, "상대자의 불품행을 논할진대 자기 자신이 청백할 것이 당연한 일이거든 남자라는 명목 하에 이성과 놀고 자도 관계없다는 당당한 권리를 가졌으니… 이미 기생 애인에 열중하고 지난 일을 구실 삼아 이혼 주장을 고집"(나혜석, 1934a:411)했다고 회고하였다. 즉 남편 김우영이 이혼 전 이미 기생과 동거하고 있던 행위에 대한 사회적 비난은 없고, 자신에 대해서만 비난이 쏟아지고 이혼을 강요하는 이중적 성 윤리에 대해 반발하고 있다. 그러면서 "조선 남성 심사는 이상하외다. 자기는 정조 관념이 없으면서 처에게나 일반여성에게 정조를 요구하고 또 남의 정조를 빼앗으려고 합니다…이 어이한 미개명의 부도덕이냐"(나혜석, 1934a:425)면서 여성에게만 부과하는 정절 요구에 대해 강력히 비판한다. 더 나아가 남성들을 향해 "향락하던 자기 몸을 돌이켜 금일의 군자가 되어 점잔을 빼는 비겁자요, 횡포자가 아닌가, 우리 여성은 모두 일어나 남성을 저주하고자 하노라"(나혜석, 1934a:408)고 신랄하게 비판하면서 여성에게만 정절을 요구하는 불평등한 사회제도와 사람들의 태도를 지적한다. 이는 남성에게는 성적 자유가 허용되면서 여성에게는 오직 한 남성을 향한 정절을 강요하는 억압적 성 윤리에 대한 도전이었다. 이는 당시 누구도 도전하기 어려운 불갱이부의 정절이데올로기를 공개적으로 비판함으로써 조선조의 통치이념인 유교 윤리에 정면으로 맞선 것이다.

나혜석은 남성들이 이중적 성 윤리를 바탕으로 축첩하는 것에 대해서도 비판하는데, 특히 남편의 축첩으로 인해 여성들이 고통을 감내해야 하는 현실을 고발한다. 자전적 소설 「경희」에서 김부인(경희의 어머니)이 남편이 젊었을 때 방탕하고, 그 이후 첩을 두셋씩 두어 남몰래 속이 썩던 일(나혜석, 1918:94), 사돈댁도 영감 아들 간에 첩을 넷이나 두고 사돈마님이 속을 썩인 일(나혜석, 1918:82) 등으로 여성이 남성의 축첩으로 고통받고 있는 처지를 묘사하고 있다. 이혼한 후에 쓴 수필 「모델:여인일기」에서도 남편의 축첩으로 괴로워하는 여성에 대해 묘사하고 있으며(나혜석, 1933b:352), 어촌에서 만난 여성이 아들 다섯 다 죽고 남편이 첩을 얻어 아들 낳아 사는 것 때문에 괴로워하는 현실을 기록하고 있다(나혜석, 1934b:393). 또한 나혜석은 첩의 입장에서 고통 속에서 살아가는 여성의 모습도 그리고 있는데, 소설 「원한」에서 시아버지 친구의 첩이 될 수밖에 없었으나 본부인의 구박으로 고통받은 첩의 현실을 묘사한다. 더 나아가 여성이 남자의 축첩을 옹호하는 것 또한 배척한다. 즉, 경희의 할머니가 "사내가 첩 하나도 둘 줄 모르면 그것이 사내냐"(나혜석, 1918:83)라고 여성들 자신이 이중적 성 윤리를 옹호하는 것에 대해서도 비판한다.

나혜석은 이러한 이중적 성 윤리에 대한 비판에서 더 나아가, 무엇보다 여성도 성욕과 취향을 가졌다는 것을 인정하라는 것을 전제로, 여성도 자신의 성적 욕망에 대한 결정권을 가져야 한다고 주장하며 성해방을 요구한다. 나혜석은 성은 취미와 같은 것으로, 그 취향이 특정한 상대에게 일관되든지 여러 대상에게로 흩어지든지 개인의 선택에 맡겨둘 일이지, 도덕이나 제도로 강제할 사항이 아니라는 것으로, 여성의 성도 해방이 되어야 한다고 주장하는데, 이는 "기성의 도덕관념을 해체시키는 매우 혁신적인 발언"(이상경, 2000c:441)이다.

여성도 성적 욕구를 가졌고 이러한 욕구는 채워져야 한다는 주장은 독신 여성의 정조론에서도 계속된다. 젊은 여성이 성적 욕구를 억제하는 것은 "자기 몸을 구속하여 이십이나 삼십 미만에 움치고 뛸 수 없는 지옥에 빠지고 마는 것이 아닙니까?"라고 반문하고, 성욕으로 인하여 자기 몸을 구속할 필요가 없다(나혜석, 1935c:473)고 주장한다.[5] 그러면서 "정조가 극도로 문란해 가지고 다시 정조를 고수하는 자가 있어야 한다"(나혜석, 1935a:432~433)고 기술하면서 일단 성을 해방하고 난 후에 금욕할 것인가는 개인의 선택으로 남겨야 한다고 주장한다.

---

[5] 독신자의 성해방은 독신자들끼리 자유로운 성관계가 아니라 공창을 통해서 이루자고 제안하여, 특정한 사람을 성적 도구로 집단화하고 이를 통해 성적 욕구를 채우자는 발상은 나혜석의 계급적 한계를 보여주며 논리적 일관성을 가지지 못한 것(이상경, 2000c:446)으로 비판받았다.

이와 같이 나혜석은 결혼 전에 이미 축첩제를 비판한 바 있으며, 혼외성 관계로 이혼을 당한 후에도 이 때문에 쏟아지는 가족과 사회의 질타에 굴하지 않고 용감하게 여성에게 덧씌워진 이중적 성 윤리와 정절이데올로기를 정면에서 비판하며 여성의 성해방을 주장하며 가부장제 사회의 근본적인 성 질서에 반론을 제기한 급진적 여성해방론을 주창한다(조은, 2002:137).

3. 주체성의 실현

1) 결혼생활

(1) 수퍼 우먼 되기와 거부: 가사노동

"흠잡을 데 없는 남편감이자 사윗감"인 김우영과 결혼(나혜석, 1934a:400)한 나혜석의 결혼생활은 가사노동의 책임을 맡는 것으로부터 시작된다. 자전적 소설 「경희」에서 일본 유학 중, 방학으로 고향집에 돌아온 신여성 경희는 가사노동을 누구보다 열심히 한다. 아침이면 제일 먼저 일어나 다양한 가사노동을 하는데, 유학 가기 전보다 더 부지런해졌을 뿐만 아니라 학교에서 배운 지식으로 가사노동을 체계적이고 효율적으로 수행한다. 또한 경희는 전에는 가사노동을 하는 것이 가족으로부터 "칭찬의 보수"를 받으려고 했지만 이번에는 아무런 보수를 바라지 않고, "재미도 스럽"(나혜석, 1918:91)고 다만 제가 저 할 일을 하는 것 밖에 아무것(나혜석, 1918, 96)도 아니며, 부지런히 가사노동을 하는 것은 "여편네가 여편네 할 일을 하는 것"(나혜석, 1918:87)이라고 생각한다. 이를 통해서 나혜석은 가사노동은 재미있는 일로 마땅히 여자가 해야 할 일이라고 생각함을 알 수 있다. 따라서 나혜석은 이 소설에서 사람으로서 주체적인 여성상은 사회적 역할뿐만 아니라 전통적인 여성의 역할인 가사노동을 체계적으로 병행하는 수퍼 우먼(최지원, 1997:48; 이상경, 1995:331)임을 천명한다.

　나혜석은 결혼 후 스스로 이러한 삶을 살고자 하였다. 나혜석은 잡지『신여자』제4호(1920)에 김일엽의 하루를 묘사한 목판화에서 김일엽이 가사노동과 자신의 일을 병행하는 고단한 모습을 그리고 있는데, 이는 나혜석 자신의 생활(이상경, 2000b:175)과 유사한 것으로 보인다. 전유덕이 나혜석 집을 방문하고 난 후 김일엽에게 "나혜석이란 참 났어 났어, 난 여자거든! 글쎄 가정을 어찌 잘 정돈해놓았는지 감동심이 나서 농속까지 뒤져봤는데, 남편의 내의, 아이들의 양말끼리 착착 쟁여놓았어!"(김일엽, 1974, 이상경, 2000b:259~260에서 재인용)라고 나혜석이 흠잡을 데 없을 정도를 살림을 잘하고 있음을 경탄하였다. 최은희 기자도 나혜석의 집을 방문하고 쓴 기사에서

　　집안에 놓인 모든 가구가 하나도 정돈되지 아니함이 없고 주부가 예술가인 그만큼 모든 것이 예술적이요, 문화적이었다… 날마다 아침에 일찍이 일어나 남편과 아이들의 차림을 차려주고 낮에는 부지런히 집안일을 보살피며 겸하여 그림에 대한 서적을 읽고 혼자 연구하는 터이다…여사는 일과로 정하여 놓은 순서 이외에 앞의 일을 미리 당기어 하여 두고 며칠 동안은 그림을 그리러 다닌다 한다. 내년 유월쯤 대련에서 개인미술전람회를 개최할 예정으로 요사이는 눈코 뜰 사이 없이 밤에는 늦도록 바느질을 하고 낮에는 그림을 전문한다한다[6]

고 기술하여, 나혜석이 소설「경희」의 주인공 경희와 같이 가사노동을 체계적으로 수행하고 틈틈이 화가로서 그림을 그렸음을 알 수 있다.[7]

　그러나 하얼빈 스케치여행에서 나혜석은 러시아 남자들이 집안에서 힘

6　최은희, 1925:614.

7　집안에 가사도우미가 있었을 것으로 추측되지만 나혜석은 가사노동을 전적으로 주관하고
　참여한 것으로 보인다.

든 일을 도맡아하며 가사노동에 적극 참여함으로써, "가정에서 남녀가 화평하고 사랑하고 서로 아껴주며 침착하고 심오하며 질서 있고 정결"(나혜석, 1923a:244)한 것을 보고, 러시아 남자들의 입을 빌려 "약한 여자를 그렇게 알뜰히 부려먹으면 거기에 평화가 어디 있겠소"(나혜석, 1923a:244)라고 조선 가정에서 가사노동이 전적으로 여성들에게 부과되는 것을 비판한다.

나혜석은 1926년에는 평론 「생활개량에 대한 여자의 부르짖음」을 발표하고, 가사노동에 대한 논의를 한발 더 나아가 전개하는데, 화평한 가정을 만들기 위해서는 가사노동의 가치를 인식해야 하며, 남편이 가사노동에 참여할 것을 요구한다. 나혜석은 홀로 가사노동을 완벽하게 해내면서 그림을 그리고 주체적인 여성으로 살아가는 것이 가능하지 않다는 것을 깨달고, 수퍼 우먼으로서의 새 여성상을 제시한 소설 「경희」를 쓴 지 8년 만에, 결혼한 지 6년 만에 수퍼 우먼의 꿈이 실현 가능하지 않음을 인식하고, 가사노동에 대한 가치 평가와 함께 가사노동의 분담을 요구한다.

> 요사이 남녀문제를 들어 말하는 중에 여자는 남자에게 밥을 얻어먹으니 남자와 평등이 아니요, 해방이 없고, 자유가 없다고 흔히들 말합니다. 이는 오직 남자가 벌어오는 것만 큰 자랑으로 알 뿐이요, 남자가 벌 수 있도록 옷을 해입히고 음식을 해먹이고, 정신상 위로를 주어 그만한 활동을 주는 여자의 힘을 고맙게 여기지 못하는 까닭입니다[8]

라고 설파한 이 글에서 나혜석은, 여성이 경제적으로 남편에게 의존하기 때문에 여성은 남성과 평등하지 못하고 해방이 불가능하며 자유가 없다고 주장하지만, 남성이 생산활동을 할 수 있는 것은 여성이 가정 내에서 재생산활동으로 뒷받침하고 있기 때문이라고 주장한다. 이어서 여성이 수행하는

---

[8] 나혜석, 1926a:276.

재생산활동을 경시하는 것을 비판하고 가사노동의 가치에 대해 설파한다. 특히 "남자가 자기만 일하는 줄 알고, 자기만 잘난 줄 알며"라고 언급하여, 가사노동의 성격이 반복적이어서 그 성과물이 보이지 않고, 경제적으로 환산되지 않는 것 때문에 노동으로 인정받지 못하는 것에 대해서 비판한다. 또한 성과물이 곧 소멸되는 가사노동의 성격으로 인하여 가사노동을 수행하는 "여자를 위해 주지 않고, 고맙게 여겨 주지 않"아 아내는 불평을 하게 되어 가정이 화평하지 못하게 된다고 주장(나혜석, 1926a:276~277)하며, 남자들은 "한 번이나 그 처가 정성을 다하여 만들어 주는 의복과 음식에 대하여 고마운 뜻을 표한 때가 있었습니까?(나혜석, 1926a:277)라고 반문하면서 가사노동의 가치를 인정하라고 요구한다. 이와 같이 나혜석이 당시에 이미 가사노동의 성격을 정확하게 파악하고, 이에 대한 가치 평가를 주장한 것은 그녀의 뛰어난 통찰력을 보여주는 것이다.

더 나아가 나혜석은 남편에게 가사노동의 분담을 요구한다. 남편도 "비를 들어 마당을 쓸거나 어린애를 안아 줄 때나 도끼를 들어 장작을 패더라도" 부인을 도와야 된다는 의무에서가 아니라 "오직 취미에서 솟는 쾌락뿐"으로 즐겁게 가사노동에 함께 참여해야 한다고 주장하며, 또한 남편이 가사노동을 한다고 해서 대장부로서 체면이 손상되는 것이 아니라고(나혜석, 1926a:281) 말한다.

그런데 나혜석은 남편의 가사노동 분담을 요구하는 논의를 전개하기 전에 이미 남편 김우영에게 직접적으로 가사노동 참여를 요구한 바 있다. 이는 결혼 4년차에 발표한 수필 「부처 간의 문답」(나혜석, 1923a:247~249)에 잘 드러나 있는데, 이 글에서 나혜석은 가정의 평화를 위해 남편에게 가사노동을 분담할 것을 요구하지만, 남편 김우영은 가사노동은 여성의 역할이라고 믿는 성역할 고정관념에 빠져 있어, 나혜석이 분노하며 남편과 언쟁을 하는 모습이 생생하게 그려져 있다.[9] 이 수필의 마지막 부분은 전깃불을 누가 끌 것인가를 서로 다투나 남편은 "그런 것은 여자가 하는 법이야"라고 하면서 성역할 고정관념을 드러내는데, 가위 바위 보를 하고 남편이 결국 불을 끈 뒤 "두 영혼은 평화의 꿈속에 들어 곱고도 부드러운 소리가 오고 가고! 가고 오고!"(나혜석, 1923a:249)라고 행복하게 잠이 드는 것으로 마무리 된다. 이 글에서 나혜석은 남편의 성역할 고정관념을 진지하고 적극적으로 반박하지 못하고 "가위 바위 보"라는 유머로 얼버무리고 평화롭게 잠드는 모습을 그리고 있지만, 결혼 4년 차에 접어든 나혜석은 이때 이미 화가와 작가로서 사람 됨을 잊지 않으면서(나혜석, 1931) 가사노동을 전적으로 수행하는 수퍼 우먼으로 살아가는 자신의 현실이 힘들고 부당하다는 생각을 했음이 분명하다.

그리하여 "사람의 진을 빼는 살림살이"(나혜석, 1930a:297)에 파묻혀 사는 가정에서 탈출을 꿈꾸었고, 남편과 해외여행을 할 기회가 오자 자신에게 어머니로서 아내로서 "씌운 모든 탈을 벗고 펄펄 놀"(나혜석, 1933a:346) 수 있는 기회를 만끽한다. 그러나 해외여행을 마치고 조선으로 돌아오자마자 곧 다시 아내, 어머니, 며느리 등의 역할로 되돌아가 "부엌에 들어가 반찬을 만들고 온돌방에 앉아 바느질"(나혜석, 1932:319)을 할 수밖에 없는 처지가 되었음을 한탄한다.

이혼 후에 쓴 「이혼고백장」에서 나혜석은 "나는 결코 가사를 범연히 하고 그림을 그려온 일은 없었습니다. 내 몸에 비단옷을 입어본 일이 없었고 1분

---

9 "처: '내일 아침부터 당신 주무신 자리는 당신이 개시오. 그리고 세숫물도 당신이 손수 떠다가 하시오. 그렇게 모두 자치생활을 시작합시다./남편: 그대는 두어서 무엇하고?/처: 저것 보아 저따위 소리가 나오니 내입에서도 좋은 말이 나올 수가 있나? 평화하는 것은 맛도 못 보아 보겠소/부: 그렇게 걸핏하면 노하기 말고 좋을 도리대로 합시다. 그래 그게 무엇이 그리 어렵겠소?/처: 어렵지도 않은 것을, 못할 것도 아닌 것을 아니하려 드니까 말이지"(나혜석, 1923a:247).

이라도 놀아본 일이 없"이 "한 집 살림살이를 민첩하게 해놓고 남은 시간을 이용"(나혜석, 1934a:401~402)하여 그림을 그렸음을 고백하고 있다. 이혼 후 자신의 결혼생활에 대한 또 다른 회고에서도 나혜석은 "R의 화도는 전문이란 것보다 이런저런 일한 여가의 부업이다. 비단옷을 무명으로 입으며 화구를 사고 틈을 타서 그림을 그린 것이다"(나혜석, 1933a:345)라고 자신이 가사노동을 우선하면서 그림을 그렸음을 밝혔다. 그러나 또 다른 회고기에서 "나의 생활은 그림을 그릴 때 외에는 전혀 남을 위한 생활이었다. 속으로 부글부글 끓는 마음을 꾹꾹 참으며 형식에 얽매어 산 것이다"(나혜석, 1933a:346)라고 고백하여, 수퍼 우먼의 역할을 해내고자 했던 나혜석은 분노하고 갈등한 것을 알 수 있다.

나혜석은 주체적인 사람으로서 가사노동을 완벽하게 수행하는 것을 당연하게 생각하며 수퍼 우먼을 지향했으나, 결혼생활동안 불가능하다는 것을 인식하고 이를 폐기한다. 가사노동의 가치를 주장하며 남편에게 가사노동의 분담을 요구하나 남편과의 가사노동 분담을 이루어 내거나 가치를 인정받지 못하고, 가사노동의 책임을 전적으로 맡으면서, 자신을 잃지 않고 화가로 성장하기 위해 그림을 그리는 두 가지 일을 병행하며 힘들어 하고 갈등한다.

(2) 모성역할

나혜석은 김우영과 결혼한 지 일 년 만에 첫아이를 임신하였는데, 어머니라는 역할을 뜻하지 않게 "우연히 당한"(나혜석, 1923b:266) 상황에서 나혜석은 모성역할이 예술가로서 자아실현을 가로막는 장애가 될 것이라고 생각하고(김은실, 2008:76~77) 당황하고 갈등하였으며, 자녀양육의 과중한 부담과 어려움으로 괴로워한다(나혜석, 1923b:220~230).

특히 나혜석은 남편의 도움 없이 홀로 자녀양육의 책임을 지고 힘들어 하며, 이를 해결하는 방안으로 남편의 자녀양육 참여를 촉구하는데, "그 처가 두 사람 중에서 생긴 3, 4인의 자식을 혼자 맡아가지고 밤잠을 못 잘 때 한 번이라도 같이 일어나 앉아주었는지"(나혜석, 1926a:277)라고 묻고 있다. 그러나 성역할 고정관념이 확고했던 남편 김우영으로부터 크게 도움을 받지 못한 것으로 보인다. 그리하여 나혜석은 결혼한 지 5년이 되던 1925년 최은희 기자가 자신의 가정을 탐방했을 때, 파리로 그림 공부를 하러 떠나는 꿈을 꾸고 있음을 피력하여, 모성역할이 자신이 화가로서 개인적인 성취를 이루어내는 주체적인 여성으로서의 삶과 병행될 수 없음을 드러내며 조선과 가족을 떠나려고 하였다.

2년 후 남편과 함께 구미여행을 갈 기회가 오자, "구미만유의 기회는 내게 씌운 모든 탈을 벗고…나는 어린애가 되고 처녀가 되고, 사람이 되고, 예술가가 되고자 한 것이다"(나혜석, 1933a:346)라고 하며 어머니로서의 역할에서 벗어나 다시 주체적인 사람이 되고자 한다. 그리하여 둘째 아들 진은 불과 3개월밖에 되지 않았고, 첫째 딸 나열은 여섯 살(1921년생), 첫째 아들 선은 세 살(1924년생)에 불과하였지만, 위의 두 아이는 시어머니에게, 둘째 아들 진은 시동생 부부에게 각각 맡기고 떠난다.

그녀의 구미여행기에는 두고 온 아이들에 대한 그리움은 나타나지 않고 있다. 아이들에 대해서는 단 두 차례 언급되는데, 프랑스 아이들이 노는 모습을 보고 있을 때, 그 아이의 아버지가 자신에게 와서 "조선 어린이들도 저렇지요"라고 말해서 꼭 같다고 하면서 웃었고, 옆집에 자신의 아들과 동갑인 여아가 있다는 언급뿐이다(나혜석, 1934b:381; 382). 또한 나혜석은 귀국을 미루고 화가 백남순과 함께 파리에서 더 머물면서 그림 공부를 하고 싶다고 남편 김우영에게 간청했으나 거부당하였다(이상경, 2000b:332~333)는데, 이러한 사실에서 자녀양육의 책임보다 화가로서 자신의 발전이 더 우선하였음을 알 수 있다. 귀국 후에 나혜석은 "내 귀에는 아이들이 어머니라고 부르는 소리가 이상스럽게 들릴"(나혜석, 1932:319) 정도로 구미여행 중에는 자신이 아이들의 어머니라는 사실을 잊고 살았다.

그러나 이혼을 앞둔 1930년에 나혜석은 모성애에 대한 토로를 쏟아낸다. 나혜석은 자신에게 예술은 취미요, 직업이지만 예술을 위하여 어머니의 직무를 잊고 싶지는 않"(나혜석, 1930b:639)다고 피력하여, "어머니 역할이 예술 추구 못지않게 중요하다고 밝히고 있으며, "만약에 나에게 어린아이들의 빵긋빵긋하고 웃는 얼굴과 엄마 엄마하고 불러주는 기쁨이 없다면 도무지 생활이 건조무미하면서 살지 못할 것 같습니다. 어린애처럼 귀여우며 매일 싫지 않고 볼수록 귀여운 것이 어디 또 있을까요"(나혜석, 1930b:639)라고 아이들에 대한 모성애를 토로한다.

그리하여 파리에서 최린과의 혼외관계로 인해 김우영이 이혼을 요구하자 나혜석은 어린아이들의 앞날을 위해서 이혼을 할 수 없다고 반대하면서(나혜석, 1934a:412), 아이들과 함께 있고 싶어서 온갖 굴욕을 감수하고 김우영에게 사죄하였다. 자녀들 때문에 이혼하지 못하겠다고 하는 나혜석에게 이광수가 엘렌 케이의 이론을 들어 연애 없는 결혼생활보다 이혼이 자녀들에게 더 좋다고 충고를 하였으나 이를 강하게 거부하였다(나혜석, 1934a:411). 나혜석이 유학시절 추앙하였던 라이쵸를 통해 받아들였던 엘렌 케이의 사상은 이미 그녀의 마음속에서 폐기되었고, 아이들을 위해 온갖 굴욕을 감수하는 전통적인 여성의 모습으로 돌아가 있었다.

그리하여 그녀는 남편과 이혼한 이후에도 아이들과 함께 있기 위해 동래 시집에서 시어머니를 모시고 생활한다. 그러나 나혜석은 시집 식구들의 냉대와 주변에서 수군거리는 것을 견디지 못하고, 마침내 아이들을 두고 자신을 찾아 떠나기로 결심한다. 나혜석은 "유래 구습으로 여자들은 남편과 생이별을 할 시는 자식 하나를 끼고 나가 평생을 거기 구속을 받고 마나…원망을 많이 받게 되나니 부질없는 일이요, 이혼하는 동시는 딱 끊고 후일의 운명을 기다릴 것이다"(나혜석, 1935:433~434)라고 하여, 이혼과 더불어 자식에게 구속받지 않겠다는 의지를 분명히 하였으며, "남편과 생이별을 하게 되면 법률상으로 그 자식들은 남편의 자식이 되는 것이요, 자식과도 역시 타인이 되고 만다. 나는 이러한 것을 다 각오하였다"(나혜석, 1935a:433~434)라고 하면서 자식과의 관계를 냉정하게 정리하고 다시 파리로 가서 그림공부를 하고 싶다고 피력한다. 나혜석은 모성애에 연연하지 않고 화가로서의 길을 가겠다는 결심을 한 것이다.

그러나 같은 글의 말미에 결국은 "모성애에 대한 책임을 어찌할까"(나혜석, 1935a:438)라고 한탄하면서 여전히 아이들에 대한 책임감으로 괴로워하고 있다. 또 「이혼고백장」에서 나혜석은 모성애는 "여성에게 최고 행복인 동시에 최고 불행한 것"(나혜석, 1934a:421)으로, "내 살을 에이는 듯 내 뼈를 긁어내는 듯한 고통이 있었나니 그는 종종 우편배달부가 전해주는 딸 아들의 편지이다. '어머니 보고 싶어' 하는 말이다"(나혜석, 1935a:430)라고 하면서, "어머니가 자식을 사랑하는 것만은 절대적이요, 무보수적이요, 희생적이외다…최고 존귀한 것은 모성애"(나혜석, 1934a:421)라고 말한다. 이혼한 후 나혜석은 첫아들 선이 병사하자 괴로워했고, 아이들이 보고 싶어 학교와 집으로 찾아가곤 하여(이상경, 2000a:696~697), 이혼하고 동래 시집을 나설 때 생각했던 것과 같이 냉정하게 자녀들과의 관계를 끊지 못한다.

나혜석은 준비 없이 어머니가 된 것에 당황하였고, 고된 모성역할로 주체적인 여성으로 자신을 구현하지 못하고 좌절하여 이에서 탈출하고 싶어 하였지만, 아이들을 키우면서 느낀 모성애 때문에 이혼과정과 후에 특히 갈등하였음을 알 수 있다. 나혜석이 모성과 모성역할에 대해 일관되지 못한 주장을 전개하고 행동하는데, 이는 주체적 인간으로서 자아실현을 꿈꾸는 자아와 어머니로서의 모성역할 사이에서 갈등하며 고뇌하였기 때문이다.

2) 이혼

(1) 이혼과정에서 주체성의 실현

나혜석은 결혼한 지 3년이 된 해에 부부관계에 대해 밝히는 글, 「부처 간의 문답」에서 부부간의 자유나 평등의 의미를 충분히 이해한 사람들끼리 부부가 되어야 할 것이며, 그러한 이해가 안된다면 부부관계를 유지할 수 없다(나혜석, 1923a:248)고 주장하고, "아내가 남편에게 늘 끌려 살고, 남편이 늘 아내를 업수이 보기 때문에 거기에 자칫하면 싸움이 일어나고 그것이 심하면…이혼"까지 하게 된다고 생각하면서, 자신은 "남편이 만일 내게 대하여 큰 불평이 있다면 어느 정도까지 없도록 힘써보지마는…나는 결단코 그것을 가지고 싸움을 하려고 아니 들어요…내 몸을 피해주는 것이 그 사람이나 내게 대하여 제일 상책"이며, 자신은 "항상 그러한 마음 준비"(나혜석, 1923a:248)가 되어 있다고 피력한다. 남편의 애정이 식으면 헤어지겠다는 나혜석의 주장은 "어떠한 결혼이든지 거기 연애가 있으면 그것은 도덕"이고, "거기 연애가 없으면 그것은 부도덕"이며, 이에 따라 결혼생활에서 연애가 사라졌을 때는 이혼하는 것이 더 도덕적(칠보산인, 1926:32)이라는 엘렌 케이의 주장과 일맥상통한다.

그러나 나혜석과 최린과의 혼외관계가 소문으로 떠돌고 남편 김우영이 나혜석과의 이혼을 추진하자, 나혜석은 남편이 자신에게 불만이 있으면 기꺼이 이혼하겠다고 피력한 자신의 평소 주장이나 자신이 신봉한 엘렌 케이의 사상과는 달리 어떻게 하든 이혼하지 않기 위해 남편에게 매달렸다. 나혜석은 네 가지 이유를 들어 이혼이 불가함을 주장한다. 첫째, 팔십 노모에게 불효하다는 것, 둘째, 어린 4남매를 보호해야 한다는 것, 셋째, 이혼 후의 자신의 생계에 대한 대책을 마련해주어야 한다는 것, 넷째, 결혼생활은 사랑만이 아니라 이해와 의로 살아야 하는 것으로, 자신이 이미 사과했고 동기가 악이 아니었으며, 앞으로 현모양처가 될 것을 약속했기 때문에 이혼할 수 없다는 것(나혜석, 1934a:412)이다.

이혼 불가의 네 가지 이유를 살펴보면, 첫째, 팔십 노모에게 불효하다는 이유는, 결혼을 앞두고 나혜석이 김우영에게 받아낸 약속 중에서 시어머니와 같이 살지 않게 해달라는 주장과는 정반대의 논리로, 전통적인 효성이 지극한 며느리로서의 모습을 드러낸다. 셋째, 경제적인 이유로 이혼을 하지 못하겠다는 것은, 화가와 작가로 스스로 독립하고자 애쓰기보다는 남편에게 계속 경제적으로 의존하고자 하는 것으로 주체적인 사람으로서 취할 태도와는 괴리가 크다. 넷째, 결혼은 사랑만이 아니라 이해와 의로 사는 것이기 때문이라는 것을 이혼 못하겠다는 이유를 드는 것은, 두번째로 아이들을 이유로 드는 것[10]과 함께, 나혜석이 구여성과 다름없으며, 또한 전통적인 부부가 사는 모습을 차용하여 사랑이 식었으나 함께 부부관계를 유지하자는 것은 자신이 신봉한 엘렌 케이 이론에 대한 부정이다.

또한 자신은 현모양처가 아닌 적이 없었고 앞으로도 현모양처가 되겠다는 약속을 하는 것은 나혜석이 본 유학시절 양처현모상에 대해서 "여자를 노예로 만들기 위해", "교육가의 상매적(商賣的) 일 호책(一好策)"(나혜석, 1914:184)이라고 신랄하게 비판한 것과 정면으로 배치된다. 30대 중반에 들어선 나혜석은 이혼하지 않기 위해 자신이 비판했던 현모양처의 여성상을 서슴없이 받아들임으로써 자신의 여성해방론과 배치된 모습을 드러낸다.

나혜석은 이혼 후 3년이 지난 때에 이혼에 관해서 "남자는 칼자루를 쥔 셈이요, 여자는 칼날을 쥔 셈이니 남자하는데 따라 여자에게만 상처를 줄 뿐

---

10 아들 김진은 어머니 나혜석이 「모된 감상기」에서 아이는 어미의 살점을 떼어가는 악마와 같다고 표현한 것에 대해 남편 김우영이 못마땅하게 여기고 오랫동안 마음에 두어, 아이들 때문에 이혼하지 못하겠다고 한 나혜석의 말을 믿지 않았을 것으로 보인다(김진, 이연택, 2009:26~27)고 주장한다.

이지…목구멍이 포도청인 걸 빵 문제로 도로 들러붙고 마는 거지 그보다도 모성애로 단행을 못하는 자도 있겠지"(나혜석1933b:352)라고 쓰고 있는데, 이는 바로 이혼 당시 자신의 상황을 설명하는 것이라고 볼 수 있다. 즉, 나혜석이 경제적인 것과 아이들 때문에 이혼하지 않으려고 애쓴 것은 어느 다른 구여성과 마찬가지의 모습이었다.

나혜석은 이혼과정에서 김우영으로부터 재결합의 가능성을 열어놓는 약속을 받아내며 이혼 각서를 썼다. 김우영은 나혜석과 결혼을 위해 세 가지 약속을 기꺼이 받아들인 것과 같이 이혼을 위해 나혜석이 요구하는 약속을 받아들인다. 김우영이 결혼할 때 한 세 가지 약속이 지켜졌는지를 검토하면, 남편 김우영은 첫 번째 약속인 나혜석의 그림 그리기를 방해하지는 않겠다는 약속은 지켜졌으나 적극적으로 격려도 하지 않는 상황에서, 나혜석은 뜻하지 않은 임신과 출산과 가사노동의 부담으로 인하여 그림 그리기는 여의치 않았다. 또한 남편 김우영은 기생과의 유흥을 마다하지 않아, 두 번째 약속인 자신만을 사랑하며 전통적인 남성의 성 문화를 거부하겠다는 약속도 지켜지지 않았다. 세 번째 시어머니와의 동거 거부 약속은 결혼하자마자 깨져, 시어머니와 1년을 함께 동거(이상경, 2000a:688)하였으며, 나혜석은 이 결혼 조건을 통해 시댁 식구들과의 갈등을 미연에 방지하고자(최혜실, 2000:217) 하였으나, 「이혼고백장」에 시누이가 자신의 집 살림살이의 간접으로 전권을 쥐고 있으며 시어머니를 "코취"하여 자신의 부부관계를 파탄나게 했다고 밝혀(나혜석, 1934a:404), 나혜석의 의도는 관철되지 못했다.

그런데 결혼할 때 한 약속이 지켜지지 않은 것처럼, 전남편 김우영은 재결합의 가능성을 열어놓은 약속을 곧 파기해버린다. 즉, 김우영은 나혜석과 이혼한 지 한 달도 못 되어 기생 출신 여성과 재혼하여, 2년 동안 재혼하지 않기로 한 약속을 깨며 나혜석을 비웃는다. 나혜석은 결혼에 앞서 김우영에게 받아낸 약속이 이미 파기되었고, 이혼 각서마저 파기되는 것을 보며 좌절한다(나혜석, 1934a:413).

나혜석이 이혼 불가의 사유에서 남편에게 이혼 후 자신의 부양책임을 지라는 요구를 했지만 정작 떠밀려 동래 시집을 나설 때에는 아무것도 가지지 않은 채였다. 뒤늦게 자신이 동래 집을 지을 때 자신의 그림 판 돈이 들어갔고, 또한 남편이 돈 버는 데 혼자 벌었다고 할 수 없으니 전 재산을 반분하자고 요구한다(나혜석, 1934a:410). 이는 나혜석이 당시에 이미 이혼 시 재산분할청구를 한 것(이상경, 2000b:408~409)으로, 집 짓는 데 든 자신의 정신적, 물질적 공헌과 자신의 가사노동에 대한 대가를 권리로 인식하고 청구한 것이다. 나혜석이 이러한 자신의 공헌을 희생으로 돌리지 않고 권리로 인식하고 요구한 것은 나혜석의 통찰력이 뛰어남을 다시 한 번 보여준다. 그러나 이혼이 성립한 이후에 이를 요구하자 전남편 김우영은 무시한다. 나혜석은 자신의 권리를 인지하였으나 이를 실현시킬 수 있는 구체적인 방안을 제시하지 못하여 이를 실현하지 못하고 좌절한다.

나혜석이 이혼과정에서 여성도 주체적인 사람으로 살아야 한다는 자신의 평소 주장과 완전히 배치되는 또 다른 행동을 드러낸 것은, 최린으로부터 이혼 후 자신을 책임지겠다는 약속을 받아내어 최린에게 의존할 요량을 하였다(미상, 1934:684~685)는 점이다. 이혼 이후 혼외성관계의 상대인 최린과 연을 맺어 의탁하려고 한 것은 나혜석이 가부장제 사회에서 남성의 지원 없이 여성이 독립적이고 주체적으로 살아간다는 것이 얼마나 어려운지를 인식하였고, 해외유학까지 한 신여성이었으나 경제적으로 독립하기 어려운 상황에서 남편 대신 다른 남성에게 의존하려는 현실적인 방안을 마련하고자 한 것이다. 그러나 이는 나혜석이 일찍이 "보리밥이라도 제 노력으로 제 밥을 먹는 것이 사람"(나혜석, 1918, 101)이라고 한 자신의 주장이나, 어떠한 어려움이나 망신을 당하더라도 주체적인 여성으로 살아가겠다던 비장한 결심(나혜석, 1917:195; 196; 나혜석, 1914:185)과는 정면으로 배치되는 것이다.

이혼 후 1935년 잡지 『중앙』과의 인터뷰에서 "자기희생을 하여까지 결혼 생활로 들어가고 싶은 맘은 예전에도 지금에도 없습니다"라고 말하였으나, 실제로는 자신의 신념을 버리고 희생하면서라도 결혼을 유지하고 싶어 했고 아이들과 같이 살고 싶어 하였다. 동래 시집을 떠나면서, "내 개성을 위하여 일반 여성의 승리를 위하여 짐을 부둥부둥 싸가지고 출가 길을 차렸나이다"(나혜석, 1934a:427)라고 하여 자신이 사람으로서 주체성을 되찾고 일방적으로 희생당하지 않음으로써 다른 여성의 본보기가 되겠다는 의지를 가지고 결국 시집을 나왔다고 주장하고 있지만, 그러한 결심을 하기 전까지 나혜석은 온갖 수모를 당하더라도 참고 아이들과 함께 살겠다는 결심으로 이혼한 남편의 본가에서 살다가, 또 다른 남성에게 의탁하여 살아갈 요량을 하면서 시집을 떠났다.

나혜석은 노래 가사 「인형의 가」(나혜석, 1921:113~114)를 통해 "나를 사람으로 만드는 사명의 길로 밟아서 사람이 되고저" 하는 "노라를 놓아주게"라고 노래했지만, 그녀는 자신이 찬양했던 노라처럼 스스로 단호하게 남편과 집을 떠나온 것이 아니라, 남편과 시집 식구로부터 회유되고 협박당하고, 기만당하면서 이혼 도장을 찍고 떠밀려서 아이들을 두고 맨손으로 시집을 떠나올 수밖에 없었다.[11] 정절이데올로기가 강고한 조선 사회에서 기혼여성의 혼외정사는 가부장적 가족 내에서 용서될 수 없는 행위로 규정되어 나혜석은 일방적으로 "무저항적으로 양보"(나혜석, 1934a:427)하며 이혼을 당했고 시집을 떠날 수밖에 없었던 것이다.

이와 같이 나혜석은 이혼과정에서 이혼을 하지 않기 위해 남편에게 매달

---

11 당시 이혼한 나혜석에 대해 "귀여운 아기 넷과 아늑한 스위트 홈과 달링을 박차고 떠나 나온 현대의 노라인 여사"(미상, 1932, 643)라고 칭했고, 또다시 "현대의 노라"(이노우에 가즈에, 2011:375), "한국의 노라"(최동호, 2005:93)로 칭해졌다.

려, 자신의 신념과 현실생활을 일치시키는 모습을 보여주지 못하고, 이혼을 못하겠다며 남편에게 애걸하는 나혜석은 어느 다른 전통여성의 모습과 다름이 없으며, 이혼과정에서 나타나는 나혜석의 행동과 주장은 자신이 피력했던 주체적인 사람이 되고자 했던 자신의 그 이전의 주장과는 괴리를 보인다. 나혜석이 이혼을 거부하는 것은 김우영과의 결혼과정에서 그러했던 것처럼 자신의 신념보다는 현실과 타협하고자 하는 그녀의 또 다른 선택이었다. 그러나 이념과 현실의 괴리로 인하여, 그리고 더욱이 타협이 성립되지 못하여 그녀의 고뇌는 더욱 깊었을 것으로 보인다.

(2) 이혼 후의 삶과 주체성의 실현과 한계

나혜석은 이혼 후에 사회적으로 비난받고 경제적으로도 어려웠으며, 주변 사람들이 자신을 미워하고 동정하거나 자신의 행동을 감시하는 태도 때문에 괴로워했으며, "애(愛)의 상대자를 구하지 못한 독신자는 늘 허순허순하고 허청허청하여 마치 황무지에 선 전신주와 같아 강풍에 쓰러질 듯 쓰러질 듯하게된다"(나혜석, 1935a:431)라고 고백했듯이, 외롭고 위태로운 삶을 이어갔다. 나혜석은 쾌활하고 명랑했던 자신이 소금에 푹 절인 사람같이 얼이 빠지고 어릿어릿하고 기운과 탄력이 없게 된 것을 돌아보면서(나혜석, 1935a:435) 한탄한다.

그러나 다른 한편에서는 독신이 되니 사회, 친구, 가족, 생활에 얽매이지 않고 "하늘에도 나를 것 같고 땅에도 구를 것 같으며 전후좌우가 탁 틔어 거칠 것이 없이 몸과 마음이 자유롭다"고 하면서 환경을 극복하고 오욕과 과실을 이겨내고 "찬연한 결정(結晶)"(나혜석, 1935a:434~435)을 맺어 행복을 추구하고자 하였다. 이혼 후 "나의 한 가지 희망만은 인간으로 자유스럽고, 그리고 나의 마음껏 예술의 창작으로 정진해보고 싶을 뿐입니다"(미상, 1935:659)라고 하여, 자유로운 인간으로 창작하겠다는 포부를 밝혀, 주체적인 개인으로서의 자아정체성을 강조하였다. 그러면서 자신의 앞길을 새롭게 개척하기 위해 프랑스 파리로 가서 그림 공부를 하며 '신생활'을 하고자 하였다.

그러나 돈이 없었다. 나혜석은 이혼과정이나 이혼 후 남편 김우영으로부터 아무런 재정적 보장을 받지 못했고, 또한 나부잣집의 딸이었으나 출가외인이라는 이데올로기에 기반하여 결혼한 딸 나혜석은 아무런 재산을 상속받지 못했다(문옥표, 2003:261). 나혜석은 이혼 후에 화가로서 독자적인 삶을 개척하고자 했으나 나혜석의 바람은 이루어지지 못했고, '여자미술학사'를 개설하여, 주문을 받아 초상화를 그리는 일을 하는 한편, 미술 개인 지도를 하며 경제적 자립을 시도하였지만 "부도덕한" 나혜석으로부터 자녀가 물들까 봐 걱정한 학부모들로 인해 문하생을 구할 수도 없어 그림을 가르치는 일도 여의치 않았다. 그녀는 구미여행 경험 등을 글로 써서 받는 원고료에 생활비를 의지하였으나 급전직하 경제적으로 하층계급이 되었다(이상경, 2000c:412). 남성중심적 가부장제 사회의 여성에 대한 차별 앞에서 일본 유학을 한 당시 최고의 여성엘리트인 나혜석도 경제적으로 무력하였다.

나혜석은 남편과 이혼하면서 자신을 돌봐줄 또 다른 보호자로 최린을 생각하였으나 그가 약속을 지키지 않자, 세상의 조소를 감수하며 자신을 돌보겠다는 약속을 지키라고 요구하면서 최린을 고소하여 그로부터 받아낸 위자료로 얼마 동안은 생활을 꾸려갈 수 있었지만 가난은 계속되었다. 나혜석은 1930년 이혼한 후 1948년 사망할 때까지 18년 동안 일정한 직업을 얻지 못하였고, 가부장적 가족제도를 벗어난 여성이 설 자리가 없는 현실(문옥표, 2003:263)에서 경제적 고통 속에서 살아야만 했다. 경제적 자립을 이루지 못함으로써 주체적인 사람으로 살고 싶다는 나혜석의 열망은 이루어지기 어려운 과제였다.

나혜석이 「이혼고백장」에서 "여자가 자기 개성을 잊고 살 때, 모든 생활보장을 남자에게 받을 때 무한히 편하였고 행복스러웠나이다마는, 여자도

인권을 주장하고 개성을 발휘하려고 하며, 남자만 믿고 있지 못할 생활전선에 나서게 된 금일에는 무한히 고통이요, 불행을 느낄 때도 있는 것이외다"(나혜석, 1934a:421)라고 밝혔듯이, 나혜석은 여성이 주체적으로 홀로 생계를 꾸리면서 살아가는 것이 고통스럽고 불행하여 여성이 비주체적이나 남편의 보호 밑에서 사는 것이 편하고 행복한 것이라고 때로 생각한다고 고백하여, 자신이 역설했던 주체적이며 독립적인 여성으로 당당하게 거듭나지 못하는 자신의 처지를 괴로워한다.

(3) 이중적 성 윤리의 타파와 성해방론의 실현의 한계

니혜석은 이중적 성 윤리를 타파하고 여성도 성적 억압에서 벗어나 해방되어야 함을 주장하는데, 자신의 혼외성관계에 대하여, "결코 내 남편을 속이고 다른 남자, 즉 C를 사랑하려고 한 것은 아니었나이다. 오히려 남편에게 정이 두터워지리라고 믿었사외다…가장 진보된 사람에게 마땅히 있어야할 감정이라고 생각합니다"(나혜석, 1934a:406)라고 하면서 여성에게만 요구되는 억압적 성 윤리에 대해 도전한다. 동시에 "진보된 사람"으로서 남편은 자신의 혼외관계를 허용하여 이중적 성 윤리에서 벗어나야 한다고 당당하게 주장함으로써 자신의 혼외성관계에 대한 정당성을 확보하려 한다.

그러나 이혼 후 나혜석은 주체적인 삶을 개척하지 못하고 최린에게 의탁하려다가 여의치 못하자 최린을 고소하는데, 고소장에서 나혜석은 자신이 "유약한 것을 기회로" 최린이 "때때로 유혹의 추파를 보냈"고 "자기의 지위와 명예로써 원고를 유인하고" "만약 피고의 명령에 복종치 않는 때에는 위험한 상태를 보일 기세이므로 부득이 XX를 허락하고 이래 피고의 유혹에 끌리어 수십 회 정조를 OO당하였다"고 주장하며, 피고소인 최린은 전남편 김우영의 자신에 대한 "처권"을 침해하여 "인생에 막대한 손해"(미상, 1934:684~685)를 끼쳤다고 호소하였다.

소송 자체는 상당히 능동적이고 적극적이며 도발적이기까지 하지만(소현숙, 2012) 이 고소장[12]에서는 이중적 성 윤리를 타파하려는 당당한 여성으로서의 나혜석의 모습은 간데없고, 유혹과 협박에 굴복하여 정조를 유린당한 피해자의 모습으로 나타난다. 최린이 남편 김우영의 자신에 대한 "처권"을 침해했다고 주장한 것은, 아내는 남편의 소유이며 따라서 남편은 아내의 정조를 통제할 권리가 있음을 주장한 셈으로, 자신이 남편에게 예속된 존재였다는 인식을 드러낸 것이다.

또한 나혜석은 혼외관계에 앞서 최린으로부터 "장래는 일체 인수하기로 굳게 약속"(미상, 1934:684)을 받아내었다고 밝혔는데, 이러한 나혜석의 모습에는 혼외관계로 인해 남편으로부터 이혼당할지 모른다는 두려움에 떨며, 이혼당한다면 그 후에 살아갈 방도가 두려워 "정조 유린자"에게 의탁하려는 가련한 여성의 모습이 나타난다. 이는 나혜석의 소설 「규원」과 「원한」에서 자신을 강간한 남성에게 매달릴 수밖에 없어 결국 불행하게 살아가는 전통여성들의 모습과 조금도 다름없다.

결국 이 고소장을 통해 나혜석은 최린과의 혼외성관계에 대해, 자신은 "확실히 호기심을 가졌"(나혜석, 1935a:430)고, 또한 최린을 "사랑"(나혜석, 1934a:406)하였으며 최린이 자신을 여자로 만들어 주었다(나혜석, 1935a:438)라는 고백과는 전혀 배치되는 정조 유린, 즉 최린의 나혜석에 대한 성폭력이었고, 나혜석은 무력한 성폭력의 피해자일 뿐임을 고백한 것이다. 설사 이 고소장이 나혜석이 최린으로부터 위자료를 받아내기 위해서 전통적인 여성상을 차용한 것이라 하더라도 자신의 평소 주장과는 큰 괴리를 드러낸 것은 분명하다.

---

12 최혜실은 이 고소장 내용이 나혜석이 타인들의 규정에 의해 교정된(최혜실, 2000:260~261) 결과라고 본다.

또한 축첩에 대해서도, 남편 김우영이 자신과 이혼하기 전에 이미 기생과 동거하고 있는 상황에서 나혜석은 이혼을 거부하고 남편에게 용서를 구걸함으로써, 남편 김우영이 기생과 동거하는 것을 묵인하면서 결혼생활을 유지하려고 하였는데, 이는 나혜석이 남편 김우영의 축첩을 사실상 스스로 인정하고자 한 것이다. 나혜석 자신이 비판했던 축첩을 받아들이려고 한 사실 또한 자신의 평소의 주장과 정면으로 배치되는 것이다.

나혜석은 혼외관계로 이혼을 당하고 난 이후에 파격적인 성해방을 주장하지만, 이것 또한 실천하지 못한다. 이혼 후에 나혜석은 자신이 주장한 성해방과는 정반대로 오히려 금욕생활을 선택한다. 자신이 "냉혹"하거나 "냉정"하기 때문이 아니라 "오히려 정열석"이며 "가슴에 피가 지글지글 끓는 까닭"이라고 그 이유를 밝힌다. 이혼 후 독신이 되면서 그녀는 사회의 시선이 주는 통제로부터 벗어나기 위해 "자신은 금욕을 택한다"고 말한다. "여러 사람에게 허락하여 순간순간 쾌락으로 살아갈까, 혹은 한사람에게도 허락지 말아 내 마음을 지키고 살까" 고민하나, 어릴 때부터 받은 가정교육으로 인해 "양심에 찔려" 쾌락을 추구하면서 살 수 없고, 누구와도 성적 관계를 맺지 않고 살아가려니 힘들다고 고백한다(나혜석, 1935a:431). 나혜석은 성해방을 주장하고 그러한 삶을 살려고 생각해보지만, 자신은 어릴 때부터 받은 교육 때문에 결코 자신의 주장을 실현하지 못할 것이라고 인식한 것이다. 나혜석은 성해방에 대해서 당시로는 파격적인 주장을 하지만 그것을 자신의 삶에서 현실화시키지는 못했으며 자신도 그렇게 살지는 못할 것이라는 자신의 한계를 알고 있었다. 주장은 파격적이고 도전적이지만 자신은 결코 그러한 주장을 실현하지 못하고 그 괴리 때문에 갈등한다.

4. 결론

근대의 대표적인 신여성 나혜석은 여성해방론을 펼쳐, 전통적인 여성 윤리는 물론 근대의 현모양처주의를 비판하면서, 여성도 사회 참여하고 경제적으로 독립하여 주체적인 사람으로서의 삶을 살아야 한다고 주장한다. 또한 성역할 고정관념에 도전하여 가사노동의 분담을 요구하고 또한 가사노동의 무보수, 단순 반복적인 성격을 파악하고 그 가치 인정을 요구함으로써 가사노동에 대한 뛰어난 통찰력으로 시대를 앞선 논리를 전개하였다. 나혜석은 더 나아가 이혼 시 재산분할을 요구함으로써, 여성의 권리에 대한 인식을 분명하게 한다. 그리고 나혜석은 일찍이 축첩 등 이중적 성 윤리에 대해서도 비판한 바 있는데, 이혼 후에는 성 문제에 대해 보다 적극적으로 의견을 개진하여, 남성에게는 성적 자유를 허용하면서 여성에게는 성적으로 억압하는 이중적 성 윤리를 비판하고 여성의 성적 자기결정권을 요구하며 성해방을 주창한다.

그러나 나혜석의 현실에서의 삶을 보면, 등 떠밀려서 타협으로 시작한 결혼생활에서 수퍼 우먼으로 가사노동과 자녀 양육을 충실히 수행하면서 화가로서의 삶을 병행하느라 지치고 분노하며, 주체적인 사람으로서 자신을 잃어가는 것을 두려워했고 갈등한다. 남편 김우영에게 가사노동을 분담하고, 자녀 양육에 참여할 것을 요구했으나 관철하지 못하고, 특히 뜻하지 않게 연달아 자녀를 임신하고 출산하여, 자녀 양육의 과중한 부담으로 괴로워하며, 모성애와 모성역할, 그리고 주체적인 자신의 세계 추구 사이에 있어 끊임없이 갈등한다.

특히 나혜석이 이혼과정에서 시어머니 봉양과 모성애와 생계대책 때문에 이혼하지 못하겠다고 남편에게 매달린 것은 전통적인 여성의 모습과 조금도 다를 바 없다. 또한 자신이 그토록 신랄하게 비판했던 현모양처가 되겠다는 의지를 표명한 것은 자신의 주장을 정면으로 부인하는 것이다. 이혼 후 나혜석은 혼외관계 상대인 최린에게서 경제적으로 의탁하겠다는 보장을 받아, 주체적으로 살아보겠다는 당당한 여성의 모습을 보이지 못한다.

이혼 후 성차별적인 사회에서 경제적인 독립을 이루어내지 못하고 최린에게 위자료를 받기 위해 제출한 고소장에서 나혜석은 가련한 성폭력 피해자의 모습을 드러냄으로써 이중적 성 윤리의 타파를 주장한 당당한 신여성의 모습과는 거리가 멀다. 이혼 후에는 주변의 시선을 의식하고 스스로 성적으로 억압하면서 독신을 고수하여 자신이 주장한 성해방과는 정반대의 삶을 살아간다. 이렇듯이 나혜석은 여성 문제와 성해방에 대해 끊임없이 자신의 이론을 개발해내고 현실에서 구현하고자 했으나 현실적으로는 관철시키지 못한다.

나혜석은 일찍이 자신의 주장을 현실화시키고 예술가로서 성장해나가겠다는 다짐을 했지만 현실에서 보인 행위는 전통여성의 모습과 다를 바 없다. 나혜석은 소설 「경희」의 경희를 통해 22살에 자신은 온량유순과 삼종지도를 미덕으로 삼는 교육을 받은 여성으로 주체적인 여성이 될 수 있을까 자문하였고, 결국 40살 가까이 되어서도 가정교육으로 인해 자신의 성해방론을 실현할 수 없음을 고백한다. 나혜석은 자신이 받은 전통 유교 윤리의 가르침에서 벗어나지 못하면서 다른 한편에서는 근대의 새로운 이념을 받아들임으로써, 이 두 가지 윤리와 사상 사이에서 갈등하면서 고뇌하였다. 첫 아이를 출산한 후 미래에 대해 불안해하며, "정직히 자백하면 내가 전에 생각하던 바와 지금 당하는 사실 중에는 모순되는 일이 한두 가지가 아니"(나혜석, 1923b:217)라고 고백하여, 일찍이 자신이 꿈꾸거나 주장하였던 바대로 살지 못하고 있음을 인식한 것과 같이, 나혜석의 삶은 모순되는 일이 한두 가지가 아니다.

나혜석은 결국 자신이 꿈꿨던 "탐험객"(나혜석, 1923a:246)이 되지 못하고 현실에서 타협하고 구걸해야 했고, 그 괴리와 한계로 인하여 갈등한다. 나혜석은 자신이 추구하는 이상을 실현할 수 없는 현실에 대해 "사람에게는 일신 외에 가정, 사회, 또 생활이 있으니 혼자 고집대로만 살 수 없겠지"(나혜석, 1935:145)라고 탄식하며 자신의 뜻을 현실에서 실현하지 못하고 타협할 수밖에 없음에 좌절하고 고뇌한다.

선구적인 여성해방론자이며 자신의 이상을 적극적으로 실현하고자 했던 나혜석이 타협하고 좌절할 수밖에 없었던 사실을 통해 당시 사회 현실이 여성에게 사회경제적으로 얼마나 강고하였는지를 드러낸다. 또한 선각자 나혜석이 자신의 이상을 펼칠 수 없었던 사실은 여성해방사상이 일제강점기에 사회 일반으로 전파되지 못하고 일부 지식인 여성들의 이상으로 그칠 수밖에 없었던 한계를 설명하는 것이기도 하다.

가부장제 사회의 신여성의 삶과 남성들
나혜석, 김일엽, 허정숙을 중심으로

1. 서론

근대의 물결과 함께 일부 여성들은 전통여성의 삶을 박차고 나와 새로운 삶을 꿈꾸었다. 신여성으로 명명된 이들은 전통적으로 여성에게 부가되었던 유교 이데올로기를 거부하고, 자유롭게 바깥출입을 하며 조선의 근대 학교 교육을 받았고 일부는 해외로 진출하여 유학하였고, 그리고 연애하였고 결혼하거나 동거하였다.

그러나 신여성들은 구여성과는 다른 삶을 살고자 했으나 가부장제가 강고했던 사회에서 전통 유교 이데올로기를 거부하고 새로운 삶을 산다는 것이 결코 순탄한 여정이 아니었다. 전통적으로 부모의 명령에 따라 이루어지는 중매결혼과 순결이데올로기를 거부하면서 근대가 제시한 연애를 실천하고 결혼하는 과정, 그리고 배우자와의 관계 맺기는 새로운 도전이었고, 이러한 과정에서 사회적인 비난을 감수해야 했다. 대표적인 신여성 나혜석, 김일엽, 허정숙도 순탄하지 않은 삶을 살아야 했다.

이 대표적인 세 신여성의 삶에 대한 연구는 페미니즘의 물결과 함께 여성해방의 선구자로서 자리매김하면서 다양하게 전개되고 있다. 세 신여성은 김명순 등 다른 신여성과 함께(김미영, 2003; 문옥표, 2003; 서지영, 2008; 신달자, 1980; 송연옥, 2003; 이노우에 가즈에, 2003; 이철, 2008; 최혜실, 2000) 또는 각각에 대한 연구가 진행되었다. 나혜석의 경우, 2000년대에 들어와서 나혜석기념사업회가 중심이 되어 나혜석의 삶에 관한 연구가 활발하게 전개되었고, 또한 저작물을 집대성한 책(이상경, 2000)과 나혜석의 삶을 재해석한 전기(이상경, 2000)가 출판되었다. 그리하여 나혜석은 가부장적 식민지 조선 사회에서 여성해방의 선각자로서 재평가되고 있다. 김일엽에 대한 연구는 국문학자들을 중심으로 연구가 전개되었으며(유진월, 2006; 정영자, 1987), 허정숙에 대한 연구도 최근 활발하게 진행되어(서형실, 1992a, 서형실, 1992b, 신영숙, 2006; 권수현, 2010) 그녀의 삶과 신념에 대해 알려지고 있다. 이러한 연구에서 세 신여성의 삶의 궤적이 보다 상세히 규명되었는데, 특히 이 세 신여성의 아버지, 오빠, 연애상대, 남편, 동거자들과의 관계에 대한 사실이 밝혀졌다. 또한 이들의 행적은 사회적으로 주로 남성지식인들에 의해 잡지 등을 통해 비판되었고 소설을 통해 스캔들화되어 논란이 되었음이 밝혀졌다.

이 연구는 이러한 세 여성, 나혜석, 김일엽, 허정숙에 대한 선행연구를 바탕으로 전통을 극복하고 근대에 새로 도입된 연애와 결혼, 이혼과 관련한 신여성들의 삶을 통해 남성과의 관계를 재고찰하고자 한다. 다시 말해 삼종지도(三從之道)의 유교 윤리가 온존하는 남성중심적인 가부장제 사회에서 여성은 일생을 통해, 주체인 남성을 따라야 하는 타자로서의 삶을 살아야 했던 시대에 이 세 신여성의 주변 남성들, 즉 아버지나 오빠 등 생래가족의 가부장과 혼인과 동거 배우자의 지지와 지원과 이들 신여성들의 사회적 활동과 명성과의 관계를 재평가하고자 한다. 구체적으로 생래가족과 혼인을 통한 가부장 남성의 정신적 물질적 지원과 이 세 신여성의 삶의 부침과의 연관성을 고찰하며 또한 이 세 신여성에 대한 남성지식인의 시선과 이에 대한 각각의 대응을 고찰하여 당시 신여성들의 한계를 고찰하고자 한다.

2. 가족의 보호와 지원

1) 나혜석의 오빠

여성은 일생을 통해 아버지와 남편과 아들을 따라야 한다는 삼종지도의 윤리가 지배했던 조선 사회에서 가정 내 남성과의 관계는 여성들의 삶에 매우 중대한 영향을 미쳤다. 결혼 전에는 아버지에 복종해야 했던 여성들은 부모, 특히 아버지의 명령에 따라 혼인하고 시집갔다. 나혜석의 아버지도 나혜석이 빨리 결혼하여 가정을 이루기를 바랐다. 이러한 아버지를 설득하여 나혜석으로 하여금 일본 유학을 가능하게 한 것은 근대 문물을 접한 오빠 나경석이었다. 나혜석 가족에게 있어 근대의 전령사였던 오빠 나경석은 아버지를 설득하여 나혜석이 일본 유학을 하도록 주선하였다. 나혜석은 오빠 나경석의 지원을 받아 동경여자미술전문대학 양화과에 입학하여 한국 여성으로서는 최초로 서양화를 전공하여 근대 최초의 화가가 될 수 있었다. 또한 오빠 나경석은 나혜석이 문필가로 성장하도록 지원하였다. 즉 나경석의 친구인 이광수와 전영택이 『학지광』의 편집에 관여하고 있을 때 나혜석의 글이 실렸는데, 유학 가서 얼마 되지도 않은 1914년에 글 「이상적 부인」을 발표하여 외화(外化)시킬 수 있었던 것은 오빠 나경석의 덕이었다(이상경, 2000b:78). 이렇게 오빠 나경석은 나혜석이 근대 교육의 혜택을 받아 화가로 문필가로 성장하면서 대표적인 신여성으로 자리매김하는데 지대한 영향을 끼쳤다.

또한 오빠 나경석은 나혜석의 결혼에 있어서도 아버지를 대신하여 영향을 끼쳤다. 오빠 나경석이 나혜석의 결혼에 영향을 미치는 방식은 아버지의 방식과는 다른 근대의 모양새를 띤 것이었다. 혼인 전에 서로 얼굴을 보지도 못하고 혼인식을 치르게 되는 전통방식을 배격하고 근대의 개념인 연애의 과정을 거치도록 주선하였다. 나경석이 연애 상대로 나혜석에게 첫 번째 소개한 사람은 친구인 최승구로, 나경석은 나혜석과 최승구가 "생활과 예술, 그리고 영혼과 육체가 모두 조화로울 수 있는 배필로, 이들은 엘렌 케이가 규정했던 '연애의 이상'에 꼭 들어맞는" 커플(이상경, 2000b:118)이라고 생각하였다. 오빠 나경석은 스스로가 조혼한 본부인을 버리고 본가의 반대를 무릅쓰고 연애결혼하였는데(나영균, 2003) 본가에 조혼한 아내가 있었던 최승구를 여동생 나혜석에게 소개하였던 것이다. 최승구는 본부인과 이혼하고 나혜석과 결혼하고자 했으나 본가의 심한 반대에 부딪쳐 고민하였고, 결국 폐결핵을 앓다가 사망하여 나혜석과 최승구의 연애는 끝나게 되었다. 최승구의 사망 이후 나혜석은 오빠의 친구이며 가난한 고아였던 이광수와 가까워졌으나 오빠의 종용으로 결국 결별하였다(홍효민, 1996:311). 그 대신 나경석은 김우영을 나혜석에게 소개하였는데, 6년이나 끌면서 결혼을 주저하는 나혜석이 결혼하도록 결정적인 역할을 하였다.

나혜석은 최린과 파리에서의 혼외관계로 인하여 남편 김우영으로부터 이혼을 요구받아 이혼이 진행되는 동안과 이혼 직후에도 당시 만주 봉천에 살고 있던 오빠 나경석에게 가서 조언과 도움을 구했으며, 이혼이 성립된 이듬해인 1931년에는 오빠의 도움으로 봉천에서 전시회를 열기도 하였다. 그 이후에도 오빠 나경석은 나혜석이 그림 그리는 일에 몰두하여 혼자서 조용히 살아가는 방안을 강구할 것을 권하고 재정적으로 도움을 주었다(문옥표, 2003:257; 나영균, 2003). 그러나 나혜석이 자신의 만류에도 불구하고 「이혼고백장」, 「신생활에 들면서」 등의 글을 발표하고, 또한 최린을 상대로 위자료 청구소송까지 제기하여 사회적으로 큰 스캔들을 일으키자, 오빠 나경석도 자신의 뜻을 거역한 나혜석과 의절하다시피 하고 집안 출입마저 금하였다

(나영균, 2003).

나혜석은 1930년대 후반 이후, 일생의 후원자였던 오빠 나경석으로부터도 배척당하고, 다른 가족과 친척들로부터도 소외되어 가부장제 밖으로 내몰린 처지가 되었고 이에 따라 극심한 경제적 어려움을 겪을 수밖에 없었다(문옥표, 2003:260). 나혜석이 근대 대표적인 신여성으로 화가로, 또 문필가로 성장하는 데는 근대의 문물을 접한 오빠 나경석의 지원과 통제 속에서 가능하였다.

2) 아버지: 허정숙

허정숙은 일제강점기에 변호사였던 허헌의 유일한 혈육[1]으로서 부친과의 끈끈한 신뢰를 바탕으로 부녀관계를 뛰어넘는 동지적 관계를 유지하여 그녀의 사회활동에는 항상 아버지의 전폭적인 지지가 뒤따랐다. 이러한 배경으로 그녀는 경제적 어려움 없이 1926년부터 1년 반 동안의 미국생활을 하였고, 동아일보 기자, 잡지 『신여성』의 편집장 등으로 번 월급의 대부분을 활동비로 썼으며, 그래도 모자라면 부친의 도움을 받거나 집안의 골동품을 팔아서(신영숙, 2006:169) 사회활동과 독립운동에 적극적으로 참여할 수 있었다.

허정숙의 아버지 허헌은 허정숙이 경제적인 어려움을 겪지 않도록 뒷받침을 하였을 뿐만 아니라 다른 남성들로부터의 비판을 막아주는 방패막이가 되기도 하였다.[2] 허헌은 사회주의 사상 운동가이며 항일운동가들의 재판

---

1 허정숙의 어머니가 사망하자 허헌은 재혼하였고 둘째 부인과의 사이에서 허근욱을 비롯한 여러 자녀를 두었다.
2 여기자들의 인물평을 하는 좌담에서 이서구는 "허영숙이야 이광수 마누라라고 누가 감히 비평인들 했나"(미상, 1936:44)라고 반문하고 있는데, 이는 주변 남성, 즉 남편, 아버지, 오빠 등의 가부장이 영향력 있는 인물일 경우 그 여성을 비평하기는 어려웠다는 것을 말해준다.

을 도와주던 변호사로, 그의 주위에는 많은 운동가들이 모였고 이들은 허헌의 집에 머물면서 운동 계획을 짜기도 하고 운동자금을 얻기도 하였는데(허근욱, 2001:199), 이들이 허헌의 사랑하는 딸을 공개적으로 비난하기는 어려웠을 것으로 보인다. 허정숙은 아버지의 경제적 사회적 뒷받침이 보태어져 운동가로서 활동을 계속할 수 있었고, 그녀의 활동은 동지들의 지지를 받아 해방 후에도 북한에서의 활동 기반을 다질 수 있었다.

3) 배우자

(1) 남편의 보호와 버림받기: 나혜석

신여성들에게 있어 당시 최대의 고민은 취업과 결혼이었다. 신여성들은 대부분 미혼으로 학교 교육을 받고 졸업하였으나 취업의 문은 좁았다. 신여성들이 주로 취업한 교사 등의 직업은 임금이 낮았고 또한 결혼과 동시에 직장을 그만두어야 했다. 경제적으로 독립하기 어려웠던 신여성들은 결혼을 통해서 배우자에게 경제적으로 사회적으로 의존할 수밖에 없었다.

나혜석의 경우, 본부인이 있었던 최승구와의 연애는 그의 죽음으로 완성되지 못했고 오빠의 권유에 따라 김우영과 결혼하였다. 오빠에 이어 남편 김우영은 결혼과 함께 나혜석의 후견인이 되었다. 나혜석은 결혼에 임해서 약혼자 김우영으로부터 세 가지 약속을 받아내었는데, 첫째 약속이 "일생을 두고 지금과 같이 나를 사랑해주시오"(나혜석, 1934:187)라는 것으로, 여기서 나혜석이 "평생 자신을 지켜줄 보호자를 열망하고 있다는 무의식을 엿볼 수 있으며, 결국 그녀는 가부장제 사회와 가족제도 속에서 보호자로서 김우영을 선택하였고, 김우영은 기꺼이 그 역할을 맡기로 한 것"(최혜실, 2000:234~235)으로 볼 수 있다. 김우영은 여성 문제를 논하는 남성지식인들을 비웃고 여성은 남성의 부속물이라는 주장을 펴기도 하였으나, 기본적으로 남녀평등사상[3]을 가지고 있었으며, 아내에 대한 사랑이 지극하였고 아내의 그림 그리기를 존중하고 격려한 너그러운 남편이었다. 나혜석은 「부처간의 문답」(나혜석, 1923a:241~242)에서 사람들이 "남편이 관후하니까 그 아내인 내가 자유로 다닌다고들 말들"을 한다고 불평하였지만 나혜석의 활동에 있어 남편의 지지와 지원이 지대함을 당시 많은 사람들이 인정하였던 것으로 볼 수 있다.

남편 김우영은 나혜석에게 경제적인 여유를 제공하였다. 수원 '나부잣집'의 딸로 태어나 경제적 어려움을 알지 못했던 나혜석은 김우영과 결혼한 후에도 중국 안동현의 부영사 부인으로 상류층 생활을 하면서 자신의 집을 방문한 친구들에게 종종 사치품을 선물할 정도로 여유 있는 씀씀이를 당연하게 여겼고(이상경, 2000b:272)고, 당시 누구도 경험하지 못한 구미여행을 1년 6개월에 걸쳐 할 수 있는 기회도 가졌다.

그러나 나혜석은 파리에서 있었던 최린과의 혼외관계로 결혼생활의 파탄을 초래하였다. 결혼생활을 유지하면서 혼외관계를 맺겠다고 하는 이중적 성 윤리의 가부장적 섹슈얼리티에 대한 또 다른 도전은 남편으로부터 배척받았다. 그 이전 나혜석이 결혼 조건으로 시어머니에 대한 봉양을 거부하고 신혼여행으로 전 애인인 최승구 무덤에 가고 비석을 세워달라는 요구를 한 것은 당시의 가부장제 문화에 대한 파격적인 도전이었지만, 남편 김우영이 이를 받아들였다. 이로서 나혜석은 전통 사회에서 여성에게 강요되었던 시부모에 대한 봉양 및 효의 실천과 불갱이부의 유교이념에 도전하여 자신의 의지대로 관철시키는 데 성공하였다. 나혜석은 자신의 가부장제에 대한 도전에 있어서 남편 김우영이 또 다시 자신의 보호막이 될 것으로 기대했으

---

3 후에 경제적으로 어려운 가운데에서도 딸이 일본과 미국으로 유학가고자 할 때 이를 기꺼이 지원하는 것에서도 드러난다(김진. 이연택, 2009:192~198).

나, 남편은 나혜석의 혼외정사를 자신의 남성성에 대한 직접적인 공격으로 보고 단호히 거부하면서 나혜석의 삶은 곤경에 빠지게 되었다.

나혜석은 이혼 후 자신의 앞길을 새롭게 개척하기 위해 프랑스 파리에 가서 '신생활'을 하고 싶었으나 돈이 없었다. 최린이 이혼 후 나혜석을 돌보겠다는 약속을 이행하지 않자 프랑스로 가기 위해 여비 1,000원과 보증인이 되어줄 것을 부탁하였고, 최린이 이를 거절하자, 나혜석은 남편과 이혼 후 "사회로부터 배척되어 생활상 비상한 정신적, 경제적 고통을 받아 이것이 원인으로 현재 극도의 신경쇠약"(미상, 1934:683~685)이 되는 피해를 입었다고 하면서 최린을 고소하고, 위자료를 청구하였다. 최린에 대한 고소장에 이혼 이후 경제적으로 어려웠음을 토로하고 있는데, 여러 가지 명문이 있었지만 절박한 돈 문제(이상경, 2000b:436)로 최린을 고소하였다. 나혜석은 남편과 이혼하면서 자신을 돌봐줄 또 다른 보호자로 최린으로 설정하였으나 이 대비책이 작동하지 않자 세상의 조소를 감수하면서 자신을 돌보겠다는 약속을 지키라고 요구한 것이다. 나혜석은 가부장제 사회에서 남성의 지원이 없으면 살아가기 어렵다는 것을 인식하였음이 명백하다. 특히 해외유학까지 한 신여성이었으나 나혜석은 경제적으로 독립할 수 없는 상황을 타개해야만 하였다.

나혜석은 이혼과정에서 동래 집 등의 재산에 자신의 그림 판 돈이 포함되었다고 주장하면서 재산분할을 요구하였으나 이혼 후에 시가를 나설 때에는 아무런 경제적 대책 없이 맨손으로 나서야만 하였다. 또한 나부잣집의 딸이었으나 출가외인이라는 이데올로기에 기반하여 결혼한 딸에게는 아무런 재산이 상속되지 못해, 친정으로부터도 받은 재산이 없었다(문옥표, 2003:261). 남성중심적 가부장제 사회의 여성에 대한 차별 앞에서 일본 유학을 한 당시 최고의 여성엘리트인 나혜석도 경제적으로 무력하였다.

그녀는 1931년 이혼 후 '여자미술학사'를 개설하여 미술 개인 지도를 하는 한편 주문을 받아 초상화를 그리는 일을 하면서 자립을 시도하였지만

"부도덕한" 나혜석으로부터 자녀가 물들까 봐 걱정한 학부모들로 인해 문하생을 구할 수도 없어 그림을 가르치는 일도 여의치 않았다. 그는 구미 여행 경험 등을 글로 써서 받는 원고료에 생활비를 의지하였으나 급전직하 경제적으로 하층계급이 되었다(이상경, 2000b:412). 최린에게 받은 위자료로 얼마 동안은 생활을 꾸려갈 수 있었으나 가난은 계속되었다. 나혜석은 이혼을 하고 모든 기득권을 잃어버린 뒤에야 돈이 무서운 줄 알게 되었다고 고백하였다(나혜석, 1932:320~321). 나혜석은 1930년 이혼한 후 1948년 사망할 때까지 18년 동안 일정한 직업을 얻지 못하였고, 가부장적 가족제도를 벗어난 여성이 설 자리가 없는 현실(문옥표, 2003:263)에서 경제적 고통 속에 시 살아야만 했다.

나혜석은 화가로서 김우영과의 결혼생활 동안에는 장안에 화제를 뿌리며 관심을 끌면서 개인전을 열었고, 선전에도 계속 입선하였으나, 이혼한 후에는 선전에 더 이상 입선하지 못해 좌절감을 맛보았다. 가부장의 보호가 없는 여성이 되자 나혜석은 화가로서의 입지도 어려워졌다. 이혼한 후에 혼신을 다해 그린 그림이 불타버리는 일을 겪기도 하였고, 비용이 많이 드는 그림 그리기 자체를 계속하기 어려울 지경이었다.

(2) 배우자에게 의존하기와 버리기: 김일엽

김일엽은 목사였던 아버지와 딸의 교육에 적극적이었던 어머니의 지원으로 기독교 학교인 이화학당에서 교육을 받을 수 있었으나 일찍 어머니를 여의고 아버지마저 이화학당 시절에 여읜 가난한 고아로, 여성운동가로서 문필가로서 성장하는 데 있어 나혜석이나 허정숙과는 달리 생래적 가족으로부터 보호나 지원을 받지 못했다.

가정 환경으로 인한 외로움 때문에 김일엽은 정서적인 안정감을 얻는 것과 함께 경제적 문제를 해결하는 일이 시급했던 것으로 보인다. 김일엽은

1920년 잡지 『신여자』의 주필로, 1920년에는 서울 성북동 공립보통학교 교사로, 1925년에는 아현보통학교 교사로, 그리고 1927년부터 1932년까지는 월간 『불교』사에서 문예란 담당기자로 재직하는 등 여러 가지 직업을 가졌다. 그러나 김일엽은 잡지 『신여자』의 재정을 스스로 해결해야 할 입장이었고, 김일엽이 가졌던 그 외의 직업은 당시 극히 저임금이어서 경제적으로 독립하기는 어려웠다. 따라서 가난한 고아인 김일엽은 경제적으로 의지할 수 있는 가부장이 없는 상황에서 배우자에게 의존할 수밖에 없었고 이를 통해 경제적 어려움을 해결하고자 하였다.

김일엽의 첫 남성인 약혼자는 재산가로 알려져 있는데, 그녀는 약혼기간 중에 많은 돈을 얻어 쇼핑을 하기도 하였다. 김일엽은 "그 청년에게서 내 생전에 처음 많은 돈을 얻어가지고 큰 상점에서 사고 싶은 물건을 사러갔다가 사람의 욕망에는 한없음을 깨닫고" "창자를 위로할 만한 음식과 한서를 피할 만한 옷이 있으면 그만이라는 생각으로 가난의 고를 느끼지 않게 되었다"(김일엽, 1929, 1974:275~276)고 고백하였다.

그러나 파혼 후 김일엽이 20살 연상의 장애인이고 결혼 경험이 있는 연희전문 교수 이노익과 결혼했을 때에는 "원체 가난에 쪼들린 일엽은 돈에 팔려"(방인근, 1971:304) 결혼하였다는 말을 들었다. 실제로 김일엽은 남편인 이노익의 재정적 지원을 받아 1920년 3월 잡지 『신여자』를 발간하였으나, 그와의 결별로 4호를 내고 폐간하고 말았다. 이 잡지는 여성필자만으로 제한해서 글을 싣겠다고 공표하고, 여성들의 시각에서 여성 문제를 논하겠다는 강한 의지와 잡지의 방향을 제시(유진월, 2006:35)하면서 남성의 영향을 받지 않고 여성만의 힘으로 만드는 잡지를 표방하였으나, 가장 근본적인 재정 문제를 여성 스스로 해결하지 못하고 남성의 자본에 의존하였기 때문에 김일엽의 남편과의 결별이 잡지 폐간으로 이어지는 아이러니한 상황을 보여주었다.

김일엽은 이혼한 후 친구 김명순과 동거하였던 임노월과 동거하게 되었는데, 부유한 지주 아들이던 그의 경제력이 김일엽이 그와 사랑하고 동거하는 데 있어서 고려사항이었다. 김일엽은 자신이 임노월에게 "기생충" 같은 존재로 그에게 물질적으로 정신적으로 의존하였으며 그로 인해 그는 돈 때문에 고생했다고 고백하였다(김일엽, 1958, 1994:129; 123).

임노월과 결별한 이후에는 경제적으로 극심한 곤란을 겪은 것으로 보이는데, 혼자 있는 김일엽의 외로운 처지를 동정하여, 주위에서 어린아이 하나라도 있었으면 좋았을 것을 하고 말하면, "지금 어린 것을 해서 무엇해요. 한 몸의 생활 때문에도 걱정이 많은데요."(김일엽, 1927; 1974:399)라고 말하였다. 김일엽은 "따지고 보면 아직 내 밥벌이도 못하고 남편의 부양을 받고 있는 셈이니…30여 세 한창 때에 이런 무능력한 일이 어디 있는가"라고 한탄하였고, 자신이 할 수 있는 것은 글 쓰는 일이지만 글 쓰는 일로는 수입이 제대로 없음을 안타까워하였다(김일엽, 1932).

김일엽은 임노월과의 결별에 이어, 동아일보 중견기자 국기열과 동거하다 결별하였으며, 이후 보성학교 교사이며 재가 승려인 하윤실과 재혼했다. 김일엽은 열렬히 사랑하였던 백성욱에게도 경제적으로 의지할 수밖에 없었는데, 백성욱이 자신을 만나보지도 않고 떠난 이유가 돈 때문인 줄로 짐작한다고 밝혀(김일엽, 1926, 1974:222), 백성욱에게 경제적으로 의존하였고, 경제적 문제로 인해 갈등이 있었음을 알 수 있다. 백성욱은 결별을 선언하고 불교에 귀의하여 떠날 때에도 "비교적 많은 돈"을 김일엽에게 보내었고(김일엽, 1929, 1974:317), 김일엽이 스님이 되고 난 후에도 상당한 돈을 보내기도 하였다(김일엽, 1994:140).[4]

김일엽은 임노월의 아버지가 임노월의 첩으로 살면 경제적인 풍요를 보

---

4 김일엽은 경제적으로 어려우나 불도에 따르면서 "자족함을 느끼는 부자"라고 하면서 반환하였다(김일엽, 1994:144).

장해주겠다고 제의했으나 이를 단호히 거절하였고, 일본의 귀족인 오타 세이조의 결혼 간청도 뿌리친 것으로 보아 경제적인 이유만으로 남성과 관계를 맺은 것은 아닌 듯하지만, 현실적으로 경제적인 어려움 때문에 남성에게 의존할 수밖에 없었던 것으로 보인다.

김일엽은 스님이 되고 난 후 불교라는 가부장적 제도 속에서 스승인 만공 스님을 정신적인 지주로 삼고 정서적인 안정을 추구하였으나, 절에서도 스님은 스스로 먹을 것을 마련해서 절에 내놓아야 했는데 궁핍함을 벗어나지 못했다(이명온, 1956:73). 김일엽은 자신이 기거하는 수덕사의 본당이 무너져 내리려고 하자 아들 김태신을 통해 그의 아버지인 조선총독부 관리 오타 세이조에게 수리를 부탁한 일도 있었다(김태신, 1991:119).

생래적 가족의 도움을 받지 못했던 김일엽은 경제적으로 독립할 수 없었던 상황에서 끊임없이 남성배우자에게 의존하는 생활을 하였고, 불교에 귀의한 이후에도 경제적인 어려움에서 벗어나지 못했다.

(3) 주체적 관계 맺기: 허정숙

허정숙은 일제식민지 시기 동안 한 번의 결혼, 세 번의 동거와 결별을 반복하였다. 그녀는 1921년을 전후하여 사회주의 운동의 동지였던 임원근과 결혼하여 함께 고려공산청년회에 가입하여 남편이자 동지로서 활동하였다. 그러나 1925년 남편이 조선공산당 사건으로 투옥된 후 송봉우와 동거를 시작하였고, 임원근이 감옥에 있는 동안 이혼하였다. 이에 대해 사회적으로 비난과 논란이 일자 조선을 떠나 1년 6개월여 동안 미국에 머물렀고, 돌아와서는 계속 송봉우와 동거하였다. 그러나 그가 1929년에 공산주의 운동으로 체포된 후 공산주의 사상에서 전향을 하자 스스로 결별하였다. 그 이후 사회주의자이고 조선일보 기자였던 신일룡과 동거하다 중국으로 독립운동을 위해 떠나면서 관계를 끝냈고, 최창익과 중국에서 독립운동의 동지로서 동거하였다.

허정숙의 연애, 결혼, 이혼과 동거는 당시 콜론타이 연애사상에 기반한 남녀관계의 전형으로 볼 수 있다. 콜론타이는 소설『붉은 사랑』과『삼대의 사랑』의 주인공인 바실리사와 게니아를 통해서 진정한 동지적인 사랑을 추구한 자유로운 여성상을 제시하였고, 또한 콜론타이 스스로도 자신의 학문을 위해 남편과 자식을 떠났고, 이후 동지인 10살 연하의 남성과 사랑에 빠졌으며, 또다시 17살 연하의 남성과 연애하고 재혼하는 등 사회적 비난을 무릅쓰고(한정숙, 2008:218~219) 자유로운 연애와 결혼을 실천하였는데, 허정숙도 콜론타이가 제시한 동지와의 자유로운 사랑을 결혼제도를 넘나들면서 실행히였다. 즉 허정숙은 자신의 신념에 따라 결혼과 동거, 결별을 주도적으로 해나가는 독립적인 여성상을 지향하는 콜론타이의 연애관을 실천(최혜실, 2000:143; 한정숙, 2008:202)하였다. 허정숙의 연애관과 남성들과의 관계는 당시 사회에서는 받아들이기 힘들 정도로 자유분방하였으나 그는 연애를 사사(私事)로 본 콜론타이 연애관을 나름대로 소화하여 지켰고 그녀의 연애과정은 자기발전의 과정(최혜실, 2000:143)이 되었다.

허정숙은 남성과의 관계에서 콜론타이가 제시한 동지적 연애를 실천하면서 주체적인 관계를 맺었는데, 이러한 관계를 형성할 수 있었던 밑바탕에는 무남독녀로 결혼 후에도 아버지로부터 지원과 후원이 지속되어 배우자로부터 경제적으로 의존하지 않아도 되었기 때문으로 보인다.

3. 남성지식인들의 시선과 대응

신여성이 근대 학교제도와 함께 새롭게 등장하면서 사회적 관심의 대상이 되었는데, 전통 윤리관을 무시하고 자유롭게 바깥출입을 하며 연애하는 신여성에게 세상의 이목이 집중되었으며 이들의 삶은 미디어나 문단의 가십거리가 되어 소비되었다(송연옥, 2003:93). 특히 당시 일본 유학을 한 몇 안 되는 여성으로, 화가, 작가, 사회운동가로 활발한 활동을 하는 나혜석, 김일엽, 허정숙에 대하여 사회적 관심은 매우 컸다. 특히 연애와 결혼과 이혼, 그리고 동거와 결별 등 이들의 섹슈얼리티에 대한 사회적 관심은 컸다. 남성지식인들은 잡지 등을 통해 이들에 대해 신랄한 비판을 퍼부었고, 남성작가들은 이들의 삶을 소재로 소설을 써서 발표하면서 이들의 삶은 왜곡되었고 비하의 대상이 되기도 하였다.

1. 논란의 중심에 서기: 나혜석

나혜석이 스스로 "나는 18세 때부터 20년간을 두고 어지간히 남의 입에 오르내렸다"(나혜석, 1935:437)라고 밝혔듯이 그녀는 여러 "사건"으로 세인의 관심의 표적이 되었다. 그중에서도 나혜석은 자신이 일상에서 느끼는 감정과 생각을 솔직히 표현하는 글을 잡지에 발표하였는데, 이 글은 나혜석이 논란의 중심에 서게 되는 계기를 제공하였다. 결혼한 후 아기를 임신하고 낳아 기르면서 느낀 심정을 밝힌 「모(母)된 감상기」(나혜석, 1923b: 217~234)에서 주체적인 개인으로서의 자신과 어머니로서의 자신의 역할과 정체성의 갈등을 솔직하게 드러내자, 어머니가 자신을 희생함이 당연시되는 당시 사회에서 나혜석의 솔직한 고백은 많은 반발을 유발하였다. 백결생(1923:673)이라는 남성은 나혜석이 해방을 요구하면서도 이에 비례하는 책임은 지지 않고 임신의 책임을 주변사람과 남편에게 전가했다고 비판하고, 임신은 여성의 거룩한 천직이며 여성이 자신을 잊고 자식을 위해 희생하는 것이 인생의 최후의 의의를 발견하는 것이라고 주장하였다. 그는 구 관념보다 나혜석의 생각의 폐해가 더 심하다며 가부장적 전통관에 기반하여 비판하였다.

나혜석은 백결생의 비판에 답하여, 정직하고 용감하게 자신의 고통과 번민을 표현한 감상문을 논박하는 것은 옳지 않다는 전제하에, 감상문을 가지고 사상과 책임을 논하면서 신여자들이 말로서는 해방을 주장하면서 실생활에서는 예속적 생활을 벗어나지 못한다고 비난하는 것은 "저주적이요 비방적이며 조소적이며 모멸을 용납할 수 없다"라고 강력히 반박하였다(나혜석, 1923c:237~238).

그러나 나혜석이 이혼한 후 「이혼고백장」(나혜석, 1934)을 잡지 『삼천리』에 발표하였는데 이에 대해서도 비판은 들끓었으나, "요전 사건으로(「이혼고백장」 발표를 뜻하는 것임) 세상에서 욕도 많았다지요? 다시 생각해보면 나의 잘못이 있어요. 우스운 일입니다"(미상, 1935:659)라고 하여 사회적 비판을 받아들이기도 하고 또 거부하는 모호한 반응을 보이면서 자조하였다. 더욱이 나혜석은 최린 고소 사건으로 인해 당시 사회로부터 심한 비난을 받아 "면목을 들고 나설 수가 없으니"(나혜석, 1935:437)라고 쓰고 있어, 자신에 대한 사회적 비판으로 심한 압박감을 느끼고 있음을 드러내고 있다. 나혜석이 사회적으로 고립되고 좌절한 끝에 행로병자(行路病者)가 되기에 이른 원인이 이혼 그 자체가 아니라 남성중심의 조선 사회를 고발하는 그녀의 수기라고 볼 수 있는 「이혼고백장」의 공표와 최린 고소 사건에 있다고 추정할 수 있다고 해석(문옥표, 2003:251)될 정도로 잡지에 발표한 글은 나혜석의 이혼 후의 삶에 지대한 영향을 미쳤다.

나혜석의 삶은 남성작가 염상섭에 의해 소설화되어 발표되었다. 염상섭은 동경 유학시절 연상인 나혜석을 흠모하였으나 약혼자(김우영)가 있는 것을 알고 단념했던 경험이 있는데, 그는 나혜석의 허락을 받고 나혜석과 김우영의 결혼을 소재로 소설 「해바라기」를 썼다. 염상섭이 이 소설을 쓰기 전에 나혜석의 허락을 받았다는 것은 김우영의 아내 나혜석의 승인 없이는 나혜석을 모델로 한 소설을 쓰기가 두려웠거나 나혜석을 존중하려는 의사가 있었음이 분명하다. 나혜석은 이 소설을 출판할 때 책 표지에 견우화를 그려주기까지 하였으나 이 소설에 나혜석은 전통과 가족의 의사를 무시하고 무리한 자기주장을 펼치는 신여성으로 묘사되고 있어 이 소설 때문에 나혜석이 히스테리에 걸릴 뻔(염상섭, 1962:230)할 정도로 이 소설에서 묘사된 자신을 싫어했던 것으로 보인다. 나혜석의 사망 소식을 듣고 염상섭은 또다시 그녀에 관한 소설 「추도」(염상섭, 1953)를 썼다. 이 소설에서 나혜석을 "다만 가엾은 생각만이 앞을 서는 것이었다"고 애도하고 나혜석의 삶을 담담하게 그리면서 인생의 공허와 적막을 슬퍼하였다. 나혜석은 죽음을 맞이하고야 이혼한 그녀에 대한 남성들의 비하로부터 벗어날 수 있었다.

2) 급진적 대응과 비껴가기: 김일엽

김일엽에 대한 논란은 이노익과의 이혼, 임노월과의 동거 등 김일엽의 섹슈얼리티에 대한 것이었다. 소설가 김기진(1924)이 「김원주씨에 대한 공개장」을 발표하고 김일엽을 공개적 직접적으로 비난하였다. 즉, 김기진은 김일엽이 설명한 "예술적 생활"의 내용에 대해 "코 구멍이 꼭 막힌다", "벌렸던 입을 다물 수가 없다", "재롱도 여기까지 오면 도리혀 정이 떨어진다"(김기진, 1924:52~53)라고 조롱하였다. 더 나아가 김일엽이 일개 유한계급자의 생활에 만족하고 부르주아의 생활의식을 예술적 생활이라고 강매함에 이르러 "구역"이 나온다(김기진, 1924:53)고까지 표현하였다. 임노월과 동거를 하면서 자신의 행복을 자랑한 김일엽을 불행한 여성 중에 가장 불행한 여성임을 민망하게 생각한다(김기진, 1924:54)고 밝히고 있어, 김일엽이 스스로 만족했던 행복을 부정하였다.[5] 염상섭 또한 소설 「너희는 무엇을 어덧느냐」에

---

5 그러나 김일엽은 김기진의 치졸한 공격을 반박할 여유를 갖지 못하였다. 이들의 동거 소문

서 김일엽의 결혼과 고뇌, 임노월과의 사랑, 김일엽과 남편 이노익과의 잡지 발간을 둘러싼 갈등을 묘사(염상섭, 1987:222)하여 김일엽을 조롱하고 비하하였다. 김동인이 "행주치마를 입고 된장찌개를 끓이는 김원주에게—더더욱 임노월의 아내인지 소실인지 정체 불명한 김원주에게 매우 모멸하는 논초리를 던"지고 그 다음날 그 모습이 보기 싫어 그 집을 나와버렸다(김동인, 1996:44)[6]고 회고하였듯이, 당시 김일엽은 임노월과의 동거에 대해 노골적으로 비판을 받았다. 그러나 김일엽은 재혼 후 일 년을 회상하는 글(김원주, 1924)을 발표하고 "내 생활은 내가 할 터이니 너희들은 너희들 자신의 생활이나 똑똑히 하고 잠자코 있어라"(김원주, 1924:41)라고 하며 이러한 비판에 대히여 징면으로 반박하였다.

김일엽이 쓴 글 중에서 가장 논란의 대상이 된 글은 『조선일보』 1927년 1월 8일자에 실린 「나의 정조관」으로 여성의 정조 문제는 정신적으로 청산되어 새 사랑을 상대자에게 온전히 바칠 수만 있다면 언제든지 처녀로 자처할 수 있다는 내용으로, 기존의 정절이데올로기를 정면으로 비판하는 것이었다. 그 이후 「처녀 비처녀의 관념을 양기(揚棄)하라」(삼천리 1931년 2월)는 글을 통해 재혼의 자유를 주장하면서 세간의 비평에 관계없이 자신의 정조관을 강력하게 밀고 나갔다(신달자, 1980:40). 그러나 김일엽이 이러한 글을 발표한 후 얼마 되지 않아 1933년 불가에 귀의함으로써 그녀의 글은 더 이상 논란의 대상이 되지 않았다.

이 임장화(노월)의 고향까지 퍼지면서 어느 날 갑자기 임장화(노월)의 아내가 찾아왔는데, 본처가 없다는 말을 듣고 연애했는데 속임을 당한 것(이철, 2008:140)을 알게 되었기 때문이었다.

6 김동인은 최초의 근대 여성소설가 김명순과 염문을 일으키고 김일엽과 동거하고 있는 부호의 아들이자 시인을 자처하였던 임노월을 "재미있는 친구"(김동인, 1996:44)라고 묘사하는 것에서 그쳤다.

김일엽은 스님이 되고 난 이후 30여 년이 지나 쓴 책 『청춘을 불사르고』에서 비로소 과거를 회상하며 임노월과 백성욱 등과의 남성관계에 대해 밝혔는데, 이미 노스님이 된 김일엽의 회고의 글은 당시 베스트셀러가 되었고 사회적 비판의 대상에서 벗어났다. 이 책에 수록된 백성욱에게 보낸 편지에서 "나는 아무래도 그 품에 한번쯤! 단 한번쯤이라도 안겨보고 난 후라야 비구니의 정신이 돌아질 것만 같으니 어쩌면 좋겠습니까?(김일엽, 1957:246)라고 고백하였으나 이 또한 성불하는 길에 있는 번뇌로 이해되면서 이에 대해 직접적으로 비판받지는 않았다. 오히려 김일엽의 남성과의 관계는 아름답게 회고(방인근, 1971)되었으며, 그녀가 사망했을 때 최은희(1971)는 추도사에서 김일엽을 "항일문학에 열정"을 바친 "개화기의 여권론의 기수"라고 기렸다.

3) 지지와 무대응: 허정숙

허정숙은 "조선의 콜론타이"라고 불리웠는데, 자유분방한 콜론타이 연애관은 여전히 유교 윤리에 기반한 엄격한 정절이데올로기가 여성에 대한 규범이었던 당시에 한편에서는 새로운 윤리로 적극 받아들여졌지만 다른 한편에서는 이에 대한 비판도 높았던 것은 당연하다 하겠다. 당시 콜론타이식 연애관은 동지애적 결합이라는 미명하에 성적 방종을 정당화시키고, 결국 동물적인 육체 탐닉을 옹호하는 연애론이 될 가능성이 농후(서형실, 1992)하며, "대담한 성적 자유의 실천" 운운하면서도 "성욕을 동지에게 평균히 분배"하는 "난혼"의 논리로 이해되어졌다. 또한 그것은 "인생의 동물화"나, 인성(人性)을 무시한 "수적(獸的) 일면을 취한 것", 혹은 "일처다부, 일부다처적인 보리가미적 사상"이라고 비판받기도 하였다(하문호, 1934; 김미영, 2003:165).

이와 같이 콜론타이즘에 대한 비판은 있었으나 "조선의 콜론타이" 허정숙의 자유분방한 성관계에 대해서는 공개적인 비판이 없었다. 허정숙에 대한 송계월의 글, 「조선의 '콜론타이':허정숙론」은 잡지 『신여성』의 1932년 11월 호의 목차에 제목만 있고 무슨 이유에서인지 실제 글은 실리지 않았다.[7] 성하호(盛夏号)(1932)는 잡지 『제일선』에 실린 글, 「문제인물의 문제－조선의 코론타이스트 허정숙」에서 허정숙이 "그 이전에도 정조문제로 많이 이야기 거리가 되며 말썽거리가 되어왔는데 가장 크게 문제된 것은 감옥 간 남편을 기다리지 않고 B에게로 간 것"(성하호, 1932:76)이라고 하여 결혼 전에도 자유분방하였음을 시사하였고, 감옥 간 남편을 버린 것에 대해 논란이 많음을 밝혔다. 그러나 필자는 "오늘의 여성, 더욱이 프롤레타리아 이데올로기를 파악하고 실제로 그 운동에 나서서 일하는 여성이 과거 봉건시대의 정조관념을 그대로 가지고 있어야 한다는 것은 무리한 주문"이라고 하면서 이러한 의미에서 허정숙이 감옥에 있는 남편(임원근)을 기다리지 않고 B(송봉우)에게 간 것을 나무랄 일이 아니라고 주장한다(성하호 1932:75). 그 이유로는 남편이 아내의 상전이 아닌 동시에 아내가 남편의 소유물도 아니라고 하고 허정숙이 임원근의 아내이기는 해도 소유물이 아니기 때문에 자유롭고, 더욱이 성생활은 인생에게 자연스러운 것이기 때문이라고 하면서 젊은 허정숙이 남편이 없으니 송봉우에게 간 것이 무슨 잘못이냐고 되묻는다. 그리하여 필자는 허정숙의 이혼과 연애를 "참견할 배 아니요"라고 말하면서도 조선 프롤레타리아 운동의 용감한 투사로서 "걸어오던 걸음을 멈추지 않기를 (개인적으로) 바란다"며 글을 마무리하고 있다(성하호, 1932:76). 즉, 허정숙의 이혼 및 연애와 그의 공인으로서의 역할을 분리하여 그의 사회적인 입지를 두둔하였다.

또한 이에 앞서 초사(草土)(1931)는 사회주의 여성들의 "애욕의 프로필"을 소개하는 것을 "미안스럽"다고 전제하고, 허정숙이 모성애를 갖고 있기는

---

[7] 잡지 『신여성』은 허정숙이 1925년 잠깐 편집인으로 있었던 잡지로, 허정숙이 자신에 대한 글을 싣지 못하도록 압력을 넣은 것이지도 모른다.

하지만 "너무나 정열적이고 너무나 풍향(豊饗)한 탄력을 가진 려인(麗人)"으로 "감옥에 임원근을 보내고 그리고 얼마 있지 않아 이혼계를 써가지고 부군의 옥사를 찾아가는 얼음 같은 찬 일면을 가진 여성"으로 묘사하고 있다. 그러면서 "연애는 사사(私事)"라는 명제 아래에선 그녀를 공격할 아무 근거가 없다고 전제하고 그가 구한 것이 성적 욕구라면 인간 본능을 이해하는 한에서 오히려 동정할 일이라고 하면서, 허정숙의 이혼과 동거는 비난의 대상이 될 수 없고 젊은 여성이 성적 욕구를 채우지 못하는 것을 오히려 동정해야 될 일이라고 주장하였다.

콜론타이 연애관은 많은 시간과 정력이 들고 사업에 바쁜 사람이 그럴 여유가 없으므로 사랑과 별도로 생리적 충동을 구하여 성욕의 만족을 얻는 것은 당연하다고 보며 성욕과 연애의 분리(정칠성, 1929; 이화형, 유진월, 2004:222)를 주장하는데, 허정숙의 성욕 충족에 관한 이해는 이러한 콜론타이 이론에 기반하고 있으며 이를 바탕으로 허정숙을 두둔한 것이었다. 콜론타이 사상에 근거하면, 결혼생활을 하다가도 연애가 사라지면 허위와 기만의 생활을 깨뜨리고 이혼해야 하며, 그 이혼은 독신생활을 위해서가 아니라 새로운 결혼생활의 준비(정칠성, 1929; 이화영, 유진월, 2004:222)로 이혼 후에 계속 동거나 연애를 하는 것에 대해서도 하등의 문제가 될 수 없어, 허정숙이 계속 남성들과 동거하는 것에 대해서도 비난할 이유가 없는 것으로 해석되었다. 더 나아가 초사(1931)는 허정숙은 어떻든 열의 있고 성실하고 미모이고 그리고 체계 있는 사상을 창달하게 기록할 수 있는 명석한 두뇌를 가지고 있는 사람이며, 글 잘 쓰고 말 잘하는 사람으로 조선 여류 사상계의 첫손가락에 꼽힐 빛나는 미래를 가진 여성으로, 이러한 개인적인 일과 상관없이 앞으로 조선의 여성사상가로서의 활약을 기대하고 있음을 피력하고 있다.

옥중에 있는 남편 임원근과의 이혼, 송봉우와의 동거, 그리고 도피성 해외여행 등에 관하여 허정숙에 대한 사회적 비난이 컸던 것으로 보이나 이에 대해 공론화는 되지 않았고 오히려 "조선의 어머니와 딸들을 위하여 굳센 일꾼이 될 만한 힘과 길을 찾고 돌아오기를 기대한다"(신영숙, 2006:168)는 투였다. 위의 두 글은 같은 입장에서 쓰여진 글로 콜론타이의 이론에 기반하여 젊은 여성이 성적 욕구를 취하는 것은 당연하다는 논리는 전통 사회의 정절이데올로기와 비교하면 매우 파격적이다. 허정숙은 임원근과 이혼한 이후 연애와 동거 그리고 결별을 반복했고 또한 아버지가 각기 다른 세 아들의 출산 등으로 많은 논란거리를 일으켜 나혜석, 김일엽에 못지않은 연애 스캔들의 주인공이었으나 당시 실제 주변인물들의 삶을 소설화한 것이 흔했던 시절이었는데도 허정숙을 소재로 한 소설은 없었다.

이렇게 허정숙에 대한 남성지식인들의 태도가 남달랐던 것은 허정숙의 행동을 뒷받침하는 콜론타이의 이론과 더불어 남성지식인 사이에 강력한 영향력을 미치고 있었던 어버지 허헌과 사회에서 중요한 위치를 차지하고 있던 상대 남성의 지위에 기인한 것으로 보인다. 즉 허정숙에 대한 비난은 그녀의 아버지를 비롯한 동거자 등 남성가부장에 대한 비난이 되기 때문에 허정숙은 미디어로부터 공개적인 비판은커녕, 오히려 두둔을 받았고 다른 신여성과는 달리 남성작가의 소설의 소재가 되지도 않은 것으로 보인다.

더 나아가 허정숙은 자기변호를 위한 고백도 필요하지 않았던 것이다.[8] 허정숙은 미국으로 갈 때 "무거운 머리와 수습할 수 업는 혼탁한 정신을 가지고 여정에 올은 거시엿습니다"라고 말하였으나 그 이유로 조선이 동요 상태이며 일본 내 조선 사회가 혼란에 있기 때문(허정숙, 1927:74)이라고 밝혀, 임원근과의 이혼, 송봉우와의 동거 등으로 인한 사회적인 논란 때문인 것은 아니라고 간접적으로 부인하고 있을 뿐 나혜석이나 김일엽과는 달리 개인

---

8 북한의 고위직에 오른 허정숙에 대한 일대기에서도 그녀의 남성편력은 은폐되어 그로 인한 비난에서 보호받았다(권수현, 2010).

적인 사생활을 언론에 언급한 적이 없었다.[9] 허정숙은 자신의 사생활에 대해 대중의 이해를 구하지 않을 정도로 자신의 결혼, 이혼, 동거를 개인적인 일로 간주하였고 또한 당당하였음을 알 수 있다.

4. 결론

일제강점기하의 조선에서 여성의 삶과 관련된 근대의 담론이 도입되었고 이를 바탕으로 신여성들은 전통적으로 부과된 이데올로기를 박차고 스스로 주체적이고 독립적인 인간으로서 자아실현을 꿈꾸었고 새로운 삶을 기획하고 살아나가고자 했다. 그러나 당시 여성이 여전히 사회적 경제적으로 독립하기 어려웠던 시절에 현실적으로 가부장제 사회에서 홀로 독립된 여성으로 살아가기는 매우 어려웠다.

대표적인 신여성 나혜석과 허정숙에게 있어서 오빠와 아버지 등 생래 가족에서의 남성과 배우자는 이들이 신여성으로 성장하는 데 주요한 역할을 하였다. 나혜석의 오빠 나경석과 남편 김우영, 허정숙의 아버지 허헌은 근대의 물결을 주도하는 남성지식인으로서 각각 자신의 여동생과 딸이 근대가 제시하는 새로운 여성으로 살아나가도록 이끌거나 지원하고 보호하였다. 이들은 이러한 보호와 지원을 바탕으로 이들은 각각 화가, 문필가 또는 사회운동가로서 성장할 수 있었다.

구체적으로 나혜석의 오빠 나경석은 아버지를 대신하여 근대적인 방법으

---

9 허정숙은 자신의 사생활에 대해 언급하지 않았다. 자신에 대해 쓴 글은 「나의 단발과 단발전후」(허정숙, 1925c:14~18)뿐으로 이 글에서 단발을 하게 된 전후 사정에 대해 상세히 기술하면서, 여성의 머리 모양은 사회적으로 관심의 대상이 아니라 여성 개개인의 취미일 뿐이라고 밝혔다.

로 나혜석의 연애와 결혼에 적극적으로 개입하여 자신의 친구 최승구와 연애하고, 김우영과 결혼하도록 주선하였다. 결혼 후 나혜석은 오빠 나경석 대신 남편 김우영의 경제적, 정신적 지원을 받으면서 화가로서 문필가로서 성공하고 주목을 받으면서 상류계층의 삶을 영위할 수 있었다.

그러나 화가로서 문필가로서 화려한 삶을 산 나혜석은 이혼으로 남편이라는 가부장 사회의 보호막이 사라지고 오빠 나경석의 지원도 단절되자 홀로 경제적 사회적으로 독립하지 못하고 어렵게 생활하였다. 나혜석은 자신의 섹슈얼리티를 둘러쌓은 논란에 대해 자신의 생각을 글을 통해 솔직하게 드러내었는데, 이는 비난 여론을 더욱 증폭, 확대 재생산시켰다. 나혜석은 자신에 대한 남성지식인을 중심으로 한 사회적인 비난에 대해 반격하거나 항의하기도 하였으나 오히려 많은 타격을 받았고 결국 행려병자로 쓸쓸한 죽음을 맞이하였다.

이에 비해 김일엽은 일찍 어머니를 여의고 아버지마저 이화학당 시절에 여읜 가난한 고아로서 여성운동가로서 문필가로서 성장하는 데 있어 생래 가족의 지원을 받지 못했다. 김일엽은 약혼, 파혼, 결혼, 이혼, 동거와 결별을 반복하는 과정에서 스스로 경제적인 독립을 이루지 못하여 배우자에게 경제적으로 의존할 수밖에 없었고 가부장적 제도인 불가에 귀의하여 보호받았으나 경제적으로는 출가한 이후에도 남성으로부터 지원을 받을 수밖에 없었다. 김일엽도 남성들과의 관계로 인해 남성지식인들의 공개적인 멸시를 받아야 했는데, 자신의 섹슈얼리티에 대한 비난에 직접적으로 변호하고 나서면서 공개적인 비판을 증폭시키는 결과를 초래하기도 하였다. 동거 남성들이 김일엽의 보호막이 되기에서 역부족이어서 많은 비난에 시달려야 했다. 그러나 김일엽은 불가에 귀의하여 남성과의 관계를 끊고 자신의 과거 담론을 스스로 부인하면서 사회적인 비판으로부터 비껴나갔다.

이들에 비해 허정숙은 결혼과 이혼, 동거에 있어 부모의 의견보다는 스스로 주체적으로 결정했고, 경제적 독립을 위해 노력하였고 탄탄한 아버지의 사회적 경제적 뒷받침으로 결혼이나 동거가 경제적인 지원과 연관되지는 않았다. 또한 허정숙은 성욕을 전면에 내세워 당시 전통을 전면적으로 부인한 콜론타이 연애관을 실천하여 한 번의 결혼과 세 번의 동거와 결별을 하였으나, 자신의 남성관계에 대해 공개적이며 직접적인 비판을 받지 않았다. 오히려 허정숙의 결혼과 이혼, 동거와 결별은 그녀의 사회적 역할과는 구분되면서 수용되었고, 오히려 남성지식인은 그녀가 좌절하지 않도록 격려하였다. 또한 그녀의 파격적인 남성관계에도 불구하고 남성작가에 의해 소설화의 소재가 되는 일도 없었다.

요약하면 나혜석은 오빠와 남편의 보호와 버림받기를 통해 부침하였고 스스로 논란의 중심에 섰으나 논란을 이겨낼 만한 사회적 경제적 지원을 독자적으로 형성할 수 없어 고독한 말년을 맞이하였다. 김일엽은 배우자에게 특히 경제적으로 의존하였고 자신을 둘러싼 논란에 대해 적극 맞대응했으나 이를 불교에 귀의하면서 청산하여 남성과의 관계와 논란에서 빗겨갔다. 허정숙은 남성들과 주체적인 관계를 맺었고 자신의 섹슈얼리티에 대한 논란에 대해서도 자신은 무대응으로 일관하였으나 아버지의 눈에 보이지 않는 지원 속에서 일반 남성들의 지지를 획득하였다.

결론적으로 나혜석, 김일엽, 허정숙 등 대표적인 세 신여성의 삶에서 아버지, 오빠 등 생래가족의 남성과 배우자의 보호와 지원은 결정적인 역할을 하였음을 알 수 있다. 이 세 신여성의 사례를 비추어볼 때 근대 교육의 혜택을 받고 전통 구여성과 다른 주체적인 삶을 꿈꾸었던 신여성들도 가부장제 사회 속에서 주체인 남성의 보호와 지원 없이는 삶을 꾸리기가 어려웠던 것이다. 다시 말해 신여성들은 주체적 여성이 되기를 꿈꿨으나 가부장제 사회에서 이를 이루기는 어려웠던 것이다.

김만덕 삶에 대한
여성주의적 재해석

1. 서론

역사 속의 인물에 대해 현대를 사는 우리가 떠올리고 평가하는 것은 그분들의 업적을 기리고 또 현대에 사는 우리들의 귀감으로 삼기 위해서라는 데에 그 의의를 찾을 수 있다. 그런데 오랫동안 우리 사회가 남성중심적인 가부장적 문화에 젖어 있으면서 역사 속의 인물에 대한 평가는 주로 남성을 중심으로 이루어져 왔다. 따라서 역사 속의 여성들은 상대적으로 잘 알려지지 않았고 그들의 업적은 무시되었다.

그동안 잘 알려지고 드러난 여성으로는 유관순과 신사임당을 들 수 있다. 유관순은 어린 소녀로서 독립운동에 헌신한 것과 그 처절한 죽음으로 인해 반일의 구심점으로 부각되어 왔다. 신사임당의 경우는 가부장적 사회에서 여성들에게 이상적인 여성의 모델로 제시되면서, 여성은 현모양처가 되어야 한다는 이데올로기를 전파하는 데 전면적으로 활용되었다.

최근 역사 속의 여성인물을 새로 발굴하고 평가하는 것에 대한 관심이 높아지고 있다. 이는 현대 사회에서 여성의 지위가 높아지고 역할이 다양해지면서 역사 속에서 다양한 역할을 통해 업적을 남기거나 사회에 공헌한 여성들을 발굴하고 새롭게 평가하여 그 업적을 기리고 여성의 귀감으로 삼기 위해서이다.

18세기에 제주도에서 태어나 한때 기생이었으나 부를 이루고 그 부를 사회에 환원하였던 김만덕(이하 만덕)의 삶을 오늘날 다시금 조명하고 되새기는 작업은 만덕의 공헌을 정당하게 평가하고 그 업적을 기리는 데 그 일차적인 의의가 있다. 더 나아가 만덕의 삶과 그녀의 공헌이 오늘을 사는 현대 여성들에게 어떠한 시사점을 주는 것인지를 생각해보는 데 더 큰 의의가 있을 것이다.

현재 우리나라도 세계적인 흐름 속에서 여성주의적 관점을 적극적으로 받아들여 많은 여성들이 자기 삶의 기본적인 윤리로 채택하고 있다. 새로운 여성주의적 관점에서 만덕을 평가하는 것은 이 시대에 만덕의 삶이 현대 여성들에게 어떠한 시사점을 줄 수 있는지를 가늠해보는 데 그 의의가 있다고 생각한다. 특히 제주 여성들은 우리나라에서 여성주의가 받아들여지기 이전에 이미 부분적으로 여성주의를 실현하고 있었는지도 모른다. 제주 여성들의 원형이라고 할 수 있는 신화에 등장하는 페미니스트 여신인 자청비와 가믄장아기에 대한 이해를 바탕으로 만덕을 해석하고자 한다.

이 글은 첫째, 만덕과 가족과의 관계를 중심으로 고찰하고자 한다. 전통 사회에서 여성의 삶은 가족과의 관계에서 일차적으로 규정되기 때문에 가족이 만덕의 삶에 어떠한 영향을 주었으며 만덕은 가족과 어떠한 관계를 형성했는지 살펴본다. 둘째, 만덕의 직업을 고찰하고자 한다. 제주도 여성들은 가외노동을 일상적으로 행하지만(최재석, 1979), 전통 사회에서 여성이 누구나 직업을 갖는 것은 아니어서 전통적인 여성의 역할과 만덕의 직업과의 관계를 살펴보고 그 의의를 밝힌다. 또한 전통사회가 부여한 여성의 역할을 뛰어넘어 새로운 직업 영역을 개척하고 이를 통해 부를 쌓은 만덕의 삶에 대해 알아본다. 이어 셋째, 막대한 부를 사회에 환원하고 이를 통해 전통 사회가 제주도 여성에게 부과했던 금기를 극복하고 결국, 유교 사회의 중심으로부터 인정을 받게 된 점을 평가하고자 한다.

만덕의 삶을 평가하는 데 있어 기존의 기록을 토대로 할 수밖에 없다. 그러나 만덕에 대한 기존의 기록은 조금씩 다르고 또한 만덕의 삶의 전모를 이해하기에는 매우 부족하다. 만덕의 삶의 궤적은 앞으로도 더 밝혀져야 하고 현재 이에 대한 연구가 진행되고 있는 것으로 알고 있다. 현재로서는 제주도가 1998년 발간한 『구원의 여상, 김만덕』의 기록이 가장 신빙성이 높은 것으로 보고 이를 기본 자료로 삼아 그 내용을 중심으로 만덕을 재평가하고자 한다.

그런데 『구원의 여상, 김만덕』도 실지 만덕을 얼마나 잘 나타내주느냐는 논란의 여지가 있는 것 같다. 이 기록은 그 책에 같이 수록된 채제공이 쓴 「만덕전」과 이가환이 쓴 시를 토대로 한 것으로 보인다. 그런데 채제공은 정조 때 우의정 등 오랫동안 벼슬을 지냈고 이가환도 당시 병조판서로 있어 이들은 사대부로서 당시 유교가 여성에게 부과한 정절이데올로기에 대해 의심하지 않았을 것으로 보인다. 따라서 대체로 이들이 만덕을 평가할 때 유교적 규범의 틀 내에서 평가했을 것이다. 또한 이 책을 쓴 저자도 채제공의 「만덕전」과 이가환의 시를 기본으로 하고 거기에 없는 내용을 덧붙이면서 만덕을 유교의 규범에 충실한 여성으로 묘사하고 있다. 이 책은 남성의 시각에서 쓰여진 전기로 볼 수 있다. 앞으로 만덕의 삶에 대해 새로운 사실이 밝혀지면 그 사실을 토대로 여성의 시각에서 전기를 다시 써야 할 것으로 보인다. 따라서 이 글도 새로운 사실이 밝혀지면 수정, 보완되어야 할 것이다.

2. 제주도 여성과 여성주의

신화 속에서 나타나는 여성의 모습을 살펴보자. 제주도의 신화는 여신이 많고 여성중심적인데(김정숙, 2002:42), 신화 속에서 나타나는 여성의 모습은 다양하다. 자청비, 가믄장아기, 강림의 큰부인 신화 등에서 다양한 제주도 여성의 원형이 드러난다. 제주도 신화를 연구한 김정숙은 사랑하는 사람을 차지하기 위해서 적극적으로 나서는 자청비를 페미니스트로 규정하고, 또한 거침없고 개방적이며 자유로운 제주도 여성의 원형이라고 보고 있다. 페미니스트 자청비 신화는 내외법 등 유교적 질서가 제주도에서는 훨씬 덜하였기(김정숙, 2002:88) 때문에 출현할 수 있었다고 본다. 또한 가믄장아기의 경우에도 김정숙은 다음과 같이 보고 있다.

> 우리는 제주도의 많은 여성들에게서 가믄장아기를 만날 수 있다. 이 여성들은 남성(남편)이 없어도 스스로 완전하다. 그녀는 남성의 동의나 협조를 전제로 하지 않고 자신의 노력과 이해에 따라 일한다. 남성들보다 더 용감하게 쟁기로 밭을 갈고, 마치 저승과도 같이 까마득한 바다로 자맥질하면서 바당 밭을 개척해 내었던 도전적인 제주의 잠수들…….[1]

자청비와 가믄장아기 등의 신화 속에서도 여성의 모습은 활달하고 자기주도적으로 삶을 이끌어나가며 또한 독립적이다.

그러나 자청비와 가믄장아기 신화에서 이들이 배경으로 하고 있는 사회는 가부장적 질서가 유지되고 있음이 분명하다. 자청비의 경우 '시주가 모자라 아들이 아닌 딸로 태어나게 된' 존재로 여성은 남성보다 열등하게 인식되고 있음을 드러내어 제주가 남성 중심적 사회에서 비켜나지는 못한 것으로 보인다.

또한, 그녀의 아버지는 전형적인 여성의 일을 하도록 가르쳤으며(김정숙, 2002:71), 공부가 여성에게는 금지되어 있어, 공부를 하기 위해 부모님을 설

---

1 김정숙, 2002:116.

득해야 했던 것에서 신화가 배경으로 하는 사회가 성역할 구별이 확연했음을 드러내고 있다. 자청비는 길을 떠날 때 스스로 남장을 하는 등 "여성적 경험과 이미지도 부정하는 소외와 왜곡의 어려움을 맛보아야 했으며 … 남성중심의 사회에서 … 이중의식에 시달려야 하는" 여성들을 상징하는 것으로 보고 있다.(김정숙, 2002:77)

가믄장아기의 경우 아버지가 부모에 대해 감사하는지를 세 딸들에게 확인하다가 셋째 딸인 가믄장아기만 자신의 삶의 유지에 자신의 공로도 있음을 주장함으로써 집에서 쫓겨나게 되는데 이는 가부장적 질서를 강요하는 기성세대와 이를 거부하는 여성 간의 갈등을 드러내는 것이리고 볼 수 있다. 자신이 생존하는 것은 하늘의 땅, 부모의 덕이기도 하지만 자신의 선그믓(음부) 덕이라고 대답한 것은 자신이 독립적인 개체임을 주장하는 것이며, 또 한편으로는 여성의 역할은 남성의 성적 대상이며 자손을 낳는 존재로서 가치를 갖는다는 것을 암시한다. 또한 탁월한 능력의 소유자인 가믄장아기가 홀로 삶을 개척하기보다는 스스로 남편을 선택하여 함께 살면서 그 능력을 발휘해 부를 이룬 것은 남성과의 관계 속에서 온전하게 인정받으면서 사회에서 지위를 획득해나갔기 때문으로 보인다. 이는 실질적으로 주도적인 삶을 살지만 겉으로는 가부장적 규범을 받아들임으로써 가부장적 사회와 타협한 것으로 볼 수 있다.

특히 가믄장아기 자신은 자신의 부모에게 순종하지 않아 쫓겨났으나, 부모에게 효성이 지극한 막내아들을 남편으로 선택함으로써 효 문화를 존중하고 이에 대해 가치를 부여하였다. 또한 이 신화는 가믄장아기가 불효로 인하여 부모로부터 버림받게 되나 스스로 남편을 선택하고 부를 일구어 결국 거지가 된 부모를 찾아 효를 실천하는 것으로 끝을 맺는다. 가믄장아기가 자신이 일구어낸 성공을 토대로 효를 실현한다는 것은 유교의 가장 중요한 가치를 실현하는 것이다. 부모에게 효도하는 것으로 그녀의 성공의 의미를 확인하는 것은 결국 유교의 가치 실현을 통해 가부장제 사회와 타협하는 것이라고 볼 수 있다. 제주도 신화에는 강림의 큰부인처럼 조강지처로서 남편에 대해 헌신하는, 가부장제가 요구하는 전형적인 여성상도 나타난다. 이러한 신화를 통해서 볼 때도 제주도가 남성중심적인 가부장제 사회였음을 부인할 수 없으며 또한 유교 문화에서도 자유롭지 못했다는 것을 의미한다.

유교 윤리의 삼강오륜에서 여성은 기본적으로 부부유별의 규범에 기반하여 남편과의 관계를 통해 온전하게 유교 사회에서 존재 위치를 차지하게 된다. 따라서 여성은 결혼에 의하여 유교 사회의 주류에 편입되었다. 결혼 밖에 있는 과녀, 독신녀는 유교 사회에서 주변적인 존재로 천대시되었다. 결혼한 여성의 경우에도 아들의 출산을 통해 가족관계에서 확고한 위치를 차지하게 된다. 가문을 이어가고 빛낼 아들이 남편의 자식이라는 것을 명확하게 하기 위해 여성에게 엄격한 정절이데올로기가 부과되었고 남편의 사망 이후에도 정절이데올로기는 지켜져야 했다. 불갱이부의 윤리가 강요되었으며 여성의 정절은 가문의 번영에도 직접적인 관련을 맺어, 열녀를 탄생시킨 집안은 천민일 경우 상민으로 승격되었고 나라로부터 포상을 받았다. 여성의 섹슈얼리티는 여성 개인의 문제가 아니라 가문 전체의 관심사였다. 부부유별의 윤리는 현실에서는 엄격한 내외법으로 실행되어 여성을 규정하였는데 공간적으로 여성의 집안에 머무르면서 가정 내의 역할을 수행하는 존재로서 온전한 여성은 집 밖에서 활동하는 것을 엄격하게 금지당했고, 따라서 여성의 사회적 활동은 결코 높이 평가되지 못했다.

여성주의(Feminism)는 기본적으로 여성은 남성에 비해 가정이나 사회에서 차별받고 있으며 남성중심적인 가부장제 사회가 여성을 억압하고 있다는 사실에서 출발한다. 여성주의는 왜 여성이 가정이나 사회에서 차별받고 억압받고 있으며, 앞으로 어떻게 차별을 없애고 억압에서 해방될 것인가에 대해서 각기 여러 주장을 하고 있으며, 다양한 여성주의 이론이 발전하고 있다. 그러나 공통적으로 분명한 것은 전통적으로 행해졌던 가정이나 사회에서의 여성차별은 사라져야 한다는 점이다. 구체적으로 사회화 과정에서 여아에 대한 가정 내의 차별은 부당하며 여성은 남성과 동등하게 교육을 받고 사회에 참여할 수 있어야 한다고 주장한다. 여성을 가사노동이나 자녀양육의 전담자로 규정하는 것 또한 타파되어야 한다고 본다. 또한 여성의 사회참여가 늘어나면서 가정 내의 차별과 성 역할 고정관념이 사회로 연장되는 현실을 비판한다. 따라서 사회에서 여성에 대한 차별과 역할을 한정시키는 것은 부당하며 여성은 사회에서 남성들과 함께 전 분야에서 동등하게 참여해야 한다고 주장한다. 또한 성관계에서 여성에게는 엄격한 징질을 요구하면서 남성은 자유로운 성을 구가하는 이중적 성 윤리는 타파되어야 한다고 말한다.

여성주의는 유교의 성차별적이고 가부장적인 윤리를 맹렬히 비판한다. 여성에게만 순결을 강요하는 이중적 성 윤리를 비판하면서 결혼 밖에 있는 독신녀나 이혼여성, 과녀에 대해 낙인을 찍는 것을 비판한다. 또한 여성에게 가족을 위해 희생하도록 강요하는 것은 부당하다고 보고 여성도 개인으로서 자신의 행복을 추구하는 것이 정당하다고 본다. 또한 여성의 역할을 가정 내에 묶어두는 것을 거부하고 여성이 자유롭게 자신의 능력을 발현하여 사회에 공헌하는 것은 자신의 정당한 권리이자 의무라고 생각한다.

유교의 엄격한 규범이 정착하기 시작한 18세기에 제주도에 살았던 만덕의 삶에 있어서 차별적이고 엄격한 유교 윤리가 어느 정도 영향을 미쳤는지는 아직 명확하게 알 수 없다. 제주도에서는 유교 윤리에 기반한 가부장적 문화가 육지에 비해 약했던 것으로 알려져 있다(최재석, 1979). 제주도는 토양이 척박한 데다 소규모의 토지에 밭농사를 지었기 때문에 생산성이 지극히 낮았고 따라서 험한 바다에서 어업으로 생계를 꾸려가야 했기 때문에 모든 사람이 생산에 참여하여 제몫을 할 수밖에 없는 상황에서 '양반과 상민, 적자와 서자, 부자와 가난한 자, 남자와 여자의 구분이란 것이 사실상 중요한 의미를 갖지 못했기 때문에 평등과 공정의 분위기는 제주 사회의 전반적인 분위기가 되었다'(김정숙, 2002:35).

여성은 농사에서 아주 힘든 일을 제외하고는 남성과 공동으로, 또는 주로 담당하였고 농사일에 있어서 여성의 참가율은 육지에 비해 높아(최재석, 1979:91) 내외법도 엄격하지 않았으며, 바다에서도 해녀로서 일하면서 여성이 경제적인 주도권을 가지고 있었다. 따라서 여성의 권리 또한 상대적으로 평등할 수밖에 없는 제주의 고유성을 만들어 내었던 것이다(김정숙, 2002:37).

제주도는 가족관계에 있어서도 육지와는 매우 다르다. 최재석에 따르면 토지가 척박하여 누구나 부지런히 일하지 않으면 생계유지가 어렵기 때문에 자립정신이 전통이 되어(최재석, 1979:82) 장남도 부모와 분가하여 핵가족의 형태가 보편화되어 있으며 서로 독립적으로 산다. 그러나 가사일은 대체로 여자가 담당하며, 다만 핵가족이기 때문에 여자가 물질이나 김매기에 종사할 때는 남자가 일이 없으면 아이를 돌보았다(최재석,1979:72~73). 또한 경제적으로 독립심이 강한 제주 여성들은 남편의 부당한 대우를 참지 않아 이혼율이 높았고 재혼이 육지에서처럼 금지되지 않고 첩살이도 육지와 다른 형태를 띠면서 드물지 않았다. 제주도는 남성중심적인 사회였음은 분명하나 유교 윤리가 육지와 같이 엄격하게 여성에게 적용되지는 않은 것으로 보인다.

신화를 통해서도 제주 여성들이 결코 가부장적 사회에 순응한 것만은 아님을 알 수 있다. 자청비와 가믄장아기는 가부장적 질서를 거부하고 활달하고 개방적이며 자유롭고 적극적이며 진취적이고 독립적인 여성으로 이들은 제주도 여성들의 특징의 한 면을 드러내는 것으로 볼 수 있다. 이러한 여성은 현대 사회의 여성주의가 추구하는 여성상과 맞닿아 있음을 알 수 있다.

3. 가족 : 버림받음/독립과 구원

가족은 유교 전통 사회에서 모든 사람의 삶의 중심이었다. 오륜 중에서 부부유별, 부자유친, 장유유서 등 세 가지가 가족관계에 관련된 것으로 가족은 인간관계의 중심이었고 가장 중시되었다. 특히 '안사람'인 여성은 평생에 걸쳐 가족 내의 위치가 삶을 규정하였다. 그러나 제주도는 장남도 분기하는 문화 속에서 가족관계가 상당히 독립적인 것을 알 수 있다. 만덕의 삶에서 가족과의 관계를 일차적으로 살펴보고자 한다.

1) 가족으로부터 버림받음/독립

만덕의 삶의 여러움은 아버지와 어머니가 연이어 사망하는 것으로부터 비롯된다. 큰오빠 김만석(당시 23세)은 부모의 사망 이후 결혼하였고 작은오빠는 백부 집에 의탁을 하였으나 만덕은 먼 친척 집에서 지내다 열두 살의 나이에 기생의 수발을 드는 하녀로 얹혀살게 된 것으로 알려져 있다(제주도, 1989:25~27).

부모님의 사망 이후 삼 남매가 뿔뿔이 흩어져야 했던 것은 부모님 생전에 경제적으로 매우 어려웠음을 말해준다. 오빠들이 당시 20세 전후로 장성하였음에도 불구하고 만덕이 오빠들과 함께 살 수 없었던 것은 오빠들도 경제적 기반이 없었기 때문으로 보인다. 또한 이는 당시 제주도의 독특한 문화에서 비롯된 것이 아닌가 추측된다. 작은오빠가 백부 집에 의탁할 수 있었던 것은 가족공동체가 복지기구로서의 성격을 띠면서 보호를 받은 것으로 보인다. 이에 비해 만덕은 가족공동체로부터 보호를 받지 못하고 기생의 하녀로 일해야 했다. 경제적 자원이 한정된 가운데 아들 중심의 문화 속에서 딸이기 때문에 가족 구성원으로부터 소홀하게 취급되었고, 결국 만덕은 가족으로부터 버림을 받은 것이라 볼 수 있을 것이다. 자청비처럼 "시주가 모자라 아들이 아닌 딸로 태어나게 된 완전하지 못한 존재, 결핍된 존재"(김정숙, 2002:71)인 딸에 대한 차별적인 문화로 인해 만덕이 친척으로부터도 외면당했고 스스로 삶을 개척할 수밖에 없는 처지로 전락하였다고 해석할 수 있다.

그러나 제주도 신화 속 가믄장아기처럼 만덕도 어린 나이지만 스스로 삶을 개척하는 데 주저함이 없는 진취적인 여성이었을 가능성도 있다. 부모로부터 버림받고 쫓겨나지만 가믄장아기에게서 가련한 여성으로서의 모습은 없다. 가믄장아기처럼 만덕도 부모를 여읜 것은 슬픈 일이지만 오빠나 친척의 도움이 없었다고 해서 가련한 처지로 자신을 한탄만 했다고 단정할 수는 없을 것이다. 자신을 시기한 두 언니에 대해 가차 없이 복수를 행하고 집을 나서는 가믄장아기에게서 새로운 삶을 개척하기 위해 떠나는 독기 품은 당당한 여성을 볼 수 있다. 가믄장아기는 하룻밤 자도록 허락받은 집에서 밥상을 차려 밥을 대접하는 것으로부터 막내아들과 관계를 튼다. 가믄장아기가 삶을 개척하기 위해 처음 했던 일이 남의 집에서 가사노동을 하는 일이었던 것처럼 만덕도 자신의 삶을 개척하기 위한 처음 일이 남의 집 살이로 가사노동을 하는 것이었다. 가믄장아기처럼 만덕도 남의 집에서 밥 차리는 일을 슬픈 마음으로 하지는 않았을지도 모른다. 오히려 새로운 삶을 개척해 나가는 데 있어 처음 하는 일로 당당하게 받아들였을지도 모른다.

2) 가족으로부터 환영받지 못한 성공과 포기

　기생의 집에 보내진 만덕은 처음에는 살림을 돌보았으나, 만덕이 "영리하고 부지런"하여(제주도, 1989:27) 기생은 만덕을 수양딸로 삼았다. 이어 노래와 춤, 거문고 등의 기예에 재능이 있는 것을 본 기생은 그를 기적에 편입시켰고, 그 이후 만덕은 노래, 춤, 악기들을 본격적으로 배워 기생으로서 활동하게 되었다. 만덕은 타고난 미모와 상냥한 성품으로 사람들에게 호감을 주었고 정결한 몸가짐과 뛰어난 기예가 널리 알려져 관가에서 베푸는 연회는 물론 민가에서 벌이는 놀이마당에도 초청받았다. 만덕은 자색과 풍류로 기예에 종사한 지 5년 만에 명기로 명성을 날렸다(제주도, 1989:30). 만덕은 '앞이마엔 해님이요, 뒷이마엔 달님이요, 두 어깨엔 금샛별이 송송히 박힌 듯한'(김정숙, 2002:63) 자청비와 같이 아름다운 자태와 재주로 남성들의 연모의 대상이 되었던 것이다.

　하지만 만덕이 명기로 명성이 드높았음에도 불구하고 형제들로부터는 '싸늘한 원성'을 받았고(제주도, 1989:30), 친척들이 모이면 만덕으로 인해 천민 대접을 받는다는 원망의 소리를 들었다. 만덕이 널리 알려지면 알려 질수록 집안에는 타격이 컸다(제주도, 1989:31)는 것이다. 기생을 명기로 칭송하는 것과는 별개로 유교 전통에서 벗어나지 못했던 제주도에서도 뭇 남성들의 앞에서 기예를 내보이는 기생은 천시되었음을 알 수 있다. 한 여성의 섹슈얼리티는 그 여성 혼자만의 문제가 아니라 가문의 명예와도 관련되었던 그 시대에 만덕이 기생으로 명성을 날리는 것은 양민이었던 본 가문의 명예를 손상시키는 일이었다. 따라서 그녀의 성공은 가족들로부터는 환영받지 못했다. 자신의 능력으로 집안이 부유해진 것을 부모로부터 인정받지 못했던 가믄장아기나, 계집년이 사람을 죽였다 살렸다 하는 능력이 있는 것을 오히려 위험시하여 집에서 내쫓김을 당한 자청비(김정숙, 2002:67)와 같이 만덕이 기예에 능한 것은 가족으로부터 환영받지 못할 능력이었을 뿐이었다.

만덕의 가족은 만덕이 생존의 과정에서 기생이 될 수밖에 없도록 방치했으나 다시 가족이 천대를 받고 피해를 받는다고 만덕을 비난하게 되었고 만덕은 자신으로 인해 오빠들을 비롯한 친척이 천민 대접을 받고 조상들에게도 피해가 가는 것이라 생각하여 기생을 그만두기로 결심을 하게 되었다. 그리하여 만덕은 집요하게 관가에 탄원하여 기적에서 이름을 삭제하고 기생 일을 접게 된다. 만덕은 가족으로부터 버림받아 생존을 위해 기생이 될 수밖에 없었고 기생으로 성공하였지만 자신을 버린 가족의 명예를 위해 부와 명예와 일상의 편안함을 제공하는 자신의 성공을 버리는 결단을 내린 것이다.

기적에서 빠져나온 만덕은 유교 사회의 주류에 편입되지는 못했다. 형제와 친척들은 만덕이 기생을 그만둠으로써 양민으로 대접받으며 천시에서 벗어났지만 유교 사회에서 만덕 스스로는 양민으로 돌아갈 수 없었던 것으로 추측된다. 자청비나 강림의 큰부인 등은 남성과의 관계가 삶의 중심이었고 가믄장아기의 경우에도 남성과의 결혼을 거부하지는 못했다. 이는 남성 중심 사회에서 여성이 결혼을 거부한다는 것은 매우 어려운 일이고 결혼하지 않은 여성은 가부장적 사회에서는 주변적인 인간으로 규정될 수밖에 없었기 때문일 것이다.

만덕이 결혼한다 하더라도 이미 기생으로 있었기 때문에 정처보다는 첩으로서 남성과의 관계를 설정할 수밖에 없었을 것이다. 제주도의 경우 여성이 생활력이 강하여 결혼 생활에 불만이 있을 경우 이혼을 제기하여 이혼한 여성이 많았고 또 재혼도 육지만큼 금기가 아니어서 이혼하거나 사별한 여자는 대부분 재혼을 하는데, 인구 분포상 여성이 남성에 비해 더 많아 재혼이 여의치 않은 경우 첩이 되었다(최재석, 1979). 첩의 경우 대체로 남자로부터 생활비를 보조받기도 하였으나 집이나 토지를 얻어 스스로 경작하고 살아 전통적인 양반가의 첩과는 판이하게 달랐다(최재석, 1979:200:217).

명기로서 경제적으로 기반을 갖춘 만덕은 남성에게 자신을 의탁하여 의존적으로 살기보다는 독립적인 생활을 선택했던 것이다. 이는 가믄장아기가 "남성에 대해 헌신적인 것들을 암암리에 거부하고… 자아정진에 주력하는 강한 모습"(김정숙, 2002:119)을 보인 것과 상통하고 있다.

만덕은 결혼을 포기하고 독신으로 객주를 시작하였다. 객주 경영은 당시 여성으로서 할 수 있는 몇 되지 않는 직업 중의 하나였을 것으로 추측된다. 객주를 경영하는 일도 주로 남성을 상대하는 일이어서 조선조 유교 사회에서 결코 귀한 일이 아니었지만 양민으로 인정받은 가족이 객주를 경영하는 것을 천한 일을 한다고 만덕을 또다시 제재하기는 어려웠을 것으로 보인다.

3) 가족의 구원자

만덕은 가족으로부터 버림받기도 하고 가족으로부터 독립하기도 했으나 결코 가족과는 별개로 존재할 수 없어 양민으로서의 가족의 명예를 지키기 위해 자신에게 부와 명성을 안겨주는 기생이라는 직업을 버렸다. 가족은 만덕의 고난에 별다른 도움이 되지 않았음은 분명하고 더 나아가 만덕을 비난하고 옥죄는 존재였다. 그러나 만덕은 자신을 돌보지 않고 옥죄었던 가족을 원망하지 않았다.

1792년(정조 16년)부터 1795년(정조 19년) 제주도에 기근이 계속되자 기아에 허덕이는 제주도민을 구하기 위해 만덕은 객주 경영과 유통으로 이룬 전 재산을 털어 산 쌀 5백 석 중 10분의 1인 50석을 친척과 은혜를 입은 사람과 자신이 거느린 직원들의 가족을 돌보는 데 쾌척하여(제주도, 1989:48), 오히려 가족을 기근에서 구하는 구원자가 되었다.

만덕의 구휼사업은 제주도민을 비롯한 백성들의 칭송을 받았고 특별히 임금으로부터 치하와 포상을 받게 되어 가문 전체의 명예를 드높였다. 당시 제주도에 귀양 온 추사 김정희가 손자인 김종주에게 만덕에 대한 찬사 글을 남김으로써 만덕의 명성은 후대에까지 이어져 오늘에 이르게 되었다. 특히 오빠 만석은 만덕의 구휼사업을 도운 공로가 인정되어 조정으로부터 가선대부(嘉善大夫)라는 칭호가 내려졌다. 한때 만덕은 당시 천대받는 기생의 신분으로 오빠에게 신분상의 누를 끼치는 것을 번민하여 기적에서 빠져 나오게 되었으나 만덕은 오빠와 구휼사업의 공로를 함께 나눔으로써 오히려 가족에게 명예를 안겨주게 되었다.

만덕은 경제적으로도 가족을 이끌었다. 만덕은 오빠 만석과 사업을 같이한 것으로 보이며 오빠의 아들 또한 사업을 돕게 하였다가 그가 죽자 오빠의 손자에게 사업을 의탁함(제주도, 1989:81)으로써 자신의 사업에 가족의 도움을 받는 한편 이를 통해 가족의 번영을 이루게 한다. 가족은 만덕의 기생일은 천한 일이라고 배척하였으나 당시 사농공상의 서열에 따라 가장 지위가 낮았던 직업이지만 많은 부를 안겨다주는 상업에는 함께 참여하여 만덕의 사업은 가족사업으로 이어진 것으로 보인다.

결국, 만덕은 가족으로부터 떨어져 나와 홀로 성공하였고 가족의 명예를 위하여 기생으로서의 신분을 버리기도 했으나, 오히려 가족을 기근에서 구하는 구원자가 되었을 뿐만 아니라 가문의 명예를 높였고 가족에게 부를 안겨주는 존재가 되었다. 가믄장아기처럼 만덕도 자신을 버린 가족을 구원하는 존재로 가족의 인정을 받게 된다.

4. 직업과 기업인으로서의 성공

전통 사회에서 여성은 부모의 슬하에서 지내다가 남편을 만나 결혼하고 가정 내에서 여성에게 주어진 역할을 다하는 것이 가장 이상적인 여성상이었다. 여성이 가정에서 벗어나 직업을 갖는 것은 결코 바람직하게 여겨지지 않았다. 그러나 만덕의 경우 부모님을 일찍 여의고 자신이 스스로 생계를 유지해야 했고 이를 위해 직업을 가지게 되었는데, 여성의 전통적인 일인 가사노동의 연장적인 직업과 새로운 직업을 개척하여 열심히 종사하였고 결국 성공하였다.

1) 가사노동의 연장적인 직업

전통 사회나 현대 사회에서 여성은 기본적으로 가사노동 종사자로 간주되었기 때문에 여성은 가정 밖에서 직업을 가질 때도 가사노동과 관련되는 직업이 가장 손쉽게 구할 수 있는 직업이 되어 왔다. 만덕의 첫 번째 직업은 기생의 하녀가 되어 기생의 수발을 드는 일이었는데, 임금 없이 생계만 의탁한 것으로 보인다. 여성에게 개방된 직업이 극히 한정된 사회에서 가사노동 조력자로 생계를 유지하는 것은 그 시대로서는 최선이었을 것이다.

만덕이 가진 두 번째 직업은 기생이었다. 생계를 위해 기생의 하녀로 일하다가 양녀가 된 만덕에게는 어쩌면 피할 수 없었던 직업이었던 것으로 보인다. 기생에는 1패(牌), 2패, 3패 등의 3종류가 있었는데, 만덕은 1패에 속한 것으로 추정된다. 1패는 주로 악기를 연주하고 춤과 노래를 하는 기예인으로 현대적으로 보면 연예인이라고 할 수 있다. 기생은 가부장제 사회에서 남성들의 연희를 위해서 요청된 직업이라고 할 수 있다. 기생은 집안에서 여성이 남성의 시중을 드는 것의 연장선상에 있으며, 보다 전문화된 것이라고 볼 수 있다. 그러나 당시 사회적으로는 천시되는 직업이었다.

기적에서 빠져 나온 만덕은 결혼은 거부하였는데, 기생이었던 자신의 과거는 전통 사회에서 계속 지울 수 없는 멍에이자 장애요소로 작용할 것이라는 것을 간파하였다. 가족을 위해 기생을 그만두었으나 한때 기생이었다는 사실은 이미 전통 사회가 바라는 여성상과는 적합하지 않았기 때문에 또 다시 유교 전통 사회에서 주변부에 머무르는 독신자로서의 길을 선택하고 스스로의 삶을 독자적으로 개척해나갔던 것으로 보인다. 이에 따라 선택한 세 번째 직업은 객주 운영으로, 이것 또한 가사노동의 연장적인 직업이라고 할 수 있다. 술과 음식과 잠자리를 제공하는 객주를 운영한 것은 전통 사회에서 할 수 있는 유일한 사업이라고 할 수 있다.

만덕이 초기에 가졌던 3종류의 직업은 여성들이 가정 내에서 하는 가사노동의 연장적인 노동을 기반으로 하는 직업이었다. 생계를 유지하기 위해 만덕은 여성의 전통적인 역할에 기반한 노동을 할 수밖에 없었을 것이다. 그러나 전통적으로 여성은 가정 내에 머무르면서 시부모 봉양, 남편 시중 들기, 가사일과 자녀양육 등 전통적인 역할을 하는 것을 이상적으로 생각하던 사회에서 만덕이 직업을 갖는다는 자체가 일탈로 간주되었을 것이다. 더 나아가 가정 내에서 여성이 수행하는 가사노동이 인정을 받지 못하였던 것과 같이 가정 밖에서 행해지는 가사노동의 연장적인 일도 결코 사회에서 높이 평가되는 직업이 아니었다.

그러나 만덕이 가사노동의 연장적인 일에 종사하는 것은 가믄장아기가 밥 짓기의 가사노동을 통해 자신의 존재를 인정받는 과정을 거치는 것과 대비된다. 가믄장아기는 마침내 막내아들이 자신이 지은 밥을 맛있게 먹음으로써 존재를 인정받았고, 막내아들을 목욕시키고, 새 옷을 입히고 갓과 망건을 씌워 놓아 막내아들이 형들로부터도 '절을 꾸벅' 받음으로써 존경을 받게 한다. 가믄장아기의 가사노동은 자신이 의탁하는 집안에서 위치를 확보하고 자신을 인정해주는 사람까지 지위를 향상시키는 원동력이 되었다. 만덕의 가사노동은 자신의 삶의 기반이 되는 터전을 닦게 해준 것이다.

2) 새로운 직업에의 도전과 성공

만덕은 전통 사회에서 여성이 손쉽게 구할 수 있었던 직업이나 가부장제 사회가 필요로 했던 여성직업에 종사하는 것에 그치지 않았다. 객주를 운영하면서 객주를 드나들던 상인들을 통해 새로운 직업을 개척해나가게 되었다.

당시 이앙법이 발달로 농업생산성이 증가하면서 곡물이 상품화되어 유통되었고 곡물 이외에도 면화, 모시, 인삼, 과일 등의 상업 작물이 적극 재배되었는데 이는 상업의 발달을 수반했다. 조선 후기에는 항해술과 조선술의 발달로 해상교통이 크게 발달하였고(이덕일, 2003), 해상교통을 통해 상업이 크게 발달하게 되었다. 포구는 해상교통의 중심지로서 포구를 중심으로 유통업이 크게 발달하게 되었으며 만덕은 이러한 사회변화에 주목하였다.

만덕의 객주는 여관 구실도 했지만 외지 상인들의 물건을 위탁받아 팔거나 거간하는 중간상의 역할도 했다. 만덕은 객주를 중심으로 삼베, 모시, 청포, 비단과 지물, 잡화, 쌀 등을 사들여 팔았으며 제주의 양반층 부녀자에게 육지의 옷감이나 장신구, 화장품 등을 팔고, 제주 특산물인 미역, 전복, 표고, 양태, 말총, 약초 등을 수집하였다가 육지 상인들에게 공급하였다. 만덕은 박리다매, 정직 매매, 신용본위의 세 가지 원칙을 지키면서 육지인과 제주도민 모두에게 도움이 되도록 사업을 하였다(제주도, 1989:34~36). 만덕의 객주는 곧 번성했다.

만덕은 관가의 물품도 조달하게 되었는데, 선상들의 물품을 독점적으로 거래하는 여객 주인권이나 포구의 상품유통을 독점적으로 담당하는 포구

주인권을 획득한 것으로 추측된다. 만덕은 자신의 포구에 적극적으로 선상을 유치했고 그 자신의 창고와 선박까지 소유하게 된 것으로 추측된다(이덕일, 2003; 제주도, 1989:35).

그 시대에 여성이 사업을 한다는 것은 흔하지 않은 일로서 만덕은 여성에게 주어진 한정된 역할을 뛰어넘어 새로운 시대 변화를 읽는 탁월한 안목을 가지고 유통업을 개척하였던 것이다. 또한 강한 추진력으로 만덕은 유통업에서 막대한 부를 추적하는 데 성공하였다. 그러나 부를 축적함에 있어 상(商) 윤리와 도덕을 지키는 데 어긋남이 없었다. "만덕의 객주를 통해 제주도민은 육지의 물건을 손쉽게 구할 수 있었고 또 제주 물건도 정당한 시세로 팔 수 있"(제주도, 1989:36)어서 제주도민의 이익 증진에도 부합하였다.

만덕은 가부장적 유교 사회에서의 여성, 특히 기생 출신인 자신의 한계를 극복하고 새로운 시대 변화 속에서 그 변화를 꿰뚫어보는 안목을 가지고 강한 생활력을 가진 제주 여성의 특징을 살려 부를 이룩하면서 새로운 삶을 개척해나갔다. 가믄장아기는 자신이 의탁한 가족의 생계유지 터전인 마를 캐던 들판에 나가 자갈을 일구어내고 그 속에서 금을 파내어 거부가 되었다. 먹기 위해 늘 마를 캐던 들판에서 자갈을 일구는 일로 전환함으로써 거부가 되었다. 만덕은 가믄장아기처럼 비교적 어렵지 않게 할 수 있는 객주 경영에서 한 발 더 나아가 새로운 안목으로 새로운 사업에 뛰어들어 거부가 될 수 있었다.

5. 부의 환원과 명예 획득

만덕은 막대한 부를 축적하는 것만으로도 여성의 한계를 극복한 새로운 여성상을 보여주었다. 더 나아가 막대한 부를 가졌지만 만덕 자신은 늘 검소하게 생활하였으며, "풍년에는 흉년을 생각해 절약하고, 편안하게 사는 사람은 고생하는 사람을 생각해 하늘의 은덕에 감사하면서 검소하게 살아야 한다"는 것이 그의 생활철학이었고 또한 이를 실천하였다(제주도, 1989:36). 만덕은 결코 이웃의 어려움을 외면하지 않았다.

정조 17년(1793) 무렵 제주도에는 흉년이 계속되었다. 정조 19년 제주도민을 구휼하기 위해 조정에서 보낸 곡물 1만 1천 석을 싣고 떠난 두 번째 수송 선박 중 다섯 척이 침몰하면서, 보릿고개가 다가오는 제주도에 아사의 긴 그림자가 드리워지자 만덕은 자신의 전 재산을 풀어 육지에서 쌀을 사오게 했다. 이렇게 사온 곡식이 모두 500여 석으로, 만덕은 이 중 10분의 1을 친척들에게 나누어주고 나머지 450여 석을 모두 진휼미로 내놓았다. 객주 운영과 유통업을 통해 얻은 막대한 부를 굶고 있는 제주도의 이웃을 위해 기꺼이 내놓은 것이다. 자청비가 마음씨 좋은 노인들에게 대풍년을 들게 해주었듯이 만덕은 제주도민을 굶주림에서 해방시켜 주었다.

곡식 500여 석은 당시로서는 막대한 양으로 제주도 남성 부호들이 내놓은 양을 훨씬 능가하는 것이었다. 제주도의 현감이었던 고한록이 300석을 내놓자 이를 당시 '무려 300석이나'로 표현하여 그 양이 엄청난 것임을 시사하고 있는데 만덕은 그보다 더 많을 쌀을 내놓음으로써 남성을 능가하는 능력을 보이면서 주위를 놀라게 하고 사회적 명예를 회복하였다.

6. 치하와 포상

1) 임금과 중전의 치하와 포상

만덕이 제주도민을 아사로부터 구한 공로는 뒤늦게나마 조정에도 알려졌다. 정조는 만덕의 공헌을 치하하고 제주 목사를 시켜 "만덕을 불러서 그 소원을 물어보고 난이를 논하지 말고 특별히 시행할 것"을 명하였다. 만덕은 이에 대해 "다른 소원은 없사오나 오직 소원이 있다면 한 번 서울에 가서 임금님 계시는 궁궐을 우러러보고 천하명산인 금강산 1만2천 봉을 구경할 수 있다면 한이 없겠습니다"라고 응답하였다. 임금님은 이를 쾌히 허락하고 역마를 하사하여 서울로 가는 길의 관에 숙식과 편의를 제공하라는 분부를 내렸다(제주도, 1989:52).

만덕이 임금을 알현할 때 임금은 "너는 한낱 여자의 몸으로 의기심을 발휘하여 천백여 명의 굶주린 백성을 구하여 귀중한 인명을 살리었으니 참으로 기특한 일이로다"라고 치하하고 상으로 중국 비단 다섯 필을 내렸다. 임금의 치사에서 "한낱 여자의 몸으로"라는 말은 당시 여성의 지위가 하찮았고 여성의 능력에 대한 평가가 낮았음을 시사한다. 만덕은 그러한 전통적인 여성상을 뛰어넘은 것으로 평가하고 치하하였던 것으로 보인다. 내전에서 중전을 알현했을 때에도 중전은 만덕에게 치하와 위로의 말을 하였고 장신구를 상으로 내려 공로를 치하하였다(제주도, 1989:58).

겨울이 닥쳐와 금강산 구경은 봄으로 연기되었고 만덕은 내의원에서 머무르면서 서울 구경을 하였다. 다음해 3월 임금은 강원 관찰사에 명하여 만덕이 금강산을 구경하는 데 모든 준비와 편의를 제공하도록 하였다(제주도,1989:60).

2) 최고의 벼슬에 오르기

사회적 공헌이 큰 경우 남성에게는 벼슬을 내리는 것이 관례화되어 있었으나 여성의 경우에는 유례가 없어 정조는 만덕에게는 소원을 묻고 그것을 들어주었다. 그러나 당시 평민이 그 신분으로는 임금을 직접 알현할 수 없었기 때문에 정조는 만덕에게 여성의 벼슬 중 가장 높은 내의녀 중에 최고인 의녀반수에 명한다. 비록 실질적인 벼슬은 아니고 명예직이었으나 만덕은 당시 여성으로서는 최고의 벼슬에 오른 셈이었다.

만덕은 제주도민을 아사에서 구한 공로로 소원대로 서울로 가서 임금과 중전을 알현하였고 여성 최고의 벼슬과 하사품을 받았으며, 임금의 배려로 궁궐 내에서 머물면서 서울 구경은 물론 금강산 구경을 하였다. 만덕은 자신의 공로로 임금과 중전 등 조정으로부터 당시 전통적인 여성상을 뛰어 넘는 여성으로 인정을 받았다.

3) 사회의 인정

(1) 제주도민의 감사와 존경

전통적인 유교 윤리에 따라 여성은 시부모 공양이나, 남편 시중, 가사노동, 자녀 양육과 출세 시키기를 통해서나 정절을 지킴으로써 열녀가 되어 사회의 인정을 받았으나 만덕은 이러한 것 중 어느 것에도 해당될 수 없는 여성이었다. 만덕이 명기로 명성을 날릴 때 가족에게는 불명예가 되었고 남의 집 살이, 기생, 객주 경영은 당시 사회로부터 결코 존경받는 직업이 아니었기에 만덕은 유교 사회 주변부에서 머무르는 존재였다.

그러나 만덕이 기아에서 허덕이는 제주도민을 위해서 쌀 450여 석을 내놓자, 만덕이 내놓은 쌀로 기아에서 벗어난 기민들은 "우리의 목숨을 만덕이 살렸으니 만덕은 우리 생명의 은인이다"라면서 감사해했다. 만덕이 서울과 금강산을 다녀 제주로 다시 돌아왔을 때에도 포구에 "가족들을 비롯하여 많은 사람들이 일손을 멈추고 환영을 나갔으며" 만덕은 "3일 동안 음식을 만들어 만나러 온 사람들을 대접하였다"(제주도, 1989:80).

만덕은 서울에서 돌아온 후에도 장사는 전과 다름없이 계속하면서 검소한 생활로 헐벗은 사람에게는 옷을 주고, 굶주리는 사람에게는 쌀을 주며 자선사업에 주력하였으므로 온 도민의 존경과 사랑을 받으며 "만덕 할머니"로 통칭되었다. 주변부 여성으로 살아온 만덕이 제주도민으로부터 모두의 "할머니"로 존경과 사랑을 받았다. 만덕이 1812년 74세의 나이로 사망하자 온 도민의 애도 속에서 안장되었는데 당시 판관이 만덕의 행적을 비문으로 지었다.

(2) 일반 백성들의 칭송

만덕이 제주도민으로부터만 존경과 사랑을 받은 것은 아니었다. 만덕이 임금을 알현한 후 금강산 구경을 하기 위해 지나는 길목에서나 만덕이 머무는 동안 서울에서도 만덕의 업적은 회자되었고 사람들은 그의 선행을 칭송하였다. 만덕이 서울을 가기 위해 "지나가는 곳마다 사람들이 모여들어 만덕의 얼굴을 보고자 하였고 때로는 음식을 대접하는 사람들이 있어 인심이 후함을 느꼈다"(제주도, 1989:54). 금강산 유람을 할 때에는 관동영은 어명에 의한 금강산 유람이라 하여 상하가 떠들썩하도록 만덕을 잘 모셨다(제주도, 1989:60).

금강산 유람을 마치고 서울로 돌아오자 장안에서는 만덕의 업적이 화제가 되어 있었다. 나이가 육십 가까이 다달았음에도 여전한 미모와 명기로서의 명성, 장사솜씨와 이를 토대로 쌓은 부, 무엇보다도 굶주린 백성을 위해 재산을 쾌척한 것은 장안을 떠들썩하게 만들었다. 더욱이 임금의 어명에 따라 금강산 유람을 하게 된 것과 벼슬을 내린 것 또한 화젯거리가 되었다.

이와 함께 많은 사람이 만덕을 칭송하고 만나보기를 원할 정도로 명성을 얻었는데, 병조판서 이가환이 만덕에게 헌정한 시에서 "돌아오니 찬양하는 소리가 따옥새 떠나갈 듯하고/높은 기풍은 오래 머물러 세상을 맑게 하겠지"라고 써서 만덕에 대한 칭송이 얼마나 높았는지를 말해주고 있다.

(3) 유교 선비들의 헌사

당시 유교 선비들도 앞다투어 만덕을 칭송을 하였다. 서울에서 벼슬을 하는 선비들은 조선조 통치 윤리인 유교를 공부하고 실천하는 데 앞장섰던 사람들인데 이들도 만덕을 칭송하는 헌사를 앞다투어 지어주었다. 좌의정 채제공은 「만덕전(萬德傳)」이라는 전기를 써주었고 병조판서 이가환은 그의 업적을 기리는 시를 지어주기도 하였다. 유교의 윤리를 실천하는 데 앞장서는 선비들이 만덕을 칭송하였다는 것은 극히 이례적인 일로, 남의 집 살이 하는 가난한 고아였고, 기생이었던 전력은 이미 극복되었고, 만덕은 성공한 기업가이자 일생에 걸쳐 모은 재산을 남을 위해 쾌척한 자선 사업가임을 인정받은 것이었다.

그런데 이가환은 시에서 "여회청대(女懷淸臺)로 이름은 어찌 족히 몇이나 있으니"라고 마지막을 장식했는데, 여회청대는 진나라 시황제 때 청이라는 과부가 조상의 업을 이어받아 재산을 모으며 정절을 지켰으므로 이를 정부(貞婦)라 일컫고 그를 위해 세운 누대(제주도, 1989:79)로, 만덕이 기생을 그만둔 이후 홀로 살면서 정절을 지켜 유교 윤리에 합당한 여성으로 거듭 평가되기에 이르렀다. 이는 당시 열녀가 최고의 칭송이었던 시대에 만덕을 절개가 곧았고 부를 이루었던 청이라는 여성에 비유함으로써 정절이데올로기에 비추어 만덕에게 유교 선비로서 할 수 있는 최고의 찬사를 한 것이라고 해석할 수 있다.

현종 6년(1840) 제주도에 유배 온 추사 김정희는 만덕의 행적을 듣고 감동하여 '은혜의 빛이 온 세상에 번진다'는 뜻으로 은광연세(恩光衍世)라고 쓰고 그 옆에 "김종주의 할머니가 이 섬의 큰 흉년을 구휼하니 임금님의 특별하신 은혜를 입어 금강산을 구경하였으며 벼슬아치들이 모두 전기와 시가로 이를 노래하였다. 이는 고금에 드문 일이므로 이 편액을 써보내어 그 집을 표하는 바이다"라고 하였다. 당대 최고의 서예가요 대학자였던 김정희가 감동하여 글을 써준 것은 극히 이례적인 것으로, 이로서 만덕이 살아생전뿐만 아니라 죽은 후에도 업적을 더욱 인정받았고, 명성이 계속되었음을 알 수 있다.

이와 같이 만덕은 제주도뿐만 아니라 전국적으로 알려졌고 그의 능력과 업적은 크게 인정을 받았다. 특히 남자 정승들(예: 영의정 채제공)이 만덕을 찬양하는 시와 전기를 썼는데, 여성에 대한 억압과 차별이 만연하던 그 시대에 여성을 찬양하는 글을 쓰고 시를 짓는 일은 극히 이례적인 일로 만덕에 대한 사회적 평가가 얼마나 높았는지를 단적으로 말해준다. 특히 유교 선비들로부터도 칭송을 받아 만덕은 주변부 여성에서부터 유교 사회의 중심부에서도 인정받는 여성으로 거듭 태어난 것이다. 가믄장아기가 스스로의 능력을 통해 부를 쌓음으로써 부모로부터 결국 인정받았던 것과 같이 만덕은 자신이 쌓은 부를 통해 이미 돌아가신 부모 대신 당시 백성의 어버이인 왕과 왕비로부터 인정을 받고 사회로부터 인정을 받았던 것이다.

7. 경계 뛰어넘기

만덕의 선행을 안 정조가 만덕에게 소원을 물었을 때 만덕은 "서울에 가서 임금님 계시는 궁궐을 우러러보고 천하명산인 금강산 1만2천 봉을 구경"하는 것이라고 밝혔다. 이 소원이 성취되어, 만덕은 한라산이 있는 제주에서 태어나 금강산 구경을 하였다. 채제공은 만덕에게 남자들도 하기 어려운 것을 했다고 하면서 치하하였다. 이는 만덕이 보통 남성들을 능가하는 구경을 한 여성이었던 사실을 지적한 것에 그치지 않고 여성에게 그어진 경계를 뛰어넘었음을 치하하는 것이었다. 부를 이루고 이를 사회에 되돌린 행위는 만덕이 당시 여성들에게 부과되었던 규범과 윤리를 뛰어넘는 것이었음을 말한다.

실제로 당시 제주도 백성들은 육지에 나가는 것이 통제되고 있었고, 특히 여성이 육지에 올라가는 것을 법으로 금지하고 있었는데 만덕 또한 이를 알고 있었을 것이므로 금강산 1만2천 봉을 구경하고 싶다고 한 것은 이러한 금기를 깨로 새로운 것을 행하는 것에 주저함이 없었음을 보여주는 것이다. 만덕은 사업에서 새로운 영역을 개척한 것과 같이 당시 제주도 여성에게 부과되었던 금기를 깨었다. 임금의 교지에 난이를 논하지 말고 시행하라고 하여 만덕은 육지로 나가는 최초의 여성으로 기록되면서 법을 깨고 새로운 관례를 만들어 내면서 경계를 뛰어넘었다. 당시 유사모 목사가 만덕의 소망을 의외라고 생각하였다(제주도, 1989:51)는 점에서 누구도 생각하지 못하는 새로운 것을 생각해내고 추진하는 창의적이고 상상력이 풍부한 만덕의 힘찬 풍모를 느끼게 한다.

8. 로맨스

만덕 자신도 당시 여성에게 요구되던 정절이데올로기를 벗어나지 못한 것으로 보인다. 어머니가 들려주었다는 열녀 김천덕 이야기는 그녀의 귀감(제주도, 1989:30)이 되어 만덕이 기생 일을 그만두는 데 윤리적 바탕이 되었을 것으로 보인다. 그리하여 독신으로 살고 객주를 운영하면서도 남성과의 개인적인 관계를 맺지 않고 전통 사회에서 여성에게 부과된 정절이데올로기에 순응하면서 유교 윤리를 준수함으로써 더욱 존경받게 된 것으로 보인다.

그러나 채제공이 「만덕전」에서 밝힌 것에 따르면 만덕은 채제공과 상당히 친밀한 관계를 가진 것으로 보인다. 만덕은 서울에 도착하자마자 당시 좌의정이던 채제공에게 제일 먼저 도착했음을 알렸던 것에서 만덕이 서울에 머물 동안 채제공이 보살펴주는 역할을 맡은 것으로 보인다. 「만덕전」에

의하면 만덕이 제주로 돌아갈 때가 다가오자 채제공에게 이제 다시는 이승에서 볼 수 없는 것에 대한 안타까움을 토로하였고 채제공이 만덕을 달랬다고 한다.

> 만덕이 출발에 임하여 채상국에게 작별 인사를 하면서 목이 메어 말하기를 "이 승에서는 다시 상공의 얼굴 모습을 볼 수가 없겠습니다" 하고는 남몰래 눈물을 흘렸다. 상국이 말하기를… "이제 작별함에 있어서 도리어 어린 여아처럼 척척거리는 태도가 무엇이냐"[2]

고 말했다고 채제공은 기록했다.

만덕은 채제공에게 적극적이고 거리낌 없는 애정 표현을 한 것으로 보이며 오히려 채제공이 이를 만류하는 모습이다. 만덕은 정절이데올로기에 주눅 들어 있는 피해자가 아니라 자신의 욕망을 표현하는 개방적인 여성의 풍모가 드러난다. 자신이 먼저 반한 문도령과의 사랑을 이루기 위해 적극적이었던 자청비와 같이, 만덕도 자신이 사랑하는 사람에게 적극적인 구애를 서슴치 않았다.

그러나 자청비는 사랑을 이루기 위해 헤매는 동안 하인 "정수남이 야수처럼 할딱거리며 달려들려 할 때마다 부드러운 소리로 달랬다… 또 덤비려고 하자 움막을 짓게 했는데 움막을 짓고 나서 담 구멍을 막게 했는데 다섯 구멍을 막으면 자청비는 안에서 두 구멍을 막게 햇"(김정숙, 2002:65)던 지혜를 발휘하여 이를 피했다. 만덕도 명기로 명성을 날릴 때 한량들의 유혹의 대상이 되지 않을 수 없었다. "민가명사들의 벌이는 놀이마당에서도 만덕이 나가고 아니 나가는 것으로 격이 좌우되었다. 그러나 때로는 호색한 자들이 집요하게 유혹하며 치근거리기도 했다. 그때마다… 가무와 거문고로 응수

---

2 제주도, 1989:85.

하여 고비를 넘"(제주도, 1989:30)기는 지혜를 발하였다.

그러나 만덕은 자청비와 같이 자신이 사랑하는 사람에게는 부드럽고 사랑스러운 여성의 모습으로 드러난다. 58세의 만덕과 78세의 채제공의 아름다운 로맨스를 통해서 나타난 만덕의 모습에 자신의 욕망에 충실하고 적극적으로 표현하는 현대 여성들의 모습이 투영된다.

9. 결론

만덕은 전통 사회에서 가난한 가정의 딸로 태어나 일찍 가족의 울타리에서 벗어나 홀로 어린 나이 때부터 전통 사회가 규정한 천대받는 여성의 직업에 종사하면서 생존하고 또 성공하였다. 그러나 유교 사회가 추구하는 가치에 반했던 자신의 성공이 주는 명성과 안일한 행복에 대한 집착을 가족의 명예를 위해서 버리는 결단을 내렸다. 그 이후 만덕은 유교 전통 사회가 요구하는 정절이데올로기를 더 이상 범하지 않고 순응하면서 다른 한편으로 여성의 역할을 뛰어넘음으로써 유교 전통 사회 중심으로 편입되었다.

만덕은 세상의 흐름을 꿰뚫는 안목을 가지고 창의력과 상상력을 바탕으로 지혜롭게 사업을 구상하였고 육지 상인과 제주도민과 더불어 이익을 나누는 철학으로 사업에 성공하였다. 만덕 자신은 검소하게 생활했으나 가족과 이웃과 더불어 넉넉한 마음을 지녀 자신이 아껴 모은 재산을 기꺼이 사회에 환원하여 제주도민들의 존경과 사랑을 받게 되었다. 일반 백성과 왕실로부터도 칭송을 들었고 조정의 유교 선비들로부터 흠모와 존경을 받음으로써 변방이었던 제주도의 주변적인 여성이었던 만덕은 여성 최고의 벼슬에 오르고 전국적인 명성을 얻게 되었다.

이 과정에서 제주 여성에게 부과되었던 경계를 뛰어넘는 용기를 보여주었다. 또한 로맨스를 통해 여성으로서 따뜻한 인간미를 느끼게 한다. 만덕은 여성인 자신을 옥죄었던 가족과 시대와 불화하거나 등 돌리지 않고 현명하게 새로운 영역을 개척하면서 시대의 한계를 뛰어넘어 진정한 승리자로서의 여성의 삶을 살았던 것이다.

만덕은 억척스러운 제주도 여성의 전형인 신화 속 가믄장아기와 같이 시대를 뛰어넘으나 시대와 불화하지 않으면서도, 당차고 창의적이며 강한 의지력과 탁월한 능력으로 여성에게 부과된 경계를 뛰어넘은 여성이었으며 자청비처럼 자신의 욕망을 드러내고 추구하는 개방적이고 아름다운 여성이기도 하였다. 만덕은 제주도 신화에 나타난 제주도 여성의 원형인 가믄장아기와 자청비가 혼합된 아름다운 여성으로 우리 앞에 나타나 있다. 또한 전통적으로 여성성의 특징으로 보는 부드러움과 아름다움, 타인에 대한 보살핌과 나눔의 미덕과, 전통적으로 남성성의 특징으로 보는 시대를 꿰뚫어보는 이지적 능력, 강한 의지력을 함께 가진 양성적 인간으로 우리 앞에 나타나 있다. 이러한 만덕은 여성주의를 신봉하는 현대 여성에게 삶의 사표로 조금도 손색이 없다. 만덕을 조상으로 둔 것은 제주민들에게 큰 자랑이고 우리 나라 여성들에게도 귀감이 아닐 수 없다.

이가환이 만덕에게 헌정한 시에서 "돌아오니 찬양하는 소리가 따옥새 떠나갈 듯하고/높은 기풍은 오래 머물러 세상을 맑게 하겠지"라고 썼던 것에서 알 수 있듯이 만덕의 명성은 당시 드높았고 세상의 귀감으로 오래 기억될 것으로 예견했으며, 고려 때 스님 혜일과 어승마 노정과 함께 제주에서 태어난 세 가지 특이한 존재로 탐라 삼기로 기록되고 있으나 만덕의 삶이 오늘날에 전국적으로는 물론이고 제주도에서조차도 제대로 알려지지 않은 것은 안타까운 일이다.

제2부

가부장제 사회의 균열을 선도한 남성

동학의 여성관에 대한 재고찰

1. 서론

1860년 수운 최제우에 의해 창제된 동학은 유·불·선(儒·佛·仙)의 합일(合一)로서, 그 기본은 무속신앙에 뿌리를 두고 있는 우리의 고유신앙으로, 동학은 직접적으로든 혹은 일정한 변용을 거쳐서든 간에 동학혁명의 사상적 바탕을 이루었다는 점에서 한국 근대사에서 주요한 위치를 차지한다.

동학은 자본주의 열강의 침입에 의한 민족적 위기를 겪고 있었던 시기에 창제되었는데, 반외세적인 민족주의 사상이 그 기본이 되고 있다. 최제우가 그의 사상을 동학(東學)이라고 한 것 자체가 서학(=천주교)의 사상적 침입에 대항하는 민족주의 의식의 발로로 수운 최제우는 "요망(妖妄)한 서양적(西洋賊)"(『동경대전』「권학가」)이 서학을 앞세우고 밀려옴을 탄식하며 우리나라의 존망의 위기를 통감하고 서양에 대항하여 보국안민하기 위한 지주로서 동학을 폈다. 최제우는 일본과 청에 대해서도 격렬한 적개심을 나타낸다. 일본을 "개 같은 왜적 놈"(『동경대전』「포덕문」)이라고 극단적으로 표현함으로써 임진왜란 때의 침략으로 인한 전화(戰禍)에 대한 원망을 나타냈으며 청에 대해서도 "한(汗)의 원수"(『용담유사』「안심가」)라고 하며, 병자호란 때의 피해에 대한 원한을 갚아보자고 했다.

동학은 대내적으로는 양반정치 즉, 봉건적 권력의 부패에 의한 사회적 병폐가 만연하는 가운데 이를 극복하기 위해 출현했는데, 차별적인 양반 질서를 부인하는 반봉건적인 성격을 띤다. '모든 사람은 한울님(侍天主)'이기 때문에 양반과 상민, 적자와 서자, 노예와 주인이 모두가 똑같은 사람으로 평등하다는 것이다. 동학이 차별적인 양반 질서를 부인하는 반봉건적인 성격을 가졌다는 점에서 남녀평등사상을 내포할 가능성을 지닌다.

우리의 고유사상으로, 민족주의적 사상인 동학에 남녀평등사상이 내포될 가능성이 있다는 사실은 우리나라 여성사에서 중요한 의미를 가진다. 동학에 남녀평등사상이 내포되어 있다는 것은 전통적인 유교의 여성관에 대한 내부로부터 생성된 변혁의 움직임이라는 점에서 주목할 만하다. 이에 따라 동학은 한국 여성사에서 그 중요성을 크게 평가받아 왔다. 이현희는 동학을 천주교와 더불어 한국 여성에게 개화의식을 태동시킨 계기로 보고 "여성해방과 함께 남녀평등관을 정립시켜주고 압박, 외면당하고 있던 당시 여성에게 사회참여의식과 해방을 고무시킨 결과를 가져다준 것"(이현희, 1979:62)이라 해석했다. 정요섭은,

여성 생활에 대한 가혹한 구속, 남존여비, 노예적 처우에 대한 해방을 의미하는 서광은 우리 사회 자체 안에서 움트기 시작하였으니, 그것은 1860년에 창도한 동학이었으며, 동학은 대담하게도 300년 왕조를 지배해온 양반계급 중심의 유교적인 여성관을 스스로 거부하고 민족 본연의 여성관을 되찾아 이 나라 여성들을 깨우치고 격려하고 위안하기도 했다[1]

고 보았다. 또한 정요섭(정요섭, 1979:22~23)은 이러한 "남녀평등관 내지 여성

---

1 정요섭, 1979:20.

존중주의는 구 봉건 사회 내부에서 자주적으로 싹튼 여성해방의 첫 횃불이라 할 것"이며 "동학란에 폐정개혁 안건(弊政改革案件) 12조의 청춘과부의 개가를 허가할 사(事)"란 조문은 여성생활에 커다란 자유를 의미하는 것"이라고 평가했다. 김용덕(1967:61; 1971:221~222)도 "동학은 여성해방의 첫 횃불"이며, "지금껏 무시되어온 여성인권 내지는 여성관에 대한 새로운 방향 전환을 제시한 점"이라고 보고 "여성존중주의는 구 봉건 사회 내부에서 싹튼 여성해방의 첫 출발"이라고 이해했다. 동학혁명 당시 청춘과부의 개가를 허락할 것을 주장한 것은 정요섭과 마찬가지로 "여성생활의 커다란 자유를 의미하는 것"이라고 평가했다.

박용옥(1982:27; 1981:128; 139; 142~143)은 "근대적 여권운동을 태동시킨 또하나의 계기(하나는 천주교)는 동학에 의해서라고 보고" 있으며, "수운 최제우는 부부간에 평등적 관계가 정립되는 가도화순론(家道和順論)을 주장했으며, 이는 남자가 진실과 겸손의 온언순사(溫言順辭)로써 여자를 입도(入道)의 길로 선도하는 것으로 가도화순에 나타난 남녀관은 유교의 남녀관과는 근본적으로 다른 것"이라 하고 "유교적 남녀관의 타파는 동학 성립의 기초"가 되고 있다고 본다. 2대 교주 해월(海月) 최시형이 주장한 부화부순(夫和婦順)은 "평등적 부부관계를 의미하는 것"이라고 했다. 나아가 해월이 "부녀(婦女) 중 능력이 있으면 그를 사(師)로 섬기"라고 한 것을 크게 평가하고 또 "부인은 일가(一家)의 주인(主人)이라고 한 것은 성(性)의 혁명이요, 유교사회의 대변혁으로 평가했다". 해월이 집필한 「내칙(內則)」과 「내수도문(內修道文)」은 동학은 부녀에게 생명의 존엄과 평등과 사랑, 그리고 여성복지의 새 규범을 제시해준 것"이며, 또한 해월은 지난날은 부녀들이 압박 전제를 받았으나 앞으로는 부인도통(婦人道通)으로 확인하는 자가 많을 것이라고 했는데 이로써, "앞으로 여성의 사회 참여를 예언했으며, 이는 여성해방의 당위성을 선구적으로 제기하였다"고 보고, 이리하여 "한국 근대 여성운동사에서 해월의 위치야말로 실로 중요하지 않을 수 없다"고 했다. 특히 동학의 남녀평등 사상은 "서구적 영향과는 전혀 무관하게 19세기 후반기 우리 농경 사회에 깊이 뿌리내려 갔던 것에 주목하지 않을 수 없다"고 평가했다.

이와 같이 동학의 남녀평등사상이 여성개화사상의 태동의 계기로 높이 평가되고 있으나, 일부 논문(박용옥, 1981)을 제외하고는 여성사나 한국사의 통사(通史)의 한 부분으로 기술되어 있을 뿐 그 논의가 충분치 못하다. 우리 나라 고유의 사상으로 반외세적, 민족주의적인 사상인 동학에서의 남녀평 등사상을 비롯한 여성관에 관한 객관적인 연구가 요청된다. 나아가 동학의 남녀평등사상을 비롯한 여성관에 대한 연구는 한국적인 여성이론 정립의 시발이 될 수 있다는 점에서 매우 중요하다고 생각한다. 이 논문에 이러한 연구의 필요성에 따라 동학의 남녀평등사상은 무엇이며, 높이 평가되어야 할 점은 어떠한 것이며, 그 한계는 무엇인가를 논의하고자 한다.

이 논문에서는 기존 문헌을 분석하는 문헌연구방법을 택하여, 교주들의 저서(著書)와 법설(法設), 그리고 일화를 통해 여성관을 살펴보고자 한다. 이 논문의 2장에서는 경전과 역사서에서 여성과 가정에 대해 논의한 부분을 발췌, 분석하여 교주들의 남녀평등사상을 살펴보고, 3장에서는 부부관계와 여성의 가정에서의 역할 등 여성관에 관한 설법을 분석하고, 이를 유학 문 헌들과의 비교를 통해서 동학의 여성관에 대한 재평가를 시도한다. 4장에 서는 여성들만을 위한 경전의 내용을 분석한다. 5장에서는 결론으로 동학 의 여성관의 의의와 그 한계를 정리한다.

2. 남녀평등사상

동학은 누구나 한울님을 모시고 있다는 시천주(侍天主)의 평등관을 제시하였다. 이에 따라 동학을 창제한 수운 최제우는 천민이나 서자 등 조선조 말기 사회에서 가장 천대받던 계층에 대해 깊은 관심을 가졌던 것과 마찬가지로 여성들에게도 많은 관심을 가졌다.

수운 최제우는 득도 후, 여비(女婢) 두 사람을 해방하여 한 사람은 며느리로, 다른 한 사람은 양딸로 삼았다(천도교사편찬위원회, 1981:42). 이는 계급타파의 혁신적인 모범을 보여준 것으로, 여자도 똑같이 시천주하는 주체이고, 따라서 존엄하며 평등하다는 사상에서 비롯된 행동이라고 할 수 있다. 이로서 최제우는 그의 평등사상인 시천주에서 남녀 차등이 없음을 보여주고 있다. 또한, 노비에서 해방되어 그의 양딸이 된 주씨(朱氏)에게 "늘 글을 배워라"(소춘, 1928:16)라고 하였다. 당시에는 "여자무재반시덕(女子無才反是德)"(손규복, 1972:97에서 재인용)이고 "알게 할 것이 없고 다만 쫓게 할 것"(정요섭, 1979:10에서 재인용)이며, "독서와 강의(講義)는 장부(丈夫)의 일이니 부인이 이를 힘쓰면 폐해가 무궁하리라"(손규복, 1972:98에서 재인용)하였으며, "녀자른 올홈도 업스며 그른 것도 업셔 오직 술밥이나 의론ᄒ미 부인의 지극ᄒᆫ 적이니라"(신정숙, 1970:94에서 재인용) 하여 여성이 글을 배워 유식한 것은 오히려 폐해일 뿐 밥을 짓고 술이나 만드는 것이 여자의 소임이라는 것이다. 또한 "부녀해문자기소 약해분즉 속위명박(婦女解文者基少 若解文則 俗謂命薄)"이라고 하여 여자가 유식하거나 재간이 있으면 박복"(김용덕, 1964:144)하다고 가르쳤다. 이에 따라 수양녀는 스스로 여자가 글을 배워 무엇하느냐 하는 생각을 가질 수밖에 없었다(소춘, 1928:16). 그러한 시대적 상황에서 당시 최제우가 여성이 가사와 예의범절에 관한 교육이 아닌, 남자와 같이 문자를 배워야 함을 주장한 것은 선구자적이었다.

2대 교주 해월 최시형은 1대 교주 수운 최제우의 시천주(侍天主)의 평등사상을 확대 발전시켜 인시천(人是天)으로 즉 사람이 곧 한울님이라고 설법을 하였고 동시에 그 실천을 강조하였는데, 이와 함께 여성에 대한 관심 또한 더욱 많이 기울여 여성도 한울님으로 존중받아야 함을 강조하였다.

> 내가 청주를 지나다가 서택순의 집에서 그 메누리 베짜는 소리를 듣고 서군에게 묻기를 "저 누가 베 짜는 소린가" 하니 서군이 대답하기를 "저 메누리가 베를 짭니다" 하는지라 내가 또 묻기를 "그대의 며누리가 베짜는 것이 참으로 그대의 며누라기 메를 짜는 것인가" 하니 서군 이 나의 말을 분간치 못하더라 어찌 서군뿐이랴
>
> ─『해월신사법설』「대인접물」

라고 하여, 사람을 대함에 있어 며느리도 며느리로만 보지 말고 한울님을 모시고 있는 주체로 봐야 한다는 것을 가르쳤다. 당시 여성 중에서 며느리의 입장에 있는 여성들이 가장 어렵고 열악한 지위에 처히였는데 이리한 여성도 존중받아야 함을 설법하였다. 또한

> 누가 나에게 어른이 아니며 누가 나에게 스승이 아니랴 나는 비록 부인과 어린아이의 말이라도 배울 만한 것은 배우고 스승으로 모실 만한 것은 스승으로 모시노라
>
> ─『해월신사법설』「대인접물」

라고 하여 겸손할 것과 모든 사람을 존중할 것을 가르치면서 당시 가장 천대받던 여성과 어린이를 함부로 무시해서는 안된다고 했다. 이 구절이 "근대여성운동 성취에 대한 기약"(박용옥, 1981:126)이라고는 볼 수 없으나, 여성이나 어린이도 스승으로 모실 수 있도록까지 존중해야 한다는 것을 가르쳐, 모든 사람을 대할 때 겸손해야 함을 강조하여 여성과 어린이 또한 평등함을 밝힌 것이라 하겠다.

해월 최시형은 여성의 능력을 높이 평가하고 앞으로는 여성도 그 능력을 발휘할 수 있을 것이라고 예언했다.

이제로부터 부인 도통이 많이 나니라 이것은 "일남구녀(一男九女)"를 비한 운이니 지난 때에는 부인을 압박하였으나 지금 이 운을 당하여는 부인 도총으로 사람 살리는 이가 많으리니 이것은 사람이 다 어머니 포태 속에서 자라는 것과 같으니라

— 『해월신사법설』「난의문답(難疑問答) 부인수도」

라고 하여 지금까지는 여성이 억압당해 왔으나 앞으로는 부인도 도를 통하여 활인(活人)할 사람이 많으리라고 보았다.

활인(活人)에 대한 해석에 있어, 천도교 경전은 "사람 살리는"(천도교중앙본부, 1981:90)으로 번역했는데 사람을 살린다는 뜻은 치병을 말한다. 이는 "부인의 도통으로 활인하는 자가 많을 것"의 다음 문맥을 보면 분명하다. 다음 구절은 "이것은 사람이 모두 어머니의 포태(胞胎) 중에서 자라나는 것과 같을 것이다"(『해월신사법설』「난의문답 부인수도」)라고 하여 여성이 임신하여 사람을 만들어내는 것처럼 사람을 살릴 것이라고 한 것이다.

그리하여 "부인 도통으로 활인한다는 것"이 기존연구 결과에서와 같이 "여성의 사회 참여나 여성 능력이 사회 발전에 크게 기여할 것"(박용옥, 1981:128)으로 해석하는 것은 지나치게 확대 해석한 것으로 보이며 "여성해방의 당위성을 선구적으로 제기했다"(박용옥, 1981:143)고도 보기 어렵다. 다만 도(道)의 최고의 경지까지 이를 수 있다고 보아 여성이 능력도 남성과 다름없다는 것을 말한 점에서 여성 능력을 크게 평가했다는 것이 인정된다.

3대 교주 의암 손병희는 남녀평등에 대해서 별다른 설법을 하지 않았다. 그렇다고 여성에 대해 전혀 관심이 없었던 것은 아니었다. 의암 손병희는 1907년 부인 전교(傳敎)사 제도를 실시했으며 교보를 처음 꾸밀 때 당시 이름이 없던 여성들에게 남편 이름 자 중 한자를 따고 계집 화(華) 자를 넣어 이름을 짓도록 했다(김용문, 박응삼, 1979:152). 또 1913년 서울에 동덕여학교, 양덕여학교, 양영여학교, 대구에 명신여학교 등을 설립하거나 지원하여 여

자 교육에도 힘썼다(김용문, 박응삼, 1979:153~154). 1922년 의암 손병희가 3·1운동으로 인한 옥살이의 후유증으로 병사(病死)하고 춘암 박인호가 4대 교주로 취임한 이후에도 '천도교 내수단'이 창립되었고, 특히 1923년 청년당 부문(部門)운동에 여성부를 두고 '여자청년회'를 별도로 조직하였으며, 천도교 산하 개벽사에서는 『신여성』, 『부인』 등의 여성잡지를 간행하였다.

이와 같이 동학의 최제우, 최시형 두 교주는 기존 연구의 해석과 같이 확대 해석하기는 어려우나 그들의 설법이나 실천을 통해서 평등사상이 남녀 관계에도 똑같이 적용됨을 보여주었다. 또한 여성의 문자 교육을 주장하였으며 여성의 능력이 남성에 못지않게 발휘될 것이라고 예견했다. 동학을 이어받은 천도교의 교주들은 여성교육에 앞장섰으며 여성잡지 발간 능을 통해 여성들의 계몽에 심혈을 기울였다.

3. 부부관계론

1) 부화부순(夫和婦順)론

수운 최제우는 부부관계에 관해 『용담유사』에서 "자네 역시 자아시(自兒時)로/호의호식(好衣好食)하던 말을/일시도 아니 말면/부화부순(夫和婦順) 무엇이며"(『용담유사』「교훈가」)라고 하고 또 "수신제가 아니하고/도성덕립 무엇이며/… 가도화순(家道和順) 하는 법은/부인에게 관계하니/가장(家長)이 엄숙하면/이런 일이 왜 있으며…"(『용담유사』「도수가」)라고 하여, 집안은 화순(和順)해야 하는 데, 이는 부인에게 달렸으며, 부인의 태도는 가장(家長)이 어떻게 하느냐에 달려 있다고 하여 가도화순의 주체가 남자임을 밝힌다. 또 자신의 인격을 갖추고 가정을 잘 다스리지 않고는 도를 이루거나 덕을 확립할

수 없다 하여 가정이 만사의 중심이 됨을 말하고 있다. 유교의 고전『주역
(周易)』「서괘전(序卦傳)」에서는

> 천지가 있은 연후에 만물이 있다. 만물이 있은 연후에 남녀가 있
> 은 연후에 부부가 있다. 부부가 있은 연후에 부자가 있다. 부자가 있은 연후에 군
> 신이 있고, 군신이 있은 연후에 상하가 있고, 상하가 있은 연후에 예의가 있게 된
> 다. 부부의 도리는 오래지 않을 수 없다[2]

라고 하여 부부의 도리는 자연 질서의 완성을 의미하며, 부부관계가 성립된
후에야 부자의 관계를 비롯한 기타 인간 사회의 질서가 생긴다고 했다. 주
자도『소학(小學)』에서 부부는 인륜의 시작됨으로 보고 중히 여겼다. "부부
는 인륜의 근본"(김종권 역주, 1982:349)이라 했으며 또

> 대저 사람이 있은 뒤에 부부가 있고, 부부가 있은 뒤에 부자가 있고, 부자가 있
> 은 뒤에 형제가 있으니 한 가정의 가까움은 이 세 가지 따름이다[3]

라고 했다. 이로써 부부관계는 인간 사회 모든 질서의 시작이 된다고 보며,
가정이 만사의 중심이라 보는 것은 유학의 기초적 윤리임을 알 수 있다. 유
학 입문서인『동몽선습(童蒙先習)』에

> 남편은 온화하고 아내는 순하며(夫和婦順) … 모름지기 남편은 그 자신을 삼
> 가, 그 아내를 거느리고 아내는 그 자신을 삼가, 그 남편을 받들어 내외가 화순해
> 야…[4]

한다고 했다. 또『소학』의 내편「명륜」에도

---

2 이민수 역, 1983:317~320.
3 김종권 역주, 1982:358~359.
4 박세무, 1515.

남편은 온화하고 아내는 유순하고 … 남편은 온화하되 의롭게 거느리고 아내
는 유순하되 바르게 섬기며…[5]

라고 하여 부화부순도 유교에서의 가정에 관한 기본 윤리로서, 남편은 아내
에게 온화하게 대하고, 아내는 남편을 따라야 한다는 것이다. 최제우는 부
부관계가 인간 사회 모든 질서의 시작이 되며 부부는 부화부순하여 가도화
순을 이루어야 하며, 부화부순하는 데에는 부인이 중요하나 부인은 남자에
게 달려 있다 하여 결국 남자가 그 주도적 위치에 있음을 말했다.

따라서 최제우가 주장한 부부관계는 기존의 연구가 "유교적 부부지배 질
서와는 근본적으로 다른 것"으로 부부는 "상호 협조하는 수평적 관계여야
한다는 것"(박용옥, 1981:118)이라고 해석하고, "가노화순에 나타난 남녀관은
천지음양의 이론으로 남녀를 차등하였던 유교의 상하적 남녀관계와 근본적
으로 다른 것"(박용옥, 1982:26)이라고 보기는 어려우며 가도화순론으로 부부
간에 대등한 수평적 관계도 성립될 수 없다고 하겠다.

수운 최제우는 부부관계에서 여성의 도리로 여필종부(女必從夫)를 말한
다. 최제우가 자기 부인에게 "원망도 쓸데없고/한탄도 쓸데없네/여필종부
아닐런가"(『용담유사』 「교훈가」)라고 말하여 원망도 한탄도 하지 말고 남편을
따라야 할 뿐이라고 했다. 부인 박씨는 수운 최제우가 득도 후 이상한 행동
을 하는 것을 보고 극구 반대하다가도, 결국 "남편이 하는 일이라 달리 할
수 없다"(소춘, 1928:16) 하여 여필종부를 미덕으로 삼았다. 이로서 수운 최
제우가 여성이 가정에서 지켜야 할 도리로 남편에 대한 순종을 말한 것은
더욱 명백하여, 가정이나 남편 관계에 대한 윤리는 유교 윤리에 의존함이
분명하다.

---

5 김종권 역주, 1982.

수운 최제우는 득도한 후, 부인 박씨에게 입도 수련하기를 간절히 권하였으나 그 부인은 수운이 "광증(狂症)에 걸린 것"(미친 것)으로 생각하여, 못에 빠져 죽겠다며 여러 차례 자살을 기도했다. 그럴 때마다 최제우는 부인을 붙들어와 설득하였는데 약 한 달 후에는 그 부인이 감화가 되고 말았다(소춘, 1928:16). 수운 최제우는 그의 첫 포덕(布德) 대상을 아내로 하여 인애지정(仁愛之情)(『용담유사』 「교훈가」)으로 설득했다.

이는 유교에서 중요시하는 "가족의 조화"라는 사명을 충족(이부영, 1974:29)시킨 것이다. 따라서 최제우의 이러한 행동이 기존 연구의 해석과 같이 "부인 박씨의 인격을 존중하는 가화(家和)를 실천하기 위해 유교 사회체제의 부가장의 위엄을 스스로 버렸다"(박용옥, 1981:109)고 보기는 어렵다. 최제우는 "선조(先朝) 이래로 숭봉하는 유학을 숙고하였으나 아무 소득이 없음으로 유서를 화중에 던져 버리고 … 유도(儒道) 누천년(累千年)에 운이 또한 쇠(衰)하였도다"(이돈화, 1933)라고 하며, 유교는 이미 낡은 것임을 말했다. 그러나 여성이 가정과 일상생활에서 지켜야 할 윤리로는 오히려 유교의 차별적 윤리를 그대로 답습한 것이다.

해월 최시형은 수운 최제우가 가르친 바 있는 부화부순(夫和婦順)을 더욱 강조한다. 부부관계에 대해

> 남자는 한울이오 여자는 땅이니 남녀가 화합치 못하면 천지가 막히고 남녀가 화합하면 천지가 크게 화하리니 "부부가 곧 천지"란 이를 말한 것이니라
> ―『해월신사법설』 「부화부순」

하여 최제우와 마찬가지로 부부가 그 중심임을 밝힌다. 그리고는

> 부부화순은 우리 도의 제일 근본이니라. 도를 통하고 통치 못하는 것이 전혀 내외가 화순하고 화순치 못하는 데 있나니라
> ―『해월신사법설』 「부화부순」

하여 도통(道通)도 부부가 화순할 때에만 가능하다고 강조한다. 이러한 부부 화순이 이루어지면, "한울이 반드시 감응하여 일년 삼백육십일을 하루 아침 같이 지내리라"(『해월신사법설』「부화부순」)하며 모든 일이 잘 되어갈 것이라 했다. 또한

> 내외가 화순하면 천지가 안락하고 부모가 기뻐하며 내외가 화순치 못하면 한 울이 크게 미워하고 부모가 노하나니 부모가 노하는 것은 곧 천지가 노하는 것이 니라
> ─『해월신사법설』「부화부순」

고 하였다. 이는 『동몽선습』의 "내외가 화순해야 부모가 편안하고 즐거워하 리라"(박세무, 1515:3)와 거의 비슷한 구절로, 부부가 화순해야 효(孝) 또한 가 능하다고 설명한다. 또한 "부부가 화순치 못하면 자손도 잘 기르지 못하나 니라"(『해월신사법설』「부화부순」)하여 자손도 부부가 화순할 때만 잘 자란다고 하여 부부화순은 더욱 강조된다. 해월 최시형은 남자들에게 부화(夫和)를 실 천하는 방법도 가르친다. 즉

> 여자는 편성이라 혹 성을 내어도 그 남자된 이가 마음과 정성을 다하여 절을 하라 한 번 절하고 두 번 절하며 온순한 말로 성내지 않으면 비록 도척의 악이라 도 반드시 화할 것이니 이렇게 절하고 절하라
> ─『해월신사법설』「부화부순」

하여 남자는 여자를 설득할 때 반드시 온화하게 대할 것을 권한다. 이것은 당시 여성을 대하는 남자들의 태도가 강압적이었음을 시사하는데 그러한 일반적인 남자들의 태도에 비춘다면 해월 최시형의 이러한 가르침은 당시 로는 놀라운 것이다. 그렇다고 해서 이것이 기존 연구의 해석과 같이 "남녀 간의 절대 평등권을 실천하려는 높은 의지"(박용옥, 1981:126)라고 보기는 어 렵다. 이 가르침의 첫 서두에 여성은 편성이라 하여 여성의 본성이 편협하

다고 한 것은 여자는 남자보다 열등하다고 생각하고 있음을 드러낸다. 열등한 여자와 화목하게 살기 위해서는 나은 남자가 참고 설득하면서 살아야 된다는 것을 가르친 것으로, 여성이 열등하다는 생각을 가지고서는 절대 평등권을 실천하려는 높은 의지는 불가능하기 때문이다.

2) 부인의 가정 주인론(主人論)

최시형은 가정에서는 부인이 주인임을 말한다.

> 부인은 한 집의 주인이니라 음식을 만들고 의복을 짓고 아이를 기르고 손님을 대접하고 제사를 받들고 하는 일을 부인이 감당하니 주부가 만일 정성 없이 음식을 갖추면 한울이 반드시 감응치 아니하고 정성 없이 아이를 기르면 아이가 반드시 충실치 못하나니 부인수도는 우리 도의 근본이니라
> ─ 『해월신사법설』 「부화부순」

하였고,

> 부인은 한 집의 주인이니라 한울을 공경하는 것과 제사를 받드는 것과 손님을 접대하는 것과 옷을 만드는 것과 음식을 만드는 것과 아이를 기르는 것과 베를 짜는 것이 다 부인의 손에 달리지 않은 것이 없나니라
> ─ 『해월신사법설』 「부화부순」

라고 했다. 여기서 부인 수도가 매우 중요하다고 하고 그 이유로 한울을 모시는 데 있어 필요한 음식을 주부가 준비하고, 또 베를 짜서 의복을 짓고 아이를 양육하며, 손님을 대접하고 제사 받드는 일을 담당하며, 한울을 공경하는 의식인 청수(淸水)와 성미(誠米) 뜨는 것[6] 등을 담당하기 때문이라고 한다.

---

6 청수는 동학도들이 일상생활 속에서 행하는 오관 중의 하나로 매일 밤 9시에 온가족이 모여

『동몽선습』에 "안과 밖을 분별하여 남자는 밖에 있어 안의 일을 말하지 않고 부인은 안에 있어 밖의 일을 말하지 않는 것이니"(박세무, 1515:2)라고 했으며 소학에서도 "부녀자는 집안에서 음식마련을 주관하는 자라 오직 술이며 밥이며 의복을 마련하는 예도를 일심을 따름이지…"(『소학』 외편 「가언」)라고 하여, 여자는 안의 일, 즉 가정 일을 담당하여 음식, 의복 등을 마련하는 책임이 있음을 논하고 있다. 해월 최시형의 앞의 가르침에서, 가사는 여성이 담당한다는 것은 유교의 가르침과 다를 바 없다. 해월 최시형은 자신이 유교의 부부유별을 더욱 강조하여 1891년 「임사실천 10개조(臨事實踐十個條)」에서 "남녀 엄별(男女嚴別)하라"(『해월신사법설』 「임사실천 10개조」) 하여, 남녀 간의 성 윤리를 철저하게 지킬 것을 강조하였다.

해월 최시형의 가르침이 유교의 가르침과 다른 것은 여성이 가사에 종사하므로 가정의 주인이라고 한 것만이 차이가 있다. 그러나 해월 최시형이 여성을 가정의 주인이라고 했다고 해서 여성이 집안의 가장(家長)이 되어야 한다고 한 것은 아니다. 다만 가사노동과 여성의 가정 내 역할의 중요성을 재평가하고 강조하여 말한 것으로 볼 수 있을 뿐이다. 그러므로 여성을 가정의 주인이라 칭한다 해서, 기존 연구가 해월 최시형이 주장한 부부화순을 이루기 위해서는 "부(夫)의 유교적(儒敎的) 가장(家長) 권위의식(權威意識)이 타파되어야 하고 부인의 주인의식이 확립되어야 한다"(박용옥, 1981:125)고 보거나 "가부장제 사회에서는 생각조차 할 수 없는" "성(性)의 혁명이오, 유교 질서 사회의 대변혁인 것이다"(박용옥, 1981:128)라고 해석하기는 어렵다.

맑은 물을 떠놓고 기도 드리는 것을 말하며, 성미 뜨는 것은 매일 쌀을 풀 때마다 조금씩 떠 놓았다가 교단에 바치는 것으로 주로 여자 신도가 행한다.

4. 여성을 위한 경전

수운 최제우과 해월 최시형은 여성에 대해서 관심을 가져 경전에 여성들만 항목을 지었는데 최제우는 「안심가(安心歌)」를, 최시형은 「내수도문(內修道文)」과 「내칙(內則)」을 각기 지어 반포했다.

1) 「안심가(安心歌)」

수운 최제우는 그의 사상을 펼치기 위해 먼저 한문(漢文)으로 『동경대전(東經大典)』을 썼으며, 상민과 여성을 위해서는 한글로 『용담유사(龍潭遺詞)』를 써 펴냈는데 특히 『용담유사』에서는 여성을 위한 「안심가」를 써서 "현숙한 내 집 부녀 이 글 보고 안심하소"라고 하며, 고난당하고 있는 여성들을 위안했다. 당시 유학이 여성들의 어려움에 대해서는 전혀 관심을 기울이지 않았던 것에 비하면 여성을 위한 위로하는 노래를 지었다는 것만으로도 수운 최제우가 남달리 여성에 관심을 기울였음을 알 수 있다.

그러나 「안심가」는 당시의 한문을 익혔던 일부 양반층 여성들을 제외하고 수운이 관심을 가졌던 하층 여성들이 그 내용을 이해하기에는 너무 어려웠을 것으로 보인다. 한글로 쓰여졌으나 한문투이며, 고사성어를 많이 섞어 이해하기가 어려웠을 것이다. 예를 들면

> 선풍도골(仙風道骨) 내 아닌가/좋을시고 좋을시고 이내 선명 좋을 시고/불로불사(不老不死)하단 말가/만승천자(萬乘天子) 진시황(秦始皇)도 여산에 누워 있고/한무제(漢武帝) 승로반(承露盤)도/웃음 바탕이 되었다라 … 전세 임진(前歲壬辰) 그때라도/오성한음(鰲城漢陰) 없었더면
>
> ─ 『용담유사』 「안심가」

등으로, 한문과 중국 고전을 알지 못하고서는 해독하기가 어려운 문장들이다. 따라서 당시의 일반 여성들이 이러한 글을 스스로 이해할 수 있었을까에 대해 의문이 제기된다. 또한 「안심가」의 내용에서 당시 여성들이 여성으로서 겪는 어려움에 대해서는 전혀 언급이 없다. 「안심가」의 내용을 보면, 최제우 자신은 그간 많은 고생을 하였으나 이도 한울님의 뜻인데 그것을 모르는 처와 자식들은 부자(富者)를 부러워하고 자신을 한탄하는데 고생이 끝나면 즐거움이 올 것이니 탄식하지 말고 지내보자고 하나 어언 나이 사십이 되었다고 했다. 또 자신의 득도(得道)과정과 상황을 설명하고, 득도 후 아들과 부인이 자신의 기이한 행동을 보고 한탄했으나 자신은 득도하는 과정에서 계시받은 영부(靈符)를 먹으니 몸에 좋았다며, 영부의 효험이 크다는 것을 설명했다. 또한 서양의 학문, 즉 천주교가 들어와 간사하고 요망스러운 말을 많이 하나 내 집 부녀자들은 이 글을 보고 마음 편히 지내라고 하고, 임진왜란과 병자호란에서 각기 우리를 괴롭힌 일본과 청나라에 대하여 원수를 갚자고 하며, 성스럽고 위대한 부녀자들은 이런저런 말을 듣지 말고, 근심 걱정하지 말고 마음 편히 지내며 이 가사를 외워 태평천하를 구가하자고 하였다.

이와 같이 여성들을 위한 글이면서도 생활이나 가정에서 여성으로서 겪는 어려움에 대해서는 언급이 전혀 없고 동학 창도와 당시의 외세 침략에 대한 불안함을 얘기하며 안심하라고 격려하고 있다. 이러한 「안심가」를 두고 "이와 같이 여성들의 지위를 높이 떠받든 것은 어느 모로 보나 종래의 전통적인 여성관에 대한 도전이 아닐 수 없다"(정요섭, 1979:21)고 한 것은 지나친 비약이라고 하겠다. 수운 최제우는 분명 여성도 시천주하여 남성과 마찬가지로 존중받아야 한다고 생각했으나 당시 여성이 유교의 차별적 윤리로 인해 억압받고 있던 현실에 대해서는 여성들을 위한 경전인 「안심가」에서 직접적으로 언급하지 않았다.

2) 「내수도문(內修道文)」

해월 최시형은 여성교도를 위해 특별히 부인 경전인 「내수도문」과 「내칙」을 한글로 지어 전국 교도들에게 반포하였다.[7] 「내수도문」은 일곱조목으로 되어 있는데, 도통(道通)과 치병이라는 동학의 최고 이상을 목표로 하고 있다.

「내수도문」의 첫째 조목은, 부모님의 성품을 거스리지 말고, 효도하고 서방님께 공경하며, 내 자식 며느리 사랑하고 하인을 내 자식 같이 아끼며, 육축(肉畜)을 아끼며 나무도 귀하게 여기고, 어린아이도 한울님을 모셨으니 어린 자식 치지 말고 울리지 말라, 이렇게 해서 집안이 화순하라, 이같이 한울님을 공경하고 효성하면 한울님이 복을 주신다고 했다. 둘째 조목은, 땅은 천지부모의 얼굴과 같은 것이므로 땅에 물을 부을 때, 가래침 뱉기를 조심하라는 것이다. 셋째 조목은, 잘 때, 일어날 때, 방아 찧으러 갈 때, 찧고 난 후 고하라고 했다. 넷째 조목은, 먹던 밥과 새 밥, 먹던 국과 새 국, 먹던 김치와 새 김치, 먹던 반찬과 새 반찬을 섞지 말고 밥, 국, 김치, 반찬은 따로 두었다가 먹으라는 것이다. 다섯째 조목은, 쌀은 새 물에 다섯 번 씻어 안치고 밥 해서 풀 때, 국, 장, 김치 등 한 그릇 놓고 지극히 고하라고 했다. 여섯째 조목은, 외출 시에 볼 일 보고 난 후 인사하고, 누가 무엇 주면 "받습니다"라고 인사해라 했다. 일곱째 조목은, 금이 가거나 이 빠진 그릇에 먹지 말고 살생하지 말고, 삼시 음식을 중히 여기라는 내용이며, 이와 같은 일곱 가지를 정성과 공경으로 믿으면 병도 낳고 대도(大道)를 속히 통할 것이라고 했다.

「내수도문」을 조목별로 살펴보면, 첫째 조목에서는 마지막에 "이같이 한

7　반포일자는 이돈화, 1933에서는 1899년 11월; 오지영, 1983년에서는 1888년 3월로 각각 기록되어 있다.

울님을 공경하고 효성하오면 한울님이 복을 주시나니"라는 구절에서, 앞에서 말한 부모님, 서방님, 내 자식, 며느리, 하인, 육축, 나무, 어린 자식 등이 모두 한울님이라는 것을 밝히고 이들은 누구나 똑같이 귀한 존재임을 말한다. 그때 당시 며느리의 위치는 칠거지악이라 하여, 남편이나 시부모가 내쫓으려 하면 이혼당하는 위치에 있었으나 한울님을 모신 존재로 승격시켰다. 자식은 하나의 인격체로 대접하기보다 자신의 부속물처럼 자신의 마음대로 좌지우지했으나 자식도 한울님을 모신 존재로 보라고 하면서 어린 자식을 치면, 한울님을 치는 것으로 이는 한울님이 싫어하는 것이니 삼가하라고 하였다. 해월 최시형이 '사람이 곧 한울님(人是天)'이므로 사람을 대하기를 하늘과 같이 대하라는 사인여천(事人如天)의 경인(敬人)사상과, 천지 만물에 대한 경물(敬物)사상에 기본적인 바탕을 두고 며느리와 어린 자식도 한울님이므로 사랑하라고 하였다.

계녀서(戒女書)에 나타난 노비에 대한 가르침을 살펴보면, 우암(尤庵) 송시열(宋時烈)은 계녀서의 "노비 부리는 도리라" 장(章)에서 노비는 자식이 못하는 여러 일을 대신해서 하므로 노비밖에 귀한 것이 없으므로 "부대 어여삐하고 꾸짖지 말고 칠일 있어도 꾸중하며 과히 치지 마라"(송시열, 1986) 하여, 노비는 부리는 대상으로 유용하므로 사랑하고 꾸짖는 것을 삼가라고 했다. 영천지방(永川地方) 계녀서에는 "귀천이 다르나마 그것도 사람이라 살들히 거두오며, 은위를 병시하라"(최태호, 1968:224) 하여 천하지만 사람이니까 돌봐줘야 한다고 했다. 또 『계녀약언(戒女略言)』 어비복 제8편, 기집종과 스나이 종을 어거ᄒ라" 장(章)에서 "은혜를 무마ᄒ고 위엄으로 어거ᄒ야 공잇난니를 위로ᄒ고 죄 잇난니를 다시리라" 하여 비복(婢僕)은 수족(手足)과 같으므로 은혜와 위엄을 병시하여 도리로서 어서 하라고 가르친다(최태호, 1968:224).

이러한 계녀서가 노비들을 천한 존재로 보는 유교의 차별적 신분 질서에 의거해서 가르치고 있는 것에 비해 해월 최시형은 노비 또한 한울님을 모시므로 내 자식 같이 아끼자고 한 것은 인시천(人是天)에 의거한 평등사상에 근거하여 사인여천(事人如天)이라는 새로운 동학의 사상을 실천할 것을 강조하고 있다.

나무도 함부로 꺾지 말라는 것은 안동 김씨 내훈(신정숙, 1970:98에서 재인용)에서도 "자라는 남글 꺾지 말며"라고 가르치고 있으나, 「내수도문」에서는 육축이라도 다 아끼라고 한 것과 더불어 시천주는 사람만이 아니라 삼라만상이 다 시천주하고 있다는 해월의 경물사상에 의거하여 가르치고 있는 것이다.

그러나 부모님의 성품을 거스리지 말고 효도하라고 한 것은, 봉건적 위계질서를 확립하는 근간으로 강조되는 충(忠), 효(孝), 열(烈)의 하나인 효를 말하며 유교 윤리를 그대로 가르치고 있다. 또한 남편을 공경하라고 한 것은, 소혜왕후 한씨가 쓴 『내훈』에 "공경하고 순함이 부인의 큰 예인 것이다"(소혜왕후 한씨, 1475, 이계순 역, 1980:78)라고 했고 우암 계녀서에 "지아비 섬기난 도리라"(송시열, 1986:14) 했으며 『계녀약언』에 경군즈 제2편에 "남편을 공경ㅎ는 법"(최태호, 1968:239)을 가르치고 있어 유교의 여성 수신서와 별로 다를 바 없다. 결국 부모와 남편에 대한 것은 전통적 유교 윤리관을 뛰어넘지 못하고 있다.

둘째 조목의 땅을 중히 여기라는 것은, 해월 최시형이 "천지(天地)는 곧 부모요, 부모는 곧 천지니 부모가 일체"로 "천지는 만물의 아버지요 어머니"라 "부모와 같이 섬기는 것이라"(『해월신사법설』 「천지 부모」) 고한 가르침과 같은 것으로, 땅은 천지부모의 얼굴과 같은 것이니 함부로 하지 말라는 것이다. 이 또한 해월 최시형의 경물사상에서 비롯되는 것이기도 하다.

또한 이 조목은 넷째 조목과 함께 질병 예방을 위한 것이기도 하다. 치병은 「내수도문」의 목적 두 가지 중 하나로 질병 예방을 위해 일상생활을 청결히 하고 조심할 것을 타이르고 있다. 치병은 동학의 창도에서부터 매우 중요한 요소였다. 이는 최제우가 득도하기 1년 전 철종10년(1859년)부터 일본에서 전래된 콜레라가 크게 유행하여 철종11년(1860) 6월 추간(秋間)에 있을 때, 대·소과(大·小科)의 초시(初試)를 다음 봄으로 연기(엄묘섭, 1974:52)해야 할 정도로 당시 질병이 극심하였다. 이러한 현실적 상황에 대한 대답으로 동학이 창도되면서 치병은 중요한 목적이 된다. 최제우는 스스로 치병했는데, 최제우는 "오랜 병이 저절로 낫는 것은 편작의 어진 이름도 잊어버릴 만하게 하더라"(『동경대전』「수덕문」) 할 정도의 명의(名醫)로, 자신도 "이내 선야(仙惹) 당할소냐 만세 명인(萬世名人) 나뿐이다"(『용담유사』「안심가」)라고 하며, 치병능력에 대해 자부하고 허다한 세상 악질은 물약자효(勿藥自效)되었으니 걱정하지 말며, 한울님을 공경하면 병 걱정은 없어질 것(『용담유사』「권학가」와 「몽중노소문답」)이라고 했다.

수운 최제우는 병을 치료하기 위해 한울님에게서 받은 영부(靈府)를 주로 처방하는데, 병난 사람에게 써보니 혹 낫기도 하고 낫지 않기도 하는데, 그 이유는 정성을 드리어 지극히 한울님을 위한 사람만이 효험이 있다고 하여 영부 처방과 더불어 한울님에 대해 정성을 드리고 한울님을 공경해야 병이 낫는다고 했다. 해월 최시형은 최제우가 주장한 영부와 정성을 다하라는 성(成)과 공경하라는 경(敬)에다 청결히 할 것을 덧붙여 가르친다. 해월 최시형은 포덕 27년(1886년) 4월에 제자들에게 금년에 "악질(惡疾)이 대치(大熾)하리라"하고, 교도들에게 묵은 밥을 새 밥에 섞지 말라, 묵은 음식은 새로 끓여 먹어라, 침을 아무데나 뱉지 말라, 만일 길이라면 땅에 묻고 가라, 대변을 본 뒤에 노변(爐邊)이거든 땅에 묻고 가라, 흘린 물을 아무데나 버리지 말라, 집안을 하루 두 번씩 청결히 닦으라(이돈화, 1933:38)고 설명했는데 이는 「내수도문」의 둘째와 넷째 조목과 거의 비슷한 것으로 질병 예방을 위한 생활지침으로 가르쳤다.

그런데 과연 이 해 6월에

> 괴질(怪疾)에 대치하여 전염을 면한 자 백에 한 명도 없었으나 오직 도가(道家)
> 에는 소범(所犯)이 없었고 해월이 거주하는 촌 40호에는 병에 걸린 자 한 사람도
> 없어 멀리 또는 가까운 곳에서 이 소문을 듣고 동학에 입도하는 사람이 매우 많
> 이 있었다[8]

하여 치병이나 질병 예방으로 많은 사람들을 동학으로 끌어 들였다.

「내수도문」의 셋째, 다섯째, 여섯째, 일곱째 항목은 매사에 심고를 통해 성, 경을 다하라는 가르침이다. 심고는 동학, 천도교의 교리, 사상, 신앙의 연구에 앞서, 실천해야 하는 가장 중요한 기본 수행으로

> 일상생활의 일동일정(一動日靜)을 한울님과 스승님께 고하여 감응(感應)을 받
> 는 수행으로서 마음의 힘을 길러 정신과 육체의 질병을 물리치는 것[9]

이다. 앞의 조목의 심고는 통상심고(通常心告)에 속하는 것으로 동학의 도통을 위한 기본 수행을 가르치고 있다. 여섯째 조목에서는 출입시에도 다만, 심고하라 했으나 출입을 삼가하라고 하지는 않는다. 이는 전통적 여성교육에서,

> 부인 출입이 증대하니 아니 할 일이 어이 출입하지 말고 본가 부모 생신이나
> 제사를 지내거나 아사가 나거나 하야 마지못하여 갈 때어든 가되[10]

라고 하여 부모의 생신, 제사 때나 친구 일가의 혼인이나 상(喪)을 당했을 때

---

8 이돈화, 1933:38.

9 오익제, 1981:127.

10 송시열, 1986:42.

나 출입하고, 가능한한 출입을 말라고 하고, 규중요람에서는 "신혼 녀즈 친가의셔 잉편홈을 위호여 즈죠 근친을 찬하는 거시 올치 안니호니"(신정숙, 1970:106에서 재인용) 하여 친정에 가는 것도 자주해서는 안된다고 했으며, 또한 안동 김씨 내훈에서는 외정(外庭)에도 나가는 것은 삼가라고 하여(신정숙, 1970:106) 외출을 원칙적으로 하지 못하게 한 것에 비해 여성들의 자유로운 활동을 인정한 것이다.

「내수도문」은 동학의 기본 목적을 성취하기 위한 동학의 생활 실천사항을 여성들에게도 가르친 것이라고 하겠다. 최시형은 모든 인간에 대한 평등사상, 즉 인시천(人是天)이므로 사인여천(事人如天)라고 한 것과 천지만물 또한 존귀하다는 경물사상을 가르치며, 동학의 기본 수행인 심고의 중요성을 깨우치며 당시 만연하던 전염병 예방을 위한 주의사항을 가르친 것이다. 그러나 부모와 남편에 대한 가르침은 유교의 여성 수신서와 별로 다를 바 없어 전통적 유교 윤리관을 뛰어넘지 못하고 있다.

3) 「내칙」

해월 최시형은 「내수도문」과 함께 「내칙」도 지어 반포했다. 「내칙」은 태교에 관한 주의사항을 적은 글이다. 최제우가 "시자(侍者) 내유신령(內有神靈)하고 외유기화(外有氣化)하여 일세지인(一世之人)이 각지불이자야(各知不移者也)"(『동경대전』 「논학문」)라 하였는데 최시형은 그중 외유기화지는 포태할 때(『해월신사법설』 「수심정기」)라 하여 임신기간 중의 중요성을 말한다.

「내칙」에는 먼저

> 포태하거든 육종(肉腫)을 먹지 말며 해어(海魚)도 먹지 말며 논에 우렁이도 먹지 말며, 지렁이 가재도 먹지 말며 무론 아무 고기라도 먹으면 그 고기의 기운을

따라 사람이 나서 모질고 악하나니라

—『해월신사법설』「내칙」

하여 음식에 대한 금기사항을 가르친다. 전통 사회에 있어서의 태교로 지켜
야 할 내용에도 음식 금기는 중요 부문을 차지했다. 조선 영조 때에 빙허각
(憑虛閣) 이씨(李氏)가 쓴 『규합총서(閨閣叢書)』(빙허각 이씨, 1975:329)에도 비슷한
구절이 있어 음시에 대한 금기사항은 전통 태교와 그 음식 종류는 다소 달
라도, 전통 태교의 영향을 받았다고 하겠다.

 그러나 생선이나 고기를 먹지 말라고 한 것은 동학도 전체의 금기사항
이다. 수운 최제우는 계율의 다섯 번째로, "도인 집 가정에서 먹지 아니할
것은 네 발 짐승의 나쁜 고기요"(『동경대전』「수덕문」)라고 했으며, 해월 최시
형 때인 1875년 반포된 계율에도 어육과 주초를 금한다고 하였는데, 이 금
기는 1881년 가을에 "한울님의 말씀을 받아 해금"되었다(벤자민 B.웜스, 미
상:44~45). 그러나 1896년 경통(儆通)을 통해 해월 최시형은

 어육주초(魚肉酒草)는 도시(都是) 기운을 상(傷)하는 것이라 그러나 고기와 감
 배는 아직 권도(權道)호 행하고 술과 고기는 일체 엄금할 사(事)[11]

라고 가르쳤다. 의암 손병희도 고기류는 제일 해가 많으며 술도 해가 많은
것이니 삼가 먹고 마시라고(『의암성사법설』 위생보호장) 가르쳤다. 초기에는 육
류(특히 개고기)와 해어(海魚)를 계율로서 금하였으며, 이후에도 계율로서 금
하지는 않았으나 조심할 것을 당부하였다. 이로서 「내칙」의 음식 금기는 전
통 태교의 영향에다 동학의 계율을 반영한 것이라 할 수 있다.

 그 다음은 행동거지에 관한 주의사항으로

---

11 천도교 중앙본부, 1982:295.

일삭이 되거든 기운 자리에 앉지 말며 잘 때에 반듯이 자고 모로 눕지 말며 김
치와 채소와 떡이라도 기울게 썰어 먹지 말며 위태로운데 다니지 말며 지름길로
다니지 말며 남의 말 하지 말며 무거운 것을 들지 말며 경한 것이라도 중한 듯이
들며 방아 찧을 때도 어렵거든 찧지 말며 너무 뜨거운 것도 먹지 말며 너무 찬 것
도 먹지 말며 기대어 앉지 말며 비껴 서지 말며 남의 눈을 속이지 말라

—『해월신사법설』「내칙」

고 가르친다. 이 조목을 『규합총서』, 『태교신기(胎敎新記)』 등 서책으로 나온
전통 태교와 전래되어 오는 민속의 전통 태교의 금기사항과 전통 사회의 도
덕생활 지침이었던 『소학』 내편에 기록된 태교에 관한 내용과 비교해보면,
"일삭이 되거든 기운 자리 앉지 말며"는 사주당 이씨가 쓴 『태교신기』에 "임
부는 단정히 앉아 몸을 기울이지 말며"(이원호, 1982:137에서 재인용)와 『소학』
내편 「입교」에 "바르지 않은 자리에 앉지 아니하고"와 비슷함을 알 수 있다.

"잘 때에 반듯이 자고 모로 눕지 말며"는 남부지방에 통용되었던 7태교
중에서 제5도인 "임부는 가로눕지도 말고"(이규태, 1979:39~40)와 『소학』 내편
「입교」에 "잘 때 몸을 기울게 하지 아니하며"와 비슷하다. 또 "김치와 채소
와 떡이라도 기울게 썰어먹지 말며"는 『소학』 내편 「입교」의 "고기의 벤 것
도 반듯하게 베어진 것이 아니면 먹지 아니하고"라는 구절과 유사하다.

"위태로운데 다니지 말며"는 "높은데 오르며 험한데 다니지 말고"(빙허
각 이씨, 1975:329)와 "험한 산길, 위태로운 냇물을 건너서는 안된다"(이규태,
1979:39)와 유사하다. 또한 "남의 말하지 말며"는 사주당 이씨가 "사람을 헐
뜯지 말며, 귀속 말을 말며, 말의 출처가 분명치 않으면 전하지 말"라고 한
것(이원호, 1982:186에서 재인용)과 그 뜻이 비슷하다. "무거운 것 들지 말며"는
빙허각 이씨와 사주당 이씨의 가르침과 일치하며, "방아 찧을 때에 어렵거
든 찧지 말며"는 빙허각 이씨가 "수고하며 힘써서 지나치게 상하도록 말"라
고 한 것과 사주당 이씨가 "힘에 겨웁게 일하여 과히 상하게 말"라고 한 것
과 비슷하다.

또 "기대어 안지 말며 비껴 서지 말며"는 사주당 이씨가 "바람벽에 기대지 말며 버티고 앉지 말며, 걸터앉지 말며 마루 기슭에 앉지 말"라고 한 것과 『소학』 내편 『입교』에 "앉을 때는 한쪽으로 치우치게 하지 아니하며, 설 때에는 한편 발에만 의지하지 아니하고"라는 구절과 유사하며, "남의 눈을 속이지 말라"는 사주당 이씨의 가르침인 "간사하고 남을 잘 속이는 생각이 가슴 속에 싹트지 못하게 하라"는 구절과 각각 부합되고 있다.

이와 같이 「내칙」은 전통 사회의 태교와 다른 점이 없어 전통적인 태교사상으로부터 절대적인 영향을 받은 것으로 보인다. 따라서 「내칙」이 "여성복지의 새 규범"(박용옥, 1981:139)을 제시했다고 볼 수는 없다. 그러나 전통 태교사상은 남아(男兒)를 바라는 욕망이 우선시된 태교로, 당시의 윤리관에 비춰보면 단순한 가문의 혈통을 얻으려는 데서 비롯된 것(김명희, 1981:74)이다.

반면, 「내칙」에서의 태교사상은 동학, 천도교의 사상이 포태의 시기를 한울님을 마음속에 모시는 데 있어 외유기화(外有氣化)하는 때로 보며 포태의 중요성을 강조하는 점에 비추어 볼 때, 사인여천(事人如天)의 인간관에 입각한 태아 신성관에서 비롯된 것이다(김명희, 1981:62). 「내칙」은 「내수도문」과 함께 동학이 기본 목적을 위해 여성들에게 생활상의 실천사항을 가르친 것이다.

5. 결론

동학을 창제한 수운 최제우와 2대 교주 해월 최시형은 각각 모두 한울님을 모시고 있거나(侍天主), 모든 사람이 한울님(人是天)이라는 사상을 통해 평등사상을 펼쳤는데 이러한 평등사상은 여성에게도 똑같이 적용됨을 설법과 실천으로 보여주었다. 특히 설법을 통해 억압받고 있던 여성도 한울님을 모시므로 존중해야 한다는 것을 가르쳤으며, 여성이 억압에서 벗어나면 능력 또한 남성 못지않게 발휘할 것이라고 예언했다. 또한 가사노동과 여성의 가정 내 역할의 중요함을 강조했다. 동학의 교주들이 여성을 존중하는 여성관과 남녀평등사상을 펼친 것은 당시 여성을 천시하고 차별적이었던 유교 윤리관에 비추어보면 과히 혁명적인 사상의 전환이라고 평가할 수 있다.

동학의 교주들은 여성만을 위한 경전을 지어 반포하였는데, 수운 최제우는 「안심가」에서 여성에 대해 깊은 관심과 위로의 뜻을 보였다. 해월 최시형은 여성들의 수도와 생활지침인 「내수도문」에서 인시천(人是天)이므로 사인여천(事人如天)라는 평등사상을 강조하여 당시 가장 천대받던 며느리와 어린이도 한울님이므로 사랑하라고 설법하였다. 태교의 지침인 「내칙」에서 해월 최시형은 태아는 존귀하기 때문에 임신 중에는 조심해야 한다고 가르친다. 동학의 교주들은 유학과는 달리 여성들만을 위한 경전에서 여성에 대한 각별한 애정과 관심을 나타내어 천대받았던 여성의 위치를 끌어올렸다.

우리 고유의 사상이며 민족주의 사상인 동학에 남녀평등사상이 내재되어 있으며 교주들이 이를 특히 강조하고 실천한 것은 페미니즘이 서양으로부터 우리 사회에 이식된 것이 아니라는 것을 보여주고 있다. 동학의 남녀평등사상은 개화기와 1920년대 일본과 서구로부터 도입된 페미니즘이 우리 사회에 받아들여지는 데 기본적인 토양을 제공한 것으로 유추할 수 있다.

그러나 수운 최제우와 해월 최시형은 유학의 가르침에서 완전히 벗어나지는 못했다. 부부관계에 관해서 주장한 가도화순론과 부화부순론은 유교의 윤리관을 답습하고 있다. 최제우는 유교의 가르침에 영향을 받아 가정 내의 부부관계에서 여성은 여필종부, 즉 아내는 남편을 따라야 한다고 보았으며, 최시형은 부화부순을 더욱 강조하여 부부는 모든 것의 중심이라고 주장했는데, 여성의 본성이 편성(偏性)이기 때문에 남자가 너그럽게 대해야한다고 주장한다. 여기서 최시형은 여자가 남자보다 본질적으로 열등하다고 생각하고 있음을 드러낸다. 또한 「내수도문」에서 시부모와 남편 대하는 태도에 대한 가르침도 유교의 교훈을 그대로 답습하였으며 「내칙」에서는 전통 태교사상에 기반하고 있다. 이렇게 유교의 윤리관과 전통의 영향을 그대로 답습한 것은 동학의 초기 두 교주가 가지고 있는 시대적 한계라고 생각된다. 그리하여 기존 연구자들이 동학의 교주들에 관하여 "평등적 부부관계", "성의 혁명", "유교 사회의 대변혁", "여성해방의 당위성을 선구적으로 제기", "여성복지의 새 규범의 제시", "남녀 간의 절대 평등권을 실천하려는 높은 의지"(이현희, 1979; 정요섭, 1979; 김용덕, 1967; 김용덕, 1971; 박용옥, 1981; 박용옥, 1982 등)라는 언술로 동학을 평가한 것은 적절하지 않은 것으로 보인다.

근대 남성지식인 소춘 김기전의
여성해방론

1. 서론

김기전은 천도교의 대표적인 사상가이며, 잡지 『개벽』의 편집자를 역임한 언론인으로, 어린이운동을 전개한 교육사상가로서 주목받았다(송준석, 1995; 서은경, 1995; 이선영, 2002). 하지만 김기전은 일찍이 여성 문제가 세계 3대 문제 중의 하나임을 천명한(묘향산인, 1920c) 선각자였으며, 1920~30년대 여성주의를 표방한 잡지 『신여성』에 여성담론을 펼친 대표적인 근대 지식인이었다는 사실은 부분적으로 알려져 있을 뿐이다.

김기전은 잡지 『신여성』에 가장 많은 편수의 글을 쓴 필자로, 본명 김기전 외에도 기전, 김소춘, 소춘, 묘향산인 등의 필명으로, 때로는 잡지 『신여성』의 같은 호에 두 편의 글을 필명을 달리하여 썼고,[1] 1924년 4월호(제4호)에서 7월호(제7호)까지 4회 연속으로, 1931년 4월(제5권3호)부터 6월(제5권5호)까지 3회 연속으로, 1924년 12월호와 1925년(제3권1호)까지 2회 연속으로, 여성 문제에 대해 열정적으로 글을 썼다. 그 밖에도 그는 천도교에서 발간한 잡지

---

[1] 『신여성』 제1권2호; 『신여성』 제4호; 『신여성』 제3권 10호.

『개벽』과 『별건곤』을 통해서도 여성담론을 펼친 필자이기도 하다.

근대 남성지식인 집단은 1920~30년대 신여성담론을 주도하였는데, 선행연구에서 신여성담론이 남성주체의 관점과 시선에 의해 지배(이명선, 2003:63)되었으며, 근대 남성지식인들은 산보객의 시선으로 여성을 제2의 성으로 타자화(임옥희, 2004:104)하였고 특히 일본 제국주의와 함께 여성을 이중적 타자화하는 내부의 지배집단(태혜숙, 2004, 19)으로, 또한 신여성을 단속과 처벌의 대상화(임옥희, 2004:91)하는 존재로 규정되었다. 김기전은 신여성들을 비판한 글[2]로 인해, 신여성을 비판한 대표적인 근대 남성지식인으로 거론[3]되었고 더 나아가 신여성들에게 진정한 신여성으로 거듭나야 한다는 그의 주장은 신여성 비판담론에서 중요한 글로 논의(김미영, 2003:89)되었고, 그가 제시한 신여성상은 관념 속에서만 존재하는 완벽한 여성으로 비판받았다(전은정, 1999:45). 김기전은 1920년대 성적 타락과 방종에 대해 비판을 가한 대표적인 남성으로 거명되었는데, 이러한 비판은 때로는 근거 없는 추정과 단정을 수반(김경일, 2004, 145)하였다고 비판받았다.

이에 반해 김기전이 남녀의 관계는 평등한 관계가 추구되고 인격적인 관계를 가질 것이 요구되었고 따라서 부부의 관계에서 서로가 서로를 소유한 듯해서는 안 되고 '친구'인 듯이 지내야 하며 남녀 간의 교제는 '자유'롭고 '평연'하게 이루어져야한다는 주장을 했는데, 그의 이러한 남녀관계와 결혼에 대한 논의는 개인주의적이며 자유주의 여성론을 강조하는 것으로 평가

---

2 대표적으로 소춘, 1923; 소춘, 1924; 김기전, 1924a; 김기전, 1924b; 기전, 1924b 등이 주로 논란의 대상이 되었다.

3 이윤미(2004:308)는 김기전의 신여성에 대한 비판의 방식이 우리=지식인=남성이라는 감시적 권력의 시선이 내재되어 있다고 할 수 있으며 여성이 교육을 받더라도 '지식인=남성'의 등식을 파기하기 위해서는 여전히 역부족이라는 논리가 부각되고 있다고 비판하였다. 그밖에도 김기전의 신여성에 대한 비판에 대한 논의한 글은 박용옥(1981:69), 권희영(1998:57), 김수진(2000:23), 김미영(2003:167) 등이 있다.

되었고(권희영, 1998:51), 결혼이 서로 다른 두 개 성이 만나 서로를 맞추어 나가는 과정으로 인식하는 주장도 근대 남성의 새로운 주장으로 논의되었다 (김미영, 2003, 16).

이와 같이 김기전의 글은 부분적으로 인용되면서 때로는 신여성을 비판하는 대표적인 남성지식인의 담론으로, 때로는 진보적인 담론으로 규정되었다. 그러나 근대 남성지식인 가운데 여성에 관해서 가장 많은 글을 남긴 김기전의 담론을 전체적으로 조명하고, 이를 통해 근대 남성지식인 소춘 김기전에 대해 온전하게 평가해야 할 필요가 있다. 이에 따라 이 글은 김기전의 여성 관련 담론을 전체적으로 분석하고 김기전이 한국 여성주의 담론에 끼친 공헌을 재평가하고자 한다.

이 글은 김기전이 잡지 『신여성』에 발표한 글 18편과 잡지 『개벽』과 『별건곤』에 발표한 여성과 관련된 글 각각 7편과 4편 등, 총 29편의 글을 분석하였다. 그의 글을 통해 그가 당시 여성들의 현실을 어떻게 인식했으며, 천도교의 지식인으로서 당시 여성 현실을 개혁하기 위해 어떠한 여성해방사상을 펼쳤는지를 논의하고자 한다. 또한 천도교와 서구의 여성해방사상과 김기전의 여성해방사상과의 연관성에 대해 논한다. 이에 앞서 김기전의 생애와 가족에 대해 살펴보고자 한다.

지금까지 근대 여성담론에 대한 연구에서 근대 남성지식인에 주장에 대한 논의는 다양하게 전개되었으나 여성담론을 펼친 근대 남성지식인 개인에 대한 연구가 전무하다. 앞으로 여성에 관한 담론을 펼친 근대 남성지식인 개인에 대한 연구가 필요하며, 이 연구는 그러한 연구의 첫 번째 시도가 될 것으로 생각한다.

2. 김기전의 삶과 가족

1) 김기전의 생애

김기전은 일제강점기 천도교의 교세 확장과 이를 기초로 한 청년운동·문화운동을 통하여 독립운동에 헌신했던 대표적인 인물 중의 하나이다. 그는 1894년 6월 13일 평안북도 구성군에서 김정삼(金鼎三)의 차남으로 출생하였다(성봉덕, 1979:41). 본명은 기전(起纏)이었으나 뒤에는 기전(起田)으로도 사용하였으며, 호는 소춘(小春), 아호는 괘천(卦天), 천도교의 법명은 소암(素庵)이었으며, 필명으로 묘향산인(妙香山人)을 사용하기도 하였다.

그는 1899년부터 1908년까지 구암동의 서당에서 한문을 수학하였고, 서당을 그만두고 난 뒤, 16세가 되는 1909년 천도교에 입도하였다. 한학자였던 그의 부친은 1900년에 동학에 입교하여 두목급이었던 천도교 도정(道正)을 지냈는데, 김기전은 부친에게서 한문을 수학하였고 그의 부친을 찾아오는 동학지도자들의 덕망과 언행에서 많은 영향을 받았다(성봉덕, 1985:28). 18세 때인 1911년부터 1년간 구성군 천도교 교리강습소에서 공부하였고, 1913년 정주의 오산학교로 전학하였다가 바로 이어 1913년에 3년제 야간과정의 보성전문학교 법과에 입학하여 1917년 3월에 제10회로 졸업하였다(윤해동, 1996:216; 성봉덕, 1979:41).

전문학교 졸업 후 김기전은 바로 『매일신보(每日申報)』의 평양지국장이 되어 1917년 5월부터 여러 편의 논설을 쓰면서 1919년까지 근무하였다. 기자생활을 통해서 시대의 흐름과 민족의 당면한 사회 문제를 파악하였고 3·1운동에도 적극 가담하였다(송준석, 1995:9). 3·1운동 이후 1920년 천도교 종단이 적극적인 활동을 펼치기 위하여 청년 교리강연부를 천도교청년회로 조직을 개편하고 기관지 『개벽』을 발행하자, 김기전은 『매일신보』 기자로

받는 월급보다 적은 월급이지만 주필 겸 편집국장으로 취임하였다(서은경, 1994:123; 송준석, 1995:9). 그는 잡지 『개벽』을 통하여 수많은 논설을 발표하였는데, 이로 인해 종로경찰서에 수시로 불려 다니는 탄압을 받았다(서은경, 1994:123).

김기전은 1921년 4월 천도교 소년운동을 일으키는 데 앞장서서 '천도교소년회'를 조직하였고, 유소년 윤리강령 제정과 어린이 사랑의 이론을 정립하였으며, 1922년 5월에는 방정환과 함께 '어린이날'을 제정하고 1923년에는 잡지 『어린이』를 창간하였다(서은경, 1994:122).

김기전은 농촌운동과 노동운동에도 적극 참여하였다. 당시 전체 인구의 절대다수를 차지하던 농민들을 계몽하고 사회 경제적 지위를 높이기 위해 그는 이돈화 등과 함께 1925년 '조선농민사'라는 조직을 결성하고 잡지 『조선농민』을 발간하는 데 주도적인 역할을 하였으며(박성용, 1992:451) '조선농민사'의 중앙이사로 취임하였다. 1929년 원산대파업이 실패로 돌아가자 노동운동을 위해 '조선노동사'를 조직하기도 하였다(서은경, 1994:24; 이선영, 2002:11). 김기전은 천도교의 여러 부문의 운동과 잡지 발간에 있어서 핵심적인 역할을 하여 천도교 문화운동을 포함한 1920년대 문화운동 전체의 이론가로 부상하였다.

1923년 9월 천도교청년회가 청년당으로 개편되면서 김기전은 당부의 위원으로 취임하였고, 1925년 당두제(黨頭制)가 도입되면서부터 1930년까지 당두(黨頭)를 역임하는 등, 천도교 청년운동의 핵심인물로 활동하였다. 그는 청년당 내에 비밀결사로 오심당을 조직하고 독립운동을 적극적으로 전개하였으나, 1934년 비밀 조직이 탄로나 전국 250명의 핵심당원들과 함께 검거되었다(서은경, 1994:124).

그 이후 김기전은 1936년 폐결핵 3기로 진단받고 해주요양원에 들어가게 되어 교회활동의 일선에서 물러났으며, 이후 용담정 등에서 10여 년간 신앙생활과 결핵 치료에 몰두하면서 일제강점기 말 창씨개명이나 그 어떠한 반민족적 행위도 거부하였다. 수도와 치료를 통해 결핵을 완치한 그는 해방 후 이북 천도교회 재건을 목적으로 이돈화와 함께 북한으로 갔으나 1948년 3월 반공의거운동(3·1재현운동)이 일어났을 때 행방불명되었다. 1948년 북조선 종무원대회에서 그를 기려 총무원 도사장(道師長)에 추대하였다(독립운동사 편찬위원회, 1969:676).

김기전은 신앙심이 깊었으며 "말이 상냥하고 표정과 동작이 철학자 같은 고요"한 사람이었다(채만식, 1931:64)고 하며, 조봉한은 그를 "뜻이 강한 사람", 김팔봉은 "살아 있는 성자"라고 평하였다(서은경, 1994:124). 그의 아들 김석범은 아버지에 대한 회고에서 "아버님의 성격은 강직하면서도 사교성이 있어 사람을 대할 때 상대방을 감화시키는 힘이 있었다"고 술회하였다(김석범, 1996:43).

저서로는 『천도교당지』, 『천도교청년회당지』, 『어린이 지도자 요람』, 『당헌석의(黨憲釋義)』, 『조선지위인(朝鮮之偉人)』, 『조선최근세사 13강』 등을 남겼다(독립운동사편찬위원회, 1969:676).

2) 김기전의 가족

김기전의 아버지 김정삼은 경제적으로 가난하였으나 양반 신분으로, 한학을 공부하고 있었는데, 자신이 거주하던 지역인 구성군에 동학이 전파되던 1899년에 입도하여 대접주로 성장하였다. 그는 천도교의 구성교구의 주요인물로 부상하여 평안도 지방의 동학/천도교의 전파와 활동에서 중심역할을 수행(윤해동, 1996:217~218)하면서 집을 떠나 있는 경우가 많았고 가정살림도 돌보지 않았다. 김기전은 그의 어머니를 회상하는 글에서 "아버지는 어렸을 때는 공부를 하노라, 자라서는 동학을 펴시노라고 집안에 빗자루하나 돌려놓을 줄 몰랐다"(소춘, 1925a:20)라고 하였다.

아버지 대신 그의 어머니가 가정을 전적으로 꾸려갔다. 그의 어머니는 부호의 딸로 태어나 성장하여 빈한한 농가였던 자신의 아버지에게 시집와서 비로소 농사일을 시작하였으나, 집에서 멀리 떨어져 있는 농토까지 매일 걸어 다니면서 농사일에 전력을 다하였다. 김기전은 자신의 어머니가 "자신의 온 정신과 몸을 한 집안의 영욕을 위해 다 바쳤"으며, "안 밖 일을 몸소 해야 할 처지로"(소춘, 1925b:20), "천 가지 만 가지 일을 집안에서 제일 늦게 자고 가장 먼저 일어나 일하였고 가족 중에서 가장 못 입고 못 먹으면서 자신의 모든 정신과 건강을 가정을 위해 희생하였다"고 회상하였다(소춘, 1925b:21).

김기전은 자신도 자신의 아버지와 마찬가지로 공부하기 위해 집을 떠났고 천도교 활동에 전념하느라 가정을 거의 돌보지 않았다. 김기전의 세 아들 중 막내아들인 김석범은 회고에서, 아버지 김기전이 "교회와 청년단, 잡지 『개벽』 등 각종 일에 전념하느라 집안일은 어머님[4]이 모두 도맡다시피 하였"다고 회상하였다(김석범, 1996:45). 김기전은 천도교의 주요한 인물로, 잡지 『개벽』의 출판을 책임지고 있었으나 수입이 거의 없어 살림은 끼니조차 잇기 힘들었다. 그는 가정 및 가족과 소원하여, 아들 김석범이 성장한 이후 아버지를 만난 기억이 단 세 번밖에 없어서 얼굴을 잊을 정도였다고 하였다. 이러한 김기전의 부재를 채워나간 것은 김기전의 아내로, 아들 김석범은 "어머니가 옷감 행상을 하며 우리 형제를 키우셨다"(김석범, 1996:45)라고 회고하였다. 김기전의 둘째 며느리(조태희)는 "우리 아버님은 일본 경찰의 감시를 항상 받았기 때문에 집에 거의 못 오셨지. 얼마나 자주 경찰서

---

4 김기전과 아내 전봉규의 결혼식은 신식으로 거행하였는데 신랑 김기전은 양복 정장을 입고 꽃을 왼쪽 가슴에 달았고, 신부 전봉규(1960년 작고)는 서양식 흰 드레스를 입었던 사진(서은경, 1994:121)이 남아 있다.

에 가셨는지 아버님 옥바라지 하느라 내 손이 다 꽁꽁 얼어붙었을 정도였으니, 그때 가족들의 고생이란…"이라고 회고하여 김기전이 일제의 감시하에서 잡지 『개벽』을 발간하느라 "종로 경찰서를 제집 드나들 듯이 불려 다니곤 하"(김석범, 1996:45)여 돈을 벌어 가족을 돌보기는커녕 가족이 경찰에 불려 다니는 김기전의 뒷바라지를 해야 할 처지였다. 김기전은 폐결핵을 치유하였던 10여 년 동안에도 가정을 등지고 살았다.

김기전의 아버지와 김기전은 모두 공부와 동학활동을 펼치는 등 대의를 위해 집을 떠나, 김기전의 어머니는 농사일, 아내는 행상을 하면서 홀로 가정 경제를 이끌면서 시부모를 봉양하며 자녀 양육의 책임을 져야 했다.

3. 천도교/서구 여성해방론과 김기전

1) 천도교의 여성해방사상과 김기전

천도교의 전신인 동학은 1860년 수운 최제우에 의해서 창도되었다. 동학은 서학에 반대되는 개념으로 민족주의 사상을 그 기본으로 하였고, 모든 인간은 한울님을 모시고 있으며(侍天主), 모든 사람이 한울님(人是天)이라고 보는 평등사상이다. 따라서 동학은 양반이나 천민, 어른이나 어린이, 여성이나 남성이 모두 같은 인간으로 존중받아야 한다고 보는 사상으로, 이는 유교 윤리에 정면으로 배치되는 혁명적인 사상(신일철, 1983)이며 남녀평등사상이 내재해 있다(김경애, 2003; 박용옥, 1981).

제1대 교주 수운 최제우와 제2대 교주 해월 최시형은 여성존중사상을 실천과 설법으로 보여주었다. 수운 최제우는 득도 후 여자 노비 두 사람을 해방하여 한 사람은 며느리로, 다른 한 사람은 수양딸로 삼아(천도교사 편찬위원회, 1981:42) 시천주의 동학사상이 남녀에게도 차등이 없음을 보여주었다. 또한 수양딸이 된 주씨에게 늘 글을 배우라고 격려하여(소춘, 1925a:16), 여성에 대한 교육이 집안일에 그치지 않고 남성의 영역으로 간주되었던 문자와 지식 교육으로 확대되어야 함을 암시하였다(김경애, 2003:87). 해월 최시형은 청주 서씨 집 앞을 지나다가 그 집 며느리가 베를 짜는 소리를 듣고 며느리를 며느리로만 보지 말고 한울님을 모시고 있는 주체로[5] 봐야 한다는 설법을 하였다. 당시 며느리는 여성 중에서 가장 어렵고 열악한 지위에 처해 있었는데 이들도 존중받아야 함을 설명한 것이다. 또한 그는 여성이 억압에서 벗어나면 능력 또한 남성 못지않게 발휘할 것이라는 것을 예언[6]하는 등 시천주의 윤리가 여성에게도 똑같이 적용된다는 것을 가르쳤다.

수운 최제우는 여성을 위로하는 「안심가」를 지었고 최시형은 「내수도문」과 「내칙」을 지어 여성의 생활지침을 제시하였다. 수운 최제우는 부부관계를 부화부순론으로 규정하였고, 해월 최시형은 여성을 대하는 남자들의 태도가 강압적이었음을 비판하면서 부인의 가정주인론을 내세워 여성이 담당한 가사노동의 중요성을 강조하였다. 초기 교주들은 여성을 존중하고 가정내 역할의 중요성을 인식했으나, 그들이 기술한 여성을 위한 경전은 유학의 가르침에서 크게 벗어나지 못하여 동학의 평등사상이 여성을 위한 체계적인 해방사상으로 발전되지는 못했다(김경애, 2003:108~109).

천도교의 대표적인 사상가였던 김기전은 천도교의 인시천의 기본 교리에 입각하여 평등사상을 이해했으며 이를 기반으로 남녀차별을 비판하였다. 김기전은 삼강오륜이 인간을 상하, 존비, 귀천의 관계로 얽매이게 하여, 조선 사회는 반상(班常), 장유(長幼), 남녀의 차별로 인해 사람 위에 사람이 있고

---

5 『해월신사법설』, 「대인접물」, 김경애, 2003:88에서 재인용.
6 『해월신사법설』, 「난의문답 부인수도」, 김경애, 2003:88~89쪽에서 재인용.

사람 아래 사람이 있는 사회로서 오랫동안 유교사상 때문에 생활이 파괴당하는 지경에도 속박되어 있다고 비판하며, 남녀관계에 있어서도 유교 윤리가 부위부강, 부부유별의 윤리로 인해 부부관계도 상하, 존비, 귀천의 관계에 있다고 지적하였다(기전, 1931:18~19). 그는 천도교는 "사람이 곧 한울님"이며 따라서 사인여천(事人如天) 사상이 있음을 말하고 남녀노소존비를 구별하지 않는다고 소개(김기전, 1929:18)하면서 천도교의 가르침을 통해 유교 윤리를 극복하여 양반과 상민, 어른과 어린이의 차별과 더불어 남녀차별을 극복해야 함을 역설하였다(기전, 1931:14).

그러나 김기전의 글에서는 「내수도문」과 「내칙」 등의 천도교의 여성을 위한 경전이나 「안심가」에는 여성에 대한 가르침이 명시되지 않아 천도교의 경전과 노래가 그의 여성해방사상의 기초가 되지는 못했음을 알 수 있다. 또한 초기 교주들의 여성해방에 관한 실천과 설법도 김기전은 전혀 논한 바가 없어, 이들의 실천과 설법이 김기전의 여성해방론으로 발전되지 못한 것을 알 수 있다. 그러나 천도교의 인간평등사상은 김기전의 남녀평등사상과 여성해방사상 전개의 기초가 되었음은 분명하며, 이는 그에게 1920년대 일본으로부터 서구 페미니즘을 도입하는 데 기본적인 토양을 제공한 것으로 볼 수 있다.

2) 서구 여성해방론과 김기전

김기전은 서구 사상에 정통하여 여러 사상가를 소개하였는데,[7] 그는 여성주의 담론을 전개함에 있어도 천도교의 경전을 인용하기보다는 프랑스혁명

---

7 묘향산인, 1921b:56~63; 묘향산인, 1921a:25~38; 소춘, 1920:32~37; 묘향산인, 1920a:73~78;. 묘향산인, 1920d:49~54;. 묘향산인, 1920c::62~76;. 소춘, 1920b:112~114.

시기의 「인권선언」과 입센의 작품, 그리고 베벨과 엥겔스 등의 초기 마르크스주의 여성해방론 등 해외로부터 도입된 여성주의 담론을 인용하면서 여성해방론을 전개하였다.

그는 인류의 역사를 해방의 역사의 관점에서 인식하면서, 우리 역사상 근세 해방에 가장 큰 영향을 미친 선언이 프랑스혁명 당시 발표된 「인권선언」이라고 주장하였다. 그러나 그는 프랑스혁명 때 발표된 「인권선언」은 남자, 특히 주로 상공업자 평민남자의 권리선언으로, 이들의 정치적 기본권의 선언이고, 이들의 소유권을 신성화한 것으로 남녀 불평등을 인정한 것이며, 따라서 '여권의 선언'이 당연히 포함되어야 하나 포함되지 못했다고 비판하였다(묘향산인, 1923:27).

그는 엥겔스의 주장에 기반하여 남성들의 혼외관계(중애, 重愛)는 옛날부터 남성중심 세상이 되어 생긴 일(기전, 1925, 6)로서, 이는 "모권시대가 가고 남권사회가 되자 모든 것을 남자가 주재하는 데서 생긴 악성이다"(기전, 1926, 1)라고 주장하면서, 엥겔스의 저서 『가족, 사유재산, 국가의 기원』의 극히 일부분을 인용하여, 여성억압의 요인을 간단히 분석하였다. 그러나 그는 가부장제의 폐해만을 언급하였을 뿐, 여성억압의 요인 분석에서 생산력의 발달로 잉여생산물이 축적되고 이로 인해 사유재산제가 확립되면서 가부장제가 확립되어 가는 과정 등에 대한 엥겔스의 설명이 언급되지 않았고, 또한 여성에 대한 억압이 생산체제와 관련성이 있다는 엥겔스의 주장도 사상되었다. 김기전은 엥겔스의 핵심적인 논의를 전개하지 않았고 따라서 엥겔스 이론을 바탕으로 한 조선 여성 현실에 대한 분석을 하거나 해결방안을 도출해 내지는 못했다.

그는 또한 당시 전 세계적으로 여성운동의 교과서로 읽힌 베벨의 저서[8]를

---

8 원제목은 『여성과 사회주의 (Die Frau und der Sozialismus)』, 베벨은 당시 글에서 빈번히 인용

인용하면서 여성의 미래에 대해 낙관적인 전망을 제시하였다. 즉 "오는 사회에서는 여자들도 사회적으로 경제적으로 아주 독립하게 될 것이다. 지배와 학대를 받지 아니하고 남자와 다름없는 평등, 자유의 몸으로써 자기 자신의 운명을 주재하는 자신의 주인공이 될 것"이며, 교사, 보모, 과학과 예술 연구, 행정적 직분에 진력하는 등, 모든 부문에서 여성들은 남성들과 대등하게 사회에 참여할 것이라고 예견하였다(기전, 1926:4). 또한 남녀관계에 있어서는 베벨의 주장에 기반하여, 사회가 변화함에 따라 남녀관계의 발전은 필연적이라고 보았다. 그는 앞으로 여성들은 남녀교제에서 자기가 사랑할 사람을 가리는 데도 남자들과 같이 아무런 구속 없이 자유로이 자기 자신이 가진 감정 그 외에는 무엇도 필요 없을 것이고, 교육과 지혜로 자기에게 해로운 방종한 행동은 하지 않을 것이라며 남자는 절대로 부인을 지배할 수 없을 것이라 전망하였다(기전, 1926:5). 김기전은 베벨의 저서에서 당시 독일에 자본주의가 도입되면서 나타난 노동력 착취로 인한 여성들의 열악한 상황에 대한 논의나 이에 대한 비판적 고찰 없이, 다만 여성들의 낙관적인 미래 전망만 인용하였는데, 그가 여성들의 미래를 낙관한 것은 당시 여성들에게 큰 용기를 주었겠지만 조선 여성 현실에 대한 체계적인 설명이 결여되어 있어, 그의 미래 전망에 대한 신뢰를 떨어뜨렸다.

그는 조선 여성들을 위하여 여성해방의 혁명을 기대하면서 입센의 희곡 『우리가 죽음에서 깰 때』의 여주인공을 빗대어 "아 조선의 신여성이여! 혁명여걸 안나의 혈성(血聲)에 귀를 숙여보라 웃음을 슫처보라. 아즉도 희망은 밝기를 기대합니다!"(김기전, 1924b, 2~5)라고 호소하면서 특히 신여성이 여성해방을 위한 혁명 여걸이 되어주기를 희망하였다. 그가 기대한 여성은 입센

되었는데, 그의 저서는 광범위하게 읽힌 것으로 보인다(송연옥, 2003:106). 완역본은 1988년 『여성과 사회』로 번역되었다.

의 희곡 『인형의 집』의 주인공으로 억압적인 가정을 뛰쳐나가 당시 조선 사회에 큰 반향을 일으킨 '노라'와 같은 여성이 아니라, 혁명의 전사였음을 표출하고 있다.

김기전은 조선 여성의 억압에 대한 설명과 미래에 대한 조망, 그리고 여성운동의 필요성에 대한 근거로 엥겔스와 베벨 등 초기 마르크스주의 여성해방론과 입센의 희곡을 인용하였음을 볼 때, 그가 서구 여성해방론으로부터 영향을 받은 것은 분명하다. 그렇지만 그가 서구 여성해방론에 기반하여 당시 조선 여성 억압의 원인과 해결방안에 관해 체계적인 논의를 전개해 나가지는 못했다.

4. 김기전의 조선 여성 현실인식과 여성해방론

1) 조선 여성들의 삶에 대한 인식과 앞으로의 방향

김기전의 여성 문제에 대한 인식은 천도교의 인간평등사상과 서구 여성해방론을 기반으로 하였음이 분명하다. 그는 이러한 인식을 통해 당시 조선 여성들이 겪고 있는 어려움을 직시하였고 이를 타개해야 한다고 역설하였다.

우선 그는 조선 여성들이 어릴 때부터 부모로부터 차별받으면서 성장하고 있음을 지적하였다. 그는 먼저 조선 사회가 유교의 장유유서(長幼有序)의 폐단에 젖어 남녀 어린이를 억압(김소춘, 1920:8)하고 있음을 비판하였다. 그는 어린이 중에서 남아는 비록 사람의 대우를 못 받는다 할지라도 어린 자손으로서의 대우를 받지만, 여아에게는 "저 싸위년은 더러 죽어도 조흐렷만은"이란 말을 부모가 일상적으로 쓰고 있다고 하면서 "여자의 경우야말로 과연 참혹하다"(김소춘, 1920:8)라고 말하여, 여아들이 성장과정에서 부모로부터 쓸모없는 자식으로 차별과 천대를 받고 있다고 주장하였다.

그는 나아가 여아가 어느 정도 성장하면 부모는 자신들의 뜻대로 강제로 딸을 민며느리로 출가시켜, 결혼 후에 비참한 생활에 빠지게 되는 현실을 개탄하였다. 그는 당시 여성들과 관련되어 일어났던 두 사건 즉, 부모의 뜻에 따라 늙은 홀아비에게 팔려 강제로 시집을 가야 했던 21살의 여성이 결혼을 앞두고 자살한 사건과 시어머니가 7살 난 민며느리를 죽인 사건을 접하고, 이 두 사건을 통해 여성이 처한 비참한 현실을 고발하였다. 자살 사건에 대해서 김기전은 부모가 자신의 영달을 위해 자기 자식, 특히 딸의 혼사를 마음대로 정하고 혼인을 강요하는 것에 대해 신랄하게 비판하였다(묘향산인, 1920b:31). 또한 김기전은 시어머니가 어린 민며느리를 살해한 사건에 대해서도 민며느리가 가장 "원통한 생활"를 하는 불쌍한 소녀라고 규정하면서 이 문제를 어린이 문제로, 또한 여성 문제로 인식하고 해결해야 하는 과제라고 하였다(소춘. 1926:8~10).

또한 1931년에 일어났던 두 젊은 여성의 동반자살 사건[9]에 대한 논평에서, 김기전은 여성 자신의 뜻에 반하는 결혼생활의 문제점을 지적하였다.[10] 그는 이 자살 사건을 "비장한 희생"(김기전, 1931b:31)이라고 기술하고, 이 사

---

9 상당한 집안 출신의 이화여전 학생과 동덕여고를 중퇴하고 결혼하였으나 방탕한 남편으로 인하여 고통받은 19세의 젊은 여성이 함께 경인선 열차에 몸을 던져 자살한 사건.

10 그의 논평은 다른 남성필자들 및 여학생들과 확연하게 다름을 드러내고 있다. 방정환 (1931:37~38)은 결혼하여 불행하면 자살하는 것은 정조를 너무 절대한 것으로 생각해서 일어나는 비극이라고 보았고, 이광수는 부모에 대한 은정과 의리를 버린 것이며 사회에 대한 부담과 의무를 배반하고 자기의 향락에 불만족한 것을 이유로 죽음을 택한 것 잘못(이광수, 1931:31~32)이라고 보았다. 김일제(1931:34~35)는 이들을 생의 권태병자로 간주하였고, 이만규(1931:36~37)는 이들의 자살을 동성애로 인한 정사로 규정하고 그릇된 인생관을 가지고 자살하였다고 비판하였다. 또한 임효정(1931:32~33)은 값없는 죽음이라고 매도하였다. 친구였던 김자선(1931:34)이 그들의 죽음을 동정하는 외에 당시 여학생들도 모두 자살을 비판하였다(손초악, 1931:35~36; 이영희, 1931:36~37; 김태임, 1931:38).

건은 마땅하지 못한 결혼이 주는 고통이 얼마나 큰지를 말해준다고 하면서, 금전, 명예, 지위를 가지고 하는 결혼은 정신적으로 부패시키고 육체가 갈기갈기 찢어지는 이상의 고통을 주는지가 상상이 된다(김기전, 1931b:30)고 말했다. 또한 결혼은 어디까지나 당사자의 이해하에서 성립해야 함을 절실히 느끼게 된다고 하면서 동반자살이 잘못된 결혼으로 인한 것이라 생각하고 고통으로 인해 자살한 여성들을 동정하였다.

김기전은 현실에서 여성을 차별하고 억압하는 자는 남성들이라고 지목하였다. "밤낮없이 일하는 여자는 사회의 맨 밑층에 쓸어넣고 그 등에서 살아가는 사내놈들은 적반하장(賊反荷杖)으로 도리어 일반 여자를 압박하고 무시하였"는데, 남자들만큼 "남을 무시하고 엎누르기 좋아하는 패는 없다"고 주장하며 남성들이 여성들을 억압하는 주체임을 분명히 하였다(김기전, 1924b:3). 그러면서 오늘 남자 중, 자기 아내에게 대하여 정말로 그의 인격이나 사상이나 감정을 인정하고, 새로운 살림을 창조해가는 자가 과연 누구이냐(기전, 1924a:9)고 묻고, 남자는 "한번 어떤 여자와 결혼식만 거행했다 하면 그는 그 이튿날부터 아주 그 여자를 차지(所有)해버리고 만다… 그 여자를 아주 사버리고 마는 셈"이며 남편은 아내를 "한 개의 숨 쉬는 물건으로 작정"한다고 비판하였다(기전, 1924a:9). 그는 남성들이 여성을 소유물로 보고 억압하고 있으며, 축첩과 성매매 등의 횡포를 부리는 것(기전, 1924a:12)에 대해 비판하였다.

다른 한편, 그는 여성이 열악한 현실에 처하게 된 데에는 여성에게도 책임이 있다고 보았으며,[11] 특히 여성들의 남성에 대한 태도에 대해서 비판하

---

11 김기전은 여성에 대한 위로와 격려 또한 잊지 않았다. "부지런한 생활을 한 사람이 한층 진리(眞理)에 가까운 생활을 한 사람이라 말할 수가 있다 하면, 조선의 여자는 조선의 남자보다 한층 이치(理致)에 맞는 생활을 한 사람이다"(김기전, 1924a:5)라고 주장하였다. 그는 나아가 "사내놈들은 뭐, 정치니, 세도니, 윤강이니, 도덕이니 하며 그 밑에서 온갖 협잡, 온갖 불

써야 한다고 말하였다. 또한 조선 사람들, 특히 사회민족을 위한다는 뜻이 있는 사람과 학부모들은 여자를 등한히 보지 말고 여성 교육을 위한 대책을 세워야한다고 촉구하였다(김기전, 1923:5).

그러나 여성 교육 문제에 있어 무엇보다도 교육받고 있는 여성의 숫자와 여성을 위한 학교의 숫자가 적음을 그는 지적하였다. 그는 "사람이 태어나면 가르쳐야 하"는데 "계집애로써 배우는 사람이 과연 몇 명이며, 계집애를 가르칠 학교는 대개 몇 개나 되더냐"라고 물어, 여학생과 여학교의 수가 터무니없이 적다고 한탄하였다(김기전, 1923:3). 그는 구체적으로 이천만 명의 인구 중에 남녀 소학생이 단 삼십만 명이라는 것이 "치욕"인데, 이 중에서 여자 소학생은 칠 분의 일도 되지 못하고, 중등정도의 학생이 만 명 중에서 여중학생은 천 분의 일가량에 불과한 것은 한심한 일이라고 하면서, 당시 860여만 명 여자 중에 불과 5만 명 내외만이 학교에 다니는 상황(김기전, 1923:3)을 지적하였다.

농촌운동에 관심을 가지고 활동했던 김기전은 농촌 사람들이 세상이 어떻게 돌아가는지 잘 모른다고 전제하고 농촌여성들을 위한 교육이 필요함을 역설하였다. 농촌에서 학교를 당장 열기 어려운 사정을 감안하여 주부회, 소년소녀회, 처녀회 등을 조직하고 강습회를 열어서 농촌여성들을 한글부터 시작하여 교육해야 한다고 주장하였다(김기전, 1920a:16).

또한 그는 당시 여성 교육의 목표에 대해 문제를 제기하고 새로운 목표를 제시하였다. 그는 여성 교육이 "전 그대로의 직분을 다하는 여자를 만들되, 그 직분을 좀 더 슬기롭게 맵시 있게 지켜나는 여자가 되게 하기 위하여 그리하는 것뿐이다. 좀 더 똑똑하고 애교 있는 시중꾼(女房)이 되어 달라 하는 것, 이것이 오늘 남자의 여학생에게 바라는 첫 조건"(기전, 1926:3)이라고 말하며, "조선에서 여자를 공부식힌다 하면… 여자 그자신의 독립한 지위와 성능을 인정해서 그리하는 것은 아니였다"(기전, 1926:3)고 비판하였다. 학교

당국자나 정부 당국자인 남자들이 "여자란 남의 밑에 들 사람이며 남의 지배를 받을 사람이다"라는 전제로 하고 가르치고 지도(기전, 1926:2)한다고 지적하였다.

이는 그가 여성 교육의 목적이 결코 남성의 예속자로 만드는 것이 아님을 잘 인식하였음을 말한다. 그는 여성 교육의 목표가 여성은 한 인간으로서 독립된 지위를 부여받고 능력을 발휘하기 위한 교육을 받아야 한다고 강조하였다. 그는 특히 법전, 의전, 상전, 농공전 등 전문학교 학생 중에 여자가 한 명도 없고 농림학교, 수산학교, 상업학교, 실업보습학교 등 실업학교에 여학생이 한 명도 없다고 지적하고, 여자만을 위한 전문학교와 특종기술학교를 세우는 것을 당장해야 한다(기전, 1926:4)고 역설하여 여성을 전문적인 직업인으로 길러내는 교육을 실시하여야 함을 주창하였다. 개화기 이래 여성의 역할을 자녀 양육자로 규정하고 자녀 교육 등 여성의 전통적인 역할을 보다 잘 수행하기 위해서 여성을 교육해야 한다는 논리가 지배적이었으나 김기전은 이를 정면으로 부정하였다.

그는 더 나아가 조선 여성 교육의 궁극적 목표는 여성해방을 주도할 신여성을 기르는 데 있다고 보았다. 즉 여자 교육의 진흥은 여자의 모든 활동을 활기 있게 하고 생기 있게 하여, 신여자로서 모든 여자계의 의표(儀表)가 되기 위해 필요한 것(소춘, 1926:52)이라고 말하였다. 그는 여성 교육이 미비하기 때문에 "남녀평등이니 여자해방이니 할 수가 있을까"(김기전, 1923:5)라는 의문을 제기한 점에 비추어, 그가 여성 교육을 통해 궁극적으로 이루고자 한 것은 남녀평등과 여성해방이었던 것으로 알 수 있다.

그러나 김기전은 "국난사양상(國難思良相) 가빈사현처(家貧思賢妻)"라는 말을 인용하면서, 현모양처주의는 시대에 뒤떨어진 사상이라고 비판되고 있으나, 현실적으로는 가족제도가 유지되는 가난한 살림에는 현모양처가 필요하다고 주장하였다. 그는 여성들이 가정 내에서의 역할을 수행함에 있어,

전통적인 유교의 윤리에 기반하여 희생하고 억압받는 전통적인 여성상을 이상으로 하는 것에서 벗어났지만, 근대의 개념으로 등장한 현모양처의 논리(홍양희, 1997)가 현실적으로 필요하다고 하였다. 이와 함께 "조선 고유의 여성을 보증하며 조선 가정의 주부되기에 적응한 교육"을 실시하는 학교가 몇 개가 되느냐고 반문(김기전, 1921:44)하면서 서양식 선교나 일본의 의도에 따른 교육을 비판하고 조선 고유 전통을 계승하면서 가정을 지키는 여성을 키우는 교육이 필요하다고 강조하였다. 그는 근대의 개념으로 등장한 현모양처 교육론이 그 한계가 있음을 인식하였으나 어려운 현실에서 가정에서 여성들의 현모양처의 역할이 필요하며 또한 민족 고유의 문화를 계승할 필요가 있다고 보았다.

그는 여성 교육의 목표를 기본적으로 여성의 독립한 지위와 능력을 인정하는 전문 교육을 실시하여 신여성을 길러내어 남녀평등과 여성해방을 성취해야 한다고 생각하였으나, 서양식이나 일본식의 여성 교육을 배격하는 민족주의적인 입장에서 우리 민족 고유의 문화전통을 전수해야 하며 여성들은 가정 내에서는 현모양처 역할을 병행해야 한다는 입장을 드러낸 것이라고 할 수 있다.

(2) 사회 참여

여성의 사회 참여는 김기전이 여성들이 해방되기 위해서 새롭게 해야 할 영역으로 생각하였다. 그의 그러한 생각은 어머니에 대한 회고에서 잘 드러난다. 그는, 천도교에 참여하여 지도자로서 활동하면서 가정을 돌보지 않았던 아버지를 대신하여, 홀로 농사를 지어 가족을 헌신적으로 돌보았던 어머니에게 감사하는 한편, 더 나아가 자신의 어머니가 사회와 국가를 위해 일할 기회가 있었다면 자신의 어머니는 헌신적으로 활동했을 것이라면서, 그러한 기회가 없었던 것을 애석해 하였다. 즉 그는 자신의 어머니가 사회와 국가를 의식하였다면, 그 뜨거운 피와 정열로 한 집안을 위하여 일생을 희생했음과 같이 역시 "사회와 민족을 위하야 그 피를 말리고 그 몸을 병드렷슬 것이며 그리다가 그로서 죽어써 뉘웃치지 안핫슬 것이다"(소춘, 1925b:21)라고 하여, 그의 어머니가 탁월한 능력을 가지고 가족을 위해 농사 짓고 가사 일만 한 것을 안타까워하였다. 이를 통해 볼 때 김기전은 여성이 가정 내에서만 머무르지 말고 사회와 국가를 위한 활동에도 적극 참여해야 한다고 생각하였음이 분명하다.

김기전이 여성의 사회활동 참여를 적극 지지했음이 앞으로 맞게 될 며느리에 대한 기대를 밝히는 글에서(김기전, 1931d:22~23) 더욱 분명히 드러난다. 그는 자신의 며느리가 "자기가 소속된 사회의 일원으로써 활동할 그런 여성이 좋겠습니다"라고 밝히면서, 며느리와의 관계에서는 전통적인 관념이나 태도를 가지지 않고 사회에서 같이 일하는 동지와 같은 생각으로 허물없이 사귀겠다고 하여, 사회활동하는 며느리와 새로운 관계를 맺겠다고 밝혔다.

그러나 김기전은 사회활동은 어디까지나 그는 여성이 가정 내에서 아내, 어머니로서의 임무를 다해야 한다는 것을 전제로 한다. 가정 내의 전통적인 역할을 다하면서도 가정적으로 전혀 "붓잽히지 아니"해야 한다고 주장하였다. 그는 스스로 가정에서 가정일 하면서 사회적으로 활동하라는 것은 너무 욕심 많은 주문일 수 있다고 밝혔다. 여성들이 가정에서 가사노동이나 자녀 양육을 직접 하지 않고 다른 사람의 도움을 받으면서 사회적 역할과 병행하기를 바란다는 의사를 밝혔다. 그가 여성들이 사회활동을 병행할 경우 지니는 이중적 부담에 대한 인식을 하였음을 알 수 있으나, 이에 대한 사회제도적 뒷받침보다 개인적 해결방안을 제시한 것으로 보인다.

그가 여성의 사회 참여가 가정생활의 책임과 병행해야 한다고 주장한 것은 여성 교육의 목표가 남녀평등, 여성해방을 이루기 위해서 여성을 사회에서 활동할 전문가로 키우기 위한 것이라는 것을 역설하면서 다른 한편에서

현모양처 교육을 주장한 것과 일맥상통하는 것으로 볼 수 있다.[13]

(3) 남녀관계의 재정립

1920년대는 엘렌 케이의 연애론이 도입되면서, "연애의 시대"(권보드래, 2004)라고 규정될 정도로 남녀 간의 교제가 새로운 사회 풍조로 등장하였다. 당시 그의 연애론은 전통적인 유교 윤리가 규정한 남녀관계에 대한 새로운 도전으로, 기존의 윤리에 반하는 새로운 남녀관계를 설정하는 데에 관하여 많은 논란이 일어났음은 당연한 일이었다. 이러한 상황에서 김기전은 전통 사회의 남녀관계를 비판하면서 미혼남녀의 교제, 결혼과 부부관계, 여성의 남성에 대한 태도와 남성들의 이중 성 윤리 등에 대한 담론을 펼쳤다.

그는 우선 1920년대 전반에 남녀 간의 교제를 말하면 성적 관계를 연상하는 세태를 개탄하고,[14] 이상적인 남녀관계는 서로 인격을 존중하면서 대등한 관계로 맺어야 함을 주장하였다. 그는 빈부귀천, 연령고하, 부자형제, 남녀를 막론하고 "남녀상호간에 사람성을 인정"하고, "사람에게 사람성의 숭엄 무비한 것을 가르치고 이에 따른 책임이 엄중함을 인식"하게 해야 하는데, 남녀가 제각기 경건한 마음으로서 서로 대해야 하며 서로 책임감을 가져야 한다(김기전, 1930:48)고 강조하였다. 이에 따라 남녀관계는 어느 한편이 다른 한편을 "내리누르거나 쳐다보는 데 있지 않고 서로 어우러져 서로 보충해 나가는 데에 있을 것"(기전, 1926:4)이라고 말하였다. 그는 남녀는 동등

---

13 이는 김기전을 포함한 남성필자들이 여성들의 역할에 관해서 현모양처론과 사회참여병행론을 주장한 것(김경애, 2009)과 합치한다고 하겠다.

14 "남녀라 하면 문득 성교를 연상하는 것이…남자가 여자에 대한 생각이며, 여자가 남자에 대한 생각"인 상황, 즉 "성에 대한 단련이 없으며 이해가 없고, 오직 성에 대한 주림뿐이 있"는 현실에서 "남녀 간의 인격적 교제, 다시 말하면 엄정한 의미에서의 성적 교제"는 불가능하다고 보았다(소춘, 1923:6~7).

한 입장에서 서로 인격적으로 존중하면서 보완해나가는 관계를 맺어야 한다고 하였다.

그는 남녀교제에 대해서, 이를 풍기문란으로 보고 근본적으로 접촉을 못하게 하거나, 또는 방임하자는 의견 또한 모두 옳지 못하다고 지적하고, 젊은 남녀를 선도해야 한다고 주장(김기전, 1930:46)하면서, 그는 남녀 간의 감정의 폭발은 그동안 막혔던 물결과 같은 것으로서, 몇천 년 동안 남녀유별로 갇혔던 감정이 오늘날의 남녀동등과 여자해방이라는 큰 조류를 만나 폭발되는 것으로, 남녀가 그리워하는 것은 당연한 것이라고 하였다. 그는 예수를 인용하여 "마음으로써 간음"하는 심리상 풍기문란이 더 문제라고 규정하면서, 가려진 휘장과 막혀진 장벽을 걷어치우고 사회, 연구실, 사무실에서 남녀가 자유스럽고 태연하게 교제하되, 남자나 여자끼리 대하는 것과 같이 대하라(김기전, 1930:46~47)고 말하였다. 그는 교제를 통해 남녀가 사상, 정서, 기능을 쉴 새 없이 교환, 보충하면 서로 흥미가 있고 발전한다고 하면서, 이러한 남녀관계 위에 기초를 세워야 사회가 향상 발전된다고 주장하였다. 또한 개인의 욕망 때문이 아니라 변해가는 사회에서 남녀관계의 발전은 필연(기전, 1926:5)이라고 보았으며, 앞으로 자유롭고 책임 있는 남녀관계가 이루어질 것으로 보는 베벨의 견해에 동의하였다(기전, 1926:5). 김기전은 남성과 여성은 서로 인격적으로 존중하여야 하며 남녀교제는 자유롭고 자연스럽게 이루어져야 한다고 말하여 남녀관계에서 개방적인 태도를 취하였다.

남편과 아내의 관계에 대해서 김기전은 결혼하는 그 즉시 "한 개의 주인과 한 개의 몸 팔이 꾼이 서로 모여서 기계적으로 생산과 싹바디로 품팔이를 하고 있는 셈"(기전, 1924a:11)으로 규정하고, 남편과 아내의 관계에 대해서는 "이 한편이 저 한편을 내리누르거나 쳐다보는 데"에 있지 않다고 하면서 남녀관계에서 아내가 남편에게 종속적으로 의존하면서 살고 있는 것에 대해 비판하면서 부부관계는 서로 어우러져 보충해나가는 데 있다고 하였다(기전, 1924a:11). 또한 그는 소유 관념에 기반한 결혼을 "송장혼인", "허튼 혼인"이라고 규정하고 이를 구원해내라고 촉구하며, 결혼생활의 일생은 한없는 창조의 기쁨 속에서(기전, 1924a:9;12) 이루어져야 한다고 주장하였다. 또한 그는 결혼 후에 남편은 첩, 오입이라는 이름 밑에서(기전, 1924a:12) 축첩과 성매매를 자행하는 것을 비판하였다. 이러한 혼외관계는 근본적으로 여자를 무시 경멸하는 데서 생긴 일종의 "놀림수"(기전, 1924a:8)이며 남편이 아내를 차지하지 않으면 만족하지 않는 관념 때문에 생겨난 폐단이라고 주장하였다.

그는 희망사항이라는 전제 아래 이상적인 아내의 모습을 밝혔다(김기전, 1931a:76). 첫째, 아내가 남편을 가정에 전속된 사람 또는 소유물로 알아서는 안된다고 보았다. 특히 남편이 사회나 조직을 위해 헌신하는 일을 하는 경우 가정에 얽매이게 해서는 안 된다는 것(김기전, 1931a:76)이다. 김기전은 아내가 남편을 가정에 묶어두려는 것을 경계하였는데, 이는 자신과 자신의 아버지가 천도교 활동을 위해 가정을 돌보지 않았던 것을 정당화한 것으로 볼 수 있으며, 특히 사회적인 사명을 가지고 활동할 경우 자신의 어머니처럼 아내가 남편의 활동을 뒷받침하기를 기대하였음을 내비친 것으로 볼 수 있다.

둘째, 아내와 남편은 가정 살림살이에 대해 연대 공동 책임을 져야 한다고 하였다. 그는 현 사회에서 생활비 책임은 남성이 질 수밖에 없어도 물질과 정신을 아우르는 한 집안 살림은 같이 책임을 져야 하며, 아내는 남편을 원망하거나 저주해서는 안 된다는 것이다. 이 또한 자신의 어머니가 농사를 지어 전적으로 살림을 도맡았던 것과 같이 아내도 그렇게 하면서 자신을 원망해서는 안된다는 것을 말하고 있음을 알 수 있다. 그는 천도교의 대표적인 지식인으로 활동했지만 수입이 거의 없어 가정 경제에 별다른 도움을 주지 못했으니 가족들을 위해 기꺼이 살았던 소파 방정환의 집에 아침마다 가서 식사를 해결하기도 하였고(서은경, 1994:124), 폐결핵에 걸려 투병하는 10여 년 동안 홀로 요양원이나 기도원에 머물러, 아내의 부담을 덜어주려고 하는 마음은 분명했으나, 자신이 전적으로 가정에 대해 책임지지 못하는 것을 아내가 원망하지 않기를 바라는 마음을 드러낸 것이다.[15]

셋째, 아내는 남편이나 자녀를 대하는 태도나 언어 사용에서 부덕을 발휘하여 조폭, 야비, 간악한 태도는 금물이며 가정을 순화해야 한다(김기전, 1931d:77)고 하였다. 이는 남편에 대한 순종을 강압적으로 요구한 유교 윤리와는 달리 오히려 아내에게 남편에 대한 순화된 태도와 언어 사용을 요청한 것으로, 아내에 대한 존중을 밑바탕으로 하면서 남편을 오히려 존중해줄 것을 당부하는 것이다. 또한 김기전이 어린이 운동의 주역이었으며 자신의 아내에게 자녀들에 대해 부드러운 말씨를 할 것을 주문했던 점에 비추어(김석범, 1996:42~47) 어머니가 자녀를 존중해야 함을 언급한 것으로 보인다.

그는 아내에 대한 요청에서 자신의 아버지와 어머니의 삶을 통해 남편과 아내의 역할을 규정하고 있으며 자신의 아내에게도 자신의 어머니와 같은 역할을 기대하고 있음을 드러내었고, 이러한 아내에 대한 요청은 현모양처 교육 및 역할론과 일맥상통하고 있는 주장으로 볼 수 있다. 그의 이러한 주장은 그가 전통적으로 가정 내에서의 아내의 희생과 남편이 가정에서 절대 권력을 휘두르는 것을 당연시하는 관념에서 벗어나 남편으로서 가정에서 역할을 다하지 못하는 한계에 대해 양해를 구하는 것이기도 하다. 그의 이러한 태도는 전통적인 남편의 태도와는 차별되는 것이라고 볼 수 있다.

---

15 그는 가장으로서의 책임감을 느끼나 현실적으로 그 책임을 나눌 수 없었던 것에 대해 갈등했음을 유추할 수 있다.

(4) 사회제도의 변혁

김기전은 개인주의적 자유주의 해방론의 입장에서 여성 교육, 여성의 사회참여, 남녀관계의 재정립을 주장하였고 더 나아가 여성에 대한 억압은 사회제도의 변혁 없이는 해소되지 않을 것이라고 보았다. 그는 여성들이 스스로 억압에서 벗어나려는 의지를 갖지 못하고 의존적이며 수동적인 삶을 살아가는 것은 여성 자신의 문제라기보다는 "그릇된 사회제도에 기인하는 현상"(기전, 1924b:21~23)으로 보았다.

또한 민며느리 제도에 대해서는 봉건시대(封建時代)에 길러진 대가족주의(大家族主義)의 잘못된 권력과, 자본주의 경제 조직의 발전에서 생긴 가난이 서로 얽혀 파생된 것이라고 보았다. 그는 이를 해결하기 위해서는 가족제도와 자본주의 경제 조직을 근본으로부터 문제 삼지 않으면 안될 것으로 당장 해결방안을 찾아야 한다고 주장하여, 민며느리 제도가 사회구조적인 문제임을 간파하였다. 그는 이러한 여성의 의존성이나 수동성, 그리고 민며느리제를 없애는 운동을 일으켜야 한다고 주장하여, 그가 여성들의 해방을 위해서는 사회제도를 변혁해야 함을 인식하고 있었음이 분명하다.

그는 여성 억압에 있어 사회제도가 가장 근원적인 요인임을 인식하고 사회제도 변혁운동이 일어나야 하며, 신여성들은 이러한 인식을 하면서 번민을 느끼고 필연적으로 여성해방을 위한 사회제도 변혁운동의 선봉에 서야 한다고 주장하였다.[16] 그러나 그는 민며느리제의 경우, 억압적인 봉건적 가족제도와 자본주의 경제에 의한 빈곤이 그 요인이라고 분석하였으나, 여성을 억압하는 사회제도에 대한 보다 구체적인 논의를 전개하지 않았다. 다시 말해, 그는 사회구조적 변혁에 대한 인식은 있었으나 여성 억압에 대한

---

16 신여성에 대한 김기전의 기대와 비판의 자세한 내용은 다음절 '3. 신여성에 대한 기대와 비판'에서 자세기 기술힘.

사회구조적인 요인에 대한 구체적인 분석이 결여되어, 조선 사회에 대한 구조적 분석을 기반으로 한 조선 여성 억압에 대한 해방론을 전개하지는 못했다. 다시 말해 김기전은 그가 이해했던 엥겔스나 베벨의 마르크스 여성해방론을 기반으로 하여 전개했던 조선 여성들의 현실에 대한 사회구조적인 인식론을 조선여성해방론으로 발전시키지는 못했다.

3) 신여성에 대한 기대와 비판

김기전은 "오늘 여자가 진실로 종래의 도덕, 습관, 제도에서 해방되기를 요구하면… 누구의 은혜적 구원으로 될 것도 아니오, 오직 요구한다는 그 자신들이 다 같이 팔뚝 걷고 신들 메고 나서지 아니하면 안될 것이다"(소춘, 1926:52)라고 역설하면서 여성 스스로 여성해방운동을 전개해야 한다고 주장하였다. 그런데 이러한 역할을 담당해야 할 사람은 신여성들이라고 보았다.

김기전은 1910년대 말부터 신식 교육을 받거나 직업을 가진 여성을 신여성이라고 정의[17]하고, "조선의 새 녀자는 무섭게 근로하는 거기에서 종래의 모든 경우에 틀리는 습관이나 제도와 싸워나가지 않으면 안될 것"(소춘, 1926:52)이라고 주창하였다. 또한 신여성들은 제일 부지런하면서도 괴롭게 살아온 여성의 역사를 "의식하여 엄숙하고 깊은 새로운 사명을 느끼지 않으면"(김기전, 1924b:2~5) 안 되며, "조선 안에 있는 천만에 가까운 여성들을 어둡하고 컴컴한 저 한편으로부터 자유롭고 광명스러운 이 한편에 번쩍 들어

---

[17] 김기전은 신여성을 "고등보통학교와 동등 또는 그 이상의 정도 학교를 졸업한 여성"이며 "보통학교에 교편을 쥐고 있는 여성, 또는 보통학교 이상의 학교에 교수 또는 조교수의 자격이 있는 여성, 회사에서 가정에 사회에 각기 한자리식 차지하고 있는 모든 여성들"(소춘, 1926:59)이라고 정의하였다.

놓을 임무를"(소춘, 1926:59) 가졌다고 주장했다. 그러면서 신여성들은 "우리 시대의 여자는 종래의 값없는 부즈런을, 새로이 값이 있을 부즈럼으로 바꾸어 만들기 위하여, 싸우다가 죽을 사람"이라고 규정하였다(소춘, 1924:30~31). 그러면서 혁명여걸 '안나'와 같이 조선의 신여성들이 여성해방을 위한 혁명 여걸이 되기를 희망하였다(김기전, 1923:2~5).

그러기 위하여 그는 신여성은 구여성과는 엄청나게 달라야 한다고 보았다. 그는 신여성이 머리 모양, 옷차림, 화장을 달리 하고 말씨나 사는 방식에서 구여성과 달리 하기보다는, 새로운 사상을 가진 진정한 조선의 신여자가 되자고 역설하였다(소춘, 1924:30~31). 신여성들은 먼저, 그동안 여성들이 자기 감정이나 자기의 힘으로써 살지 아니하고 남의 얼굴빛 쳐다보아가며 남의 주머니 뒤져가며 사는 것은 그릇되며 죄악으로 잘못이라는 것을 분명히 의식하고 스스로 번민을 느껴야 하며, 이를 통해 스스로 오늘의 사회제도나 환경이 얼마나 사람이 참답게 살려고 하는 길을 막고 있는가를 깨닫게 되고, 그리하여 자기와 싸우고 사회와 싸움을 해야 함을 필연적으로 느끼게 될 것(기전, 1924b:23; 24)이라고 주장하면서 신여성들은 여성을 억압하는 사회제도를 변혁하는 주역으로 나설 수밖에 없다고 하였다.

그러나 그는 지극히 소수 외에는 여성의 노력을 값 있는 것으로 만들려는 각오를 가진 사람이 없다고 말하며, 여성해방의 선구자로서 사명을 다하는 신여성이 극히 적음을 한탄하면서 그들의 행태를 비판하였다. 그는 당시 신여성이라 하면 "새로운 모양을 낸 여자", "새로운 글자를 몇 자 안다"는 칭호밖에 더 되지 못하는 것 같고(기전, 1924b:20) 아라비아숫자의 1, 2, 3이나 알고 영어의 A, B, C만 알 뿐이라고 비판하였다, 또한 그는 양머리에 뒤 높은 구두만 신으면 누구나 신여자라고 자칭하며, 머리가 썩었거나 사상이 낡았거나 새롭거나 그것은 조금도 문제가 안 되며(소춘, 1924:30) 종래 여자의 ㄱ 너러운 생활 억사에서 근본직으로 뛰처나오려는 노력이니 기풍이 없고 그저 과도기의 부르주아식 자유 기분 속에서 더러운 향락만 탐하려 하는 것뿐인 것 같다(기전, 1924b:23)고 보았다.

그리하여 신여자란 그 이름은 벌써 아무런 뜻도 가지지 못하게 되었고, 돈량이나 있는 젊은 애들의 "새 노리개감" 또는 "히야까시 할 무엇으로 또는 잇는 놈의 첩 감으로 밖에 인정하지 못하는 것이 보통인 듯싶다"고 한탄하였다(기전, 1924b:20). 또한 신여성까지 남자에게 잘 보이려고 아양 부리려고 고심하는 것은 한심한 일(기전, 1925:8)로, 아양 부려 학식 있고 돈 많은 새 서방을 얻어가려고 하는 것은, 일본여자 따라하기이며 자기의 개성에 대한 근본적 자각이 없으며 세계 환경 변화를 의식하지 못함에서 나오는 것(기전, 1925:8)이라고 보았고, 더 나아가 타락되어 자신의 몸을 파는 더러운 생활(김기전, 1923:6)을 하는 것이라고 비난하였다. 그는 신여성이 사회와 억압받는 여성의 해방을 위해 선구적인 역할을 하기를 기대하지만 신여성들이 대부분 개인적인 안일함과 행복을 추구하고, 사치하며 외양 꾸미기에 치중하는 것을 비판하였다.

김기전 자신은 신여성들이 사회적 책임과 역할을 다하지 못하고 있는 것을 비판하였지만, 전통적 시각에서 신여성을 비판하는 것에 대해서는 반대하였다. 남성들이 "여자란 남의 밑에 들 사람이며 남의 지배를 받을 사람이다"라는 전제하에서, 여학생보다 안방에 묻혀 있던 구식 처녀가 제일이라고 떠드는 것에 대해, 지배 복종이 없는 평등한 가정생활을 이루려고 하지 않고 여성을 단지 가정에서 부려먹는 대상으로 보기 때문이라고 보았다. 또한 여학교 나온 여자가 남의 아내가 되어 그 전 여자들 같이 남편이나 혹은 시부모와 시동생의 시중을 잘 들어주지 않으면 "아모데도 쓸 곳이 업는 물건"이라고 비난하는 것은 옳지 않다고 그는 지적하였다(기전, 1926:2~3). 이와 함께 특히 일부 남성지식인들이 학교 교육을 받은 신여성이 건방지며 가사 일을 잘 모르고 친족을 배려할 줄 모르는, 가정주부의 자격을 못 갖추었다고 말하는 것은 지나치다고 보았다(기전, 1926:3). 김기전은 가정 내에서 순종하고 가사 일이나 하는 전통적인 여성의 역할을 기준으로 신여성을 비난하고 기피하는 것을 비판하여, 신여성들이 전통적인 여성상에서 벗어나야 한다는 점을 분명히 하였다.

김기전은 조선 여성은 해방되어야 하며 따라서 여성해방운동을 전개해야 한다고 역설하면서 여성해방운동을 이끌어갈 여성으로 신여성을 지목하였으나 신여성들이 선각자로서의 사명을 다하지 않고 개인의 행복만을 추구하는 것을 비판하였다.

5. 결론

김기전은 1920~30년대 잡지 『신여성』과 『개벽』, 『별건곤』을 통해 가장 활발하게 여성에 대해 문제 제기를 하고 해결방안을 모색하였으며, 여성해방운동을 전개해야 함을 주장하였던 선구적 근대 지식인이었다. 그는 조선 여성들이 유교 윤리에 따라 천대받으며 성장하고 부모가 마음대로 결혼을 강제하며, 결혼 후에는 시어머니와 남편 등에게 복종해야 하고 과도한 가사노동을 수행해야 하는 억압된 여성 현실에 대해 문제를 제기하였다. 그는 이러한 현실을 초래하는 것은 유교 윤리에 기반한 남성의 억압과 차별에 기인한다고 보고, 이를 타개하기 위해 여성 스스로 자각하여 인습에서 벗어나 독립적이고 창의적인 여성으로 거듭나, 해방되어야 한다고 역설하는 여성해방론을 전개하였다. 그의 여성해방론은 당시 조선 여성들이 고통받고 있었던 억압된 삶을 극복하여 새로운 삶을 살기를 기대하는 획기적인 담론이었다.

그는 여성해방론을 바탕으로 신여성들이 조선 여성해방운동을 선도적으로 이끌어야 하는 책무를 져야 한다고 주장하면서, 억압받고 있는 여성들에 대한 신여성들의 사명을 역설하였다. 그러나 그는 신여성이 그가 희망하는 선도적인 역할을 하지 않고 개인의 영달과 안일을 추구하는 것에 대한 비판 하였다.

김기전이 선구적으로 여성해방론을 주장한 것은 천도교 사상에 내재하고 있는 인간평등사상을 기반으로 여성에 대한 억압된 현실을 간파하였고, 나아가 엥겔스와 베벨의 초기 마르크스 여성해방론과 입센 등의 서구의 여성해방론을 이해하였기 때문으로 보인다. 그는 여성개인의 자각과 교육, 이를 기반으로 한 사회 참여, 남녀관계의 재정립 등 개인주의적인 자유주의 여성해방론을 전개하였고, 더 나아가 사회구조적인 변혁의 필요성을 인식하였으나, 이를 구체적으로 전개하지 못하였다. 더 나아가 사회구조적인 변혁의 대안을 제시하지 못했다.

김기전은 그가 전개한 여성해방론은 그 한계에도 불구하고 그 당시 남성 지식인으로서 가장 앞장서서 여성해방론을 전개하였던 선구자였다. 따라서 그는 근대 여성사에서 마땅히 기억되어야 할 남성페미니스트였다.

현모양처론에 대한
근대 남성지식인의 비판담론

1. 서론

1) 들어가는 말

전통 사회에서 여성의 주요역할이 며느리로서 임신 및 출산, 그리고 가사노동과 생산노동에 종사하는 것이었던 데 비해, 현모양처론은 자녀를 양육하는 어머니, 남편의 아내로서의 여성의 역할을 강조한다는 점에서 전통과 결별하는 근대적 개념이었다(홍양희, 1997). 시부모를 모시고 봉양하는 것을 거부하고 소가족을 꿈꾸는 것은, 오륜의 핵심 가치이며 조선조 사회의 중심 원리였던 전통적인 효 사상에 대한 도전이며, 현명한 어머니로서의 역할 강조는 "부모자녀관계가 (부모에 대한) 효도 중심에서 (자녀에 대한) 부양 중심적 관계"로 획기적으로 변화하였음을 의미(김혜경, 1998:ix)한다. 또한 어머니로서의 여성은, 삼종지도(三從之道)에 따라 아들을 따르는 것이 아니라, 새로운 과학적 지식으로 무장하여 자녀를 키우고 가르치는 우위의 역할을 부여받았다. 또한 좋은 아내가 되어야 한다는 주장은 부부 간의 관계가 부화부순(夫和婦順), 부부유별(夫婦有別)의 관계가 아니라 인격적으로 대등해져야 한다는 점을 강조(홍양희, 1997)하여 아내의 남편에 대한 복종이 아닌, 새로운 부부관계를 만들어 갈 수 있는 여지를 가지게 하였다. 또한 개화기와 애국계몽기 이래 여성들은 국가를 위해 훌륭하게 자녀를 키워야 한다는 역할을 부여받았는데, 이는 "근대화의 요청 때문에 여성의 역할이 가정의 영역뿐 아니라 국가와 관련되어 사고된 점은 현모양처 사상의 근대적 성격"(가와모토 아야, 1999: 223)이라고 할 수 있다.

그러나 현모양처론이 여성의 역할에 있어 전통과 달리한다는 점에서 근대성을 담보한다 해도 여성을 여전히 가정 내에 묶어두는 이념이며 남편과 아버지가 가부장으로 존재한다는 점에서 새로운 형태의 가부장제(이명선, 2003:38)로서 충분히 근대적이지는 않았기 때문에 많은 논란의 대상이 되었고, 따라서 이에 대해 1920년대와 1930년대에 다양한 담론이 전개되었다.

개화기 이래 여성담론을 주도한 식민지 남성지식인들도 신여성들과 함께 전통과 결별하는 새로운 여성의 역할로 등장한 현모양처론에 대해 다양한 의견을 적극적으로 개진하였다. 남성지식인들은 일제강점기에 전 세계를 휩쓸었던 페미니즘의 물결이 우리나라에 도입되었던 시기에 "부인해방을 주장한 자"(임진실, 1926)들이었으며, 여성 문제나 신여성담론을 주도해간 집단(권희영, 1998:45; 이명선, 2003:62)이었다. 이들은 "현재의 관점에서 보아도 놀랄 만한 열정을 가지고 신여성에 대한 담론에 참여"(이명선, 2003:3)하였는데, 현모양처론에 대해서도 다양한 담론을 전개하였다.

2) 현모양처론에 대한 남성지식인 담론에 대한 선행연구

식민지기의 남성지식인들은 선행연구에서 신여성들을 감시하며 이들을 현모양처의 가부장적 영역으로 가두려 하였다고 신랄하게 비판받고 있다. 즉 식민지 남성지식인들은 개인적으로 "가장성(patriarchy)를 빼앗긴 상태, 즉 거세된 상태"로 "훼손된 가장권의 만회를 위해 가정 내에서의 보다 굳건한 가장권의 확인이 필요한 단계"로, 진보적인 관점보다는 전통적인 가부장제를 유지하려고 하였다. 따라서 이를 위한 필요조건으로서 현모양처에의 지속적인 애착을 표명하였고(김미영, 2003:260), "신지식으로 무장하여 신식가정을 꾸미면서도 남편의 가족을 위해 희생하고 순종하는 현모양처"(정지영, 2006:47; 80)를 꿈꾸었다고 규정되었다.

또한 남성지식인 대부분은 여성 개인의 해방이 아니라 장래의 국민을 양육하는 국민의 절반인 여성을 개화시키고 현모양처로서 교양을 갖추게 함으로써 민족 독립에 이바지하게 하려는 입장을 견지하여 민족과 남성의 이해가 우선(이노우에 가지에, 2003:156)했던 것으로 비판받았다. 또한 조선의 지식인들은 여성 교육에 있어서는 민족의 수호자이자 전통의 수호자로서 여성을 인식함으로써, 일제 군국주의의 식민지 여성 교육정책에 동일화되는 결과를 낳았고 학교를 통한 여성 교육은 강제된 진리로서 현모양처론이 되었다(김미영, 2003:234~235)고 규정되었다.

현모양처론 중, 모성에 관해서는 식민지하의 남성들이 일관되게 한 목소리로 가정교육자로서의 모성의 역할을 강조하고 모성애에 민족의 구원이라는 의미를 부여하여 이데올로기적으로 모성을 예찬(안태윤, 2006:76~77)하였다고 설명되고 있다. 또한 조선 남성은 민족주의를 위해 모성을 동원했고 남성논객에 의한 근대적 여성에의 대망은 신선한 문명의 호흡을 갖춘 모성의 구현자로서의 모습(김미영, 2003:96)이라고 규정되었다. 특히 이광수와 이

은상은 여성의 모성역할을 신성화하는 대표적 논객으로 호명되었다(가와모토 아야, 1999:227; 전은정, 1999:41).

현모양처론 중, 양처에 대한 강조는 1920년대부터 시작되었는데(전은정, 1999:25~27), 모성론이 당대의 여성들에 의해 적극 수용된 것에 비해 양처론은 당시에도 신랄한 비판을 받았는데. 양처론의 대표적인 사례는 이광수가 1932년 잡지 『만국부인』 창간호에 발표한 「신여성 십계명」이다. 이 글에 대해 당시 고영숙(1932)은 "케케묵은 구시대의 산물"이며 봉건시대의 낡은 여성관을 견지하였고 부르주아의 안일하고 기생적인 삶을 가미한 것으로 논박했다(박용옥, 2003:76~77)고 소개하고 있으며, 현대에 있어 박용옥도 "소부르주아적인 신여성상으로 구시대의 정절이데올로기를 강조하는 진부한 여성상"(박용옥, 2003:67)이라고 비판했다.

중국 문학가 양백화가 1920년 『신여자』 창간호에 발표한 「현대남자가 요구하는 신여성 배우자의 7대 조건」에 대해서도 양처론과 관련하여 "이상적인 전업 주부의 조건을 제시하였을 뿐"(박용옥, 2003:63)이며 남성의 타자로서의 여성의 존재가 잘 드러(최혜실, 2000:208)난 글이라고 지적받았다. 또한 이성환이 1921년 『별건곤』 12월호에 발표한 「신여성은 7덕이 구비」도 여성을 남성과 동등한 주체로서의 개인이 아니라 "남성의 아내"라는 타자로 구성(이명선, 2003:107)하는 것으로 비판되었다. 선행연구에서 남성지식인들은 주로 현모양처론을 옹호하고 이를 당시 여성들에게 새로운 역할로 제시하고 강요하였던 것으로 비판받고 있다.

일부 선행연구에서(김수진, 2004:347; 전미경, 2004:76) 당시 남성지식인의 비판적인 시각도 있었다는 것을 밝히고는 있으나 구체적인 분석이 결여되어 있다. 현모양처론에 대한 남성지식인의 비판적 시각을 보다 자세히 분석할 필요가 있다.

3) 연구방법과 연구 내용

당시 남성지식인의 현모양처론에 대한 입장을 파악하기 위해 담론을 분석하고자 한다. 담론이란 기본적으로 개별화된 언술들을 총칭하는 개념(김미영, 2003:2)이며, 담론은 정치적인 인식으로, 담론이 표상하는 것은 실제라기보다는 현재에 대한 비판과 앞으로의 지향점을 제시하고 있다. 당시 남성지식인들은 여성에 대해서는 우월적 지위 또는 지배자의 위치에 있었지만 식민지의 남성으로 피지배자의 위치에 머무는 존재로, 지배자와 피지배자의 위치를 오가며 신식 교육과 해외유학을 통해서 지식인으로 인정받으면서 식민지 조선의 담론을 이끌어 나가는 지도층의 위치에 서게 되었다. 이들은 식민지시대에 기존 지배담론에 대해 회의하고 여성에 대한 유교 윤리를 바탕으로 한 억압적인 지배담론에 대항하면서 새로운 담론 형성에 있어 신여성들과 더불어 주도적인 역할을 하였다.

이러한 근대 남성지식인들의 현모양처론에 대한 비판적 담론을 분석하기 위해 당시 발간된 잡지와 신문에서 남성지식인들이 현모양처론에 대해 언급한 글들을 수집하였다. 당시 남성지식인들이 여성에 관한 담론을 펼친 대표적 잡지인 『신여성』을 비롯한, 『신생활』, 『여성』, 『개벽』, 『학지광』, 『별건곤』, 『아성(我聲)』, 『전선』, 『현대평론』 등의 잡지와, 신문으로는 『동아일보』에 발표된 현모양처에 관한 남성들의 글이 그 대상이 되었다.

이 연구는 위의 자료에서 찾은 남성지식인의 담론에서 현모양처론에 대한 남성지식인의 비판적 시각을 보다 자세히 제시하고 남성지식인의 현모양처론에 대한 담론의 다양성을 드러내고자 한다. 특히 남성지식인 개별로 다양한 논지가 있었음을 드러내고 이를 바탕으로 근대의 여성주의 담론을 주도한 개개 남성들을 호명하고자 한다. 또한 이들이 제시한 대안을 살펴보고 대안으로 제시한 사회 참여 및 경제적 독립에 대한 담론의 한계를 논하고자 한다.

2. 근대 남성지식인의 현모양처론에 대한 비판담론

1) 현모양처론과 현모양처 교육에 대한 비판

식민지시대 일부 근대 남성지식인들은 당시 여성의 역할에 관한 근대적 개념으로 등장한 현모양처론이 기본적으로 여성을 여전히 가정 내에 묶어두는 또 다른 가부장적 이데올로기라고 비판하였다. 현모양처론에 대해 비판을 제기한 남성지식인들은 천도교의 지식인이었던 이돈화(필명:백두산인) 및 이훈구를 비롯하여, 조선일보 기자 신일용(필명:적애생), 백파, 일소[1] 등의 사회주의자들이 대표적이다. 현모양처론 비판에 있어 이들은 두 가지 입장으로 나뉘는데, 하나는 현모양처론을 근대적인 개념으로 인정하지 않고 유교 윤리 도덕과 다름이 없다고 보는 입장이고, 다른 하나는 근대적이지만 충분히 근대적이지는 않은 새로운 가부장적 여성관이라고 비판하는 입장이다.

현모양처론이 유교 윤리 도덕과 다름이 없다는 입장을 표명한 남성지식인은 천도교의 이돈화인데, 그는 현모양처론을 새로운 윤리 도덕이라기보다 부부유별의 전통적 윤리관과 같다고 규정하며(이돈화, 1924:5~6)[2] 여성을 현모양처에만 묶어두는 것은 여성이 한 인간으로서 능력을 발휘하지 못하게 제한하는 것이라고 비판하였다. 이에 따라서 부모의 명령이나 어른의 지

---

1 백파와 일소는 실명 미상이나 본문 내용에서 남성으로 추정한다.
2 "동양에서는 부인의 도덕을 절대로 현모양처주의에 두어왔음은 누구나 다 아는 일"(이돈화, 1924: 8;5)이라고 주장하였다.

도에 절대 복종할 필요가 없으며 시집살이를 하면서 현부, 양처, 현모가 되라고 하지 않는다는 파격적인 주장을 하였다. 이는 유교 윤리의 실천자로서 가정 내의 전통적 여성의 역할에 대해 전면적으로 도전하라고 여성들에게 촉구하는 것이었다.

현모양처론을 비판한 대부분의 남성지식인들은 현모양처론이 유교 윤리와는 결별하였으나 충분히 근대적이지는 못하다고 보았다. 그 대표적인 인물로 사회주의자 신일용(1922a; b; c)이 있는데[3] 그는 잡지『신생활』에 현모양처에 대한 비판의 글을 연재했다. 그는 현모주의는 자녀 중심인 반면, 양처주의는 남편 중심으로, 이 둘의 요구가 언제나 동일한 것은 아니라고 주장하면서 현모양처론의 모순에 대해 설파하였다. 즉, 처로서는 가사노동을 수행하고 남편의 몸종으로서 애교를 부리고 순종하는 역할인 반면에, 어머니로서는 친절한 보호자, 자애, 천사, 가르침, 스승이 되어야 한다고 주장하면서, 이 두 역할 간의 부조화를 지적하였다. 또한 가장 중심의 가정에서 여성은 아내로서 가사노동이 우선하기 때문에 가장과 자녀의 이해 충돌로 육아는 뒷전으로 밀려나 희생된다고 보았다(적애생, 1922. 15~18). 그는 더 나아가 아내가 되지 않고도 어머니가 될 수 있으나 현모양처주의는 합법적인 결혼 내에서의 출산만 용인하고, 아내이기 때문에 인정받는 어머니라고 주장하면서 비혼모의 경우 조소와 모욕을 받게 된다고 비판하였다. 신일용은 현모양처론이 전통과는 달리 근대적인 역할로서 어머니와 아내로서 여성의 역할을 제시하지만 이 두 역할은 모순되며, 어머니와 아내로서의 역할을 묶

---

3 그 밖에 일소도 현모양처라는 말은 "소금 섬을 물로 끓이라 하여도 명령이면 이에 따라야 하고 죽으라면 죽는 시늉이라도 내라는 말과 같이 인생 문제, 인격본위는 제처 버리고 어떠하든지 복종함이 가하다 하는 법 아래의 말이었다"(일소, 1921:12)고 지적하면서, 이른바 현모양처란 말은 말로서는 좋으나 실제로는 여성을 남성의 보조자로서 현모양처로 한정짓는 것은 비인도적이라고 비판하였다(일소, 1921;11)

음으로서 결혼제도 내의 아내이자 어머니만을 위한 편협한 역할관이라고 주장하였고, 결혼제도 밖의 출산도 용인해야 함을 암시하여 당시로서는 매우 급진적인 주장을 펼쳤다.

일부 남성지식인들은 현모양처론을 여성에게 주입하는 기관으로 학교를 지목하고 이에 대한 통렬한 비판을 퍼부었다.[4] 대표적으로 양주동(1922)은 정신여학교의 동맹 휴교를 지지하면서 여학교의 현모양처 교육에 관한 비판의 글을 『동아일보』에 6회에 걸쳐 연재하였다. 그는 교육에는 사람 교육과 그릇(역할) 교육이 있다고 주장하고 현모양처 교육은 그릇 교육이라고 주장하였다. 입센의 희곡 『인형의 집』에서 '노라'가 부르짖었던 처가 되고 모(母)가 되기 전에 우선 사람이 되어야 한다는 주장에 동의하면서 "여성을 다만 종순현량한 규방여성으로 교육하고 순치하는 것은 남성의 무서운 사기 수단에 불과한 것이다"라고 주장하였다. 또한 여성은 "개 같은 사람 구실 그만해야" 한다고 생각하여 당시 풍미하였던 엘렌 케이의 모성론에 관한 주장도 어리석다고 보았다(양주동, 1922a).

사회주의자 백파(1927:161~172)도 양주동 못지않게 현모양처 교육을 신랄하게 비판하였다. 여자 교육이 "지배계급인 남자의 이상과 이익을 프로파간다" 하는 것으로 전락하고, 양처현모주의 교육의 실시로 여성을 "보다 더 공손한 노예를 만들어내"(백파, 1927:162)고 있다고 비판하였다. 또한 그는 현모양처 교육은 남편이라는 독재자를 섬기는 의무를 다해야 하는 사회 질서 확립을 위한 선전이며 부덕(婦德)의 교육이라고 비판하였다. 또한 현모양처주의 교육은 "도살장과 별로 다름없는 가정에서 유순하게 복종하며 무저항으로 남자의 처분에다 몸을 완전히 전위(全委)도록 여자를 준비시키는 것"이라고 말하고, 양처현모주의를 고취시키는 여자 교육으로부터 여자를 해방

---

4 그 밖에 이훈구, 오상준 등도 현모양처 교육을 비판하였다.

해야 한다고(백파, 1927:170) 주장하였다.

이와 같이 현모양처론과 이를 뒷받침한 현모양처 교육에 대해 양주동 등 민족주의 계열, 이돈화, 이훈구, 오상준 등의 천도교 계열, 백파, 일소, 신일용 등의 사회주의 계열 지식인들이 자신의 사상적 입지와는 관계없이 모두 한결같이 비판하였다. 특히 사회주의 계열의 지식인들은 당시 활발하게 소개되고 논의되었던 사회주의 여성해방론을 주창한 아우구스트 베벨의 저서 『여성과 사회주의』를 통해서 사회주의의 실현을 위해서는 여성도 노동자로서 남성들과 함께 사회에 참여해야 하며 경제적인 독립을 이루어야 한다는 이념을 수용하였다. 따라서 이에 기반하여 여성의 역할을 가정 내의 어머니와 아내로 한정한 현모양처론에 대해 더욱 신랄한 비판을 하였다. 민족주의 계열의 양주동이 입센의 희곡『인형의 집』을 인용한 것으로 보아 당시 현모양처론 비판에 서구의 개인주의 사상이 뒷받침되어 있었음을 알 수 있다.

2) 현모양처론에 대한 대안으로서의 사회 참여

일부 남성지식인들은 현모양처론에 대해 통렬하게 비판을 하는 것에 그치지 아니하고 이에 대신할 여성 교육의 방향과 여성의 역할에 있어 대안을 제시하였다.

첫째, 교육에 있어서는 여성 교육이 현모양처 교육에서 벗어나 사람으로서 인격을 함양하는 인간 교육이 실시되어야 한다고 주장하였다. 대표적으로 양주동(1922)의 주장을 살펴보면, 여성 교육이 남성본위의 현모양처의 그릇 교육에서 벗어나 사람 교육을 실시해야 함을 강조하였는데, 사람 교육은 여성의 지위 향상을 자각시킬 만한 교육이며, 즉 남녀평등론, 여권확장론에 대한 교육이라고 주장하였다. 특히 여학교가 "감옥"과 같은 기숙사에 여학생들을 가두어놓고, 편지를 검열하고 면회를 제한하면서 여학생들을 속박하고 있다고 비난하였다. 이는 규중 궁궐 속의 전통 사회 여성들의 처지와 다를 바 없이 여학생들을 구속 감금하는 것이라고 보고

> 나는 여자의 실질적 해방을 절규한다. 무조건 해방을 주장한다. 폐단과 희생이 있더라도 여자의 각성을 바탕으로 참사람의 풍기를 이루게 되면 여자가 행복해지기 때문에 여성의 절대 자유, 해방을 주장하면서 여성의 권리는 남성의 권리와 동등이 되어야 할 것[5]

이며, 그리하여 여성은 남성과 평등하며 자유를 주고 해방을 하여야 한다고 역설하였다.

둘째, 천도교 지식인을 비롯한 민족주의와 사회주의 일부 남성지식인들은 그 정치적인 입장을 막론하고 여성에 대한 사람 교육에서 한 발 더 나아가 교육을 통해 여성들이 전문적인 능력을 기를 수 있도록 해야 한다고 주장하였다. "사람다운 품격을 유지하려면 사람은 제 손으로 제 밥을 장만하고 제 능력으로 제 몸을 기를 수 없는 동안에는 독립한 인격과 개성을 발휘할 수 없는 것"(민태원, 1925:18~19)이기 때문에 여성에게 "홈맥커(Home-maker)"로 가사만을 전공케 하는 교육이 아니라 전문인을 길러야 하고(이훈구, 1938:30~31) "독립생활을 유지할 만한 능력과 기능부터 단련(鍛鍊)하여야 될 것"(민태원, 1925:18~19)이라고 주장하였다. 더 나아가 이를 기반으로 "사회적으로 각종 기회를 포착하도록" 하여(이훈구, 1938:30~31) 경제활동을 할 수 있도록 해야 한다(오상준, 1920; 조동식, 1920)고 주장하였다. 더 나아가, 여성의 사회 참여는 불가피한 현실이 되었다고까지 주장하였다(백파, 1927:170).

셋째, 여성들은 현모양처가 되기보다는 사회 참여에서 더 나아가 사회개

---

[5] 양주동, 1922b.

혁에 나서야 한다고 주장하였다. 즉 천도교 지식인 이돈화는 신여성들이 현모양처에 대한 기대보다도 독립적인 개성을 가지고 사회와 국가에서 책임과 능력을 발휘하는 것을 우선하여 "사회 개조의 진두에 나설 싸움꾼"이 되어야 한다고 생각하였다(백두산인, 1921:37; 이돈화 1924:20). 그러나 사회주의자들은 보다 적극적이고 구체적으로 여성의 사회 참여는 물론, "가두에 나서서 대중과 함께 하는 투사가 되어"(함상훈, 1933:85) 사회 개혁에 나서야 한다고 선동하였다. 사회 참여에 필요한 능력을 바탕으로 사회적 변혁과 여성의 완전한 해방과 기성 질서의 소멸운동에 적극적으로 참여하여야 한다고 주장하면서 구체적인 실천을 요구하였다(백파, 1927:170; 신남철, 1933:85; 일소, 1921:14). 구체적으로 여성이 현모양처 이데올로기를 거부하고 남녀평등을 주장하려면, 사회적 인습 타파와 외래 자본주의와도 싸워야 하며, 여성의 공민권, 재산권, 결혼 이혼의 자유, 교육 균등, 남녀 임금 평등, 인신매매 폐지 등을 주장하였다(함상훈, 1933:85).

일부 천도교도를 비롯한 민족주의자와 사회주의자들 할 것 없이 일부 남성지식인들이 한목소리로 현모양처론을 비판하고 이를 극복하여 여성들이 교육을 통해 능력을 기르고 이를 바탕으로 사회 참여와 경제적 독립을 꾀하고 나아가 여성해방을 위해 사회를 개혁해야 한다고 주장한 것이다. 특히 사회주의자들은 여성해방을 이루기 위해서 구체적으로 해결되어야 할 쟁점들을 사회주의 이념에 기반하여 제시하였고, 더 나아가 사회주의 이념을 위해 투쟁할 것을 역설하였다.

3) 현모양처와 사회 참여 병행론

여성을 어머니와 아내로서 가정 내 역할 수행자로 규정하는 현모양처론이 여성의 사회 참여와 배타적이거나 둘 중에 하나를 선택해야 하는 것이라기보다는 함께 병행해야 한다는 주장이 제기되었다.

여성이 가정에서는 현모양처이면서 동시에 사회 참여를 해야 한다는 주장은 일찍이 개화기 때부터 있었다고 볼 수 있다. 1908년 한성고등여학교 설립 시 순종비는 휘지의 둘째, 셋째 항목에서 가정과 관련하여 여성이 교육을 받으면 현모양처의 역할을 할 수 있다는 주장을 하였다. 이보다 앞서, 첫째는 "녀자를 교육하여 노케되면 나라에 대단히 유효한 일이 여러 가지 잇스니" "지예 잇는 부인들도 국사를 의론하야 정치가 진보케 할것이오"(최혜실, 2000:35에서 재인용)라고 격려하여 현모양처론에 우선하여 여성의 사회 참여를 주장하였다. 현모양처 역할은 개화기 초기부터 일찍이 사회 참여와 함께 여성들의 새로운 역할로 부여되었음을 말해준다.[6]

식민지시대에 현모양처론과 사회 참여를 함께 주장한 남성지식인으로는 이광수, 김기전, 양백화 등을 들 수 있는데, 이들은 현모양처론을 인정했다는 점에서 비판의 대상이 되고 있다. 현모양처론을 주장하는 대표적인 남성지식인으로, 당시나 현대 학자들(고영숙, 1932; 박용옥, 2003:67; 최혜실, 2000:99)로부터 신랄한 비판을 받은 이광수의 경우를 살펴보면, 일찍이 혼인의 조건 중 가장 중요한 것으로 남녀 모두 각각 확실한 직업을 가져야 하는 것으로 보며 여성도 남자로부터 독립하여 일가를 유지하며 자녀를 교육할 능력이 있어야 하고 여자도 가정 경제의 일부를 담당하며 남편이 아프거나 사망하더라도 자녀를 양육할 만한 경제적 능력이 있어야 한다고 강조(이광수, 1917:30)하였다. 이와 같이 그는 비록 남성에 비해 부차적이지만 여성의 경제적 능력 또한 필요함을 주장하였다. 그는 여성이 처가 되고 어머니가 되

---

6 최혜실은 "여성의 사회 참여에 들어가는 논지이나 아주 막연하게 그 방향을 지시하고 있을 뿐이다. 결국 여성 교육은 현모양처를 위한 것으로 되고 만다"(최혜실, 2000:35)라고 달리 해석하고 있다.

는 것은 가장 중요한 천직이나 이것이 여자의 전체는 아니며 처나 모가 되기 전에 주체로서 '사람'이 되어야 한다고 말하였고 여자에게 인격을 인정해야 함을 주장하였다. 이는 한때 천도교에 몸담았던 이광수가 천도교 지식인인 이돈화의 주장과 동일한 주장을 한 것으로 천도교 남성지식인의 여성에 대한 기본적인 입장과 같이 하는 것으로 보인다.

이광수는 이러한 논의에 기반하여, 남자를 교육할 때에 오직 부(夫)나 부(父) 되기 위하여만 교육하는 것이 아닌 것처럼, 여성을 교육하는 것은 처나 모 되기 위해서 뿐만 아니라 완전한 사람이 되기 위하여 교육해야 한다고 본다. 그러나 우리나라에서는 여성 교육의 목표가 아내나 어머니 되기 위한 것이며 "여자에게서 처나 모를 빼면 (滅해 내면) 영(零)이 되는 줄" 아는데 이는 미개한 시대의 사상이라고 비판하였다(이광수, 1917:30). 이광수는 여성은 아내나 어머니가 되지만 이전에 하나의 인격을 가진 사람이며 남녀가 동일한 교육을 받아야 한다고 강조하였는데(이광수, 1917:30), 그 이유로는 여자도 사람이며 남자와 여자는 균형하게 사회를 유지하고 발전하는 책임을 져야 하기 때문이라고 보았다. 또한 그는 여자 교육과 국가, 사회, 문명 등과는 관계가 많아, 문명한 민족에게나 번영하려는 민족에게 절대로 필요하고 긴급한 일이 남녀가 동일한 교육을 받는 것이라고 말하였다(이광수, 1917:33). 따라서 이광수는 여성의 역할을 현모양처로 한정하고 있지 않고 남녀가 함께 사회를 유지하고 발전하는 책임을 지는 역할을 맡고 있으며 이를 위해 남녀에게 동일한 교육을 실시해야 함을 주장하고 있음을 알 수 있다.

이광수가 『만국부인』 창간호에 발표한 「신여성 십계명」 9조에서 "남편에게 정신적 협조를 주기를 힘쓸 것"이라는 조항에 대해, 고영숙은 당시 "남편에 대한 협조 이외에 여성이 독자적으로 할일이 없다는 말이냐?"(고영숙, 1932:16)고 반문하였다. 그러나 이광수는 아내 허영숙이 의사로서의 역할과 학업을 계속하도록 뒷받침하여, 이광수가 아내에게 일방적인 협조를 기대한 것이 아니었음은 분명하다. 이광수의 아내 허영숙은 결혼한 다음해인 1922년에는 홀로, 1933년에는 세 자녀를 데리고 의학 수련 차 다시 도일하였는데, 1922년에는 평양의 조만식이 이광수에게 숭실전문 교수직과 발간 예정인 잡지의 주간직을 맡아달라고 하자, 이광수는 장모를 모시는 한편, 아내의 공부 뒷바라지를 해야 한다고 거절했다(김윤식, 1986:764). 이광수는 아내 허영숙을 '허선생'으로 칭(김윤식, 1986:962)하면서 존중하였으며 아내가 독자적인 영역을 개척하는 데 적극 후원하였다. 한편 허영숙은 이광수의 결핵을 치료하다 사랑에 빠져 결혼을 감행한 이래, 병약한 이광수를 헌신적으로 보살피고 자식들을 키워낸 전형적인 현모양처라고 볼 수 있을 것이다. 그러나 허영숙은 어머니와 아내로서의 역할뿐 아니라 사회 참여를 하였고, 독자적인 경제력을 확보하였다. 이는 남편 이광수의 희생과 도움 없이는 이룩할 수 없었다. 따라서 이광수는 결코 여성이 가정 내에 머무르면서 현모양처 역할만 해야 한다고 생각하지 않았음이 분명하다.

당시 천도교의 대표적 지도자이며 『개벽』의 편집인으로, 여성주의자들의 신랄한 비판의 대상이 된 김기전은 경제적으로 궁핍할 때에 집안에는 양모현처가 필요한 것이 현실이며 이를 위한 실질적 여성 교육이 필요함을 주장하였다(김기전, 1922:41~48). 그러나 며느리를 얻는 기준은 "가정적으로 전혀 붓잽히지 아니하고 자기가 소속된 사회의 일원으로써 활동을 할 그러한 여성"(김기전, 1931:22~23)을 원하여, 결코 여성이 현모양처 역할에만 한정되어야 한다고 생각하지 않았음을 알 수 있다. 또한 여성들이 결혼 전에는 활동이 활발하던 여성들도 결혼 후에는 "무능인"이 되고 마는데 결혼 후에도 여성이 사회활동을 해야 함을 분명히 하고 있다(김기전, 1921:15~16). 또한 당시 남성들이 여학생들에게 요구하는 것은 얌전하고 얼굴이 예쁘고 조신한 여자라고 비판하고 교육받은 여자가 구여자처럼 남편, 시부모, 동생의 시중을 잘 들어주지 않는다고 여학생을 아무데도 쓸데없는 물건이라고 비방하는 것을 비판하였다. 그는 아우구스트 베벨의 저작 『여성과 사회주의』를 인용하면서 여성들도 사회적으로나 경제적으로 독립하게 되면 남자와 다름없는 평등과 자유의 몸으로써 자기 자신의 운명을 주재하는 자신의 주인공이 될 것이라고 주장하였다. 김기전은 구체적으로 여성들은 산업적으로 활동하고 교사도 되고 보모도 되며 과학과 예술을 연구하고 모든 방면의 행정직에 진력하기도 할 것으로 전망했다(김기전, 1926:1~4).

양백화[7](1921:6~9)는 여성의 역할을 가정 내 양처역할에 한정하였다는 비판(박용옥, 2003:63; 최혜실, 2000:208)을 받고 있으나, 최초로 입센의 『인형의 집』을 번역, 소개하여 현모양처로서 예속된 여성의 삶에서 벗어나는 여성상을 제시한 바 있다. 그는 해설에서 작가 입센을 여성 문제와 노동 문제가 극히 중대한 문제임을 미리 알고 연구하던 선각자로 규정하고, 그의 희곡 『인형의 집』은 현대사회 남자와 여자의 지위가 불공평하며 불평등함에 분개하여 여자도 또한 '사람'이라는 자각으로 남자와 동등한 대우와 연애 권리, 지위를 요구하여 남자와 같이 사회 문제, 가정 문제 등에 책임을 지라는 가르침이라고 말하면서 높이 평가하였다(양백화, 1921:6~9; 김영금, 2005:158에서 재인용). 이를 통하여 볼 때 양백화는 여성의 역할을 가정 내의 양처로서 한정하는 것만이 바람직한 것으로 생각한 것이 아님을 알 수 있다.

여성주의자들의 비판의 대상이 되었던 이광수, 김기전, 양백화 등은 자신의 글에서 여성의 현모양처론을 인정하였으나, 이들의 또 다른 글이나 그들의 삶에서는 여성의 역할을 이에 한정하지 않고 사회적인 참여 또한 여성의

---

7 잡지 『신여자』는 당시 가장 진보적인 신여성이었던 김원주, 나혜석이 주동이 되어 출간되었는데, 이들은 양백화를 유일한 남성고문으로 초빙하였다. 창간호에 양백화의 글을 실은 것은 이들이 양백화의 주장을 수용하지 않았나 하는 추측을 할 수 있다.

중요한 역할이라고 보았고 또한 실천하였다. 이와 같이 일부 남성지식인들이 그들의 일부 글에서 현모양처론을 주장했다고 해서 여성의 사회적 경제적 활동을 배제하고 오로지 여성들이 현모양처가 되어야 한다고 생각했다기보다는 이 두 역할을 병행해야 하는 것으로 인식하였다.[8]

3. 현모양처론의 대안/병행론으로서 사회 참여론의 한계

1) 여성의 노동시장 참여의 현실

일부 남성지식인들에 의해 '현명한 어머니나 좋은 아내' 이전에 독립적인 개인이 되기 위해 필수불가결로 여겨졌던 사회 참여나 경제적인 독립을 이루기 위해서는 당시 경제 사회 현실의 뒷받침이 필요하였다. 그러나 여성들이 설사 현모양처와 병행하거나 이를 극복하기 위해 사회 경제적 참여를 하고자 하여도 이를 뒷받침하는 현실은 매우 척박하였다.

---

8 신여성들도 가정에서는 현모양처가 되는 동시에 사회에 참여해야 한다는 병행론이 모순이거나 갈등을 일으킨다고 생각하지 않았고 이를 동시에 추구해야 한다고 받아들인 것으로 보인다. 신여성들은 현모양처론을 내면화하고 가정에서 현모양처의 역할을 다하면서 자신의 영역을 계속 추구하고 사회활동을 하기 위해 노력했다. 당시 대표적인 신여성인 나혜석은 자신의 글 「이상적 부인」(『학지광』, 1914:12)에서 현모양처론에 대해 신랄한 비판을 가하였으나 「이혼고백장」에서 (나혜석, 1934:8~9)에서 자신은 늘 현모양처였음을 주장하고 남편이 이혼하지 않는다면 앞으로도 현모양처가 될 것을 약속했다. 또 다른 신여성의 대표적인 인물인 김일엽의 경우에도, 나혜석이 김일엽의 가정생활을 그린 『신여자』의 만평(나혜석, 1920:6)에서도 묘사되었듯이 밤 열두 시까지 독서하고 밥을 지으면서 시를 짓고, 손으로는 바느질하면서 머리로는 신여성의 앞날을 걱정하고, 밤새 궁리하여 새벽에 원고를 쓰는 여성으로, 가사노동과 사회적 역할을 병행하고 있음을 그리고 있다. 김일엽 자신도 재혼 후 일주년을 맞이하여 "현모양처로서의 역할을 우선하겠다"는 결심을 밝혔다(김원주, 1924).

1920~30년대 여성의 고용은 비록 절대적인 수에서 약간 증가되었다고 하더라도 남성취업자에 비해 여성취업자는 소폭 증가하는 데 그쳤고, 전체 여성인구에 대한 여성고용의 비율에서도 뚜렷한 감소 추세를 보여, 1920년 이후 여성의 경제활동 참여가 획기적으로 늘어나지 않았다.

당시는 농업 사회로 여성들의 대부분은 농업에 종사하였는데 이들은 무급가족종사자로서의 경제활동으로 자신이 경제적 혜택을 얻기보다는 가족 생계를 위한 노동에 종사하였다고 하겠다. 생산 분야에 종사한 노동여성들은 15시간이 넘는 장시간 노동과 열악한 작업 환경에 시달리면서 임금은 일본 남성의 4분의 1, 한국 남성의 절반 밖에 받지 못하는 민족적, 성적 차별에 고통받았다(이효재, 1976; 강이수, 1991 등). 이들의 경제활동은 자신들의 경제적 독립이라는 새로운 이념을 실현하는 것과는 전혀 상관없이, 생계를 위해 임노동에 참여할 수밖에 없었다. 따라서 이들의 경제활동 참여는 생존을 위한 불가피한 선택이었을 뿐이었다.

근대적 개념인 현모양처나 경제적 독립을 추구할 수 있는 계층은 근대적 학교 교육을 받은 신여성들로서 이들은 대부분 취업을 희망하였다. 특히 1920년대 신여성을 둘러싼 주된 화두 중의 하나는 '자립'으로, 남편과 부모에게 '의뢰'하는 삶은 수치로 여겨졌다. 신여성은 "직업전선에서 부댓기자! 그리하여 동원하고 잇는 사회적 역량의 일구성 분자가 되는 동시에 사회의 실재를 실지 체험에서 각득"하자고 외치고 있었다(박순옥, 1931:33). 생활난과 가정 및 사회로부터의 예속과 억압에서 자유롭지 못했던 대부분의 여성들에게, 직업활동은 어느 정도의 경제적 여유와 자립을 제공한다는 점에서 "신기루 같이 아름다워 보이는 허영의 세계"(이상호, 1938:32, 김경일, 2002:186에서 재인용)가 되기도 하였고, 좋은 결혼의 기회를 잡기 위해서이기도 하였다(김경일, 2002:186).

교육받은 신여성들 중 취업자는 대다수가 교육과 언론, 예술, 종교, 의료

종사자 등의 공무자유업에 종사하였는데, 공무자유업에 취업한 여성의 숫자가 비록 미미하였지만 꾸준한 증가세를 보이고 있었다(김경일, 2002:163). 그러나 1930년대 전 중반기의 공황기를 제외하고는 직업을 가진 신여성의 숫자가 꾸준하게 증대되어왔음에도 불구하고, 전체 여성인구, 또는 여성취업자 인구에서 차지하는 비율은 매우 미미하였다. 공무자유업 여성종사자가 여성취업자 중에서 차지하는 비율은 불과 0.5%에서 1% 정도에 지나지 않으며, 전체 여성인구에서는 이보다 훨씬 떨어져서 0.2%~0.3%라는 아주 미미한 비율을 보이고 있다(김경일, 2002:166).

조선의 경우 여성의 취업 기회는 너무나 적어서(송연옥, 2001:67) 취업은 "바늘 귀 만큼이나 좁은 문"(김연화, 1933:56)이었는데, 서비스직인 교환수, 여차장 등도 높은 경쟁률을 기록(윤지현, 2009:28)했고, 백화점 점원의 경우 몇 명 뽑는데 4백 명이나 응모하여 "하늘의 별따기보다 어려웠다"(필자 미상, 1933:43)라고 표현할 만큼 취업은 어려웠다. 취업은 "신여성의 5대 번민" 가운데 하나가 되어 신여성들이 "매일 이곳 져곳으로 적당한 직업처가 잇나 방황"(김영희, 1925:26~27)하였다. 이와 같이 식민지 조선 경제의 침체와 부진으로 인해 취업기회는 극히 제한되어 있었는데, 1920년대 중반 이후에는 중등학교를 졸업한 여성의 수가 상대적으로 늘어나면서 여성의 직업 문제는 더욱 심각한 양상을 띠게 되었다(김경일, 2002:172~173).

식민지시대 근대식 교육을 받은 많은 여성들이 활동한 주 무대는 교육계로, 중등교육과정을 졸업한 여성 중 자녀를 보살피는 전통적인 여성역할과 연장선상에 있는 교직 희망자가 많았고 당시 여성에 대한 근대식 학교 교육의 확대로 보통학교 교원이 될 수 있는 취업기회가 많았다. 1930년대 남녀 교사 간의 임금 격차는 적은 편이었으나, 여성에 대한 성차별이 존재하였고 따라서 승급기회는 대단히 적었으며, 교원생활은 "권태롭고 지루"하며 "감옥같은 생활"로 취업난에도 불구하고 1930년대 여자교원 부족 현상을 겪기도 하였다(이배용, 1999:177~9; 김경일, 2002:185). 신여성들이 종사했던 또 다른 전문 직종으로는 의사와 간호사 등의 의료업계였다. 의사의 경우 극소수만 이 어려운 의학 공부를 하여 의사가 되었고 간호사의 경우, 임금 수준은 낮고, 12시간 2교대의 장시간 노동을 해야 하는데다, 사회적인 지위가 낮아 간호부를 지원하는 여성이 부족(이배용, 1999:187)할 정도였다. 기자는 여성들이 선망하는 전문 직종이었으나 손가락으로 꼽을 만큼 극소수 신여성만 이 기자로 활약했으나 여기자를 성적 대상화하는 경향(이배용, 1999:191)으로 인해 고통을 받았다. 그밖에 신여성들이 음악가, 화가, 무용가, 배우 등으로 예술 분야에 진출하였으나 대부분 일정한 수입이 없어 경제적 독립을 이루기는 어려웠다.[9] 전화교환수, 여점원, 여차장, 가사사용인 등의 서비스직에 진출한 여성들은 상당한 정도의 학교 교육을 받았고 까다로운 채용시험을 통해 뽑힌 신여성들이었으나 다른 전문직에 비해 노동 성격이 단순하거나 전문성을 요하지 않으며, 보수가 낮고, 특히 여점원과 여차장의 경우 12시간 이상의 장시간 노동에 시달렸으며, 가사사용인의 경우 전근대적인 성격으로 인해 노동 조건은 더욱 열악하였다(윤지현, 2009).

여성은 취업에 있어 자격이나 능력보다는 미모를 기준으로 선발되었고, 따라서 "노동 이외에 에로 서비스를 조건"으로(필자 미상, 1933:46)하여, "성적으로 무방비 지대"(김기림, 1933:32)에 놓이게 되어 대부분의 취업여성들은 성희롱의 대상이 되었다(필자 미상, 1933). 따라서 취업여성은 "이리떼 속에 들어간 양이나 다를 바 없는 위험지대로 각오를 가져야만 할"(이상호, 1938:32, 김경일, 2002:177에서 재인용) 정도로 여성들은 성희롱으로 고통받았다. 또한 전통적으로 정숙한 여성은 가정 내의 역할에 충실해야 한다는 의식이 팽배

---

9 당시 대표적인 신여성이었던 나혜석조차도 이혼 후 화가로서 스스로 생계를 꾸릴 수 없었다.

하여, 직장생활을 하는 젊은 여성들에게 남성들은 반말과 멸시를 하였고, 지식인 남성들도 취업여성을 "인격여하를 불구하고 업수이 여기고 나추"(이헌구, 1940:65)보았다. 따라서 취업은 "여학생의 자유의 의지와 이상을 말살하였고 하루에 10여 시간 이상을 억압과 모욕 속에서 노역을 강제 당하였고"(정순정, 1932:93), 여성들은 "위험천만─유혹과 조소 속에"(노혜영, 1932)서 직장생활을 하였다.

신여성들은 가정 내에서 여성이 수행하던 가사노동과 자녀 양육의 연장적인 직종에 진출하거나 여성의 성적 서비스를 바탕으로 하는 여성 직종에 진출하였고, 전문직인 의사 등의 직업 내에서도 전통적 여성역할과 관련된 한정된 분야에 진출하였다. 그러나 취업기회는 매우 제한되었고 단조롭고 비숙련의 노동에 취업하고, 장시간 노동, 낮은 임금, 성희롱과 멸시에 시달려, 신여성들의 취업이 남성지식인들이 현모양처론의 대안이나 병행론으로 제시한 사회 참여를 통한 경제적 독립을 이룩하는 것과는 거리가 멀었다. 열악한 취업 조건으로 빈번히 직업을 이동하였고 이로 인해 경력 쌓기나 전문적 지식을 쌓기가 불가능한 악순환을 낳았고, 더 나아가 취업이 현모양처론을 극복하는 방안이 되기는 불가능하였으며 열악한 노동 조건으로 인하여 현모양처의 역할과 병행하기도 매우 어려웠다.

2) 기혼여성의 취업과 경제적 독립

일부 남성지식인들이 제시한 사회 참여, 즉 취업을 통한 경제적 독립과 현모양처 되기를 병행하여 실현하거나, 이에 우선하여 인간으로서 정체성을 확립하여 개성 독립하는 것은 기혼여성들에게 주어진 과제였다. 식민지 시대는 아직 조혼 풍습이 계속되고 있어 1930년대에도 조선 전체의 15~19세 여성의 3분의 2 가량이 기혼(윤지현, 2009:10)으로, 경제활동 인구의 대다수가 기혼여성이라고 볼 수 있다. 1930년 조선총독부의 국세조사보고에 의하면(김경일, 2002:171 〈표9〉; 윤지현, 2009, 10 〈표 3-3〉 재해석) 전체 취업여성 인구의 88.4%가 기혼이었고, 15세부터 30세까지 범주가 약 40%를 차지(김경일, 2002:168)하여 주요한 취업 연령대와 결혼하고 자녀를 낳고 키우는 어머니의 역할과 아내로서의 역할 부담이 큰 시기가 맞물려 있었다.

당시 결혼한 여성들이 "직업 가지기를 몹시 조와하고 직업여성이 되기를 동경"(김자혜, 1933:34)하는 등, '자립'적 삶이 매우 중요한 덕목으로 떠오르는 당시 상황에서, 남편에게 의지하여 사는 여성은 '종녀자', '기생충', '흡혈귀'였으며, "매일 한 남자에게 생식기를 파는 창녀"(김파, 1926:10;13)로 비난받는 분위기 속에서 기혼여성들은 직장이란 새로운 공적 영역에서 여성은 아무개의 어머니나 아무개의 부인이 아니라 자신의 이름으로 호명되었고, 노동의 대가로 임금을 받을 수 있게 되었다는 사실은 당시 여성들에게 매우 고무적인 일이었을 것이다(전미경, 2004:80).

당시 기혼여성의 취업실태를 살펴보면, 절대 다수가 농수산업에 종사하였는데, 유배우 기혼여성의 83.4%를 차지하였다(김경일, 2002:171 〈표 9〉; 윤지현, 2009:10 〈표 3-3〉 재해석). 기혼여성들은 농수산업 외에는 모든 분야에서 혼인상태별 비율에서 미혼에 비하면 낮은 비율을 차지하였는데, 이는 농수산업을 제외하고는 모든 분야에서 결혼한 여자는 일단 뽑지 않아(필자 미상, 1933:46) 취업하기가 매우 어려웠던 것으로 보인다. 서비스직종에는 기혼여성들은 배제되었는데, 선발과정에서부터 외모가 채용 조건으로 성적 매력을 중시한다는 점에서 기혼여성들은 자연히 채용 대상에서 제외되었고, 취업한 미혼여성들도 결혼 후에는 퇴직을 암묵적으로 강요당하여 기혼여성으로서 취업을 계속할 수 없었던 것으로 보인다. 상업과 광공업에는 기혼여성들이 숫자상으로 대다수를 차지하고 있었는데, 노점상, 행상, 접객업 등의 열악한 노동 조건으로 인해 이 분야의 취업을 통해 여성들이 경제적 독립을 이루기란 어려웠다. 전문직이라고 할 수 있는 공무자유업은 기혼여성들 중 교육받은 신여성들이 주로 취업하기를 원하는 분야였으나 이 분야에 취업한 기혼여성들은 전체 기혼여성의 0.3%에 불과하였다. 그리고 어려운 관문을 뚫고 공무자유업에 진출한 기혼여성들은 이 분야의 열악한 노동 조건으로 인해 대부분 경제적인 독립을 이루는 것과는 거리가 멀었다.

그러나 설사 기혼여성들이 노동 조건이 좋은 직업을 가졌다 해도 가정 내 역할과 취업을 병행한다는 것은 결코 쉬운 일이 아니었다. 나혜석(1920:6)이 그린 김원주의 하루 일과에서 보듯이 현모양처 역할과 사회경제활동 병행은 실제 여성들에게 많은 부담이 되었다. 직업여성이라도 가정 내에서 여성의 역할인 아내, 주부, 어머니의 역할을 완벽히 수행할 것이 요구(전미경, 2004:80)되었는데, 의복과 음식 마련 등의 가사노동의 번잡함과 대가족제도의 엄격한 규율 때문에 주부가 직업을 가지는 것은 "고통"이며 또한 자녀에게는 "죄악"이 되기 때문에 자녀가 있는 기혼여성의 취업은 "불가"하다고 주장한다(김자혜, 1933:35). 직업여성 좌담회(필자미상, 1933:42~54)에서도 육아 문제, 가사노동 문제 때문에 취업이 어렵다는 고충을 토로하고 있다. 또한 이애라(1933)는 잡지 『신여성』(7권4호)에 쓴 "직업여성과 남편"이라는 제목의 글에서 실업자인 남편을 대신해서 교원생활을 하지만 아내를 질투하고 의심하면서 갈등이 고조되고 있다는 고충을 호소하고 있는 것에서 보듯이, 내외법이 완전히 소멸되지 않은 상황에 성희롱이 만연한 직장에서 남자들과 같은 공간에서 일하는 아내에 대한 남편의 불신으로 인해 갈등이 컸던 것으로 보인다. 여성 자신들은 직업을 가짐으로 인해 부인으로서, 어머니로서, 며느리로서의 역할을 소홀히 하지 않고 현모양처로서 집안과 직장 내의 역할을 함께 추구하는 것을 이상형으로 추구(이배용, 1999:205)하였으나 현실적으로 거의 불가능하였다. 봉건적 사상이 존재하고 있는 남성중심의 사회에서 여성이 일과 결혼생활을 양립시키기는 매우 힘든 과제였다.

당시 취업은 여성이 능력을 발휘하고 개인적인 발전을 꾀할 수 있는 자아실현의 터전이 되지 못하였고 결혼 전 젊고 아름다운 외모를 자산으로해서 성적 매력을 바탕으로 일시적으로 행하는 일로 간주되었고, 여성들 스스로 또는 주위의 암묵적인 압력 때문에 대부분 직장을 그만둘 수밖에 없어 결혼 후 경제적 독립의 기반이 되지 못했다. 기혼여성들은 대부분 농수산업에 무급가업종사자로서 취업을 통해 경제적 보상을 받기는 불가능하였다. 전문직종이나 서비스직에 진출하는 것은 거의 원천적으로 봉쇄되어 있었고, 설사 진출하더라도 경제적인 보상이 미미하고 노동 조건도 열악하여 경제적 독립을 이루는 것은 불가능하였다. 따라서 현모양처론에 비판적이었던 일부 남성지식인들이 경제적인 독립을 현모양처론의 대안으로 병행할 것을 제시하였으나 이 대안이 실현되기는 매우 어려웠음을 알 수 있다.

4. 결론

현모양처론은 전통과 결별했다는 점에서는 근대적이지만 여성을 여전히 가정 내에 묶어두어 충분히 근대적이지는 않기 때문에 많은 논란의 대상이 되었고, 따라서 이에 대해 1920년대와 1930년대에 다양한 담론이 전개되었다. 근대 여성주의 담론을 주도하였던 식민지시대 남성지식인들도 현모양처론에 대한 담론 생산에 적극 참여하였다.

근대 남성지식인들은 여성담론의 새로운 주체로 등장한 신여성을 감시하고 타자화하면서, 현모양처론으로 여성을 새로운 가부장적 영역에 한정지으려 했다는 비판을 받아왔으나 남성지식인들이 현모양처론을 옹호한 것만은 아니었다. 양주동, 이돈화, 이훈구, 오상준, 조동식, 민태원, 신일용, 백파, 일소, 함상훈, 신남철 등의 근대 남성지식인들은 그들이 가진 천도교,

민족주의, 사회주의 등의 사상적 입지를 초월하여 현모양처론과 현모양처 교육에 앞장선 근대 학교 교육을 신랄하게 비판하였고 그 대안을 제시하였다. 이들은 여성을 사람으로 대우하여 근대 학교 교육이 인간 교육을 해야 한다고 주장하였고 여성도 전문지식을 쌓아 사회 참여와 경제적 독립을 이루어야 함을 역설하였다. 특히 일부 사회주의 남성지식인들은 현모양처론을 보다 신랄하게 비판하면서 사회주의 이념의 실현을 위해 여성들도 노동시장에 참여하고 이를 통해 여성해방을 성취하도록 하며 더 나아가 사회주의 실현을 위해 구체적인 사회 개혁에 참여해야 함을 구체적으로 주장하였다. 그리고 기존 여성주의자들로부터 비판의 대상인 된 대표적인 남성지식인인 이광수, 김기전, 양백화 등도 여성의 현모양처 역할을 여성의 사회 참여와 배타적으로 선택해야 할 역할이라기보다 병행해야 할 역할로 간주하였음을 알 수 있다.

식민지시대에 일부 근대 남성지식인들은 현모양처론을 받아들이고 옹호했으나 또 다른 일부 근대 남성지식인들은 이에 대해 통렬한 비판을 하였다. 이와 같이 근대 남성지식인들은 현모양처론을 둘러싸고 다양한 담론을 전개하였음을 알 수 있다. 따라서 식민지 근대 남성지식인들을 한 묶음으로, 여성을 타자화하였다고 비판되기보다는 이들의 다층적인 담론에 주목하면서 개별적으로 해체하여 논의해야 할 것이다.

일부 진보적인 남성지식인들이 제시한 대안인 인간 교육을 바탕으로 하여, 여성의 전문화, 이를 통해 여성이 사회 참여와 경제적 독립을 실현하고 나아가 사회 개혁에 앞장서기 위해서는 사회 경제적 여건이 필수적이었다. 그러나 여성의 노동시장 참여 행태를 보면 여성들이 자아를 실현하거나 경제적 독립을 이루기에는 매우 열악한 환경 때문에 불가능하였다. 특히 기혼여성의 경우 농수산업 외에는 취업이 어려웠고, 노동 조건도 열악하였다. 사회 경제적 여건의 미비로 인해 남성지식인들의 신랄한 비판에도 불구하고 당시 여성들은 이들이 제시한 사회 참여나, 경제적 독립을 이루거나, 이를 바탕으로 한 사회 개혁의 일군으로 거듭나기는 매우 어려웠음을 알 수 있다.

—

근대 남성지식인의 여성 현실인식과 극복에 관한 여성주의 담론

잡지 『신여성』을 중심으로

1. 서론

1) 들어가는 말

개화기 이후 조선 여성들은 근대 교육을 통해서 삼종지도, 부화부순, 부부유별, 정절이데올로기 등의 유교 윤리에 포박되어 있었던 현실에서 벗어나, 스스로 한 개인으로 인식하기 시작하였고, 사회적 역할 담당자로 부각되었다. 대가족제 내에서 며느리와 아내, 가계의 영속을 위한 아들의 출산자, 그리고 가내 생산노동자로서의 역할에서, 개인으로서의 자각과 인식을 싹 틔웠고 주체성을 획득해갔다. 개화기에 여성들이 억압된 현실을 극복하고 주체성을 형성하는 데 있어 남성들이 주도적인 역할을 하였다. 최제우와 최시형은 동학 교리에서 인간평등의 일환으로 남녀평등의 논리를 확립하였고 이를 실천하고 전파하고자 노력을 기울였다. 이어 박영효는 『개화상소문』을 통해서, 유길준은 『서유견문』에서 각각 당시 여성의 지위에 대해 문제를 제기하거나 서구 여성들의 삶을 소개함으로써 새로운 여성상을 제시하였다. 『독립신문』의 발행자였던 서재필은 신문을 통해 억압된 여성의 현실을 비판하고 새로운 여성의 역할을 제시하였다. 이와 같이 개화기 남성지식인들은 여성들이 당시 자신을 억압하는 현실을 극복하고 새로운 역할을 맡고 나아가 주체적인 인간으로 거듭나도록 적극적으로 담론을 펼쳐나갔다.

1920년대에 들어 새로운 근대적 매체가 창간되자 이를 통해 근대 남성지식인들은 "놀랄 만한 열정을 가지고"(이명선, 2003) 여성주의 담론을 또다시 주도하였지만, 이전의 여성담론을 주도한 개화기 남성지식인들과는 달리, 이들은 "열등감과 동시에 지식인으로서의 나르시시즘을 갖고 있었으며 근대적 지식인으로서의 자국민에 대한 우월감을 가지고 있었던 복잡한 인물들"(임옥희, 2004:104~5)로서 "사회적 진출이 거의 막혀 있었기 때문에 그들은 처음부터 잉여인간"으로 "계몽주의 선각자라는 나르시시즘과 동시에 그런 선구자를 알아주지 않고 잉여인간으로 만드는 사회에 의해 절망"(이은경, 2004:116)한 존재들로 규정되었으며, 민족 내부의 지배집단이 되어 일본 제국주의에 의해 타자화된 여성이나 농민과 같은 주변부 사람들을 다시 타자화하여 이들을 이중적으로 타자화(태혜숙, 2004:19)하는 존재로 인식되었다.

근대 남성지식인들이 이렇게 비판을 받는 이유에는, 가부장제 질서를 변화시키는 새로운 세력으로 근대 교육을 받은 신여성이 등장하자 그들이 신여성들을 가혹하게 비난하면서 신여성에 대한 감시권력의 시선으로 여성들을 비판(이명선, 2003a:3; 이은경, 2004:116; 이윤미,2004:308)하였기 때문이었다. 또한 남성지식인들은 민족정체성을 가부장적 공동체성에서 찾았기 때문에, 신여성의 주장을 단순히 민족주의에 대한 도전으로 치환하고 그녀들의 삶을 스캔들로 만들고 그들의 주의 주장을 공격하였다고(김수진, 2000:13) 보기 때문이었다. 더 나아가 여성이 주체적인 성애를 가지고 남성의 권력과 권위를 넘보면 남성지식인들은 이들을 단속과 처벌(임옥희, 2004:86~87; 91)하였다고 해석되었기 때문이다. 이와 같이, 개화기에 발간된 신문과 잡지들을 통해 여성의 현실에 대해 비판하면서 여성의 새로운 역할에 대한 담론을 주도해 나갔던 개화기 남성지식인들의 공헌은 높이 평가되는 반면, 근대 남성지식인들은 현대 여성주의 학자들로부터 많은 비판을 받아왔다.

그러나 근대 남성지식인들이 여성주의 담론에 미친 영향을 보다 포괄적으로 살펴볼 필요가 있다. 더 나아가 이들이 여성주의에 대해 어떠한 긍정적인 역할을 했는지를 살펴보고 평가할 필요가 있다. 이 연구는 근대 남성지식인들이 어떠한 담론을 펼쳤는지를 논하고 이들이 여성주의 담론에 기여한 공로와 한계를 지적하고자 한다.

2) 연구방법과 연구 문제

이 연구는 천도교 계통의 남성지식인들이 출간한 잡지『신여성』[1] 을 중심으로 근대 남성지식인의 여성주의에 관한 담론을 분석하고자 한다. 잡지『신여성』은 천도교의 개벽사에서『부인(婦人)』이라는 잡지를 1922년 6월부터 1923년 8월까지 발간하다가 1923년 9월부터 잡지명을『신여성(新女性)』으로 변경하여 창간, 1926년까지 발간하다 중단하였고, 1931년 복간하여 1934년까지 약 42권이 발간된 잡지로,『신여성』의 발간 목적을 5권 11호에 다음과 같이 선언하였다.

> 모—든 것에 뒤지고 부족한 우리조선에잇서서 특히 부인해방운동제일선에 립각하야 과감히 부인대중의 복리를 전취해온 본지는 미약하나마 부인문화의 려명기에 잇어 가장 중대한 그리고 광명 잇는 역할을 수행하엿다… 새롭게 전개될 부녀의 당연 리익과 더나아가서 녀권확장의 공정한 리론과 그 실천적 임무에 잇어 본지는 새로운 력사의 첫페지를 가장 힘잇게 장식할 최대의 노력이 잇슬 것을 여

---

1 『신여성』이 발간되기 이전에 여성을 대상으로 한 잡지로는 1917년에서 1921년 7월까지 일본에서 남자 유학생들을 중심으로 발간된『여자계』와 1920년 김원주, 나혜석 등 신여성들이 주동이 되어 발간한『신여자』가 있었으나, 각각 7호, 4호까지만 발행되고 단명하였다.

기에 다시금 선서하는 바이다.[2]

이 글에서 편집자는 『신여성』의 목적은 앞장서서 여성들을 위하여 여성해방운동의 선봉의 역할을 수행하는 것이었고, 앞으로도 여성의 이익과 여권 확장을 위해 이론과 실천에 최대한 노력을 하겠다는 것임을 천명하였다. 『신여성』은 우리나라에서 페미니즘을 표방하는 대중여성지의 효시로 식민지 조선의 여성들이 신여성으로 거듭나서 스스로 여성해방을 이루기를 기대하는 것을 기본 방향으로 설정하고(이명선, 2003a:44), "여성의 의식과 삶의 양식을 혁신적으로 변화시켜 신 사회를 건설하는 평등한 동반자"로 여성을 위치 짓고자 하였다(이배용, 2003:53). 편집자 방정환은 『신여성』이 조선의 여성들을 위해 충고하는 기관으로 해마다 같은 말을 반복하는 것은

> 늙은어미가 시집보내는 쌀에게 가마문 압헤서 부탁하는 말과 가튼 그 소리를 되푸리하는 의미

라고 주장하고 『신여성』의 주장이 되풀이 되는 것은

> 그 부탁이 아무리 묵고 썩은 말이라 하더래도 그의 참스러운 애정은 깁히 깁히 포함되야 잇는 것이요 장래를 념려하여 참아잇치지 못하는 진정은 숨어잇는 것입니다[3]

라고 말하여 여성에 대한 깊은 애정에서 비롯한 충고임을 밝혔다. 친정어머니가 시집간 딸이 시집에서 쫓겨나지 않을까 걱정하고 염려하는 마음과 축복하는 뜻으로 거듭 반복해서 충고할 책임을 느낀다고 말했다. 다시 말해

---

2 이, 1931:1. 필자는 '이'라는 성만 명기되어 있으나 편집진 중에서 이씨로는 이돈화가 유일하여 필자가 이돈화도 추정된다.
3 편즙자, 1925'8. 당시 편집자는 방정환임

잡지 『신여성』은 여성들에게 애정을 가지고 걱정하고 염려하여 반복해서 충고하는 것이라고 주장하였다. 이 두 글을 통해 『신여성』의 편집자들은 여성의 권익을 위해 이론을 펼치고 실천적 임무를 수행함으로써 조선 여성해방의 선두에 서겠다는 의욕을 가지고 있었음을 알 수 있다.

그리하여 "무엇으로 새 사회를 건설할 소망 만흔 누님과 누이들에게 유익한 글을 쓸 수 있슰가?"를 고민하였으며(김윤경, 1924a), 또 다른 한편 "선배여러분께서 다시 붓을 잡을시고… 조선의 신여성여러분에게 새로운 계시를 베푸러주실 조흔글을 써주시기를 바라나이다"(안광호, 1931:13)라고 요청하기도 하였다. 다시 말해 잡지 『신여성』은 여성들을 위한 본격적인 대중잡지임을 표방하고 필자들은 여성들을 위한 글을 쓰고, 싣기에 고심하였고 할 수 있다.

이 잡지에는 천도교 계통의 지식인을 비롯하여 다양한 남성필진들이 참여하고 있었고 수적으로는 여성필진보다 오히려 압도적으로 많았다(이명선, 2003:45). 『신여성』에 기고한 남성필자들과 그들이 쓴 글의 편수를 살펴보면, 현재 남아 있는 총 39권의 『신여성』에 남성이 쓴 글은 총 147편이 있는데 (방정환으로 추정되는 편집인의 글 5편 포함) 그중에서 주의 주장을 펼치지 않은 사실 보도나 묘사 등의 기사(10편)를 제외하였다.

남성지식인들이 논지를 가지고 쓴 글을 필자를 중심으로 그 수를 살펴보면, 잡지 『개벽』의 편집인이었던 천도교 지식인 김기전의 글이 18편으로 가장 많고, 뒤이어 방정환은 실명으로 4편이지만, 편집인으로 기명되었으나 방정환으로 추정되는 글 5편을 합쳐서 모두 9편이다. 이돈화, 김윤경, 김명호가 각각 7편이며, 주요섭, 이성환, 박달성이 각각 6편, 김기진 5편, 이만규 4편, 유광렬, 김경재, 안광호, 연구생[4]이 각각 3편, 백철, 양윤식, 이헌

---

4 연구생이라는 필자가 작성한 것으로 발표되어 있으나 글 내용은 베벨의 글 요약이다.

구, 신형철, 신식, 박희도, 김일제, 이광수 등이 각각 2편이며, 조동식, 손진태, 김병준(金秉濬), (주)요한, 전영덕, 홍명희, 청림(靑林), 유우상(劉禹相), 칠보산인(七寶山人), 덕월산인(德月山人), 양명(梁明), 적구생(赤駒生), 배성룡(裵成龍), 김파(金波), 윤지훈(尹芝薰), 최태훈(崔泰勳), 윤형식(尹亨植), 성북학인(城北學人), 김하성(金河星), 김장환(金章煥), 현동완, 유상규(劉相奎), 백세철(白世哲), 이인, 조재호(曺在浩), 신태악(辛泰嶽), 김정실, 북악산인(北岳山人), 현상윤(玄相允), 김영진(金永鎭), S J, 미상(남성 필자로 추정) 등이 각 한 편이다.[5]

이 연구는 잡지 『신여성』에서 남성지식인 필자들이 기고한 글을 통해 당시 여성에 대해 어떠한 담론을 펼쳤는지를 살펴보고자 한다. 다시 말해 남성지식인들이 여성들에게 구체적으로 무엇을 제시하고자 했는지를 살펴봄으로써 근대 남성지식인의 여성주의 담론을 조명하고자 한다. 즉 첫째, 이들이 당시 여성들이 처한 현실을 어떻게 바라보았으며, 둘째, 여성이 처한 어려움의 요인이 무엇이며 이를 극복하기 위해서 어떠한 대안을 제시하였는지를 중심으로 분석한다. 셋째, 이를 바탕으로 근대 남성지식인들의 담론을 평가하고 그 한계를 지적하고자 한다.

2. 남성지식인의 여성 현실인식

1) 일반적인 여성의 현실

가부장적 사회에서 지배자의 위치에 있었던 남성으로서의 지식인들이 근

---

5 이 글 중에서 이광수의 글 1편, 김기진의 글 5편, 박달성의 글 2편, 현상윤과 김영진의 글 각각 1편은 반여성주의적인 글로 분류될 수 있을 것이며, 이 논문의 논의에서는 제외되었다.

대화의 물결 속에서 유교 윤리에 오랫동안 갇혀 살아온 식민지 조선 여성들의 현실을 어떻게 인식했는가 하는 점은 여성주의를 표방한 잡지 『신여성』이 논지를 펴나가는 데 밑바탕이 된다. 조선 여성의 현실에 대한 비판 없이는 『신여성』이 표방한 여성해방운동의 선봉의 역할을 수행하며 여성의 이익과 여권 확장을 위해 이론과 실천에 노력하겠다는 목적을 달성할 수 없기 때문이다.

남성지식인 필자들은 가부장적 조선 사회의 지배자의 위치에서 내려와 당시 여성들이 처한 현실을 직시하고 당시 여성들에게 부과된 전통 유교 윤리를 부정하고, 이에 기반한 여성들의 예속된 삶을 개탄하였다. 구체적으로 살펴보면, 당시 여성들은 유교 삼종지도의 가르침에 따라 남을 위해, 또한 남에 의지해서(이돈화, 1924b:5) 살아야 하며, 따라서 여성은 독립적 존재가 아니라 모든 운명이 남에게 있고 자기에게 있지 않다(김명호, 1926:7~9)고 보았다. 즉 조선 여성들은 부모, 남편과 종속적인 관계에 처해 있으며 그들의 부속물(신식, 1926:13)로 "관습 도덕 위압에 종순"하며, "세상 속에서 살아보지 못하"였고(김명호, 1926:7~9), "불완전한 삶을 살면서 기생충의 생활"(이돈화, 1924b:5)을 하면서 "가정의 죽은 시체"로 일생을 지낸다(안광호, 1932:8)고 주장하였다.

부모들은 남존여비 인습에 젖어 딸을 차별하고 근대 교육을 시키지 않으며(신형철, 1931: 13), "죽어도 시집에서 죽어라"고 가르친다(김명호, 1926:7~9)라고 비판하였다. 그래서 여성들은 주체적인 사고를 하지 못하고 "남의 암시 속에서 좌우"되어 할머니, 어머니의 영향으로 정조를 지켜야 하고 열녀가 되어야 하는 줄 아는 자식 낳는 기계 즉, 부란기(孵卵器)(유상규, 1932)에 불과하다고 말했다. 배성룡(1926:28)은 법률, 정치, 도덕, 교육, 가정, 국가, 사회 전체가 남자들만 살기에 편리한 세상으로 "남자들에게 유리한 세상, 여자들에게 불리한 것 여자 여러분도 다 알 것"이라고 동의를 구하였다. 즉 남성지식인들은 여성들이 가정에서 남존여비와 정절이데올로기의 관습 속에서 시부모와 남편의 예속물로 가문의 영속을 위해 아들을 낳는 비주체적인 존재임을 간파한 것이다.

이돈화와 김기전은 조선 여성들의 삶이 얼마나 어려울까 하고 동정하였다. 이돈화(1924b)는 조선 여성들이 연애 문제, 결혼 문제, 경제 문제, 즉 재정독립을 해결해야 하고, "지식이나 취미에 대한 것과 사회적 노력을 기울여야 하고 또한 자기의 운명을 자기가 개척"하고자 하니 얼마나 어려울까 하고 걱정하였다. 또한 여성들이 자살하고, 타락하며, 자포자기하여 세상을 저주하게 되는 것을 안타까워 하면서 "아깝다 떨어진 꽃이 말발굽에 밟히는 (落花亂馬蹄) 것과 같다"고 동정하며, 여성이 눈물이 많은 이유로, "천고에 잊지 못할 유한(遺恨)과 원통을 가슴속에 품고 잇슴으로 그 유한과 원통이 화하야 눈물로 된 것입니다"(이돈화, 1924b:3~4)라고 주장하였다. 김기전은 너무 흔하게 보기 때문에 무심하게 생각하지만 남자들이 조선 여자의 현실에 처한다면 며칠 못 살고 도망을 칠 것이다(김기전, 1924a:4; 김기전, 1924b: 2~5)라고 하면서 조선 여성들의 어려운 현실에 대해 안타까워 하였다.

그리고 남성지식인들은 여성들이 집에서 하는 가사노동과 생산노동의 다양함과 과중함을 이해하고 있었다. 김기전은 여성들은 "정말 일찍 일어나고 밤늦게 자는 더 할 수 없는 부지런쟁이다"(김기전, 1924:5)라고 하고 오직 여자 된 그들만은 "고요히 고요히 집을 지키고, 향토를 붓 안고, 농사를 짓고 옷을 지으며, 또는 자손을 양육하여, 단 하루 일지라도 놀고먹은 적이 없었나니"(김기전, 1924:3)라고 하면서

그 집의 여자 처 놓고는 대체로 끼니이나 옷을 짓지 않을 자가 없을 지며, 설혹 안잠자기나, 침모나 행랑어멈 같은 사람을 두는 집부인도 그 집의 사내놈에 비해서는 그래도 하는 일이 많다. 그 다음의 보통 가정에 있는 여자들은 손톱눈과 무릎털이 닳도록 질삼을 지을 지며, 또는 지방에 따라 산과들에 나아가 농사도 지

을 지며, 물결치는 바다에 떠서 고기도 잡을 지니, 가령 말하자면 함경도 여자의 살림살이와 경상도 충청도 여자의 질삼 하기와 평안도 황해도 여자의 농사짓기와 제주도 여자(海女)의 고기 잡기와 개성 여자의 내직(內職) 많이 하는[6]

것 등을 예로 들었다.

주부는 "빗자루와 걸레를 가지고 방 안을 쓸어내며 닦는 것, 부엌일과 세탁일에 날을 새우는 생활"을 하는데, 주부의 가사노동은 "단조무미"(안광호 1932:8)한 일이며, 육아, 식사, 세탁, 재봉 등 매일 10시간 이상 가사노동에 "복역"하나 노동으로서 가치를 인정받지 못하고 있으며(양명, 1926:9), "가정의 종으로 종신 징역 운명"(주요섭, 1933a:34)에 따라 평생을 지내면서 남편과 시부모를 위해 "견마처럼 일하는 동물"로 전락하였고, 아들 하나 낳아서 대를 이어주면 여자의 가장 높은 영광이며 만족(주요섭, 1933a:32~33)이라고 주장하였다. 즉 여성은 가정 내에서 사회와 격리되어 평생을 자식 낳고 가사노동을 단순 반복적으로 하지만 그 고된 만큼의 가치를 인정받지 못하고 있음을 인식하였다.

배성룡, 김명호, 이성환 등은 여성 중에서도 농촌여성들이 가장 심한 고난을 당하고 있음을 지적하였다. 농촌남자는 아침식사 후부터 저녁식사 전까지 일하지만 농촌여성은 아침식사 전부터 저녁식사 후까지 일하여 시간상으로 남성의 두 배로 긴 시간 동안 노동을 한다고 주장하였다. 또한 일의 종류에 있어서도 남성보다 훨씬 많은데, 여성은 밥 짓기, 옷 짓기, 빨래하기 등의 가사노동과 길쌈하기, 방아 찧기, 소 먹이기, 씨앗 뿌리기, 김 매기, 모 심기, 논매기, 피 뽑기, 벼 거두기 등의 농사 일로 이중, 삼중의 노동을 해야 하며, 이와 함께 어머니로서 자녀를 출산하고 기르고 가르쳐야 함을 병행(김명호, 1926:58; 배성룡, 1926:29)하는 과도한 노동에 시달리고 있다고 말하였다.

---

6 김기전, 1924:4.

그리하여 농촌부인은 "참으로 비참하고 곤란하며 분주하고 구차"한 "참혹한 생활"(배성룡, 1926:28)을 하여, 머리는 곱지 못하고 손 거칠며 얼굴은 타고 살빛은 검고, 의복은 남루하고 먹는 것 부족하고 음식은 맛 없고 영양이 부족하며, 잠자는 시간 부족하여 고통 속에서 '기지개도 펴지 못하고 쪼구라져' 비참한 생활(이성환, 1925:7~8; 배성룡, 1926:29)을 하고 있으나 이들은 "사회를 배양하는 생산자"이며 "자기네 피와 땀으로 자기가 살고 다른 사람"을 살린다(배성룡, 1926:31)고 주장한다. 그러나 농촌여성들은 무식하고 순박하고 순진하여 가족들까지 벌어 먹이나 이에 대한 보답이나 평가를 받지 못하고 오히려 굴종하는 삶을 살면서 자신이 생산한 작물에 대하여 사용의 자유마저 없다고 동정하였다(김명호, 1923:58).

또한 1920년대와 30년대의 여성들은 "사내 입에서 걸핏하면 '녀자는 기생충이야. 뉘 덕으로 사는데'"라는 소리를 들으면서 "경제적 독립을 함으로 인하야 비로소 남자와 대등의 지위를 점령할 수 잇"다는 것을 배우지만 취업난으로 인하여 이를 실천하기는 어렵다는 것(신형철, 1931:14)을 이해한다. 그러나 "경제적 생활의 불안으로 신음"하면서 "가정의 전도와 자식의 앞날을 걱정"(안광호, 1932:7)하여, 또는 이혼당하고 생계를 위해(이성환, 1932:16) 직업을 찾아 공장과 회사로 가지 않으면 안 되나 열악한 노동 조건에 시달릴 수밖에 없는 현실을 안타까워 했다. 이성환(1932:13~15)과 안광호(1932:7~8)가 특히 여성노동자들의 현실에 대해 많은 관심을 가지고 기술하였다.

구체적으로 당시 고무신 공장 수백 명, 전화교환수 수천 명, 서울 시내 30여 개 정미소에 석발미 줍는 여직공, 동대문 밖 제사 공장에 5천 명, 중소공장에 수천 명 등 부인노동계급이 수만 명에 이르고 있으며, 제사직공의 경우 12~3세로부터 18~9세 되는 소녀들이 하루 12~3시간 백 도에 가까운 뜨거운 물에 손을 넣어 실을 뽑아내는 노동을 하여 식구를 살리고 자기는 희생하고 있다고 하였다(이성환, 1932:13). 이들의 임금은 1년 견습이 지나면 하루 20전 내지 30전이나 품삯이 일정하지 않으며, 하자품이 발생하면 임금에서 삭감하고 기숙사생활은 건조무미하고 음식은 천편일률적이어서 한시도 편할 때가 없다(이성환, 1932:13)고 주장하였다. 연초 공장에는 최하 12~3세가 많고 30세까지 여성들이 하루 10시간 노동을 하면서 생산성에 따라 월 9원 내지 17원의 임금을 받는다. 이들은 기계에 손이 말려 들어가는 산재를 당하기도 하고 햇빛을 못 보고 니코틴 냄새와 먼지 냄새가 옷에 배이고 몸에 저리는 등 건강 문제가 심각하다(이성환, 1932:15~16)고 주장한다.

안광호(1932:6~10)는 제사 공장, 고무 공장, 누에회사, 베틀, 벨트, 타이프라이터와 카운터에서 일하는 여성들, 석탄과 모래를 나르는 여성들, 여관과 카페, 전차와 버스에서 일하는 여성들은 하루 노동시간 10시간, 12시간, 14시간 일하고도 여자라서 임금은 남자의 반 분도 못 되며, 사무원, 점원, 타이피스트, 간호부도 "죽을 힘을 다하여 노동을 하고도 결국 생활보장을 못하게" 되는 저임금을 받는 것에 대해 개탄하였다. 안광호는 자본과 착취의 개념으로 이들의 현황을 분석, 묘사하고 있는데, 당시 여성노동자는 남자들보다 한층 더 심하게 자본의 착취에 신음하고 있으며 자본가라는 주인의 직업노예로서 공장과 사회 일로 종살이를 해야 하기 때문에 직장은 착취의 지옥으로 노예 상태에서 벗어나지 아니하고는 살 수 없다고 언급하였다.

사회주의자 양명(1926:9~11)도 비슷한 입장이었다. 그는 노동여성은 같은 시간 노역하고도 남자의 3/1 또는 2/1의 보수를 받고, 임신기에는 실직할 위험을 감수해야 하는 경제적 약자이며 피압박자 지위에 처하였으며 재산의 소유와 관리 권리가 없어 무산자적 고통과 비애를 겪으며 열패자의 지위에 처해 있음을 비판하였다.

이성환은 여성노동자의 생활에 대하여

전등불을 보고나서면 그 전등불이 다시 켜진후에야 도라오는고로   태양의 은혜를 입지 못하야 얼골은 창백하고 열 손까락은 끌는 물에 부르트고 영양과 운동의 부족으로 몸은 극도로 쇄약되엿습니다. 하로의 노동시간은 열두시간을 넘고 밧는 보수는 일급 15전으로 50전 그들의 대개는 오막사리집에 늙고 병든 부모를 모시고 어린 동생들이 보채고 기다립니다. 20전 내외의 하로삭을 바더가지고 안남미한봉지와 오전싸리 장작한묵음을 사들고 도라가서 그날 그날 아츰저녁을짓는 것이 그들의 생활입니다…. 화려한 물질문명의 꽃이 피는 리면에는 그것을 배양하는 비참한 무리가 잇습니다. 우리는 창백한 녀직공의 일골을 붉대에 무엇이 그들을 그럿케만드는가[7]

라고 하면서 당시 여성노동자가 열악한 상황에 있음을 한탄하였다.

이성환은 또한 서비스직의 여점원은 "미인 스타일로 좋은 여자를 선택하는 것도 일종의 고객 유인책으로 활용되는데, 보통학교 혹은 상업학교를 졸업하고 시험지옥을 넘어 가지고 그 상품의 궁전으로 드러가게 되었"(이성환, 1932:16)지만, "천만 사람의 눈에다가 얼골을 팔고 육체노동을 그럿케하고" "고된 노동을 밧치고 갑싼임금을 바들뿐아니라 그들에게는 가진 유혹과 조소가 잇습니다…허된 우슴을 파라가면서" 일하여 "그 실은 거리의 천사도 데파트의 녀왕도 아모것도 아"니고 "다만 한 노동자에 지나지 못"하다고 하면서 "참으로 가엽다"고 하였다(이성환, 1932:16~17). 당시 백화점 점원은 여성들의 선망의 대상이 된 직업이었지만 이들은 자신의 성적 매력을 팔고 성희롱을 당하면서 저임금에 시달리고 있음을 비판하였다. 이와 같이 이성환, 안광호, 양명 등은 당시 여성들이 경제적인 어려움 때문에 공장노동과 서비스직에 취업하지만 장시간 노동과 저임금 등 열악한 노동 조건에 시달리고 있음을 간파하였고 여성노동자들의 처지를 동정하였다.

여성의 법적 지위에 대해서도 문제로 삼았는데, 여성들은 법적으로 미

---

7 이성환, 1932:15.

성년자나 금치산자 같은 대우를 받는 무능력자이며(양명, 1926:9) 따라서 기혼여성은 계약할 권리와 재산처분권이 없으며 남편의 승낙이 필요하고 자녀 친권도 남편이 우선한다고 문제를 제기하였다. 또한 일본에는 여성호주제가 있으나 우리는 없다(옥창해, 1931:23)고 지적하면서 "일대 불평이 없지 않을 것이며 변경을 부르짖지 않을 수 없을 것이요"라고 하면서 호주제 개정의 필요성을 주창하였다. 또한 이러한 법적 지위는 "부인에 대한 일대모욕"(창해, 1931:25)이라고 성토하였다.

이와 같이 남성지식인들이 당시 여성의 현실에 대하여 남존여비의 유교윤리 속에서 괴로움을 당하고 있으며, 특히 농촌여성은 비참하고 굴종의 삶을 살고 있음을 인식하였다. 또한 가사노동이 단순 반복적인 노동이며 그 가치를 인정받지 못하는 성격을 파악하였고, 또한 취업에서도 장시간 노동과 저임금, 성희롱에 시달리는 여성에 대한 처지를 동정하였다. 이들은 여성이 겪고 있는 어려움을 여성으로서 당연히 감수해야 하는 삶이라고 보거나 여성으로 태어난 운명이라고 간주하지 않고 이러한 여성의 현실을 큰 문제로 인식하고 제기하였던 점은 높이 평가할 만하다.

2) 혼인제도하에서의 여성 현실

남성지식인들은 당시의 여성들이 결혼, 이혼, 재혼 등 혼인과 관련한 문제와 갈등으로 괴로움 당하고 있는 것에 대해 결혼 후의 생활은 대체로 "사랑도 이해도 없고 생존을 위해 결혼생활을 영위하는 것"(안광호, 1932:7)으로 파악하였고, 따라서 여성은 결혼하면 그 즉시 "한 개의 주인과 한 개의 몸팔이꾼이 서로 모여서 기계적으로 생산과 싹바디 품팔이를 하고 있는 셈"(기전, 1924:11)으로 여성은 결혼 후에는 완전히 심신상 자유를 잃고 부자연한 대가족제도하에서 삼중 사중의 무리한 압박으로 신음한다고 묘사하였다.

특히 시어머니의 며느리 학대를 비판하였는데, "조선의 가정은 자기 며느리를 감금하는 유치장(留置場)"(소춘, 1926:10)이라고 보았다. 특히 민며느리 제도에 대해서는 "참혹한 결혼책(結婚策)"으로 어린 계집아이가 "소위 시집이라는 부엌 속에 들어가 못 먹고 못 입고 못 놀고 못 배우고 그 지질한 고통과 학대를 받을 생각을 하면 실로 사람 심정으로는 못할 일이라 세상에 무엇이 무엇이 원통하니 해도 이 민며느리 생활처럼 원통한 생활은 없을 것이다"(소춘 1926:8)라고 한탄하였다.

부부관계에서도 여성들은 남자의 전제 밑에서 복종하여야 하며 집안에서도 주장하지 못하며, 사람으로서 권리가 없고 인격을 가지지 못했으며 남자의 보조물이나 부속물 같은 존재에 불과하다고 보았다. 또한 여성들은 "남의 계산 밑에서 살아왔다"라고 하면서 "여자라서 아내라는 신분으로 평생을 온전이 남의 콧김아래 지내왔"(김경재, 1926)으며 "남편의 자비에 의해 양육받고 있다"(양명, 1926:10)고 비판하였다. 또한 여자는 원시시대부터 남자에게서 심한 학대를 받는 최초의 노예이며 남자는 여자를 죽이고 살리고 남에게 주고 빼앗고 하는 권리를 가지고 있으며 여자는 항상 남자의 눈치를 살피고 노여움을 사지 않기 위해 비위 맞추고 전전긍긍하고 고개를 들지 못하고 허리 굽히고 산다고 주장하였다(전영덕, 1924:27). 특히 농촌여성들은 노예적 지위에 처해 있는 남편을 받들고 노동하는 기계, 즉 '부조노동기(夫造勞動器)'(김명호 1926:58)이며 남자의 성적 노리갯감(완농물)이며 절대 복종의 사역기(이성환, 1925:7)라고 규정지었다.

남성지식인들은 이중적 성 윤리에 대해서도 비판하였다. 남녀는 동등하며 남편과 아내 모두 정조를 지키는 것이 당연하나 법률상 도덕상 성적 이중 윤리(유광렬, 1932)에 기반하여 정조관계에서 남성이 횡포(안광호, 1932:8)를 부리고 있다고 지적하였다. 그리하여 남성은 첩을 두는 자유, 매음부를 희롱하는 자유를 누리면서 "한 사람을 차지한 남자가 또 다른 한 여자를 차지하기 위하여 …눈을 두리번 두리번"(기전, 1924:12)한다고 말하였다. 남편은 "음탕하고 불량한 생활을 하면서 처는 질투를 금지하고, 평생 정절을 지켜야 하며 특히 약혼 후 약혼자가 죽어도 수절"(양명, 1926:10)해야 하는 것은 부당하다고 지적하였다. 양윤식(1931:31~32)은 법률상으로 여성만 정절의 의무를 지며, 남편의 부정행위를 용인하라고 남성중심 사회가 횡포를 부렸으나 일본은 판례로 남성에게도 평등하게 수절의 의무를 요구하게 되었다고 소개하면서 조선에도 이를 도입할 것을 요구하였다.

재혼에 있어서도 남편은 아내가 죽으면 한 달 만에 재혼하고, 첩을 둘 셋이나 들이지만 아내가 개가하면 비난과 악평을 퍼붓는데, "왜 여자에게 그런 무리한 요구를 하면서 남자에게는 아모러한 제재가 업고… 자유를 범람히 주면서… 여자에게는 혹독한 구속을하얏느냐가 의문"(신식, 1926:12~13)이라고 문제를 제기하며 조선 역사에 남은 여성은 열녀가 대다수이며 남자 중에는 "열남이 없어 외짝 도덕, 절름발이 도덕으로 평등적 도덕이 아니"(신식, 1926:12)라고 비판하였다.

엘렌 케이의 사상이 도입되면서 연애결혼이 이상적인 결혼이 되었고 연애 없는 결혼은 이혼해야 마땅하다는 사상이 새로운 근대 이념으로 등장하였다. 그러나 여전히 부모가 마음대로 정하고 추진하는 부모 중심의 결혼이 행해지는 것에 대해 비난(김경재, 1925:17; 김기진, 1924)이 가해졌다. 또한 여성들이 연애결혼을 하자니 누구와 해야 옳은지 모르겠다는 탄식을 하는 것(신형철, 1931: 16)은 당시 신여성들의 고민을 압축하는 것으로, 연애의 자유가 없고 결혼의 자유가 없는 상황에서 결혼은 모험이 되어감을 지적하였다. 또한 지식층 여성의 결혼난을 걱정하였는데, 당시 교육받은 신여성의 경우 대부분이 미혼이었고 근대 교육받은 남성들은 조혼 풍습에 따라 대부분이 이미 결혼을 한 처지로 신여성들의 결혼난은 심각한 문제임을 제기하였다.

이와 같이 잡지 『신여성』의 남성필자들은 유교 윤리하의 혼인제도에서 여성은 가정 내의 노예, 남편의 노예로 괴로움을 당하고 있으며, 특히 민며느리의 경우에는 그 열악한 상황이 매우 심각함을 걱정하였다. 또한 여성을 옥죄어온 이중적 성 윤리와 이에 기반한 과부 재가 금지에 대해 비판하였다. 그리고 신여성들이 근대가 제공하는 새로운 윤리에 입각한 결혼을 하기 어려워 고통을 당하는 처지에 있음을 한탄하였다. 그리하여 양명(1926:10)은 "불상한자여! 너의 이름은 조선의 여성이니라"라고 규정하였다.

3. 남성지식인의 여성 현실에 대한 요인 분석

1) 사회주의 여성해방론에 기반한 요인 분석

남성지식인 필자들 중 일부(김경재, 1926; 이성환, 1925; 안광호, 1931; 기전, 1926)는 조선 여성이 처한 현실의 근본요인에 대해서 사회주의 여성해방론에 기반하여 여성이 남성의 지배를 받아왔음을 지적하였다. 이성환(1925)은 일부일처제가 되고 사유재산제가 생성하면서 모권 사회가 전복되고 여성의 종속이 시작되었는데, 일부일처제는 남권 확립에만 유리하며 여성은 남자의 사유물이 되고 남자의 소유가 됨을 인증하며, 이중 성 윤리가 확립되어 조선 여성들도 그 피해자가 되었다고 보았다(이성환, 1925:10~12). 또한 이성환(1925:10~12)은 엥겔스의 이론에 바탕을 두고, 모권제가 있었으나 사유재산제가 창출되면서 부권제로 전환되어 여성의 지위가 상실되었고, 이중 성 윤리가 확립되었으며 더 나아가 여성의 노예화를 초래하였고, 여성의 정조는 사유재산제 옹호를 위한 것으로 열녀는 성적 노예이며, 법률, 도덕, 풍속, 관습에 있어서 남자세상으로 종교는 여성에게 굴복과 모욕을 가하고 있다고 하였다. 그리하여 현재 남자는 대체로 경제적 강자요 여자는 예속자가 되었고 경제적 우(優)자인 남자가 여자를 노예화시키고 있고, 이 때문에 셀 수 없이 수많은 인생비극이 생겨났다(안광호, 1931:9)고 주장하면서 여성이 경제적으로 열등한 지위에 있기 때문에 굴종적이고 노예적 지위에 처하며, 여성이 경제적으로 독립하지 못하여 생활의 자유를 잃어버리고 남자의 노예가 되면 완롱물이 되며 기계가 되었고 결혼은 "매음의 길을 떠나는 것"(안광호, 1931:10; 이성환 1925:12~13)이 되어버렸다고 베벨의 주장을 바탕으로 설명하였다.

김기전도 남자들처럼 남을 무시하고 엎누르기 좋아하는 패는 없다고 말하고 그 이유로 엥겔스의 주장을 바탕으로 모권 시대가 가고 남권 사회가 되자 모든 것을 남자가 주재하는 데서 생긴 '악성'이다(기전, 1926:1)라고 언급하여 남성에 대한 비판의 바탕에는 사회주의 여성해방론의 영향이 있었음을 시사하였다.

이들은 사유재산제가 확립되면서 남성이 경제력을 장악하게 되어 모권 사회가 전복되고 여성이 남성에게 예속되었다는 루이스 모간의 주장을 받아 엥겔스가 그의 저서 『가족·사유재산·국가의 기원』에 쓴 주장을 그대로 인용하였고 또한 여성은 경제적으로 독립하지 못하여 결혼이 매음의 한 형태가 되어버렸다는 베벨의 『여성과 사회주의』를 인용하여 조선 여성의 현실을 분석하였다. 그러므로 사회주의 여성해방론이 당시 남성지식인들이 여성의 현실을 인식하는 데 크게 영향을 미쳤음을 알 수 있다.

2) 남성의 억압

남성지식인들은 조선 여성이 처한 현실의 요인을 남성의 전횡 탓으로 돌리고 스스로를 비판하였다. 김명호는 스스로 남자가 월등하게 신성한 자가 아니며, 따라서 여성의 일생 운명을 바칠 가치가 없다고 주장하고 이러한 것은 오히려 우스운 일(김명호, 1924:14)이라고 비판하여 스스로의 가치를 낮추었다. 당시 조선 남성들은 "한번 어떤 여자와 결혼식만 거행했다 하면 그는 그 이튿날부터 아주 그 여자를 차지(所有)해버리고 만다. 그 여자를 아주 사버리고 마는 셈이다"라고 보고 "오늘 남자 중에서 자기 아내에게 대하여 정말로 그의 인격이나 사상이나 감정을 인정하는 자가 과연 누구이냐"고 묻고 아내를 "한 개의 숨쉬는 물건으로 작정해버리고 마는 것"(기전, 1924:9)이 아닌가 묻고 있다. 김기전은 남성들은 "밤낮없이 일하는 여자는 사회의 맨 밑층에 쓸어넣고 그 등에서 살아가는 사내놈들은 적반하장(賊反荷杖)으로 도리어 일반 여자를 압박하고 무시하였다"(김기전, 1924:4)고 남성 스스로를 비판하였다.

김기전은 또한 학교 당국자나 정부 당국자가 모두 남자들로서 이들은 "여자란 남의 밑에 들 사람이며 남의 지배를 받을 사람이다"라고 전제를 하고 가르치고 지도한다고 지적하고, 세상 남자들은 여자가 남성의 지배에서 벗어나면 "시비를 일으킨다"라고(기전, 1926:2) 비난하면서, 남자들은 부려먹기 쉬운 구식 처녀가 제일이라고 주장하며 여성들에게 "얌전한 종년만 되어달라고 한다"고 비판하였다. 그리하여 여자를 공부시키는 목적도 "독립한 지위와 성능을 인정해서 그리하는 것은 아니"고 "그전 그대로의 직분을 다하는 여자를 만들되, 그 직분을 좀 더 슬기롭게 맵시 있게 지켜나는 여자가 되게 하기 위하여 그리하는 것뿐"이며, 좀 더 똑똑하고 애교 있는 시중꾼[女房]이 되어 달라 하는 것이 오늘 남자의 여학생에게 바라는 첫 조건(기전, 1926:3)이라고 말하며, 더 나아가 남자들은 여학생보다 안방에 묻혀 있던 구식 처녀가 제일이라고 떠드는 것은 "제 마음대로 막욱으려 대이고 막부려 먹는데"에 있다고 비난하였다. 또한 남자들은 여자를 "겹으로 사랑"하는 것은 여자를 "작란감"으로 알거나 노리개로 생각하는 뜻이며 남자는 여자보다 우월하다는 느낌을 인정하는 것(기전, 1925a:7)이라고 비판하였다.

김기전, 김명호 등의 남성필자들은 신성하지도 않는 남성들이 여성을 억압하고 이를 영속시키려고 하고 있다고 말하면서, 근대 교육에서 여성 교육의 목표가 여성에게 새로운 지식을 주고 독립된 개인으로 성장하도록 하는 데 있지 않고 남자들에게 계속적으로 지배당하면서 전통적인 역할을 더 잘 수행하도록 하는 데 있다고 비판하였다.

3) 여성 스스로의 자각 부족

　　일부 남성지식인 필자들(김경재, 1926; 이돈화, 1924b; 안광호, 1932; 기전, 1924; 신식, 1926)은 여성들이 현실에서 억압당하는 것은 여성 스스로 자각이 부족한 탓이라고 분석하였다. 여성들이 전통 유교 윤리에 매어 있음을 비판하였는데, 여성 스스로 복종을 미덕이라고 생각하고 인간적 자각이나 개성 독립이 없고 남편에게 매어달리는 "종년의 마음성으로 살고, 한사나이의 아내로서 스스로 가정에 구속받고 열녀가 되어 남편을 따라 죽는 대신에 다른 일에 공헌을 하지 못하였는가"(기전, 1924)라고 지적하면서 삼종지도의 윤리와 정절이데올로기에 기반하여 당시 가장 숭고한 여성상으로 추앙받았던 열녀를 부정하였다.

　　또한 여성들의 무지와 안일을 비판하였는데, 특히 젊은 여성을 세상 물정에 어둡고, 의지가 굳지 못하여 판단을 잘못하며 남의 손에서 잘 살려고 하고 또는 생각이 부족한 까닭으로 남자 손에 매어 있기 때문에 돈 있는 남자에게 유혹(청림, 1925:19~20)[8] 당한다고 비판하였다. 여성들은 자기 생활 자기 주장하지 못하고 "남자에게 맡기고 고운 말 예쁜 모양, 남자 비위 맞추기에 급급하고 이성을 찾을 때 사람만 보지 못하고 돈이라는 물건까지 아울

8　실명은 미상이나 필자가 본문에서 자신이 여자가 아님을 밝힘.

러 보게" 되는데, 이는 "여성자신 지극히 중요한 무엇이 병들어 있으며 개성을 상실한 것인데 이는 인습 탓"(김기전, 1926:4)이라고 비판하였다. 김윤경(1933:14~15)도 이중적인 성 윤리는 기본적으로 남자의 책임이지만 여성도 책임이 있다고 보았는데, 순결한 여성들이 순결하지 못한 남성과의 결혼을 서슴치 않고 심지어 첩이 되고 그러한 남편을 용납하는 여성들의 책임도 있다고 하였다. 또한 여성 자신은 "존재적 의식을 망각하여" "무슨 생각이 잇슲가닭도 업고 달니 세상이나 사회를 위하야서 무슨 활동을 하고 십흘리치도 만무할 것이다"(신식, 1926:13)라고 비판하였다.

남성지식인 필자들은 여성들이 적극적으로 전통 유교 윤리를 극복하지 못하고 순종하고 있는 점을 지적하고, 여성들이 무지하여 의식이 없어 남자들로부터 유혹을 당하고 또 남성들의 압제적인 지배에 순응하고 사회활동을 할 엄두도 못 내고 있다고 비판하였다.

4. 여성의 현실 극복을 위한 방안

1) 서구 여성해방론에 기반한 방안

조선 여성의 현실에 대한 인식이 서구와 일본으로부터 도입된 여성해방론으로부터 자극을 받았는데, 조선 여성의 현실을 사회주의 여성해방론에 기반하여 분석한 남성지식인들은 이에 토대로 이를 극복하는 방안도 제시하였다. 특히 당시 사회주의 여성해방론의 주창자인 베벨의 이론은 여성해방론에 교과서처럼 인용되었다. 『신여성』은 3회에 걸쳐서 베벨의 주장을 요약하여 게재하였다(연구생, 1925a, 1925b, 1925c). 이 글에서 남성들은 여성을 멸시하여 남성에게 복종해야 한다고 생각하지만 이는 편견에 불과하며 여성이 능력을 발휘하는 데 있어서 남성과 같은 권리를 가지고 있고 여성이기 때문에 평등한 권리에서 제외하려고 하는 것은 불공평한 일이며 주장하면서 만인의 평등을 부르짖는 이상, 여성도 남성과 동등하다고 주장하였다.

김윤경(1933:14~15)은 베벨을 인용하여 남녀의 성 윤리는 동일해야 하고 따라서 남녀가 모두 순결과 정조를 지켜야 하며, 현재 남존여비의 악습에 젖어 있고 이중적 성 윤리로 남성의 성적 방종을 허용하고 있는 데 대하여 비판하면서 이중적 성 윤리의 타파로 여성해방의 제일보를 이룰 수 있을 것이라고 보았으며, 이와 함께 베벨의 매음제도에 대한 비판도 소개하였다. 또한 여성의 직업 문제에 대하여 산업혁명 후 자본주의 발달로 인해 대규모 공장에서 생산이 행해지면서 여성들이 직업에서 소외되었으나 교육가, 종교가, 의사로서 사회에 참여하였고 경제적 독립이 필요하게 되었다는 사회주의 여성해방사상을 소개하였다. 실제로 세계 제1차대전으로 인해 여성들의 직업 참여가 늘어나면서 여성의 사회적 역할이 그 가치를 인정받아 참정권을 획득하는 계기가 되었다. 그러나 전쟁 후에 여성들의 노동 참여가 늘어나자 여성의 모성역할과의 갈등 문제가 제기되었음도 설명하였다. 김윤경은 이러한 사상이 발전하여 여성이 새로운 각성을 하도록 촉진하고 장려하고 선전하고 싶다고 밝혔으며 이 사상이 전개되기를 기대하고 주목하겠다고 말했다.

양명(1926:11)은 남녀가 생리적으로 심리적으로 차이가 있고 여성은 신체적으로 유약하고 지력이 남자보다 발전되지 못하였지만 이것으로 남녀 불평등이 영속될 것으로 보는 것은 우스운 일이라고 주장하여 남녀는 차이가 있으나 이를 기반으로 차별을 받아서는 안된다고 보았다. 그는 베벨을 인용하여 여성이 오랫동안 피압제자로 가정에만 있어 체력과 지력에서 진보 발달할 기회가 없었다고 지적하면서 현재만 보고 미래를 속단하는 것은 모순된다고 주장하였다. 또한 역사 발전에 따라 남녀관계의 변화가 가능하며 진화 변천이 오늘에도 계속되고 있다고 말하였다. 사회주의자 양명도 베벨의 사상을 기반으로 조선 여성의 지위에 대한 전망을 제시한 것이다.

여성들이 당당하게 살기 위해서는 경제적인 독립이 급선무라고 지적한 남성지식인들의 주장도 사회주의 여성해방론에 기반한 것이었다. 김경재 (1926)는 경제적 권리를 남자가 장악하고 여성이 경제적으로 능력이 없어서 남성에 종속되었기 때문에 여성이 먼저 경제적으로 해방되어야 한다고 주장하였다. "당신네의가장급무가무엇이냐하면 인격을찾고인권회복을 할것이니 그의가장긴요한요소가 경제덕권력을 잡고못잡는데잇다"(김경재, 1926:7~8) 하여 경제적 독립을 해결책으로 제시하였다. 김명호(1926:9~12)도 사회주의 여성해방론에 기반하여 여성이 직업이 없으면 비애, 고통, 멸시당한다고 하면서 직업이 있어야 한다고 주장하였다. 그는 직업에서 남녀 분업보다는 남녀가 평등해야 하는데, 직업은 사람의 생활에 필요한 직업을 선택해야 하며, 따라서 구체적으로는 농업에 종사할 것을 권고한다.

입센과 엘렌 케이의 주장도 당시 조선 여성의 삶에 새로운 지평을 여는데 하나의 준거가 되었다. 유우상(1926)은 입센의 저작『유령』과『인형의 가정(인형의 집)』을 인용하면서 현대 혼인제도는 부도덕한 매매에 기반하고 있으며 법률이 정한 매음제도라고 비판하였다. 진부한 현대 가정의 참담한 정경을 묘사하여 허위와 부패로 형성된 현대의 가정은 압박과 전제의 심연이며 폭군의 우옥에 불과하고 여성은 사회의 특권을 상실한 노예일 뿐 아니라 가정에 있어 폭군인 남편의 노예, 부모의 노예에 불과하다고 분석하였다. 그리하여 '노라'는 해방을 부르짖었는데, '노라'는 "불합리한 남성과의 계약을 탈이하야 자신의 본연한 천부를 해방하려하였을 뿐더러 …타협 없는 태도로 여성의 개인주의를 고취하였다"(유우상, 1926:62~63)고 주장하였다.

김병준(1932:29~30)은 엘렌 케이에 의하면 연애는 영육이 일치해야 하나

그동안 여성의 정조는 희생되었다고 보고 약혼서열녀[9]는 형식적 허명에 희생된 것이며, 유부녀나 미혼녀 모두에게 이성관계에서 진정한 연애의 여부에 따라 정조를 판단해야 한다고 주장하였다. 남성과의 관계를 맺는 데 있어 미혼여성들뿐 아니라 기혼여성의 경우에도 연애를 기본으로 해야 한다고 주장하면서 연애가 있다면 기혼여성의 혼외관계도 용납할 수 있다는 급진적인 주장을 펼쳤다. 최태훈(1931:36~41)은 연애, 결혼, 이혼 등의 문제가 남녀 문제의 전부라고 말하고 엘렌 케이의 영향을 받아 결혼은 연애를 통해, 연애는 결혼을 전제로 해야 한다고 보며, 자유로운 교제가 허락되지 않고 또 자유로운 교제 없이 한 결혼은 문제가 생길 수밖에 없다고 본다. 또한 불화한 가정의 자녀들은 불행하기 때문에 자녀들을 위해서 이혼해야 한다고 주장하였는데 이혼이 금기로 되어 있던 사회에서 자녀 중심의 이혼을 주장한 것은 엘렌 케이 사상의 영향이라고 할 수 있다.

김윤경(1924a, 1924b, 1924c)은 베벨 저작 외에도 입센, 엘렌 케이의 사상을 비롯하여 서구 여성해방론을 적극적으로 소개하였다. 그는 여성억압의 역사적 유래를 언급하고 여성 문제가 성적 도덕 문제, 여성 참정권 문제, 직업 문제, 교육 문제 등에 걸쳐 있음을 설명하고, 여성(부인)운동의 기원을 프랑스혁명으로 보고 그 이래로 올랭프 드 구즈, 월스톤 크래프트, 존 스튜어트 밀 등의 활동과 저작물을 간단히 소개하였으며, 여성 참정권운동의 발생 등을 해설하였다.

이와 같이 근대 지식인 남성들은 서구의 사회주의 여성해방론과 입센과 엘렌 케이의 사상, 자유주의 여성해방론을 도입하는 데 앞장섰으며 또한 이들은 이러한 서구의 여성해방론이 우리나라 여성들이 억압에서 벗어나는 데 길잡이가 되기를 희망하였다.

---

9 약혼 기간 중에 약혼한 남자가 사망하였으나 수절한 여성을 가리킨다.

2) 새로운 남녀관계와 성역할

전통 사회에서는 남녀칠세부동석의 엄격한 윤리에 따라 미혼의 남녀는 일찍이 공간적으로 분리되었고 결혼 전에 남녀가 교제를 하는 것은 엄격히 금지되어 있었다. 그러나 개화기 이래 유교 윤리에 기반한 전통적인 남녀관계는 신랄한 비판의 대상이 되었고, 새로운 남녀관계의 설정에 대해 많은 논란이 있었다. 구체적으로는 미혼남녀의 교제, 결혼에서의 배우자 선택, 새로운 성역할이 새로운 화두로 떠올랐다. 특히 엘렌 케이의 연애론이 도입되면서 당시 신여성들과 남성들은 새로운 남녀관계에 대한 논의에 열광하였다.

잡지 『신여성』의 남성지식인 필자들은 유교 윤리에서 벗어나 남녀관계를 재설정하는 데 많은 관심을 기울였다. 남녀가 관계를 맺을 때 인격을 중요시해야 함을 주장하여 남자와 여자가 먼저 존귀한 '사람성'을 가지고 사람으로서 서로 관계를 맺어야 한다고 하였다. 이돈화는 사람성을 주장하여 여성도 한 사람으로 완성(이돈화, 1924a:20)되어야 한다고 역설하였다. 결혼한 후에라도 "훌륭한 남편을 택하여 남편 때문에 여성이 훌륭해지려 하지 말고 아무리 훌륭한 남편이 있어도 오히려 따로 하나의 사람으로 있어야 한다고 권고한다"(김명호, 1926:16~20)고 하여 주체적이고 독립된 인간이 되어야 한다고 말하였다.

결혼함에 있어 배우자 선택에서 부모가 아니라 당사자가 결정해야 한다고 주장하면서 점점 자기 뜻대로 배우자를 선택하고 결혼하는 남녀가 늘어나는 것은 바람직한 일이라고 하였다. 자기 생활의 의무와 책임자로서 스스로 용의주도한 관찰로서 자기 일생의 배우자를 선택해야 한다고 보고, 이를 위해서 남녀교제를 더 자유롭게 해야 한다고 주장하였다. 젊은이들은 널리 교제한 뒤에 배우자를 선택해야 하고 이를 위해 개방적으로 고결한 교제에 정성을 쓰라고 권고(편집인 1924: 2~8)하였다.

그러나 그때 당시 남녀교제를 풍기문란으로 간주하고 누구의 책임인가가 논란의 대상이 되었으며 또한 남녀교제를 금해야 할 것인지, 아니면 이를 권장해야 할 것인지를 두고 논란이 제기되었다. 잡지 『신여성』 3권 6호는 미혼 남녀관계에 대해 특집을 싣고 있는데, 여기서 여학교를 대표하는 입장과 남학생을 대표하는 입장은 현저히 달랐다. 남학교 교사들은 여학생들의 책임이라고 떠넘기고, 여학교 교사인 조동식(1925)과 안형중(1925)은 남학생들의 책임이라 비난하였다.

김기전(기전, 1925a:47; 1925b:8; 1923)은 남녀칠세부동석을 비판하면서 남녀교제를 권장해야 한다고 주장하였다. 그는 남녀를 갈라놓기 때문에 남녀 간의 교제라고 하면 성적 관계를 뜻하고 오직 한 사람의 이성과의 관계를 허락하기 때문에 남자만 첩을 두어 여러 여자와 관계를 한다고 비판하고 따라서 남녀 간에 평소 교통을 한층 태연스럽게 남녀의식보다도 사람의식을 갖는 훈련을 해야 하며 남녀교제가 교육시기에 연습해야 할 중대 문제라고 지적하였다.

이를 위해 성교육의 중요성이 강조되기 시작하였다. 김기진은

> 여자도사람이다. 사람인이상에 뜻이잇고 정이잇다. 여자가남자와갓치 교제도하고 산보도하고 구경도하고 련애도하여보고 실련도당해보는것이무엇이그르냐? 여자도사람이다. 사람이기에련애하는일이무엇이그르냐? 교육도 사람을맨들녀고하는것이거늘 사람이긔에련애한다는것을 엇재서 말니느냐? 엇재서풍기문란이라고말하느냐?[10]

라고 하면서 성교육을 필요로 한다고 말하였다. 그는 성교육을 주장하여 학

---

10 팔봉산인, 1925:63.

부형들에게 욕먹을 것이 두렵지만, 학교는 사람의 길을 가르치는 곳으로 여학생에게 양성의 관계, 연애의 의의, 결혼의 덕목 등을 가르쳐 사람으로서 준비하도록 하여야 한다고 역설하였다(팔봉산인, 1925:64~66). 김윤경(1925)도

> 젊은학생들에게 男女문데와 련애에대한 정당한지식을너어주어서 그럿케방종한태도를갓지안코 또 유혹만흔中에서도 능히유혹되지안흘만한힘을너어주고 더 나아가서는남녀문데 련애문데등에대하되정당하고 또 경건한태도로하도록하여야[11]

할 것이라고 말하면서 성교육 실시를 주장하였다. 백세철(1932:26)은 더 나아가 남녀교제에 있어 혼전성관계에 대하여 약혼 중에는 임신을 피해야 하지만 성관계는 허락해야 한다고 파격적인 주장을 펴기도 하였다.

결혼에 있어서도 조건이 필요하다고 하였다. 주요섭(1923:14~21)은 결혼에 요하는 3대 조건으로 첫째, 결혼은 영과 육이 융합하는 것이기 때문에 연애가 있어야 하고, 둘째, 이상이 같고 병이 없어야 하며 셋째, 둘이서 벌어 상당한 금액이 있어야 함을 제시하였다. 가정 경제에 있어 남편은 생명을 걸고 생존과 생활의 원료와 동력을 얻어 가정으로 돌아가 안해와 함께 가정을 유지 발전시켜야 할 책임을 져야 한다고 강조하였다. 주요섭은 결혼생활에서 남편과 아내가 서로에 대한 사랑이 있어야 한다는 것과 건강하여야 한다는 것을 기본으로 삼았고 가정 경제에 대한 일차적인 책임은 남편에게 있음을 지적하였다. 그는 그 이후 남편이나 아내나 노동자가 되어야 하며 서로 직업에 대해서는 불간섭하나 재산은 공유(주요섭, 1924:25)하여 수입에는 차이가 있을지라도 배분에는 불평등이 없어야 한다는 방안까지 제시하여 부부가 함께 가정 경제를 책임져야 한다고 말하였다. 또한 자녀 생산은 부모

---

[11] 김윤경, 1925.

로서 자격을 갖추고 경제력이 있을 때 자녀를 가져야 하고 자녀가 없을 때는 입양해야 하며, 이혼은 자유로이 한쪽이라도 사랑이 식으면 이혼해야 한다고 하였다. 또한 이혼할 경우 재산을 반분해야 한다며 재산 분할제를 제시하였으며 이혼 후에도 친구로 지내야 하고 재결합할 수도 있다고 주장하였다(주요섭, 1924 :22~29).

이와 같이 근대 남성지식인들은 여성도 주체적이며 독립적인 개인이 되어야 한다고 주장하면서, 남녀칠세부동석의 굳건한 유교 윤리를 공격하고 남녀 간에 오히려 자유로운 교제를 권장하며 금기시되었던 성교육도 주장하였다. 약혼기간 중의 혼전성관계를 허용하자는 주장은 조선조를 지배했던 정절이데올로기에 정면으로 배치되는 것이었다. 결혼에 있어서도 애정을 바탕으로 하여야 하며 애정이 없을 때는 이혼해야 한다고 주장하여 당시 풍미하였던 엘렌 케이의 결혼, 연애관으로부터 영향을 받았음을 알 수 있다. 재산분할제를 주장한 것은 당시로서는 매우 파격적인 주장이었다.

3) 여성해방운동

『신여성』에 기고한 남성지식인 필자들은 당시 대부분의 여성이 세상을 알지 못하고 규중심처에서 동양적 윤리 도덕 아래에서 종이 되어(신형철, 1931: 11) 살아가고 있음을 한탄하였고, 그리하여 여성은 해방되어야 한다고 생각하였으며 신여성들에게 여성해방을 위하여 선도적인 역할을 할 것을 권고하였다.

김경재(1926)는 남녀가 절대 평등하게 되었으며 여성은 굴종의 미덕을 버리고 억압하는 인습이나 습관에 저항하게 되었다고 하면서 신여성들인 여학생들이 여성운동에 적극 참여하여 할 사명이 크다고 격려하였다. 특히 신여성들에게 여성들도 정치 참여의 권리, 교육의 균등, 연애의 자유를 누려야 하나 그렇지 못하기 때문에 이를 얻기 위해 여성운동을 전개하라고 촉구하였다(김경재(1926, 6~7)). 신형철(1926:3)은 "몇千년동안 남자칼에 압박을바더온 여자들은 이러한 가을에 칼날을가라가지고 진두에나서는 녀장사가 되야볼수들 업스실넌지요?"라고 물었다. 유우상(1926)은 조선 여성도 '노라'와 같이 남성 전제하에 있는 가정을 박차고 나와 혁명에 뛰어드는 전사가 되어야 한다고 주장하면서 "조선의 신여성이여! 혁명여걸 안나[12]의 혈성(血聲)에 귀를 숙여보라"(유우상, 1926:68)고 요구하였다. 김기전은 사회의 제도에 대해서 근본적으로 생각해보는 바탕에서 새로운 사상을 가지라고 촉구하면서(소춘, 1924), 또한 그는 여성들에게 종래의 도덕, 습관, 제도에서 해방되기를 원하면 여성 스스로 나서야 한다(기전, 1925b)고 강조하고 우리 시대의 여자는 "싸우다가 죽을 사람이니라 하는 정신"을 가져야 하며 신여성들이 해야 할 일은 사회와 싸울 한 가지 일뿐이라고 주장하였다(기전, 1925b:20~24). 이돈화(1924b)는 "여성의 해방은 곧 눈물의 해방"으로 여성에게 눈물을 적게 하는 해방이라고 말하고 그 방법으로 사회운동과 개성운동을 제시하고, 여성들 스스로 사회개조운동에 나서야 하며 인간적(人間的) 개성독립(個性獨立)을 스스로 깨달으라고 촉구하였다(이돈화, 1924b:4~5).

특히 여성 중에서도 대다수를 차지하는 농촌여성의 문제를 해결하고 농촌여성을 해방해야 한다고 촉구하였다. 이성환(1925:4~9), 이훈구(1926:4~6), 주요섭(1931:52) 등은 농촌여성 해방을 특히 강조하였는데 농촌의 조혼의 악습 타파, 음식과 영양에 대한 상식 발달, 위생관념 배양, 운동에 대한 관념 진작, 산전산후 섭생방법, 수면과 오락의 기회 제공, 육아법 등의 다양한 방면으로 계몽하여야 하는데 이를 위하여 신여성들이 농촌 중심의 여성운동에 참여해야 하며 선구자가 필요하다고 역설하였다.

---

12 노드웨이기 스웨덴으로부터 독립 투쟁할 시기의 혁명가.

현상윤(1933)은 조선 여학생의 사명은 남존여비의 악습관에서 벗어나서 여자의 사회적 지위를 동등하게 만드는 일과 미신에 가득한 조선의 가정을 개선하는 일에 헌신해야 하며, 남자와 함께 조선 사회의 운명을 개척하는 임무를 져야 하며 이를 위해 학덕을 힘쓰고 조선 사회를 걱정하고 염려하고 사랑하라고 권고하였다.

이와 같이 남성지식인들은 억압된 여성 현실을 타개하기 위하여 여성해 방운동이 전개되어야 하며, 신식 교육을 받은 신여성들이 앞장서야 한다고 주장하였다. 특히 농촌여성의 해방을 위해 힘써야 한다고 강조하였다.

5. 결론

잡지『신여성』의 남성지식인 필자들은 당시 조선 여성의 현실을 안타까워 하면서 이를 개선하기 위한 담론을 펼쳤다. 조선 여성들이 유교 윤리 속에 서 억압당하며 과중한 노동에 시달리고 있음을 간파하였다. 이러한 현실을 초래한 요인을 사회주의 여성해방론에 기반하여 분석하였고 남성의 억압과 여성들 스스로의 자각 부족 또한 여성의 비참한 현실을 초래한 요인으로 지 적하였다.

당시 남성지식인들이 여성의 현실을 보는 틀이 사회주의 여성해방론 등 의 서구 여성해방론에 기반하고 있음으로 인하여 당시 유교 윤리에 기반한 남녀 분리와 차별, 정절이데올로기 등에 의해서 여성이 억압당해온 조선의 현실에 천착하여 그 요인을 분석해내지 못하였다. 사회주의의 배경이 된 자 본주의 발달이나 대규모 노동자 계급의 출현과 이들의 열악한 노동 환경 등 서구 사회의 현실과 유사성이 많지 않은 우리나라에 있어서 여성의 현실의 요인을 설명하기에는 한계가 있었다.

조선 여성이 처한 현실을 초래한 요인에 대해서 남성 스스로를 여성을 억압하는 당사자라고 비판한 것은 기득권자였던 남성 스스로 억압자임을 인정한 것으로 당시로서는 획기적인 발상의 전환이라고 할 수 있으나, 어떻게 일반 남성들의 태도를 바꿀 것인가에 대한 방안을 제시하지는 못하였다. 더나아가 여성 현실을 바꾸는 데 있어 기득권자인 남성지식인들 스스로 어떻게 해야 하겠다는 방안도 제시하지 않았다.

여성의 예속이 계속되고 있는 요인으로 당시 여성들의 자각이 부족하고 스스로 현실에 순응하는 점을 비판하였으나, 이는 남성지식인들이 여성들을 오랫동안 옥죄어온 유교 윤리와 가부장적 문화를 바탕으로 유교이데올로기 주입과 사회제도상으로 여성이 억압당하고 있는 현실에서 스스로 이를 박차고 나오기가 매우 어려운 상황에 대한 이해에는 그 한계가 있었다.

여성 현실을 개선하기 위한 방안으로 여성들이 안주하지 말고 신여성들을 중심으로 여성해방운동을 전개하도록 촉구하였다. 이는 1920년대 후반 '조선여성동우회'나 '근우회' 등의 여성단체가 활발하게 활동하는 데 영향을 주었을 것으로 보인다. 남성지식인 필자들이 여성의 대다수가 농촌여성이라는 것을 직시하였고 가장 비참한 현실에 처해 있음을 간파하고 농촌여성들을 위해서 신여성들이 나서서 활동을 벌여야 한다고 촉구하였던 것은 1930년 브나로드운동의 일환으로 최용신 등의 신여성들이 농촌에서 계몽 활동에 헌신했던 것과 맥을 같이 한다.

남성지식인들은 여성의 비참한 현실을 극복하기 위하여 여성들의 주체적인 자각과 더불어 경제적 독립을 촉구하고 이를 실현할 수 있는 방안으로서 노동 참여를 제시하였으나, 이를 통해 경제적 독립을 달성하기에는 노동 조건이 너무 열악하여 한계가 있었다. 남성지식인들은 노동하는 여성들의 비참한 현실을 극복하기 위한 방안으로 베벨과 엥겔스의 사회주의 여성해방 사상에 기빈히여 여성노동자로서 해방을 주장하였으나, 산업자본주의 발달이 미미한 당시 현실에서는 그 한계가 분명하였다.

연애, 결혼, 이혼, 재혼 등에 관하여 남성과의 관계를 설정함에 있어 입센과 엘렌 케이의 사상에 영향을 받아 당시로서는 매우 파격적인 방안을 제시하고 있으나 이를 실천하기 위한 사회 경제적 조건이 미비한 것에 대해 이해가 부족하여 이러한 남성지식인들의 논의가 실제로 실현되기는 매우 어려웠다.

근대 지식인 남성들은 조선 여성들이 처한 현실을 정확하게 이해하였고 이를 동정하였으며 또한 이러한 현실은 바뀌어야 한다는 믿음을 가졌지만, 유교 윤리와 가부장적 문화에 포박되어 있었던 여성 현실에 대한 요인에 대해 이해를 함에 있어서 사회주의 여성해방론에 주로 기반하였고, 따라서 이에 대한 해결책 또한 당시 조선 현실과는 괴리가 있을 수밖에 없었다. 엘렌 케이의 결혼론, 연애론과 입센의 희곡은 당시 남성지식인들이 여성 현실을 개선하기 위해 제시한 방안에 영향을 미쳤으나, 이를 실현하기는 당시 사회 문화적 현실에 비추어 매우 어려웠다. 그렇다 하더라도 당시 남성지식인들이 여성 해방을 위한 기치를 내걸고 잡지 『신여성』을 발간하여 여성들의 비참한 삶이 당연한 것이 아니라 개선되어야 함을 이해하였고 이를 개선하기 위한 담론을 선도한 점은 높이 평가할 만하다.

제1부 가부장제 사회의 균열을 선도한 여성

- 「성폭력 피해자/생존자로서의 근대 최초 여성작가 김명순」(원제 「성폭력의 피해자/생존자로서의 근대 최초 여성작가 김명순」), 『여성과 역사』 제14집, 한국여성사학회, 2011, 31~82.
- 「근대 최초 여성작가 김명순의 자아 정체성」(원제 「근대 최초의 여성작가 김명순의 자아 정체성」), 『한국사상사학』 제39집, 한국사상사학회, 2011, 251~302.
- 「여성작가 김명순의 삶과 기독교 신앙」(원제 「작가 김명순의 삶과 기독교 신앙」), 『여성과 역사』 제16집, 한국여성사학회, 2012, 159~193.
- 「나혜석의 여성해방론의 실현과 갈등」, 『여성과 역사』 제19집, 한국여성사학회, 2013, 263~297.
- 「가부장제 사회의 신여성의 삶과 남성들－나혜석, 김일엽, 허정숙을 중심으로」(원제 「가부장제 하의 신여성의 삶과 남성들－나혜석, 김일엽, 허정숙을 중심으로」), 『젠더연구』 제16호, 동덕여자대학교 한국여성연구소, 2011, 131~150.
- 「김만덕 삶에 대한 여성주의적 재해석」(원제 「김만덕 삶의 여성주의적 재해석」), 제주국제협의회 제17차 학술대회 『21세기 제주사회와 여성 자료집』, 2003, 82~102.

제2부 가부장제 사회의 균열을 선도한 남성

- 「동학의 여성관에 대한 재고찰」, 『한국사상사학』 제20집, 한국사상사학회, 2003, 83~111.
- 「근대 남성지식인 소춘 김기전의 여성해방론」, 『여성과 역사』 제12호, 한국여성사학회, 2009, 111~149.
- 「현모양처론에 대한 근대 남성지식인의 비판 담론」, 『아시아여성연구』, 숙명여자대학교 아시아여성연구소, 제48호2권, 2009, 97~124.
- 「근대 남성지식인의 여성 현실인식과 극복에 관한 여성주의 담론-잡지 『신여성』을 중심으로」, 『젠더연구』 제14호, 동덕여자대학교 한국여성연구소, 2009, 23~45.

● **성폭력 피해자/생존자로서의 근대 최초 여성작가 김명순**

권영주, 2005, 「한국근대여성작가의 자전적 글쓰기 양상 연구」, 국민대 석사학위논문.

권수현, 1998, 「남성성과 성폭력간의 관계에 관한 연구」, 이화여대 석사학위논문.

권수현, 2007, 「데이트/스토킹/학내: '문화'의 관점에서 바라본 성폭력 사례 워크숍」, 『발간자료』, 한국성폭력상담소, 113~117.

김경희, 남성영, 지순주, 권혜진, 정연강, 1996, 「성폭력 피해여성의 경험에 관한 연구」, 『한국학교보건학회지』 제9권1호, 92~98.

김기진, 1924, 「김명순에 대한 공개장」, 『신여성』 제2권10호, 46~50.

김동인, 1948, 「문단 30년의 자최(7)」, 『신천지』 제3권10호, 41~48.

김동인, 1979, 『김연실전』, 정음사.

김명순, 1921/1922, 「칠면조」, 『개벽』 12월호/1월호, 서정자, 남은혜, 2010, 『김명순전집』, 푸른사상, 271~292.

김명순, 1923a, 「의붓자식」, 『신천지』 7호, 서정자, 남은혜, 2010, 『김명순전집』, 푸른사상, 705~728.

김명순, 1924a, 「탄실이와 주영이」, 『조선일보』 6월 14일~7월 15일자, 서정자, 남은혜, 2010, 『김명순전집』, 푸른사상, 465~512.

김명순, 1924b, 「봄네거리에서서」, 『신여성』 4호, 서정자, 남은혜, 2010, 『김명순전집』, 푸른사상, 622~627.

김명순, 1924c, 「네자신의우혜」, 『생명의 과실』, 서정자, 남은혜, 2010, 『김명순전집』, 푸른사상, 648~653.

김명순, 1924d, 「도라다볼째」, 『조선일보』3월 31일~4월 19일자, 서정자, 남은혜, 2010, 『김명순전집』, 푸른사상, 297~337.

김명순, 1924e, 「(개고) 도라다볼째」, 『생명의 과실』, 서정자, 남은혜, 2010, 『김명순전집』, 푸른사상, 338~369.

김명순, 1924f, 「저주」, 『생명의 과실』, 서정자, 남은혜, 2010, 『김명순전집』, 푸른사상, 117.

김명순, 1924g, 「유언」, 『생명의 과실』, 서정자, 남은혜, 2010, 『김명순전집』, 푸른사상, 119.

김명순, 1924h, 「탄실의초몽」, 『생명의 과실』, 서정자, 남은혜, 2010, 『김명순전집』, 푸른사상,

156~157.

김명순, 1924i, 「외로움의부름」, 『생명의 과실』, 서정자, 남은혜, 2010, 『김명순전집』, 푸른사상, 128~129.

김명순, 1924j, 「외로움」, 『조선일보』 7월 13일자, 서정자, 남은혜, 2010, 『김명순전집』, 푸른사상, 127.

김명순, 1925a, 「이상적연애」, 『조선문단』 7호, 서정자, 남은혜, 2010, 『김명순전집』, 푸른사상, 654~655.

김명순, 1925b, 「외로움의변조」, 『동아일보』, 7월 20일자, 서정자, 남은혜, 2010, 『김명순전집』, 푸른사상, 169.

김명순, 1925c, 「무제」, 『조선일보』 7월 6일자, 서정자, 남은혜, 2010, 『김명순전집』, 푸른사상, 167.

김명순, 1925d, 「향수」, 『애인의 선물』, 서정자, 남은혜, 2010, 『김명순전집』, 푸른사상, 667~674.

김명순, 1925e, 「내가삼에」, 『생명의 과실』, 서정자, 남은혜, 2010, 『김명순전집』, 푸른사상, 115.

김명순, 1926, 「겨울날의잡감」, 『매일신보』12월 22일자, 서정자, 남은혜, 2010, 『김명순전집』, 푸른사상, 658~659.

김명순, 1927a, 「분수령」, 『애인의 선물』, 서정자, 남은혜, 2010, 『김명순전집』, 푸른사상, 573~579.

김명순, 1927b, 「애?」, 『애인의 선물』, 서정자, 남은혜, 2010, 『김명순전집』, 푸른사상, 675~679.

김명순, 1928, 「시필」, 『동아일보』 1월 20일자, 서정자, 남은혜, 2010, 『김명순전집』, 푸른사상, 664~666.

김명순, 1936, 「생활의기억」, 『매일신보』 11월 19~21일자, 서정자, 남은혜, 2010, 『김명순전집』, 푸른사상, 691~696.

김복순, 1996, 「지배와 해방의 문학」, 『페미니즘과 소설비평』, 한길사.

김선영, 1989, 「강간에 대한 통념의 수용에 관한 연구 : 경찰, 의사, 교사, 법조인, 상담원, 언론인을 중심으로」, 이화여대 석사학위논문.

김애리, 박정열, 2008, 「성역할 관련 태도가 강간통념 수용에 미치는 영향」, 『기본간호학회지』 제15권1호, 98~106.

김영덕, 1972, 「한국 근대의 여성과 문학」, 『한국여성사II』, 이화여대 출판부, 364~367.

김예정, 김득성, 1999, 「대학생의 데이팅폭력에 영향을 미치는 변인들(1)－가해자를 중심으로」, 『대한가정학회지』 제37권1호, 27~42.

김윤식, 1989, 『염상섭연구』, 서울대 출판부.

김윤식, 1973, 「인형의식의 파멸」, 『한국문학사논고』, 법문사, 228~254.

김일엽, 1927, 「나의 정조론」, 『조선일보』 1월 8일자.

김정자, 1990, 「김명순 문학의 여성학적 접근」, 『여성연구』 제2권1호, 부산대 여성학연구소, 40~66.

김지향, 1994, 「나혜석 김명순론」, 『한국현대여성시인 연구』, 형설출판사, 13~29.

김탄실, 1925a, 「꿈뭇는날밤」, 『조선문단』 5호, 서정자, 남은혜, 2010, 『김명순전집』, 푸른사상, 513~520.

김탄실, 1925b, 「젊은날」, 『여명』7호, 서정자, 남은혜, 2010, 『김명순전집』, 푸른사상, 521~533.

김탄실, 1936, 「귀향」, 『매일신보』 10월 7~13일자, 서정자, 남은혜, 2010, 『김명순전집』, 푸른사상, 680~690.

김탄실, 1938a, 「해저문때」, 『동아일보』 1월 15~16일; 18일자, 서정자, 남은혜, 2010, 『김명순전집』, 푸른사상, 591~599.

김탄실, 1938b, 「시로쓴 반생기」, 『동아일보』 3월 10~12일자, 서정자, 남은혜, 2010, 『김명순전집』, 푸른사상, 224~237.

김탄실, 1938c, 「심야에」, 『동아일보』 4월23일자, 서정자, 남은혜, 2010, 『김명순전집』, 푸른사상, 238~241.

남원경, 2008, 「미혼남성의 데이트 성폭력 가해경험과 그 영향요인에 관한 연구 : 부산지역을 중심으로」, 신라대 석사학위논문.

남은혜, 2008, 「김명순 문학연구」, 서울대 석사학위논문.

남현미, 2003, 「대학생 데이트성폭력 실태와 가해 예측 요인에 관한 연구」, 이화여대 석사학위논문.

노영기, 2004, 이응준, 「자랑스런 황군 가야마(香山武俊)」, 『내일을 여는 역사』 16호, 90~103.

노자영, 1921, 「여성운동의 제일인자 엘렌 케이」, 『개벽』 8호, 46~53.

망양초, 1918, 「xx언늬에게」, 『여자계』 9호, 서정자, 남은혜, 2010, 『김명순전집』, 푸른사상, 615~617.

망양초, 1920a, 「조로(朝露)의화몽(花夢)」, 『창조』 7호, 서정자, 남은혜, 2010, 『김명순전집』, 푸른사상, 699~704.

망양초, 1920b, 「영희의일생」, 『여자계』 6호, 서정자, 남은혜, 2010, 『김명순전집』, 푸른사상,

261~270.

망양초, 1923, 「긔도, 쑴, 탄식」, 『신여성』 11호 서정자, 남은혜, 2010, 『김명순전집』, 푸른사상, 90~91

망양초, 1924, 「외로운사람들」, 『조선일보』 4월 20일~5월 31일자, 서정자, 남은혜, 2010, 『김명순전집』, 푸른사상, 370~464.

망양생, 1927, 「잘가거라-1927년아-」, 『동아일보』 12월 31일자, 서정자, 남은혜, 2010, 『김명순전집』, 푸른사상, 660~663.

명 순, 1925, 「향수」, 『조선일보』 12월 19일자, 서정자, 남은혜, 2010, 『김명순전집』, 푸른사상, 175~176.

목 성, 1923, 「사회풍자 은파리」, 『개벽』 3호, 107~111.

문미령, 2005, 「김명순 문학연구-근대여성의 자전적 글쓰기의 양상 및 의의」, 서강대 석사학위논문.

맹문재, 2005, 「김명순 시의 주제 연구」, 『한국언어문학』 53호, 441~462.

미 상, 1924, 「편즙을 맛치고」, 『신여성』 2권12호, 84.

미 상, 1927, 「은파리」, 『별건곤』 4호, 80~83.

미 상, 1931, 「신여성총관(2) 백화난만의 기미여인군」, 『삼천리』 16호, 22~28; 57.

미 상, 1933, 「여류작가의 此衅憬, 동경서 김명순양 조난」, 『삼천리』 제5권9호, 87~88.

미 상, 1935, 「여기자 군상」, 『개벽』 제4호, 70~75.

미 상, 1958, 「폐허동인 시절」(좌담) 『신태양』 제7권2호, 36~38.

박경혜, 1999, 「어조의 분열」, 『여성문학연구』 2호, 69~104.

박숙자, 2004, 「신여성의 무의식의 닻, 어머니」, 『여성과 사회』 15호, 한국여성연구소, 92~111.

별그림, 1924, 「계통업는소식의일절」, 『신여성』 9호, 서정자, 남은혜, 2010, 『김명순전집』, 푸른사상, 628~636.

서정자, 1987, 「일제 강점기 한국여류소설연구」, 숙명여대 박사학위논문.

서정자, 남은혜, 2010, 『김명순전집』, 푸른사상.

신달자, 1980, 「1920년대 여류시 연구-김명순, 김원주, 나혜석을 중심으로」, 숙명여대 석사학위논문.

신성자, 1997, 「남자대학생들의 데이트 강간성향 파악과 대처방안 모색을 위한 연구」, 『한국사회복지학』 제32호, 181~211.

신의진, 2000, 「성폭력피해 후유증 성인진료시의 유의점」, 『발간자료』, 한국성폭력상담소, 83~90.

신혜수, 2009, 「김명순문학연구: 작가 의식의 변모 양상을 중심으로」, 이화여대 석사학위논문.

안연선, 1992, 「데이트 강간을 일으키는 위험 요소」, 『데이트 강간 세미나 자료집』, 3~7.

유재두, 송병호, 2009, 「성범죄자와 일반인의 강간통념 비교 연구」, 『한국 공안행정학회보』, 36, 133~163.

유진월, 2006, 『김일엽의 〈신여자〉연구』, 푸른사상.

윤병해, 고재홍, 2006, 「양가적 성차별 태도에 따른 성폭력 피해자에 대한 비난 차이: 강간통념의 매개효과」, 『한국심리학회지』 제11권1호, 1~19.

이명선, 1998, 「강간에 대한 여성학적 접근」, 이화여대 석사학위논문.

이명온, 1963, 『흘러간 여인상』, 인간사.

이미경, 1993, 「성폭력 피해여성의 올바른 이해」, 『발간자료』, 한국성폭력상담소, 46~49.

이미정, 변화순, 김은정, 2009, 「청년층 섹슈얼리티와 친밀한 관계에서의 성폭력 연구」, 한국여성정책연구원.

이유진, 2008, 「김명순 소설 연구 – 신여성으로서의 글쓰기 방식과 작가의식을 중심으로」, 영남대 석사학위논문.

이응준, 1985, 『회고 90년』, 산운(汕耘)기념사업회.

이정희, 1981, 『아버님 추정 이갑』, 인간문화사.

이헌구, 1936, 「엘렌 케이 사상적 진폭: 그 사후 10주년에 제하야」, 『조선일보』 4월 29일자.

이태숙, 2002, 「고백체 문학과 여성주체 : 김명순을 중심으로」, 『우리말글』 26호, 309~330.

이 철, 2008, 『경성을 뒤흔든 11가지 연애사건』, 다산초당.

외관생, 1926, 「여성운동의 어머니인 〈엘렌케이〉여사에 대하여」, 『신여성』 4권6호, 36~37.

일기자, 1933, 「이야기꺼리, 여인군상」, 『별건곤』, 제66호(9월호), 38~44.

일련(一蓮), 1924, 「렐업는이약이」, 『신여성』 11호, 서정자, 남은혜, 2010, 『김명순전집』, 푸른사상, 637~644.

임종국, 박노순, 1966, 『흘러한 성좌 – 오늘을 살고 간 한국의 기인들』, 국제문화사.

장발산인(長髮散人), 1927, 「단발여보(斷髮女譜)」, 『별건곤』 11호, 74~77.

장윤경, 2002, 「데이트 성폭력 피해 경험에 관한 연구」, 이화여대 석사학위논문.

전연희, 임순영, 1992, 「상담사례분석」, 『데이트 강간 세미나 자료집』, 8~22.

전영택, 1963, 「내가 아는 김명순」, 『현대문학』 2호, 251~254.

전영택, 오창은 엮음, 2008, 「김탄실과 그 아들」, 『전영택전집』, 지만지고전선집, 83~113.

정영자, 2002, 「김명순소설연구」, 『한국여성소설연구』, 세종출판사.

조성희, 2006, 「서사를 통해 말현되는 자이의 세계의 간구 고찰 – 김명슈의 서사의 치유가 실패한 원인을 중심으로」, 『겨레어문학』 37호, 389~422.

한국성폭력상담소, 1999, 『섹슈얼리티강의』, 동녘.

한국여성상담센터, 2001, 『성폭력 피해자의 심리치료 이론과 실제』, 한국여성상담센터.

허복옥, 2006, 「성폭력 피해여성의 2차피해 경험연구-형사법 절차과정을 중심으로」, 계명대 석사학위논문.

탄실이, 1924a, 「유리관속에셔」, 『조선일보』 5월 24일자, 서정자, 남은혜, 2010, 『김명순전집』, 푸른사상, 108.

탄실이, 1924b, 「침묵」, 『조선일보』 12월 29일자, 서정자, 남은혜, 2010, 『김명순전집』, 푸른사상, 131.

태혜숙, 2002, 「고백체 문학과 여성주체」, 『우리말글』 26호, 309~330.

청노새, 1935, 「가인실연혈루기-세번 실연한 유전의 여류시인 김명순」, 『삼천리』 9호, 78~83.

춘(春), 1927, 「편집후언」, 『별건곤』 7호, 168.

춘 해, 1925, 「문사들의이모양저모양(4)」, 『조선문단』 1호, 168~169.

최혜실, 2000, 『신여성들은 무엇을 꿈꾸었는가』, 생각의 나무.

Allison, Julie A, 1993, Rape: the misunderstood crime, New York: Sage publications.

Groth, A. Nicholas, 1979, Men who rape: the psychology of the offender, New York: Plenum Press.

Lonsway, K. A.& Fitzgerald, L. F. 1994, "Rape Myths", Psychology of Women Quarterly , Vol.18 No.2, Cambridge University Press, 133~164.

Parrot, Andrea, 1991, Acquaintance Rape: the hidden crime, New York: Wiley.

네이버 백과사전 http://100.naver.com.

위키백과 http://ko.wikipedia.org.

• 근대 최초 여성작가 김명순의 자아 정체성

—

권영주, 2005, 「한국근대여성작가의 자전적 글쓰기 양상 연구」, 국민대 석사학위논문.

김경애, 2011, 「성폭력의 피해자/생존자로서의 근대 최초 여성작가 김명순」, 『여성과 역사』 제 14호, 31~82.

김기진, 1924, 「김명순에 대한 공개장」, 『신여성』 제2권10호, 46~50.

김동인, 1941, 「적막한 예원-탄실 김명순」, 『매일신보』 9월 21일~10월 6일자.

김동인, 1948, 「문단 30년의 자취(7)」, 『신천지』 제3권10호, 41~48.

김동인, 1979, 『김연실전』, 정음사.

김명순, 1921/1922, 「칠면조」, 『개벽』 12월호; 1월호, 서정자, 남은혜, 2010, 『김명순전집』, 푸른사상, 271~292.

김명순, 1922a, 「옛날의노래여」, 『개벽』 9월호, 서정자, 남은혜, 2010, 『김명순전집』, 푸른사상, 82~83.

김명순, 1922b, 「부친보다모친을존숭하고녀자에게 정치사회문데를맛기겟다」, 『동아일보』 1월 7일자, 서정자, 남은혜, 2010, 『김명순전집』, 푸른사상, 618~619.

김명순, 1923, 「향수」, 『동명』 제1권1호, 서정자, 남은혜, 2010, 『김명순전집』, 푸른사상, 86~89.

김명순, 1924a, 「탄실이와 주영이」, 『조선일보』 6월 14일자~7월 15일자, 서정자, 남은혜, 2010, 『김명순전집』, 푸른사상, 465~512.

김명순, 1924b, 「네자신의우혜」, 『생명의 과실』, 서정자, 남은혜, 2010, 『김명순전집』, 푸른사상, 648~653.

김명순, 1924c, 「봄네거리에서서」, 『신여성』 4, 서정자, 남은혜, 2010, 『김명순전집』, 푸른사상, 622~627.

김명순, 1924e, 「(개고) 도라다볼째」, 『조선일보』 3월 31일~4월 19일, 서정자, 남은혜, 2010, 『김명순전집』, 푸른사상, 338~369.

김명순, 1924f, 「외로음의부름」, 『생명의 과실』, 서정자, 남은혜, 2010, 『김명순전집』, 푸른사상, 128~129.

김명순, 1924g, 「신시」, 『조선일보』 7월 13일자, 서정자, 남은혜, 2010, 『김명순전집』, 푸른사상, 130.

김명순, 1924h, 「탄실의초몽」, 『생명의 과실』, 서정자, 남은혜, 2010, 『김명순전집』, 푸른사상, 156~157.

김명순, 1924i, 「유언」, 『생명의 과실』, 서정자, 남은혜, 2010, 『김명순전집』, 푸른사상, 119.

김명순, 1924j, 「외로움」, 『조선일보』 7월 13일자, 서정자, 남은혜, 2010, 『김명순전집』, 푸른사상, 127.

김명순, 1924k, 「귀여운 내수리」, 『생명의 과실』, 서정자, 남은혜, 2010, 『김명순전집』, 푸른사상, 149~150.

김명순, 1925, 「외로움의변조」, 『동아일보』 7월 20일자, 서정자, 남은혜, 2010, 『김명순전집』, 푸른사상, 169.

김명순, 1927, 「두어라」, 『매일신보』 2월 24일자, 서정자, 남은혜, 2010, 『김명순전집』, 푸른사상, 188.

김명순, 1928a, 「분수령」, 『애인의 선물』, 서정자, 남은혜, 2010, 『김명순전집』, 푸른사상, 566~572.

김명순, 1928b, 「향수」, 『애인의 선물』, 서정자, 남은혜, 2010, 『김명순전집』, 푸른사상, 667~674.

김명순, 1928c, 「연모(戀慕)」, 『애인의 선물』, 서정자, 남은혜, 2010, 『김명순전집』, 푸른사상, 210.

김명순, 1928d, 「일요일」, 『애인의 선물』, 서정자, 남은혜, 2010, 『김명순전집』, 푸른사상, 573~579.

김명순, 1928e, 「애?」, 『애인의 선물』, 서정자, 남은혜, 2010, 『김명순전집』, 푸른사상, 675~679.

김명순, 1928f, 「시필」, 『동아일보』 1월 20일자, 서정자, 남은혜, 2010, 『김명순전집』, 푸른사상, 664~666.

김명순, 1936, 「생활의기억」, 『매일신보』 11월 19~21일자, 서정자, 남은혜, 2010, 『김명순전집』, 푸른사상, 691~696.

김명순, 송명희 엮음, 2008, 『김명순전집』, 지만지고전선집.

김성숙, 김형보, 2002, 「머리말」, 『포앙카레의 만년의 사상』, 교우사, iii~vi.

김영덕, 1972, 「한국 근대의 여성과 문학」, 『한국여성사II』, 이화여대 출판부, 364~367.

김정자, 1990, 「김명순 문학의 여성학적 접근」, 『여성학연구』 제2권1호, 40~65.

김탄실, 1925, 「꿈뭇는날밤」, 『조선문단』 제5호, 서정자, 남은혜, 2010, 『김명순전집』, 푸른사상, 513~520.

김탄실, 1926, 「손님」, 『조선문단』 제4호, 서정자, 남은혜, 2010, 『김명순전집』, 푸른사상, 534~551.

김탄실, 1928, 「두애인」, 『신민』 제4호, 서정자, 남은혜, 2010, 『김명순전집』, 푸른사상, 729~757.

김탄실, 1936, 「귀향」, 『매일신보』 10월 7~13일자, 서정자, 남은혜, 2010, 『김명순전집』, 푸른사상, 680~690.

김탄실, 1938a, 「시로쓴 반생기,」, 『동아일보』 3월 10~12일자, 서정자, 남은혜, 2010, 『김명순전집』, 푸른사상, 224~237.

김탄실, 1938b, 「해저문때」, 『동아일보』 1월 15~16일; 18일자, 서정자, 남은혜, 2010, 『김명순전집』, 푸른사상, 591~599.

김탄실, 1938c, 「심야에」, 『동아일보』4월 23일자, 서정자, 남은혜, 2010, 『김명순전집』, 푸른사상, 238~241.

망양생, 1927, 「이심(二心)」, 『동아일보』 11월 6일자, 서정자, 남은혜, 2010, 『김명순전집』, 푸른
　　사상, 195.

망양초 김탄실, 1926, 「거룩한 노래」, 『조선시인선집』, 서정자, 남은혜, 2010, 『김명순전집』, 푸
　　른사상, 177.

망양초, 1918a, 「xx언늬에게」, 『여자계』 제9호, 서정자, 남은혜, 2010, 『김명순전집』, 푸른사상,
　　615~617.

망양초, 1918b, 「초몽」, 『여자계』 제3호, 서정자, 남은혜, 2010, 『김명순전집』, 푸른사상, 614.

망양초, 1920, 「영희의일생」, 『여자계』 제6호, 서정자, 남은혜, 2010, 『김명순전집』, 푸른사상,
　　261~270.

망양초, 1923, 「긔도, 꿈, 탄식」, 『신여성』 제11호, 서정자, 남은혜, 2010, 『김명순전집』, 푸른사
　　상, 90~91.

망양초, 1924a, 「외로운사람들」, 『조선일보』 4월 20일~5월 31일자, 서정자, 남은혜, 2010, 『김
　　명순전집』, 푸른사상, 370~464.

망양초, 1924b, 「긋쳐요」, 『조선일보』 5월 23일자, 서정자, 남은혜, 2010, 『김명순전집』, 푸른사
　　상, 106.

망양초, 1924c, 「남방」, 『조선일보』 5월 23일자, 서정자, 남은혜, 2010, 『김명순전집』, 푸른사상,
　　111.

망양초, 1925, 「빗흘바래고」, 『동아일보』7월 3일자, 서정자, 남은혜, 2010, 『김명순전집』, 푸른
　　사상, 165.

망양초, 1927, 「비련(悲戀)」, 『동아일보』 12월 16일자, 서정자, 남은혜, 2010, 『김명순전집』, 푸
　　른사상, 202.

맹문재, 2005, 「김명순 시의 주제 연구」, 『한국언어문학』 제53권, 441~462.

맹문재, 2009, 『김명순전집』, 현대문학.

명　순, 1925, 「향수」, 『조선일보』 12월 19일, 서정자, 남은혜, 2010, 『김명순전집』, 푸른사상,
　　175~176.

목　성, 1921, 「사회풍자 은파리」, 『개벽』 제3호, 111.

문미령, 2005, 「김명순 문학연구-근대여성의 자전적 글쓰기의 양상 및 의의」, 서강대 석사학
　　위논문.

미　상, 1927, 「은파리」, 『별건곤』 제4호, 80~83.

미　상, 1930, 「문난징심이시(張三李四)」, 『삼천리』 제7권, 56.

미　상, 1931, 「신여성총관(2) 백화난만의 기미여인군」, 『삼천리』 제16호, 22~28 57.

미　상, 1933, 「여류작가의 此悲慘, 동경서 김명순양 조난」, 『삼천리』 제5권9호, 87~88.

미　상, 1958, 「폐허동인 시절」(좌담) 『신태양』 제7권2호, 36~38.

박경혜, 1999, 「어조의 분열」, 『여성문학연구』제2호, 69~104.

별그림, 1924, 「계통업는소식의일절」, 『신여성』 제9권, 서정자, 남은혜, 2010, 『김명순전집』, 푸른사상, 628~636.

서정자, 남은혜, 2010, 「작가 연보」, 『김명순전집』, 푸른사상, 829~837.

송호숙, 1999, 「최초의 여류소설가 김명순-자유연애주의의 비극」, 『식민지 근대화와 신여성』, 226~230.

신달자, 1980, 「1920년대 여류시 연구-김명순, 김원주, 나혜석을 중심으로」, 숙명여대 석사학위논문.

신지영, 2003, 「1920년대 여성담론과 김명순의 글쓰기」, 『어문논집』 48, 312~353.

신혜수, 2009, 「김명순문학연구: 작가 의식의 변모 양상을 중심으로」, 이화여대 석사학위논문.

안석영, 1938, 「조선문단 삼십년 측면사」, 『조광』 제11호, 308~315.

유진월, 2006, 『김일엽의 〈신여자〉 연구』, 푸른사상.

이명온, 1963, 『흘러간 여인』, 인간사.

이상경, 2003, 「신여성의 자화상」, 문옥표 편, 『신여성』, 청년사.

이유진, 2008, 「김명순 소설 연구-신여성으로서의 글쓰기 방식과 작가의식을 중심으로」, 영남대 석사학위논문.

이　철, 2008, 『경성을 뒤흔든 11가지 연애사건』, 다산초당.

이태숙, 2002, 「고백체 문학과 여성주체: 김명순을 중심으로」, 『우리말글』 26, 309~330.

일기자, 1933, 「이야기꺼리, 여인군상」, 『별건곤』 제9호, 38~44.

일련(一蓮), 1924, 「렐업는이약이」, 『신여성』 제11호, 서정자, 남은혜, 2010, 『김명순전집』, 푸른사상, 637~644.

임종국, 박노순, 1966, 『흘러한 성좌-오늘을 살고 간 한국의 기인들』, 국제문화사.

장발산인(長髮散人), 1927, 「단발여보(斷髮女譜)」, 『별건곤』 제11호, 74~77.

전영택, 1963, 「내가 아는 김명순」, 『현대문학』제2권, 251~254.

정영자, 2002, 「김명순소설연구」, 『한국여성소설연구』, 세종출판사.

조성희, 2006, 「서사를 통해 발현되는 자아와 세계의 간극 고찰-김명순의 서사의 치유가 실패한 원인을 중심으로」, 『겨레어문학』 제37호, 389~422.

청노새, 1935, 「가인실연혈루기-세번 실연한 유전의 여류시인 김명순」, 『삼천리』 제9호,

78~83.

최영표, 2007, 「소문으로 구성된 김명순의 삶과 문학」, 『현대문학이론연구』 제30호, 221~245.

최혜실, 2000, 『신여성들은 무엇을 꿈꾸었는가』, 생각의 나무.

춘(春), 1927, 「편집후언」, 『별건곤』 제7호, 168.

춘 해, 1925, 「문사들의이모양저모양(4)」, 『조선문단』 제1호, 168~169.

탄 실, 1926, 「나는사랑한다」, 『동아일보』 8월 17일; 21일; 23~25일; 27일; 9월 1~3일자, 서정자, 남은혜, 2010, 『김명순전집』, 푸른사상, 552~565.

탄실이, 1924, 「내가삼에」, 『조선일보』 5월 27일자, 서정자, 남은혜, 2010, 『김명순전집』, 푸른사상, 114.

태혜숙, 2002, 「고백체 문학과 여성주체」, 『우리말글』 제26호, 309~330.

홍인숙, 2007, 「누가 나의 슬픔을 놀아주랴: 여성 예술가 열전」, 『서해문집』.

홍효민, 1966, 「문단측면사(완)」, 『한국문단의 역사와 측면사』, 국학자료원, 339~346.

● 여성작가 김명순의 삶과 기독교 신앙
—

김경애, 2011a, 「성폭력의 피해자/생존자로서의 근대 최초 여성작가 김명순」, 『여성과 역사』 14집, 한국여성사학회, 31~82.

김경애, 2011b, 「근대 최초의 여성작가 김명순의 자아 정체성」, 『한국사상사학』 39집, 한국사상사학회, 251~302.

김동인, 1979, 『김연실전』, 정음사.

김명순, 1921, 1922, 「칠면조」, 『개벽』 12월호; 1월호, 서정자, 남은혜, 2010, 『김명순전집』, 푸른사상, 271~292.

김명순, 1923, 「향수」, 『동명』 1월, 서정자, 남은혜, 2010, 『김명순전집』, 푸른사상, 86~89.

김명순, 1924a, 「탄실이와 주영이」, 『조선일보』 6월 14일~7월 15일자, 서정자, 남은혜, 2010, 『김명순전집』, 푸른사상, 465~512.

김명순, 1924b, 「외로움」, 조선일보 7월 13일자, 서정자, 남은혜, 2010, 『김명순전집』, 푸른사상, 127.

김명순, 1925a, 「네자신의우헤」, 『생명의 과실』, 서정자, 남은혜, 2010, 『김명순전집』, 푸른사상, 648~653.

김명순, 1925b, 「탄실의초몽」, 『생명의 과실』, 서정자, 남은혜, 2010, 『김명순전집』, 푸른사상, 156~157.

참고문헌 | 341

김명순, 1925c, 「귀여운 내수리」, 『생명의 과실』, 서정자, 남은혜, 2010, 『김명순전집』, 푸른사상, 149~150.

김명순, 1925d, 「외로음의부름」, 『생명의 과실』, 서정자, 남은혜, 2010, 『김명순전집』, 푸른사상, 2010, 128~129.

김명순, 1925e, 「들니는소래들」, 『생명의 과실』, 서정자, 남은혜, 2010, 『김명순전집』, 푸른사상, 158~159.

김명순, 1928a, 「일요일」, 『애인의 선물』, 서정자, 남은혜, 2010, 『김명순전집』, 푸른사상, 573~599.

김명순, 1928b, 「두애인」, 『신민』 제4호, 서정자, 남은혜, 2010, 『김명순전집』, 푸른사상, 729~757.

김명순, 1936, 「생활의기억」, 『매일신보』 11월 19~21일자, 서정자, 남은혜, 2010, 『김명순전집』, 푸른사상, 691~696.

김미영, 2004, 「1920년대 신여성과 기독교의 연관성에 관한 고찰」, 『현대소설연구』 제21호, 67~86.

김옥희, 1983, 『한국 천주교 여성사』, 제1권, 한국신문과학원.

김윤성, 2007, 「조선후기 천주교 여성들의 금욕적 실천: 음식절제와 성적 절제를 중심으로」, 『여성학논집』 제24집1호, 233~265.

김정숙, 2003, 「조선후기 서학수용과 여성관의 변화」, 『한국사상사학』, 한국사상사학회, 제20집, 35~82.

김정자, 1990, 「김명순 문학의 여성학적 접근」, 『여성학연구』 2권1호, 부산대 여성학연구소, 40~65.

김탄실, 1926, 「손님」, 『조선문단』 4호 서정자, 남은혜, 2010, 『김명순전집』, 푸른사상, 534~551.

김탄실, 1936, 「귀향」, 『매일신보』 10월 7~13일자, 서정자, 남은혜, 2010, 『김명순전집』, 푸른사상, 680~690.

김탄실, 1938a, 「시로쓴 반생기」, 『동아일보』 3월 10~12일자, 서정자, 남은혜, 2010, 『김명순전집』, 푸른사상, 224~237.

김탄실, 1938b, 「심야에」, 『동아일보』 4월 23일자, 서정자, 남은혜, 2010, 『김명순전집』, 푸른사상, 238~241.

김탄실, 1938c, 「해저문때」, 『동아일보』 1월 15~16일; 18일자, 서정자, 남은혜, 2010, 『김명순전집』, 푸른사상, 591~599.

마에다(前田 智惠美), 2007, 「일본과 한국의 천주교 초기 교리서 비교연구」, 서강대 석사학위
논문.

망양초, 1918a, 「xx언늬에게」, 『여자계』 9월호, 서정자, 남은혜, 2010, 『김명순전집』, 푸른사상,
615~617.

망양초, 1918b, 「초몽」, 『여자계』 3월호, 서정자, 남은혜, 2010, 『김명순전집』, 푸른사상,
613~615.

망양초, 1920a, 「조로(朝露)의화몽(花夢)」, 『창조』 제7호, 서정자, 남은혜, 2010, 『김명순전집』,
푸른사상, 699~704.

망양초, 1920b, 「못맛날벗에게」, 『여자계』 제6호, 서정자, 남은혜, 2010, 『김명순전집』, 푸른사
상, 71.

망양초, 1920c, 「영희의일생」, 『여자계』 제6호, 서정자, 남은혜, 2010, 『김명순전집』, 푸른사상,
261~270.

망양초, 1923, 「긔도, 꿈, 탄식」, 『신여성』 11월호, 서정자, 남은혜, 2010, 『김명순전집』, 푸른사
상, 90~91

망양초, 1924, 「외로운사람들」, 『조선일보』 4월 20일~5월 31일자, 서정자, 남은혜, 2010, 『김명
순전집』, 푸른사상, 370~464.

망양초, 1925, 「경면독어: 어머니의영전에」, 『동아일보』 3월 9일자, 서정자, 남은혜, 2010, 『김
명순전집』, 푸른사상, 645~647.

망양초 김탄실, 1926, 「(개고) 추억」, 『조선시인선집』, 서정자, 남은혜, 2010, 『김명순전집』, 푸
른사상, 172~173.

명 순, 1925, 「향수」, 『조선일보』 12월 19일자, 서정자, 남은혜, 2010, 『김명순전집』, 푸른사상,
175~176.

미 상, 1958, 「폐허동인 시절」(좌담) 『신태양』 제7권2호, 36~38.

서정민, 1999, 「재일 한국인과 한인교회」, 『기독교사상』 제41권4호, 대한기독교서회, 38~50.

서정민, 2005, 「재일 한국인의 인권과 선교」, 『신학논단』 제39호, 15~38.

신달자, 1980, 「1920년대 여류시 연구−김명순, 김원주, 나혜석을 중심으로」, 숙명여대 석사학
위논문.

신영숙, 2003, 「일제시기 천주교외의 여성 인식과 여성 교육」, 『교회사연구』, 한국교회사연구
소, 89~125.

신혜수, 2009, 「김명순문학연구: 작가 의식의 변모 양상을 중심으로」, 이화여대 석사학위논문.

안화숙, 1997, 「조선후기의 천수교 여성활동과 여성관의 발전」, 이화여대 석사학위논문.

윤은순, 2008, 「1920 · 30년대 한국 기독교 절제운동 연구」, 숙명여대 박사학위논문.

이광린, 1983, 「개화기 관서지방과 개신교-개신교 수용의 일 사례」, 『한국의 근대화와 기독교』, 한국기독문화연구소, 29~50.

이광린, 1999, 「평양과 기독교」, 『한국기독교와 역사』, 제10호, 7~35.

이경수, 2009, 「근대 초기 여성시에 나타난 기독교적 상상력과 여성 표상」, 『비평문학』, 제33호, 371~398.

이상규, 2001, 「한국교회의 재일한국인 선교와 한인교회의 기원」, 『고신선교』, 고신대 선교연구소, 59~71.

이숙진, 2010, 「초기 기독교의 혼인담론: 조혼, 축첩, 자유연애를 중심으로」, 『한국기독교와 역사』 제32호, 한국기독교역사연구소, 35~62.

이숙진, 2006, 「한국 근대 개신교 민족 담론의 여성 호명 논리와 이데올로기적 장치」, 한국여성신학회 편, 『민족과 여성신학』, 한들, 224~252.

전미경, 2001, 「개화기 축첩제 담론분석」, 『한국가정관리학회지』 제19권2호, 67~82.

전연희, 1999, 「개신교 설교에 나타난 선택성과 배제성」, 『기독교 교육연구』, 104~169.

전영택, 1963, 「내가 아는 김명순」, 『현대문학』 제2호, 251~254.

전영택, 오창은 엮음, 2008, 「김탄실과 그 아들」, 『전영택전집』, 지만지고전선집, 83~113.

정요섭, 1976, 『이조여성연구』, 숙명여대 아세아여성연구소.

최혜실, 2000, 『신여성들은 무엇을 꿈꾸었는가』, 생각의 나무.

Yoo, Jung Suk, 2011, "(A) study of the relationship between Christianity and modern Korean female writers, with a focus on Na Hye-seok, Kim Il-yeop, and Kim Myeong-sun", Dissertation for Ph.D., Graduate School, Korea University.

● 나혜석의 여성해방론의 실현과 갈등

김은실, 2008, 「나혜석의 '사람-여자'에 대해 다시 생각한다」, 『나혜석 학술대회 자료집』, 나혜석 학술대회 제11회 나혜석 바로알기 심포지엄, 69~92.

김일엽, 1974, 『미래세가 다하도록』 하, 인물연구사.

김진, 이연택, 2009, 『그땐 그 길이 왜 그리 좁았던고』, 해누리.

나혜석, 1914, 「이상적 부인」, 『학지광』 제12호, 이상경, 2000a, 『나혜석전집』, 태학사, 183~185.

나혜석, 1917, 「잡감-K언니에게 여함」, 『학지광』 제7호, 이상경, 2000a, 『나혜석전집』, 태학사,

190.

나혜석, 1921a, 「인형의 가」, 『매일신보』 4월 3일자, 이상경, 2000a, 『나혜석전집』, 태학사, 113~114.

나혜석, 1921b, 「규원」, 『신가정』 제7호, 이상경, 2000a, 『나혜석전집』, 태학사, 115~125.

나혜석, 1923a, 「부처 간의 문답」, 『신여성』 제11호, 이상경, 2000a, 『나혜석전집』, 태학사, 240~249.

나혜석, 1923b, 「모된 감상기」, 『동명』 1권1호~2권1호 이상경, 2000, 『나혜석전집』, 태학사, 217~234.

나혜석, 1926a, 「생활개량에 대한 여자의 부르짖음」, 『동아일보』 1월 24~30일자, 이상경, 2000a, 『나혜석전집』, 태학사, 272.

나혜석, 1926b, 「원한」, 『조선문단』 4호, 이상경, 2000a, 『나혜석전집』, 태학사, 126~136.

나혜석, 1930a, 「프랑스 가정은 얼마나 다를까」, 『동아일보』 4월 3~10일자, 이상경, 2000a, 『나혜석전집』, 태학사, 297.

나혜석, 1930b, 「살림과 육아」, 『매일신보』 6월 6일자, 이상경, 2000a, 『나혜석전집』, 태학사, 638~639.

나혜석, 1931, 「나를 잊지 않는 행복」, 『삼천리』 제11호, 이상경, 2000a, 『나혜석전집』, 태학사, 317.

나혜석, 1932a, 「아아 자유의 파리가 그리워」, 『삼천리』 제1호, 이상경, 2000a, 『나혜석전집』, 태학사, 318~321.

나혜석, 1932b, 「양데팡당적이다: 혼미저조의 조선미술전람회를비판함」, 『동광』 제7호, 이상경, 2000a, 『나혜석전집』, 태학사, 642.

나혜석, 1933a, 「화가로 어머니로」, 『신동아』 제1호, 이상경, 2000a, 『나혜석전집』, 태학사, 343~350.

나혜석, 1933b, 「모델:여인일기」, 『조선일보』 2월 28일자, 이상경, 2000a, 『나혜석전집』, 태학사, 352.

나혜석, 1934a, 「이혼고백장－청구씨에게」, 『삼천리』 제8~9호, 이상경, 2000a, 『나혜석전집』, 태학사, 391~427.

나혜석, 1934b, 「다정하고 실질적인 프랑스부인」, 『중앙』 제3호, 이상경, 2000a, 『나혜석전집』, 태학사, 379~382.

나혜석, 1934c, 「총석정 해변」, 『월간매신』 제8호, 이상경, 2000a, 『나혜석전집』, 태학사, 393.

나혜석, 1935a, 「신생활에 늘면서」, 『삼천리』 제2호, 이상경, 2000a, 『나혜석전집』, 태학사,

428~439.

나혜석, 1935b, 「나의 여교원시대」, 『삼천리』 제7호, 이상경, 2000a, 『나혜석전집』, 태학사, 455.

나혜석, 1935c, 「독신여성의 정조론」, 『삼천리』 제10호, 이상경, 2000a, 『나혜석전집』, 태학사, 473.

노영희, 1998, 「일본 신여성들과 비교해 본 나혜석의 신여성관과 그 한계」, 『일어 일문학 연구』 제32호, 341~362.

미   상, 1929, 「구미 만유하고 온 여류화가 나혜석씨와 문답기」, 『별건곤』 제9; 10호, 이상경, 2000a, 『나혜석전집』, 태학사, 623.

미   상, 1932, 「이혼 1주년 양화가 나혜석씨」, 『신동아』 11호, 이상경, 2000a, 『나혜석전집』, 태학사, 643.

미   상, 1934, 「여류화가 나혜석씨, 최린씨 상대 제소」, 『동아일보』 9월 20일자, 이상경, 2000a, 『나혜석전집』, 태학사, 683~685.

미   상, 1935, 「그 위에 이야기하는 제 여사의 이동좌담회」, 『중앙』1호, 이상경, 2000a, 『나혜석전집』, 태학사, 656~659.

문옥표, 2003, 「조선과 일본의 신여성」, 『신여성』, 청년사, 245~263.

서정자, 2006, 「나혜석문학론」, 『나혜석 학술대회 자료집』, 나혜석 학술대회 제9회 나혜석 바로알기 심포지엄, 49~75.

서지영, 2008, 「계약과 실험, 충돌과 모순: 1920~1930년대 연애의 장」, 『여성문학연구』 제19호, 139~175.

소현숙, 2012, 「'정조유린'담론의 역설」, 『역사문제연구』 제28호.

염상섭, 1954, 「추도」, 『신천지』 1.

이노우에 가즈에(井上和枝), 2011, 「나혜석 여성해방론의 특색과 사회적 갈등」, 『나혜석, 한국 근대사를 거닐다』, 푸른사상, 370~380.

이노우에 가즈에(井上和枝), 1999, 「나혜석의 여성해방론의 특색과 역사적 의의」, 『여성문학연구』 창간호, 357~369.

이상경, 1995, 「가부장제에 맞선 외로운 투쟁」, 『역사비평』 겨울호, 321~339.

이상경, 2000a, 『나혜석 전집』, 태학사.

이상경, 2000b, 「나혜석−인간으로 살고 싶었던 여성」, 『나혜석 전집』, 태학사, 17~50.

이상경, 2000c, 『영원한 신여성 나혜석, 인간으로 살고 싶다』, 한길사.

이송희, 2006, 「신여성 나혜석의 민족의식과 민족운동」, 『나혜석 학술대회 자료집』, 나혜석 바로알기 제9회 심포지엄, 93~117.

조　은, 2002, 「페미니스트로서 나혜석 읽기 : "신여성"의 담론과 정치성」, 『나혜석 학술대회 자료집』, 나혜석 바로알기 제5회 심포지엄, 131~146.

최동호, 2005, 「나혜석과 『인형의 집』의 노라」, 『나혜석 학술대회 자료집』, 나혜석 바로알기 제8회 심포지엄, 75~99.

최은희, 1925, 「여류화가 나혜석여사 가정방문기」, 『조선일보』 11월 26일자, 이상경, 2000a, 『나혜석전집』, 태학사, 614.

최지원, 1997, 「나혜석 문학연구 – 『경희』를 중심으로」, 연세대 석사학위논문.

최혜실, 2000, 『신여성들은 무엇을 꿈꾸었는가』, 생각의 나무.

칠보산인, 1926, 「엘렌케이의 연애관」, 『신여성』 제4권1호, 33.

히로세 레이코, 2006, 「일본의 신여성과 서양여성해방사상 – 엘렌 케이 사상의 수용을 둘러싸고」, 『여성과 역사』 제5집, 69~93.

● 가부장제 사회의 신여성의 삶과 남성들 – 나혜석, 김일엽, 허정숙을 중심으로

—

권수현, 2010, 「허정숙의 여성론 재구성」, 『페미니즘연구』 제10권1호, 247~283.

김기진, 1924, 「김원주씨에 대한 공개장」, 『신여성』 제2권10호, 51~55.

김동인, 1996, 「문단 삼십년의 발자취」, 편집부, 『한국문단의 역사와 측면사』, 국학자료원, 1~103.

김미영, 2003, 「1920년대 여성담론형성에 관한 연구 : '신여성'의 주체형성과정을 중심으로」, 서울대 박사학위논문.

김일엽, 1926, 「자각」, 『동아일보』 6월 19~26일자, 1974, 『미래세가 다하고 남도록 (상)』, 인간문화사, 160~173.

김일엽, 1927, 「나의 정조론」, 『조선일보』 1월 8일자.

김일엽, 1929, 「진리를 모릅니다」, 1974, 『미래세가 다하고 남도록 (상)』, 인간문화사, 312~313.

김일엽, 1931, 「정조파훼(貞操破毁)여성의 재혼론 : 처녀 비처녀의 관념을 파기하기하라」, 『삼천리』 제12호, 28~31.

김일엽, 1932, 「1932년을 보내며」, 『조선일보』 12월 22~23일자, 1974, 『미래세가 다하고 남도록 (상)』, 인간문화사, 442~443.

김일엽, 1957, 「영원히 사는 길」, 『청춘을 불사르고』, 중앙출판공사, 223~259.

김일엽, 1958, 「무심을 배우는 일」, 『청춘을 불사르고』, 중앙출판공사, 113~136.

김 진, 이연택, 2009, 『그땐 그 길이 왜 그리 좁았던고』, 해누리.

김태신, 1991, 『라훌라의 사모곡(상)』, 한길사.

나영균, 2003, 『일제시대 우리 가족은』, 황소자리

나혜석, 1923a, 「부처간의 문답」, 『신여성』 11월호, 이상경, 2000a, 『나혜석전집』, 태학사,
   240~249.

나혜석, 1923b, 「모된 감상기」, 『동명』 1월 1일~2월 1일, 이상경, 2000a, 『나혜석전집』, 태학사,
   217~234.

나혜석, 1923c, 「백결생에게 답함」, 『동명』 3월 18일, 이상경, 2000a, 『나혜석전집』, 태학사,
   235~239.

나혜석, 1934, 「이혼고백장－청구씨에게」, 『삼천리』 8~9월호, 이상경, 2000a, 『나혜석전집』,
   태학사, 391~427.

문옥표, 2003, 「조선과 일본의 신여성」, 『신여성』, 청년사, 245~263.

미 상, 1934, 「여류화가 나혜석씨, 최린씨 상대 제소」, 『동아일보』 9월 20일자, 이상경 , 2000a,
   『나혜석전집』, 태학사, 683~685.

방인근, 1971, 「김일엽과 나의 추억」, 『월간문학』 6월호, 304~308.

백결생, 1923, 「관념의 남루(襤褸)를 벗은 비애」, 『동명』 3월호, 이상경, 2000a, 『나혜석전집』,
   태학사, 670~677.

서지영, 2008, 「계약과 실험, 충돌과 모순: 1920~1930년대 연애의 장」, 『여성문학연구』 제19
   호, 139~175.

서형실, 1992, 「정열의 여성운동가 허정숙」, 한국여성연구회 편, 『여성과 사회』 제3호, 창작과
   비평사, 208.

서형실, 1992, 「허정숙－근우회에서 독립투쟁으로」, 『역사비평』 제19호, 역사비평사, 278~287.

성하호, 1932, 「조선의 코론타이스트」, 『제일선』 제2권6호(1932년 7월), 75~76.

송연옥, 2003, 「조선 '신여성'의 내셔널리즘과 젠더」, 『신여성』, 청년사, 83~117.

신달자, 1980, 「1920년대 여류시연구: 김명순, 김원주, 나혜석을 중심으로」, 숙명여대 석사학
   위논문.

신영숙, 2006, 「사회주의 여성운동가 '조선의 콜론타이' 허정숙」, 『내일을 여는 역사』, 23호, 서
   해문집, 166~177.

염상섭, 1953, 「추도」, 『한국대표단편문학전집』, 1976, 정한출판사, 326~334.

염상섭, 1962, 「횡보문단 회상기」, 『사상계』 11~12월호, 225~240.

염상섭, 1987, 「너희는 무엇을 어덧느냐」, 『염상섭전집 9』, 민음사.

유진월, 2006, 「탕녀들의 행진-여성으로 살기 여성으로 글쓰기」, 『김일엽의 「신여자」 연구』,
　　　푸른사상, 15~28.

유진월, 2006, 『김일엽의 「신여자」 연구』, 푸른사상.

이노우에 가즈에, 2003, 「'조선 신여성'의 연애관과 결혼관의 변혁」, 문옥표 편, 『신여성』, 청년
　　　사, 155~186.

이명온, 1956, 『흘러간 여인상: 그들의 예술과 인생』, 인간사.

이상경, 2000a, 『나혜석 전집』, 태학사.

이상경, 2000b, 『영원한 신여성 나혜석, 인간으로 살고 싶다』, 한길사.

이　철, 2008, 『경성을 뒤흔든 11가지 연애사건』, 다산초당.

이화영, 유진월, 2004, 「서구 연애론의 유입과 수용 양상」, 『국제어문』 제32권, 209~234.

정영자, 1987, 「김일엽 문학 연구」, 『수련어문논집』, 제14집, 1~26.

정칠성, 1929, 「〈적련〉 비판, 꼬론타이의 성도덕에 대하야」, 『삼천리』 제2호, 5~8.

초사(草土), 1931, 「현대여류사상가들(3) 붉은 연애의 주인공들」, 『삼천리』 제17호(7월호).

최은희, 1971, 「일엽 스님의 입적」, 『한국일보』 1월 31일자.

최혜실, 2000, 『신여성들은 무엇을 꿈꾸었는가』, 생각의 나무.

콜론타이, 알렉산드라, 1927, 『붉은 사랑』, 김제헌 역, 1988, 공동체.

콜론타이, 알렉산드라, 1994, 「삼대의 사랑」, 『월요일』, 장지연 역, 일송정, 83~140.

한정숙, 2008, 「격랑 속의 지식인: 알렉산드라 콜론타이: 여성해방과 평화를 위해 바친 사회주
　　　의자의 삶」, 『역사와 문화』 제16호, 197~227.

허근욱, 2001, 『민족변호사 허헌』, 지혜네

허정숙, 1927, 「울 줄 아는 인형의 여자국, 북미인상기」, 『별건곤』 제30호(12월호), 74~77

홍효민, 1996, 「한국문단측면사 1」, 편집부, 『한국문단의 역사와 측면사』, 국학자료원,
　　　309~318.

• 김만덕 삶에 대한 여성주의적 재해석

김정숙, 2002, 『자청비·가믄장아기·백주또 : 제주섬, 신화 그리고 여성』, 제주시:각.

이덕일, 2003, 『이덕일의 여인열전』, 김영사.

제주도, 1998, 『구원의 여상, 김만덕』 제주도청.

최재석, 1979, 『제주도의 진속연구』, 일지사.

• 동학의 여성관에 대한 재고찰

김용덕, 1967, 「여성운동의 근대화 과정」, 『한국사상』 제8집, 159~172.

김용덕, 1971, 『한국사의 탐구』, 계몽사

김용덕, 1964, 「부녀수절고」, 『아세아여성연구』 제3호, 숙명여대 아세아여성연구소, 123~152.

김용문, 박응삼, 1979, 『신앙과 여성』, 천도교 중앙총부.

김종권 역주, 1982, 『소학』

박세무, 1515, 『동몽선습』, 박경수 역, 1982, 함양박씨종친회.

박용옥, 1982, 『한국근대여성운동사연구』, 고려대 박사학위논문

박용옥, 1981, 「동학의 남녀평등사상」 『역사학보』 제91집, 역사학회, 109~143.

벤자민 B.윔스(출판년도 미상), 홍정식 역, 1975, 『동학백년사』, 서문당.

빙허각 이씨, 1975, 『규합총서』, 보진제.

소 춘, 1928, 「대신사 수양녀인 80노인과 문답」, 『신인간』 제16호.

소혜왕후 한씨, 1475, 이계순 역, 1980, 『내훈』, 오곡문화사

손규복, 1972, 「근대 한불 여자교육사상 비교 고찰 2」, 『여성문제연구』 제2집, 효성여대, 93~111.

송시열, 1986, 『우암선생 계녀서』, 정음사.

신정숙, 1970, 「한국전통사회의 내훈에 대하여」, 『국어국문학』 제47호, 국어국문학회, 85~141.

엄묘섭, 1974, 「동학의 사회구조적 성격」, 이화여대 석사학위논문.

오익제, 1981, 『천도교입문』, 천도교 중앙총부.

이규태, 1979, 『한국인의 조건』, 한국출판공사.

이돈화, 1933, 『천도교 창건사』, 천도교 중앙종리원.

이부영, 1974, 「최수운의 신비체험」, 『한국사상』 제11집, 5~30.

이원호, 1982, 『태교』, 박영사.

이현희, 1979, 『한국근대여성개화사』, 이우출판사.

정요섭, 1979, 『한국여성운동사』, 정음사.

천도교사편찬위원회, 1981, 『천도교백년약사 (상)』, 미래문화사.

최태호, 1968, 「계녀약언 연구」, 『아세아여성연구』 제7집, 233~259.

천도교 경전

『동경대전』

『용담유사』

『해월신사법설』

『의암성사법설』

● 근대 남성지식인 소춘 김기전의 여성해방론

—

권보드래, 2004, 『연애의 시대』, 현실문화연구.

권희영, 1998, 「1920~30년대 '신여성'과 모더니티의 문제-『신여성』을 중심으로」, 『사회와 역사』 제54호.

기   전, 1924a, 「죽은 혼인(死婚)과 허튼혼인(亂婚)-위선문예만식집어내리라」, 『신여성』 제5호(5월호).

기   전, 1924b, 「당신에게 〈자기번민(自己煩悶)〉이 잇습니가-新女子의 恥辱生活.罪惡生活」, 『신여성』 제2권5호(7월호).

기   전, 1925, 「男子의 重愛(방점)와 女子의 愛嬌(방점)에 對하야」, 『신여성』 제3권 10호 , 10월호.

기   전, 1926, 「오늘날 여학생에 대한 일반남자의 그릇된 선입견」, 『신여성』 제4권4호, 4월호.

기   전, 1931, 「상하·존비·귀천-이것이 유가사상의 기초관념이다」, 『개벽』 제5권 3월호.

김기전, 1921, 「봄날의 우로(雨露)를 밟으면서」, 『개벽』 제22호.

김기전, 1923, 「남녀간의 교제는 엇더케할 것인가」, 『신여성』 제1권2호(11월호).

김기전, 1924a, 「조선의 젊독바리 교육」, 『신여성』 제4호(4월호).

김기전, 1924b, 「부즈런한자여 당신의일홈은 〈조선녀자〉외다」, 『신여성』 제2권 6월호.

김기전, 1926, 「個性의 亡失을 아울너 울수는 업슬가-흰옷입고 검은 댕기듸린 여성에게」, 『신여성』 제4권6호.

김기전, 1929, 「4백만 성원이 체행(體行)하는 신생활」, 『별건곤』 8월호 16, 17호.

김기전, 1930, 「청춘 남녀교제의 선도책여하」, 『별건곤』 제19호.

김기전, 1931a, 「안해에 대한 希望 안해에 대한 不平, 세가지 提言」, 『신여성』 제5권3호, 4월호.

김기전, 1931b, 「青春 두 女性의 鐵道自殺事件과 그 批判-悲壯한 犧牲」, 『신여성』 제5권4호, 5월호.

김기전, 1931c ,處女讀本, 第五課 男女交際」, 『신여성』 제5권5호(6월호).

김기전, 1931d, 「가정과 사회로 활동할 사람」, 『별건곤』 제5권4호.

김경애, 2003, 「동학의 여성관에 대한 재고찰」, 『한국사상사학』 제20집

김경애, 2009, 「근대 남성지식인의 여성현실 인식과 극복에 관한 여성주의 담론-잡지 『신여성』을 중심으로-」, 『젠더연구』 제14호.

김경일, 2004, 『여성의 근대, 근대의 여성』, 푸른역사.

김미영, 2003, 「1920년대 여성담론 형성에 관한 연구-'신여성'의 주체형성 과정을 중심으로-」, 서울대 박사학위논문.

김석범, 1996, 「나의 아버지 소춘 김기전」, 『신인간』 2월호.

김소춘, 1920, 「장유유서의 말폐(末弊): 유년남녀의 해방을 제창함」, 『개벽』 제1권제2호.

김수진, 2000, 「'신여성', 열려 있는 과거, 멎어 있는 현재로서의 역사쓰기」, 『여성과 사회』 11.

김일제, 1931, 「생의 권태병자」, 『신여성』 5권4호.

김자선, 1931, 「勇敢한 죽엄」, 『신여성』 5권4호.

김태임, 1931, 「생각나는 대로」, 『신여성』 5권4호.

독립운동사편찬위원회, 1969, 『독립운동사 8권: 문화투쟁사』, 독립운동사편찬위원회.

묘향산인, 1920a,「신인생의 수립자-푸리드리히 니체선생을 소개함」, 『개벽』 2호(8월호).

묘향산인, 1920b, 「조선여자의 금후행로」, 『개벽』 제3호.

묘향산인, 1920c, 「근대주의의 제일인 루소선생」, 『개벽』 제5호(11월호).

묘향산인, 1920d, 「근세철학계의 혁명아 쩨임스선생」, 『개벽』 제6호(12월호).

묘향산인, 1921a, 「사상계의 거성 뻐츄랜드 러쎌씨를 소개함」, 『개벽』 제11호(5월호).

묘향산인, 1921b, 「먼저 당신의 자아에 진리가 잇슬지어다-에드와드 카펜」, 『개벽』 제14호(8월호).

묘향산인, 1923, 「제1의 해방과 제2의 해방-인류역사상의 2대 해방선언-」, 『개벽』 제32호.

박성용, 1992, 「소춘 김기전」, 『한국언론인물사화 8』 15전편(상권) 대한언론인회.

박용옥, 1981, 「동학의 남녀평등사상」, 『역사학보』 제91집.

방정환, 1931, 「정조(貞操)와 그의 죽엄」, 『신여성』 5권4호.

서은경, 1994, 「한국의 잊혀진 페스탈로치 소춘 김기전」, 『한국교육인물열전』, 우리교육 제39호.

성봉덕, 1979, 「소춘선생의 수도요령」, 『신인간』 367호.

성봉덕, 1985, 「천도교 소년운동과 소춘선생」, 『신인간』 428호.

소　춘, 1920a, 「력(力)만능주의의 급선봉-푸리드리히 니체선생을 소개함」, 『개벽』 1호(7월호).

소　춘, 1920b, 「위인의 사자후」, 『개벽』 5호(11월호).

소　춘, 1923, 「요째의 朝鮮新女子」, 『신여성』 제1권2호(11월호).

소　춘, 1924, 「당신들은 新女子中의 新女子-요째의 朝鮮新女子」, 『신여성』 제4호(4월호).

소 춘, 1925a, 「대선사 수양녀인 80노인과의 문답」, 『신인간』 제16호.

소 춘, 1925b, 「가을에 생각나는 사람―그 憔悴하던 어머니얼골」, 『신여성』 제3권10호(10월호).

소 춘, 1926, 「밋며누리학대문뎨에대하야」, 『신여성』 제4권10호(10월호).

손초악, 1931, 「경솔한 죽엄」, 『신여성』 5권4호.

송연옥, 2003, 「조선'신여성'의 내셔널리즘과 젠더」, 『신여성』, 청년사.

송준석, 1995, 「소춘 김기전의 아동 인격·해방의 교육사상」, 『한국교육사학』 제17집, 한국교육학회 교육사연구회.

신일철, 1983, 「동학사상의 전개―시천주, 사인여천을 거쳐 인내천사상에로」, 『동학사상논총』 제1집.

윤해동, 1996, 「한말일제하 天道教 金起田의 '近代' 수용과 '民族主義」, 『역사문제연구』 제1호, 역사문제연구소.

이광수, 1931, 「두 가지 죄와 그 책임」, 『신여성』 5권4호.

이만규, 1931, 「소극적 죽엄」, 『신여성』 5권4호.

이명선, 2003, 「식민지 근대의 '신여성' 주체형성에 관한 연구―성별과 성의 관계를 중심으로」, 이화여대 박사학위논문.

이선영, 2002, 「소춘 김기전의 소년해방사상과 실천연구」, 이화여대 석사학위논문.

이영희, 1931, 「책임 망각」, 『신여성』 5권4호.

이윤미, 2004, 「근대적인 교육공간과 사회적인 거리 두기」, 태혜숙 편, 『한국식민지근대와 여성공간』, 여이연.

임옥희, 2004, 「신여성의 범주화를 위한 시론」, 태혜숙 편, 『한국식민지근대와 여성공간』, 여이연.

임효정, 1931, 「갑업는 죽엄」, 『신여성』 5권4호.

전은정, 1999, 「일제하 '신여성'담론에 관한 분석―여성주체 형성과정을 중심으로―」, 서강대 석사학위논문.

천도교사 편찬위원회, 1981, 『천도교백년약사 (상)』, 미래문화사.

채만식, 1931, 「김기전씨」, 『별건곤』 5권3호.

태혜숙, 2004, 「식민지 근대와 여성주의 문화론」, 태혜숙 편, 『한국 식민지근대와 여성공간』, 여이연.

홍양희, 1997, 「일제시기 조선의 '현모양처' 여성관의 연구」, 한양대 석사학위논문.

• 현모양처론에 대한 근대 남성지식인의 비판 담론

___

가와모토 아야(川本綾), 1999, 「한국과 일본의 현모양처사상－개화기로부터 1940년대 전반까지」, 심영희, 정진성, 윤정로 공편, 『모성의 담론과 현실』, 나남출판.

강이수, 1991, 「1930년대 면방대기업 여성노동자의 상태에 관한 연구－노동과정과 노동통제를 중심으로」, 이화여대 박사학위논문.

고영숙, 1931, 「이광수씨의 망담」, 『신여성』 제11호, 14~16.

권희영, 1998, 「1920~30년대 '신여성'과 모더니티의 문제－『신여성』을 중심으로」, 『사회와 역사』 제54호, 43~76.

김경일, 2002, 「일제하 여성의 일과 직업」, 『사회와 역사』 제57호, 156~190.

김기림, 1933, 「직업여성의 성문제」, 『신여성』 제4호, 28~33.

김기전, 1931, 「가정과 사회로 활동할 사람」, 『별건곤』 제5권4호, 22~23.

김기전, 1921, 「우리 여자계와 昔今」, 『개벽』 제9호, 15~16.

김기전, 1922, 「봄날 우로(雨露)를 밟으면서」, 『개벽』 제20호, 41~48.

김기전, 1926, 「오늘날 여학생에 대한 일반남자의 그릇된 선입견」, 『신여성』 제4권4호, 1~4.

김미영, 2003, 「1920년대 여성담론 형성에 관한 연구－'신여성'의 주체형성 과정을 중심으로」, 서울대 박사학위논문.

김연화, 1933, 「다음은 천당입니다 에레베탓걸의 자서전」, 『신여성』 제7권12호, 56~57.

김영금, 2005, 『백화 양건식 문학연구』, 한국학술정보(주).

김영희, 1925, 「직업을 구하되－신여성의 직업에 대한 번민」, 『신여성』 제1권11호, 26~27.

김윤식, 1986, 『이광수와 그의 시대』, 한길사.

김원주, 1924, 「재혼 후 일주년 : 인격 창조에 '과거 일주년을 회상하야」, 『신여성』 제2권6호, 40~43.

김수진, 2005, 「1920~30년대 신여성담론과 상징의 구성」, 서울대 박사학위논문.

김자혜, 1933, 「직업여성과 가정」, 『신여성』 제7권4호, 34~36.

김혜경, 1998, 「일제하 '어린이'기의 형성과 가족변화에 관한 연구」, 이화여대 박사학위논문.

김　파, 1926, 「조선여성의 향할길－특히 신녀성들에게 말하야 일꾼 녀자가되기를 바란다」, 『신여성』 제4권9호, 10~14.

나혜석, 1914, 「理想的 婦人」, 『학지광』 제12호, 13~14.

나혜석, 1934, 「이혼고백장」, 『삼천리』 제8호, 이상경, 2000, 『나혜석전집』, 태학사, 397~427.

나혜석, 1920, 「김일엽선생의 가정생활」, 『신여자』 제4권6호.

노혜영, 1932, 「위험천만, 유혹과 조소 속에」, 『신여성』 제6권10호, 37~38.

박순옥, 1931, 「신여성 평단: 여성과 직업」, 『신여성』 제5권10호, 33.

박용옥, 2003, 「신여성에 대한 사회적 수용과 비판」, 『신여성』, 청년사, 51~82.

백두산인, 1921, 「동양식의 윤리사상변천개관」, 『개벽』 제17호, 32~39.

백파(白波), 1927, 「소위 〈신여성〉과 양처현모주의?」, 『현대평론』 제1권1호, 161~172.

미 상, 1933, 「직업부인좌담회」, 『신여성』 제7권4호, 42~54.

민태원, 1925, 「내가 여학교 당국자면」, 『신여성』 제2권1호, 17~19.

송연옥, 2001, 「민족주의와 페미니즘의 불행한 결렬－1930년대의 한국'신여성'」, 『페미니즘연구』 제1호, 53~73.

신남철, 1933, 「조선여성에게 보내고 싶은 말: 교육가로 조선여성에게」, 『전선』 제1권1호, 83~85.

신일용, 1922a, 「부인문제의 일고찰－자유사상과 현모양처주의」, 『신생활』 제1권1호, 14~18, 23.

신일용, 1922b, 「부인문제의 일고찰－자유사상과 현모양처주의」, 『신생활』 제1권2호.

신일용, 1922c, 「자유사상과 현모양처주의 (결)」, 『신생활』 제1권3호, 13~17.

안태윤, 2006, 『식민정치와 모성』, 한국학술정보(주).

오상준(吳尙俊), 1920, 「제 명사의 조선여자해방관: 이세(理勢)에 순응하라」, 『개벽』 10월호 총4호(제1권4호), 38~39.

양백화, 1921, 「인형의 家에 대하여」, 『양백화문집』 제3권, 강원대학교, 124.

양주동, 1922a, 「여자교육을 개량하라(2)－정신(貞信)교 맹휴에 감(鑑)하여 교육계의 반성을 촉구함」, 『동아일보』 11월14일자, 1.

양주동, 1922b, 「여자교육을 개량하라(6)－정신(貞信)교 맹휴에 감(鑑)하여 교육계의 반성을 촉구함」, 『동아일보』 11월19일자, 1.

윤지현, 2009, 「1920~30년대 서비스직 여성의 노동실태와 사회적 위상」, 여성사학회 월례 발표 자료.

이광수, 1917, 「혼인에 대흔 관견(管見)」, 『학지광』 제12호, 28~34.

이노우에 가즈에(井上和枝), 2003, 「조선'신여성'의 연애관과 결혼과의 변혁」, 『신여성』, 청년사, 155~186.

이돈화, 1924, 「여성(女性)의 청춘기(靑春期)」, 『신여성』 제2권10호, 2~6.

이돈화, 1923, 「세상에 나온 목적」, 『신여성』 제1권2호, 2~3.

이명선, 2003, 「식민지 근대의 '신여성' 주체형성에 관한 연구－성별과 섬의 관계를 중심으로」,

이화여대 박사학위논문.

이배용, 1999, 「일제하 여성의 전문직 진출과 사회적 지위」, 『국사관논총』 제83호, 165~207.

이상경, 2000, 『나혜석전집』, 태학사.

이애라, 1933, 「직업여성과 남편」, 『신여성』 제7권4호, 37~39; 59.

이헌구, 1940, 「현대여성의 고민을 말한다」, 『여성』 제8호, 60~67.

이효재, 1976, 「일제하 한국여성노동연구」, 『한국학보』 제4호.

이훈구, 1938, 「여성교육의 근본문제」, 『여성』 제3권10호, 28~31.

일소(一笑), 1921, 「해방을 규(叫)하는 여자」, 『아성(我聲)』 제1권3호, 10~14.

임진실, 1926, 「여자의 지위에 대한 일고찰」, 『청년』 제3호.

조동식, 1920, 「제명사의 조선여자 해방관: 양성동등교육이 필요」, 『개벽』 제1권4호, 37~38.

적애생(赤哎生), 1922, 「자유사상과 현모양처주의」, 『신생활』 제1권5호, 15~18.

전미경, 2004, 「1920~30년대 현모양처에 관한 연구」, 『한국가정관리학회지』 제22권3호, 75~93.

전은정, 1999, 「일제하 '신여성' 담론에 관한 분석－여성주체 형성과정을 중심으로－」, 서강대 석사학위논문.

정순정, 1932, 「당세 여학생기질」, 『신동아』 제12호, 92~93.

정지영, 2006, 「1920~30년대 신여성과 '첩/제이부인': 식민지근대 자유연애결혼의 결렬과 신여성의 행위성」, 『한국여성학』 제22권4호, 47~83.

최혜실, 2000, 『신여성들은 무엇을 꿈 꾸었는가』, 생각의 나무.

함상훈, 1933, 「조선여성에게 보내고 싶은 말: 신문기자로 본」, 『전선』 제1권1호, 83~85.

홍양희, 1997, 「일제시기 조선의 '현모양처' 여성관의 연구」, 한양대 석사학위논문.

● **근대 남성지식인의 여성 현실인식과 극복에 관한 여성주의 담론**
　잡지 『신여성』을 중심으로

—

권희영, 1998, 「1920~30년대 '신여성'과 모더니티의 문제－『신여성』을 중심으로」, 『사회와 역사』 제54호, 43~76.

기　전, 1923, 「남녀간의 교제는 엇더케할것인가」, 『신여성』 제1권2호, 4~10.

기　전, 1924, 「죽은 혼인(死婚)과 허튼혼인(亂婚)－위선문예만쓰집어내리라」, 『신여성』 제2권5호, 9~13

기　전, 1925a, 「문란 악화해가는 남녀학생 풍기문제」, 『신여성』 제3권6호, 44~49.

기　전, 1925b, 「남자의 중애와 여자의 애교에 대하야」, 『신여성』 제3권10호, 6~9.

기　전, 1926, 「오늘날 여학생에 대한 일반남자의 그릇된 선입견」, 『신여성』 제4권4호, 1~4.

김기전, 1923, 「남녀간의 교제는 엇더케할 것인가」, 『신여성』 제1권2호, 4~10.

김기전, 1924a, 「조선의 젊독바리 교육」, 『신여성』 제2권4호, 2~5

김기전, 1924b, 「부즈런한자여 당신의일홈은 〈조선녀자〉외다」, 『신여성』 제2권6호, 2~5.

김경일, 2003, 「식민지 조선의 여성교육과 신여성」 『역사와 사회』, 119~153.

김명호, 1926, 「조선여성과 직업; 나는 농부가 되라고 권합니다」 『신여성』 제4권2호, 9~12.

김수진, 2000, 「'신여성', 열려 있는 과거, 멎어 잇는 현재로서의 역사쓰기」, 『여성과 사회』 제
　　　　11호, 6~45.

김윤경, 1924a, 「부인문제의 의의와 부인운동의 유래」, 『신여성』 제2권6호, 7~14.

김윤경, 1924b, 「부인참정권 문제」, 『신여성』 제2권8호, 15~20.

김윤경, 1924c, 「부인직업문제」, 『신여성』 제2권9호, 33~38.

문옥표, 2003, 「조선과 일본의 신여성: 나혜석과 히라츠카 라이초우의 생애사 비교」, 『신여성』,
　　　　청년사, 245~282.

박용옥, 2003, 「신여성에 대한 사회적 수용과 비판」, 『신여성』, 청년사, 51~82.

박희도, 1933, 「여학생의 사상 타진」, 『신여성』 제7권10호, 22~23.

배성룡, 1926, 「農村婦人의 生活」, 『신여성』 제4권8호, 28~31.

소　춘, 1923, 「옷대의 조선여자」, 『신여성』 제1권11호, 58~59.

소　춘, 1924, 「당신들은 新女子中의 新女子—옷대의 朝鮮新女子」, 『신여성』 제2권4호, 30~31

소　춘, 1926, 「밋며누리학대문뎨에대하야」, 『신여성』 4권10호, 8~10.

신　식, 1926, 「가을과 여자의 독서」, 『신여성』 제4권10호, 4~7.

신형철, 1931, 「現下 當面한 朝鮮女性의 三大難」, 『신여성』 제5권10호, 11~16.

안광호, 1932, 「朝鮮女性의 當面問題」, 『신여성』 제6권10호, 6~10.

안형중, 1925, 「남학생들이 쐬여내는죄」, 『신여성』 제3권6호, 53~55.

연구생, 1925a, 「부인의 지적 능력—해방사의 일 이론」, 『신여성』 제3권5호, 4~9.

연구생, 1925b, 「결혼 째문의 교육—페펠에 의함」, 『신여성』 제3권6호, 7~13.

연구생, 1925c, 「남녀의 생리적및(及)심적소질의 차이—페-펠에서—」, 『신여성』 제3권8호,
　　　　24~27.

玉滄海, 1931, 「現代法律과 女子의 地位(續)」, 『신여성』 제5권9호, 20~25

이노우에 가즈에, 2003, 「조선 '신여성'의 연애관과 결혼과의 변혁」, 『신여성』, 청년사,
　　　　155~186.

이명선, 2003. 「식민지 근대의 '신여성' 주체형성에 관한 연구-성별과 성의 관계를 중심으로」, 이화여대 박사학위논문.

이돈화, 1924a, 「女學校卒業生들에게 긴절한 부탁한마듸」, 『신여성』 제4권4호, 20.

이돈화, 1924b, 「女性의 靑春期」, 『신여성』 제2권6호, 2~6.

이배용, 2003, 「일제 시기 신여성의 역사적 성격」, 『신여성』, 청년사, 21~50.

이성환, 1932, 「婦人問題講話 (2): 婦人과 職業戰線」, 『신여성』 제6권3호, 9.13~19.

이윤미, 2004, 「근대적인 교육공간과 사회적인 거리 두기」, 태혜숙 편, 『한국식민지근대와 여성공간』, 여이연, 295~313.

이은경, 2004. 「광기/자살/능욕의 모성공간」, 태혜숙 편, 『한국의 식민지근대와 여성공간』, 여이연, 109~129.

임옥희, 2004. 「신여성의 범주화를 위한 시론」, 태혜숙 편, 『한국식민지근대와 여성공간』, 여이연, 78~108.

전은정, 1999, 「일제하 '신여성'담론에 관한 분석-여성주체 형성과정을 중심으로」, 서강대 석사학위논문.

주요섭, 1923, 「결혼에 요하는 3대 조건으로」, 『신여성』 제1권5호, 14~21.

주요섭, 1924, 「결혼생활은 이러케할 것」, 『신여성』 제2권5호, 22~29.

주요섭, 1931, 「여자교육개신안」, 『신여성』 제5권5호, 8~12.

주요섭, 1933a, 「新女性과 舊女性의 行路」, 『신여성』 제7권1호, 32~35.

주요섭, 1933b, 「조선여자교육개선안」, 『신여성』 제7권10호, 12~17.

조동식, 1925, 「열 번찍어안넘는 나무업는격: 젊은 남녀를 선도하는 근본책」, 『신여성』 제3권6호, 50~52.

태혜숙, 2004, 「식민지 근대와 여성주의 문화론」, 태혜숙 편, 『한국식민지근대와 여성공간』, 여이연, 15~40.

팔봉산인, 1925, 「금일의 여성과 현대의 교육」, 『신여성』 제3권6호, 61~67.

편집인, 1924, 「未婚의 젊은 男女들에게-당신은 이럿케 配偶(배우)를 골르라」, 『신여성』 제5권5호, 2~8.

창 해, 1931, 「現代法律과 女子의 地位」, 『신여성』 제5권5호, 22~25.

청 림, 1925, 「女子의 誘惑되는 原因, 두 가지가 큰 原因」, 『신여성』 제3권5호, 19~20.

현상윤, 1933, 「조선여학생에게 보내는글(7)」, 『신여성』 10월호, 18~19.

ㄱ

여성학 총서 11

근대 가부장제 사회의 균열

인쇄 · 2014년 3월 24일 | 발행 · 2014년 3월 29일

지은이 · 김경애
펴낸이 · 한봉숙
펴낸곳 · 푸른사상
주간 · 맹문재 | 편집, 교정 · 지순이, 김소영

등록 · 1999년 7월 8일 제2-2876호
주소 · 서울특별시 중구 충무로 29(초동) 아시아미디어타워 502호
대표전화 · 02) 2268-8706(7) | 팩시밀리 · 02) 2268-8708
이메일 · prun21c@hanmail.net / prusasang@naver.com
홈페이지 · http://www.prun21c.com

ⓒ 김경애, 2014

ISBN 979-11-308-0199-5 93330
값 23,000원